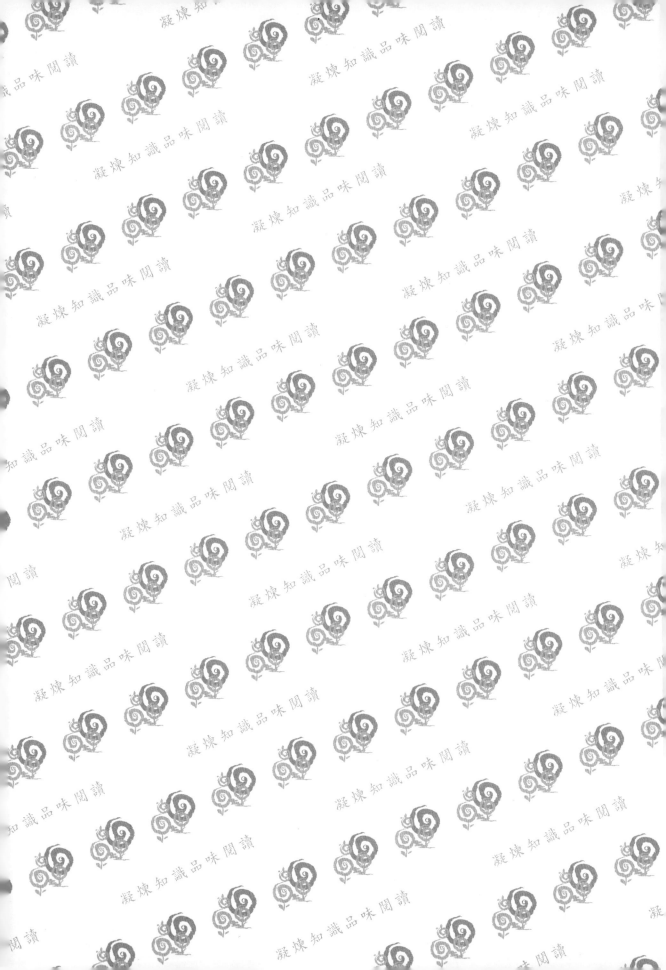

企業倫理 第三版
Business Ethics
Multi-Stakeholder Responsibilities of The Corporation

葉保強 著

五南圖書出版公司 印行

第三版序

　　第二版出版至今，全球發生了不少攸關企業倫理的大案子。2008 年的金融海嘯，重創了全球經濟及金融，導致全球數不盡的勞工失業，不少家庭甚至失去居所及醫療保險，社會受傷甚重。金融大災難至今仍餘波盪漾，很多人仍未完全脫離其禍害。導致金融災難的原因之一是金融業多起的違規違德的事例，這些本是探討金融業倫理的極佳教材；然而，由於案子極為複雜，超出了本書改版的篇幅要求，因此沒有將之列入。雖然如此，第三版更新了部分案例，加入了近年發生的兩宗舉世觸目的企業違反倫理的大案子。一宗是發生在中國深圳的超大型代工廠富士康（Foxconn）連串的員工墜樓悲劇，另一宗是發生在美國墨西哥灣的英國石油公司（BP）鑽油台爆炸及漏油災難。前者涉及企業如何符合倫理地管理職場，保障員工勞動權益問題；後者觸及企業如何有效管理工業安全，及執行其環境的企業社會責任。

　　2010 年富士康公司的中國深圳廠區發生了一連串的員工墜樓事件，有十數人因此輕生，震驚全球。不少傳媒與相關的勞工組織，指責富士康不當對待員工是導致慘劇的主要原因。從墜樓事件開始，「血汗工廠」罵名就如影隨形地跟著富士康，令其名譽重創。富士康是蘋果電腦的主要供應商，蘋果不能置身事外，於情於理都要調查此事，於是委託了公平勞動聯會（Fair Labor Association）調查此事。聯會調查報告在 2011 年 3 月公佈，指富士康有數十項違反中國勞動法或聯會本身制定的職場行為守則（FLA's Workplace Code of Conduct），包括違反合理的工時、薪資、工人健康及安全，以及勞資關係方面（*FLA, 2012*）。調查發現三個廠區的工人每週平均工時，都超出了中國法律及聯會職場守則所規定的時數；在生產尖峰時期，有些工人連續工作七天沒有休假，一個月內廠內平均僱用 27,000 學生工，而學生工經常做超時工作及當夜班工。工人雖然都關心職場的安全及自身的健康，但對廠內有健康安全委員會一事並不知情，亦對廠方處理安

全健康無信心。這案子重新啟動了人們對勞工權益，尤其是超大型的代工廠商的職場管理倫理，以及跨國企業對管理其供應鏈的倫理的關注。

2010 年 4 月 20 日，（BP）向瑞士跨洋公司（Transocean）租賃的深海水平線鑽油台（The Deepwater Horizon）在美國墨西哥灣發生爆炸，導致鑽油台上的 11 名工人死亡，400 萬加侖的原油外漏到墨西哥灣內，是美國最大的一次離岸油污意外，也是有史以來最大的一宗工業環境大災難。導致這宗意外的原因是，公司安全管理嚴重失敗、公司領導力不足、政府監督鬆懈及沒有足夠的法令等。針對這次意外，美國政府向 BP 提出訴訟，要 BP 賠償不菲的罰款並予以制裁，包括停止 BP 在美國營運等。2013 年 1 月開始，美國政府對 BP 預期漫長的官司在路易士安納州的紐奧蘭市（New Orleans）的聯邦法院開庭審訊，若被證明意外是由於 BP 嚴重疏忽所導致的，BP 可能要賠上約 210 億美元的罰款！這宗工業意外一再凸顯出，能源產業一旦輕忽其工業安全管理及環境倫理責任，所付出的巨大代價，同時亦喚醒世人能源的使用及政策所隱藏著的巨大環境及社會成本。1989 年 Exxon 石油公司油輪 Valdez 在美國阿拉斯加州發生一場大漏油意外，是當時美國有史以來最嚴重的環境災難，因應那次意外而衍生了知名的 CERES 原則，規範企業的環境責任。令人遺憾的是，今次意外清楚地證明業界並未吸取教訓，依然輕忽其環境義務，再次犯下大錯，對環境及社會造成莫大的傷害。顯然，要完全落實企業倫理，路途仍很遙遠。除了這兩個大案子外，RCA 八德市污染事件及印度布普市氣爆大災難，這兩個案例亦分別作了更新。

自本書 2005 年出版至今，台灣對企業倫理教育的關注似乎逐漸在改善，不少大學都有開設相關的課程，社會每年都有獎勵企業社會責任的活動，是一可喜的發展。就教育而言，要永續經營企業倫理，必須在教研上作出一些基本變革，包括不要過分依賴不一定能適用於本土的國外論述及觀念，揚棄硬套國外框架於本土的「拿來主義」浮濫學風。理由是，國外開發的理論框架或論述，多有其特定的社經文化脈絡，不一定完全適用於說明或論述在地或華人商業狀況，若未經批判篩選便原封不動地移植作教研，不單不會增加知識及提升了解，反而會造成扭曲及誤導。要避免這些

弊端，必須認識到企業倫理其實是社會文化的反映，不同文化下開發出來的企業倫理論述都有其獨特的文化內涵，不一定為其他文化所共享。但這並不表示不同文化之間全無共通之處，但重點是識別共通點時不能忽視彼此之差異，而差異的發現經常只能經過細緻嚴謹的探討。企業倫理乃經世致用之學，最終的測試是它能否有助改善世界。總之，學者應對台灣現況及華人經營文化作系統的經驗及理論的探討，配合吸納世界的新知及觀念，開發有自己特色但不故步自封，廣納百川而不忘本的既有個性，但能與時代呼應的企業倫理學。就教育的長遠規劃而言，要將企業倫理成為商業教育及一般教育的核心元素，必須有賴社會對倫理道德有真誠的認同及堅持，若大社會只會趨趕時髦、急功近利、或虛應故事，敷衍了事，倫理的落實便成鏡花水月。沒有大社會的長期支撐及滋潤，倫理教育是無法茁壯及開花結果的。

葉保強

見山草堂

2013 年 3 月 11 日，日本 311 震災兩週年

第二版序

　　本書自 2005 年面世以來，台灣社會、業界及學界對企業倫理的醒覺及關注有了明顯的進展。有名的商業雜誌如《遠見》及《天下》，先後舉辦了企業社會責任獎及企業公民獎，表揚對企業社會責任有優異表現的公司。這些活動，有助於將商業倫理或企業社會責任，確認為社會的核心價值。教育方面，很多的大學或科技大學都相續開設或加強企業倫理的教學，開始匡正學界對商業倫理教育長期忽視的不正常狀態。由本人在過去五年來負責主編的中央大學哲學研究所出版的《應用倫理研究通訊》，近年來亦收到不少有關企業倫理方面的投稿。在國際的研究出版方面，國際知名的《商業倫理學報》（*Journal of Business Ethics*）開辦了一期名為「大中華地區的商業倫理」（"Business Ethics in Greater China"）的專號，主編 Alex Michalos 教授邀請了本人跟其他二位香港同仁負責做客座編輯。專刊收到來自中、台、港及全球不少的投稿，其中亦不乏台灣學者的稿件，可惜由於篇幅所限，無法將所有論文刊登。無論如何，這些教研活動雖然跟發展比較成熟的美歐地區水平相比，仍處於起步階段，有很大的發展及加強的空間，但若配合適當的資源投入及教研努力，往後的發展應是值得期待。

　　究竟第二版改了什麼？為何要改？以下是簡單的回答。改版目的有二，一是要令論述更為精簡，更適合商學院學生使用；二是增加本地的元素，令本書更在地化。在精簡化方面，在倫理理論及觀念闡釋方面，第二版將原版的三個章的篇幅壓縮成一章，以更簡明的論述協助學員掌握倫理的基本觀念。本土化包括兩方面：一、企業倫理理論章內新加入了儒家企業倫理的討論，二、以本地的案例取代國外的案例。儒家企業倫理的加入，是將適用於企業組織層面的儒學元素構建出來，令儒家倫理在企業延伸方面所展現的面相更清楚地呈現，讓學者能更全面了解儒家倫理在實務上的真實面目。時下以儒家倫理為立場的商業道德或管理哲學的論述，不

少過份宣揚儒家倫理的光明面，對其消極面鮮有論及或只輕輕帶過。再者，這些論述欠缺應有的嚴謹及批判性，常流於宗教式的說教或行銷，製造偏面或扭曲的圖像，混淆視聽，誤導初學者。加入儒家企業倫理的目的是希望能扭轉這個不正常的現象。新版將第一版的 6 個國外案例刪除，代之以一些在此地廣為人知的案例。這些案例包括了中興商業銀行的超貸弊案、中石化安順廠戴奧辛污染案、921 大地震水塔哄抬價格案、台灣拆船業血汗史、檳榔西施經營倫理等。增加本地案例之目的，是希望學員藉由熟悉的事例，更容易將倫理觀念與經驗連結起來，提升學習效能。

　　本人感謝加拿大 University of Northern British Columbia 校長 Alex Michalos 教授、挪威的 Norwegian School of Management 的 Heidi von Hoivik 教授多年來的支持與合作。本人在英國 Nottingham University Business School 作訪問學人期間，從該院 CSR Center 主任 Jeremy Moon 教授學習到不少，有關歐洲尤其是英國的商業倫理現況。香港浸會大學的商學院院長 Simon Ho 教授推動商業倫理的教研不遺餘力，本人感謝這位多年好友對本人的研究長期的支持。不少追隨本人學習企業倫理或應用倫理的學生，不管是在學界、業界及政府工作者，都能承接應用倫理的精神，在其職場及生活上身體力行，將倫理跟生活時代接軌，活化倫理，這是最令人欣慰的。

葉保強

2008 年 6 月 4 日

見山草堂

原　序

　　近二十多年商業倫理的研究及教學，在以美國為首的英語世界發展異常蓬勃。不少有時代感的倫理學家，不滿於傳統倫理學已逐漸與時代脫節，於是奮臂而起，將倫理的關懷重投回現實世界上，開創出一條應用倫理的康莊大道。經過多年的努力，企業倫理在經驗研究及理論探索都成果豐碩，提供了富饒的土壤給研究人員做更高層次的理論整合。本書的寫作背景，恰好是這第一輪豐盛收割的時期，這些豐碩的成果令本書在觀念與理論的整合上受益匪淺。

　　在這期間，筆者觀察到全球企業界對商業倫理意識的不斷地提升，唯獨在中華文化區域內的業界，對商業倫理的意識仍相對的落後。這個現象當然有很多的原因，除了政治及社會因素之外，在教育方面，倫理教育沒有受到應有的重視是其中一個主要原因。台灣在企業倫理方面的教學研究一直受到冷落，這個情況最近有一點好轉，大學開設企業倫理或同類科目有增加的趨勢。雖然如此，並不是所有大學的商學院有這一科開設，有開設的並不會列為必修科。安隆醜聞驚爆不久，曾短暫出現要求加強商業倫理教學的微弱呼聲，但很快就沉寂下來，沒有實質的跟進工作，商學教育依然故我。長久以來，每年成千上萬的商科畢業生走進職場，在沒有任何企業倫理教育準備的情況下，教他們如何能在日益複雜的商業世界做對的事（to do the right thing）？回應困難的倫理挑戰？在倫理解困能力欠缺的情況下，他們自然會依本能作回應——快、狠、準就是他們生存的行為準則。然而，快、狠、準不單與做對的事經常無關，同時是導致不倫理行為的來源。這是令人遺憾的！商業對人類社會的影響深遠，幾乎沒有一樣重要的人類活動是跟商業無關的。商業的好壞跟人類的利益緊密地連結在一起。事實上，商業跟人類的幸福息息相關，合理的商業與倫理分割不開。沒有倫理的商業教育是目前很多商業亂象之源！社會根本就負擔不起忽視商業倫理教育的社會成本。

本書的主旨，以整合社會契約論及利害關係人倫理作為理論架構，論析及整合企業與社會的倫理關係，及論述企業對不同的利害關係人社群——員工、股東、消費者、競爭者、社區、全球社會及環境的多元倫理義務。本書反映了筆者在商業倫理這個領域二十多年來思考及教學的不少的累積。本書是以教科書體裁來撰寫的，力求對這個領域的重要議題作一個較為完備的綜合介紹及論述，由於這個領域範圍極廣，本書不可能對每一個議題都給予詳細的處理，必須作一些篩選，因此只能部分反映筆者的學術觀點及判斷，掛一漏萬在所難免。

　　撰寫本書時，在這個領域的前輩學者及研究者讓筆者受益匪淺，其中有幾本著作特別要在此一提。當諾臣及登菲（*Donaldson and Dunfee, 1999*）兩人合著的《有約束力的聯繫》及費民（*Freeman, 1984*）是本書的分析架構的來源。在論述方面，本書亦參考了（*McAlister, Ferrell, & Ferrell, 2003; Carroll & Buchholtz 2003; Beauchamp & Bowie 1997; Velasquez 1998; Young, 2003*）。在基礎篇的論述中，本書受益於 Rachels（*2003*）的清晰論述。其餘在這方面努力過的同仁都提供了很大的幫助，它們的「足跡」遍布全書，在此無法一一細表。

　　本書得以順利出版，背後得到很多人的幫助，在此我對他們表示深切的謝意。首先感謝五南圖書出版公司副總編輯張毓芬小姐的支持及包容，給予我更多的時間，讓我能在繁忙的教研工作中完成二十多萬字的書稿。中央大學哲學研究所同仁，瑞全、建民、振邦兄的支持及鼓勵，令我有機會深化教學與研究。哲學研究所應用倫理研究中心主任及《應用倫理通訊》總編輯的工作，進一步豐富了筆者在應用倫理學上的經驗。感謝唐君毅、牟宗三、徐復觀、劉述先、金耀基、Bob Butts、John Nicholas、Cliff Hooker 諸位老師的教導。另外，感謝邱仁宗教授，好友高漢深、梁寶耳、歐結成等多年來的情誼，及《信報》林行止先生的長期支持。

　　中央大學在職碩士班的同學，幫助我把問題構想得更清晰及講得更清楚。受我指導論文的學生所挑選的研究題目，加深了我對商業倫理領域的了解，開闊了我的視野。跟我作研究的同學，包括國鑫、茂鑽、宗信、智仁等，都在繁忙工作下把論文完成，他們無比的毅力與熱情令我佩服，能

幫助他們完成論文是我人生的樂事。

　　本書製作過程中，慧瑩、傳家、雅萱為我整理了一些案例；繪圖方面得到永崇的協助。最後，我要感謝家人對我長期的支持及愛護，他們是推動我前進的無限動力。

　　要完備處理一個範圍如此廣闊、問題如此複雜的領域，誠然是一個艱巨的挑戰，本書不完善之處是可以預料的。期盼有識之士不棄，多多指正。

葉保強

楊梅鎮・雲起居

2005 年 6 月 4 日

Contents

第三部分：附　錄

如何使用本書

✤本章的目標✤

- 說明本書的目標及討論範圍
- 論述進路及方法
- 說明如何使用本書

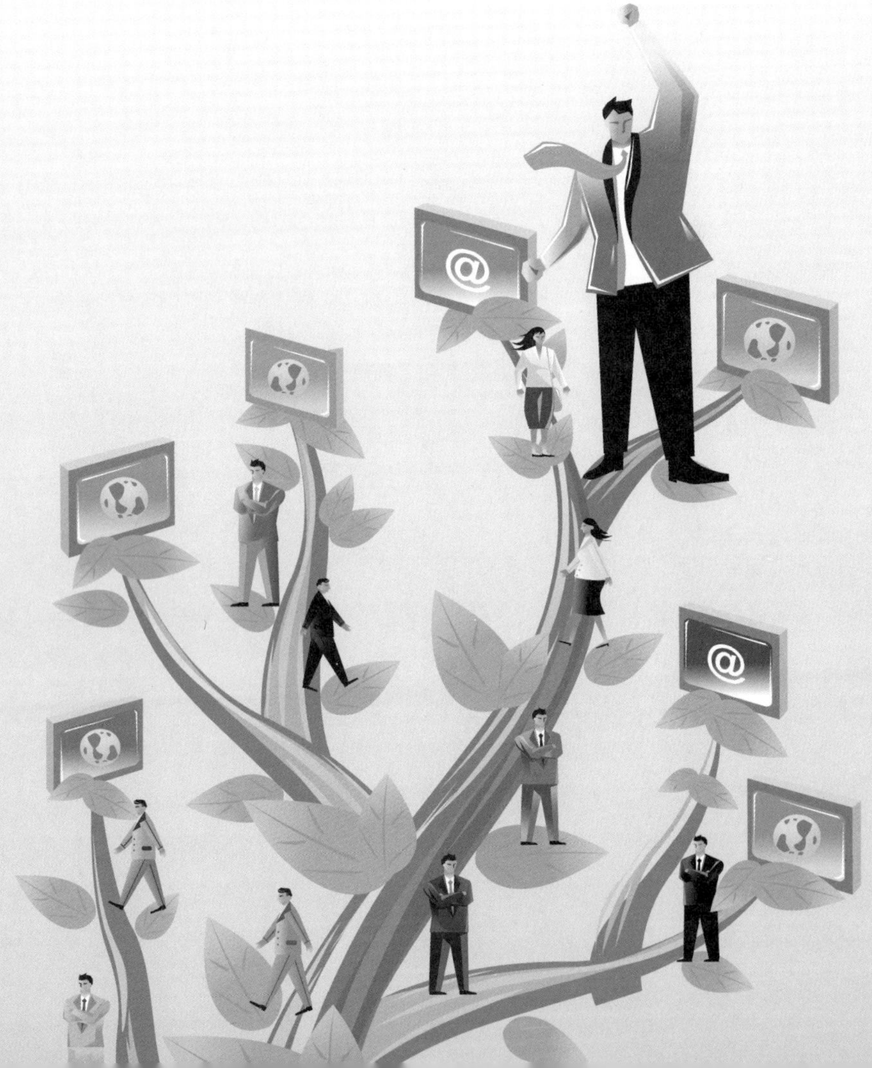

本書之目的及範圍

　　企業倫理是商業經營的正道（the right way to run a business），本書目的就是要探討企業經營的正道。本書是以環繞企業（corporation）為核心主體的商業社群（business community）為對象，探討企業及與其息息相關的不同社群之間的倫理關係，及論述企業對待不同的社群所依據的倫理規範，及由這些規範所衍生的義務。這些與企業緊密聯繫的社群，包括了企業的員工、顧客、投資人、供應商、鄰近社區、競爭者、政府、全球社會分別構成的社群，以及自然環境。這些社群與企業有著持續重複的互動與合作，與企業形成了一個互相影響，互為依存的關係。商業社群的利益雖不完全一致，有時還會產生衝突，但彼此利益有不少的重疊亦是事實，因此商業社群堪稱是一個「利益重疊社群」（community of overlapping interests）。企業的經營活動或多或少會牽涉到這些社群及其成員的利益（stakes），同樣的這些社群及其成員的活動及行為也會牽動企業的利益，筆者稱這些社群為「利害關係人社群」（stakeholders community），其成員為「利害關係人」（stakeholders）❶。

　　本書的主要目的，就是探討企業與其主要的利害關係人社群之間的倫理關係，企業對待利害關係人社群所依賴的是什麼倫理規範，及依據這些規範它們之間應有何種的權利與義務。要探討的範圍包括：企業倫理的性質、範圍、研究進路及重要性；倫理學的主要觀念及理論；企業倫理學的主要理論；企業倫理學的主要議題；企業倫理的原則及規範；企業對不同利害關係人的義務；企業倫理的近況及未來趨勢；公司如何發展及執行企業倫理。

內容大綱

　　本書由三個部分構成：(1)企業倫理的基礎探討；(2)企業與其利害關係人社群的倫理探討；(3)企業倫理的主要議題的探討。

　　第一部分（〈倫理基礎篇〉）主要探討企業倫理的一些基礎性問題。這個部分包含了兩個重要的單元——倫理觀念與理論及商業倫理理論，分別討論道德或倫理的性質及企業倫理的性質，和倫理學的主要觀念及理論；以及近三十年來學界有關企業倫理的主要理論。在一般有關倫理的討論中，本書介紹的效益論（功利論）、義務論及美德倫理是三個主要的理論。至於企業倫理方面，討論的範圍包括社會責任論、利害關係人倫理、康德倫理及整合社會契約論。

若我們將商業社會理解成是社會這個大系統之內的一個子系統時，社會倫理與商業倫理之間存在不同程度的重疊關係。企業經營必須在社會內進行，商業行為在特定的文化脈絡之內發生，因此會借助及依賴社會的互動及合作規範和程序，同時會遵守共同的價值及期望。與此同時，企業在經營過程中亦會發展特有的規範、程序、價值或期望，對其供應鏈中的相關組織、所屬的產業、鄰近產業發生影響，大型的跨國企業的影響尤其會波及周邊社會，甚至全球社會。企業對環境的影響更不在話下了。無論如何，社會與企業之間的互動是雙向及重複的，兩者間的關係脣齒相依。企業為社會提供各種產品及服務，滿足人們的需求及慾望，社會為企業提供經營所需的秩序、資源、人才及正當性，彼此共享著綿密的回報性（dense reciprocity）。值得強調的是，包容著企業的商業系統與包容著商業系統的社會連成一個利益重疊互相回報的複雜系統（mutually reciprocating complex system）。這是本書論述企業與社會關係的基本假定，對企業與其利害關係人社群的倫理關係及權利義務的論述，亦是由這個假定出發。

第二部分（〈企業與其利害關係人社群的倫理〉）的討論焦點落在企業與其不同的主要利害關係人——員工、顧客、股東、供應商、競爭對手、周邊社區、政府、自然環境、全球社會的倫理關係等彼此的權利與義務，以及支持這些權利與義務的基本原則及規範。在這個部分，本書揉合了整合社會契約論（Integrated Social Contract Theory）的理論架構及經商原則（business principles）的理念，而構成一個綜合論述架構❷，及配合一些基本的倫理規範及原則，利用相關案例，逐一論述企業對不同的利害關係人的義務。透過對上述十個主要的利害關係人社群的權利與義務的論述，一個繁複多樣但互相聯繫的企業倫理系統雛型（draft model of corporate ethics）就大致上完成。這個倫理系統雛型內的規範或原則和相關的權利及義務，可被視為企業對待主要利害關係人社群的最低限度的道德規範（minimal moral norms）。以這個最低限的規範作為基礎，配合合適的倫理思維，企業的決策者就擁有一套最低限的準則來回應千變萬化的倫理挑戰。除了高斯圓桌會議的一般性的經商原則之外，本部分亦會納入其他特殊問題，例如，環境保護、供應商倫理管理、公司治理等的原則或規範。

第三部分是討論企業倫理的主要議題，主軸是探討企業目前及可預知的未來企業要面對的重要議題及主要挑戰。重要的議題包括了近年經由全球化將之尖銳化的議題，例如，血汗工廠（sweatshops）所暴露的供應鏈倫理（supply chain ethics）、企業與人權保護、企業與永續發展（sustainable development）、企業與全球貧窮（global poverty）所引發的企業對削除貧窮的義務，或由安隆詐

欺案重新激發的公司治理（corporate governance）問題等，及由以上各方面的發展累積效應所產生的對企業社會責任內容重新反思。當然，企業倫理中的一些「老舊問題」，例如，貪污、環境污染、欺騙等，仍是受到關注的議題，但由於篇幅所限，本部分不對這些問題做詳細的論述。介紹企業社會責任（corporate social responsibility）的面向及實踐面。

　　收錄在附錄篇的數十個案例，分別代表了企業與各類利害關係人社群之間發生的倫理議題，其中不少是在企業倫理領域中堪稱經典的案例，例如，反映企業環境及社區倫理的聯合碳化（Union Carbide）印度布普（Bhopal）毒氣大災難、代表企業財務作假的安隆（Enron）案等。此外，代表競爭公平的微軟在歐盟的官司、沃爾瑪（Wal-Mart）的員工集體控訴、迪士尼（Disney）及花旗銀行（Citi Group）的公司治理、富士康的血汗工廠等都是企業倫理中具有代表性的案例。這些案例分別代表在不同產業內發生的違法及有違企業倫理的案例，它們是企業各式各樣的不當行為的具體展示。

本書的進路及方法

　　本書是採取一個揉合社會科學的經驗進路及哲學分析及規範性的論述，以系統的方式來整合近三十多年在企業倫理、商業與社會的相關論述及討論，目的是為讀者呈現一個兼顧宏觀及微觀兩個層面的企業倫理圖像，並展示其中包含的眾多複雜、具爭議性及尚待進一步釐清的重要議題。本書不單重視企業倫理這個範圍內，重要活動及議題的事實描繪及分析，同時儘量將與這些事實緊密聯繫的倫理面向呈現出來，令讀者能清楚掌握事實背後的主要倫理含意。這是一個揉合了經驗描述與規範分析的進路（approach）——姑且稱之為「經驗規範平行策略」（empirical-normative parallel strategy）或簡稱「平行策略」（parallel strategy）。筆者認為，探討企業倫理這個既包含經驗面亦兼具規範面的領域，平行策略是一個有效的研究進路，因為它既可以避免一般重實證的研究僅著重於事實的陳述與說明，亦可以補救那些閉門造車式的倫理論述。值得強調的是，平行策略所倡導的是經驗與規範的雙線使用（不是幾何學上的平行線的意思），並不是用經驗來推演出規範，或建議規範導引自經驗。視規範為經驗的推演結果犯了自然主義的謬誤，因為屬於應然領域的規範，不能從屬於實然領域的經驗中推演出來；視規範導引自經驗這個觀點會令人產生誤解，誤以為規範就是事實的延伸，混淆了規範跟經驗兩者有不同的性質。規範基本是人基

於某些理念建構出來的一些重要規則及方向、指令，是人的發明及創意，而非客觀上原本存在的。經驗根本上是客觀世界的現象的描述或事實的紀錄，並不是由人的主觀思維所決定。

在平行策略之下，兩者的關聯不是一種邏輯的推演關係（logical deductive relationship），而是一種辯證的平衡（dialectical equilibrium）。以制定規範為例，在達到辯證平衡的過程中，人們在制定規範時，會藉助相關的經驗所展示的情景及脈絡（context），透過相關事實的了解，在知情的狀況下提出事實所屬的領域（脈絡）內的規範；所提出的規範便會吸納脈絡所區限出來的特定內容，而藉由這些特定內容，規範就有高度的相關性及切入性，不會是一些內容空泛之規則。商業脈絡給予商業規範的特定內容，而不會是關於政治的特定內容。例如，用於企業的規範必須適當地吸納企業在其中活動的領域或脈絡的內容，才能確保其適用性。具體言之，規範建構者累積了對商業活動的足夠經驗，將之概括及推廣而形成了一個關於商業世界的圖像，這個圖像正是規範建構所需的具有實質內容的脈絡，而這個脈絡的實質內容就是商業的內容，這些內容提供了一個具有相當大彈性的空間，讓建構者可以自由建構特定的規範。在這個情況下，多套的規範在同一個脈絡下同時存在是可能的，它們所具有的基本共同的地方，就是它們對商業活動有直接的相關性。換言之，雙線之間是有連結及互動的。如果用一個圖像來展示平行策略的話，它近似一個如DNA雙螺旋體，兩螺旋鍵之間是互動的連結鏈。類似的事情也同樣可以發生在其他領域的規範建構上，例如，在政治的脈絡、社會的脈絡都分別為其規範提供其區別性的特性，以將它們跟其他不同領域的規範區別開來。政治規範、社會規範相對於其領域均有各自的直接相關性。不同的脈絡給予相關的規範特定的內容，令其對脈絡有高度的相關性。

在經驗與規範並重的要求下，本書利用了很多不同的議題、內容詳盡不一的案例，具體呈現企業所面對的各種不同的倫理面向及挑戰，並配合相關的倫理分析及論述，展示出企業倫理所涉及的義務、責任、原則及規範等。透過經驗了解及規範論述兩者配合，讀者會對企業倫理有一個更完備及細緻的認識，這有助於讀者在企業倫理難題上解困能力的訓練。這個倫理解困能力（ethical problem solving）包括了辨認在企業經營上的倫理問題及面向、對倫理爭議或衝突做理性的判斷及分析、辨別倫理的對錯，及尋找某一倫理決策或選擇的正當性及其理由。

有關案例的挑選及編排方面，這裡稍做一點補充。本書蒐集的案例都是在

企業經營的各個層面——股東、員工、顧客、供應商、社區、競爭對手、政府、環境、全球社會——裡所發生過的倫理事件，國外及國內的案例都有，不少的案例是自安隆弊案以來蒐集及整理而成的。絕大部分的案例都編排在書末的附錄內，但在每個章節中，亦有一些篇幅較小的案例安插其中，目的是加強對觀念的說明。一般而言，在章節內出現的均屬短篇幅的案子，在附錄中的案子所占篇幅較多。

基於多年案例教學法的經驗，筆者觀察到案例具有一個良好的教學效應，便是有效地幫助讀者對商業行為活動有具體的了解，令他們更容易掌握抽象的觀念及原則，在特定的商業脈絡中的具體含意。除此之外，案例不單可用來幫助說明抽象的觀念及原則，同時亦是一個測試觀念及理論的工具。配合種類多元的案例，本書亦蒐集了一些有代表性的商業原則或規範、企業倫理守則，及一些信守商業倫理的優秀公司的故事。筆者相信在這些經驗層面的知識，有助讀者建立對企業倫理具體而扎實的知識。

如何使用本書

本書的寫作對象，以商學院的修讀企業倫理或企業與社會等科目的商科學生為主，對商業與社會關係、企業倫理、環境倫理、應用倫理學等科目有興趣的人文社會學生及研究院學生，亦會發現本書所處理的議題對他們有一定的幫助。除了學生以外，負責教授企業倫理或企業與社會之類科目的老師，亦可發現本書對教學有參考價值。

本書的三個部分、案例、內容及範圍等為一個學期的企業倫理教學。在使用本書時，教師宜先從基礎篇中的倫理基本觀念及理論篇開始，讓學生先認識倫理的基本觀念及幾個主流的倫理理論。值得強調的是，知識及認知必須要由觀念及理論來引導，分散的事實或支離的資訊才能整合，為提供完整可以了解的知識圖像。學習倫理經常碰到一個怪現象，就是每個人似乎都以為自己懂一點倫理學，但當要對倫理觀念或主張講清楚時，就會感到力不從心。這種似懂非懂、一知半解的狀態是缺乏真正的倫理知識的結果。

老師如能按部就班引導學生了解基礎篇的討論，對消除認識障礙及建立倫理學的基本知識很有幫助。透過基礎篇的研讀，學生會對一般倫理與及企業倫理的主要觀念及理論有基本的知識。再者，這個部分的不同章節亦編列了一些思考性的問題，老師可以利用這些問題來刺激學生思考，與學生進行對話，加

強學生對這兩個領域的反省。老師必須不時提醒自己及學生,對倫理的堅實的知識及清晰的觀念,是解決倫理問題及爭議的必要前提。除此之外,老師在觀念及理論的探討時,除了利用本書的具體例子來幫助說明觀念及理論外,同時可以鼓勵學生利用相關觀念為指引,蒐集國內或國外的類似的案例,並做初步的整理,然後在課堂上分組討論倫理的含意。

本書的特色

一般華文的企業倫理教科書,都是以議題或領域為主軸來編寫,缺乏融貫的整合性,而本書與其他教材不同,最大特色是:(1)本書是以整合的理念架構來探討企業倫理,在同類的華文教科書中,本書可能是第一部具有這特色的著作;(2)本書的經驗及規範平行論述策略,在現有的同類書中亦是獨一無二的。這個平行論述在經驗面上,利用大量各式各樣的案例,例釋抽象的觀念及理論,在規範面上對企業倫理的哲學面及規範面的討論與分析,比同類的書來得精細、系統及完備;(3)本書亦引用了近年發展出來的重要企業行為規範及原則,讀者從中不只可以了解這些基本規範原則的含意及背景,同時可以藉原則或基本規範具體認識企業的相關義務;(4)本書利用一些優秀的公司的發展歷史來呈現執行企業倫理的實況;最後,(5)本書介紹企業如何推行企業倫理,在理論規範的論述上加上執行方面的討論,亦是本書的特色之一。

註　釋

1. 其他的作者一般用「利害關係人」、「利害關係人社群」來指稱這些個人或社群。

2. 這個原則架構是近年一個由不同國家的企業領導人所組成的聯會──高斯圓桌會議所倡議。

1 Chapter

為何要關心企業倫理

✤本章的目標✤

- ● 陳述企業弊案的經營道德問題
- ● 論述企業倫理關注的重要性
- ● 評論商業倫理流行神話
- ● 說明法律不足以令企業遵守倫理
- ● 陳述社會對商業的期望
- ● 簡述商業與人類幸福

引言──商業弊案與企業倫理

　　二十一世紀一開始的幾件震驚國際的大事，除了美國的 911 恐怖主義攻擊事件，及由此而引發的美國攻打阿富汗及入侵伊拉克戰爭之外，安隆（Enron）的財務詐欺案及隨後一波波的商業醜聞，可算是這個世紀令人難忘的大事。由美國安隆財務作假案所掀起的企業弊案，雖然不少是發生在美國本地上，但商業弊案並不是美國的專利，歐洲及亞洲同樣發生不少企業弊案。絕大多數的弊案或醜聞都毫無例外涉及了背信、欺詐、作假、掏空、腐敗等種種不當的商業行為，不單觸犯法律，同時亦違反了企業應當遵守的商業倫理。值得深究的是，這些違法亂紀的行為是企業界的個別事件？還是普遍的現象？是特定的企業「壞蘋果」（bad apples）的個人行為？還是經濟商業體制的問題？究竟是什麼原因導致如此普遍的企業弊案？是企業本身的腐敗、董事會的治理失誤、企業管理者疏忽職責？政府監管不力？缺乏有效的法律？組織的敗壞？社會的價值錯亂？從絕大多數的案子的初步分析，以上各種因素都有涉及，沒有一個單一因素可以完全說明所有的弊案為何發生。

　　檢視幾個有標竿意義的企業弊案，可以初步證實剛才的判斷。安隆、世界通訊（World Com）、彭馬拿（Parmalat）、殼牌石油（Royal Dutch Shell）、亞好（Ahold）、三菱汽車（Mitsubishi Motors）、花旗銀行（Citi Group）所涉及的弊案，分別代表了分布在不同國家的不同產業，涉案的都是著名的跨國企業。安隆在 2001 年未破產前是一家相當有創意的能源貿易公司，世界通訊是美國最大的遠程通訊企業，殼牌石油是英國及荷蘭聯合的跨國石油公司，彭馬拿是義大利有名的乳品類食品公司，亞好是荷蘭的跨國的食品零售企業，三菱是日本第四大的汽車製造廠商。它們究竟做了什麼不當的事？簡單言之，安隆利用空殼公司刻意地隱瞞了巨大的虧損，目的是要令財報表顯得亮麗，操弄股價。世界通訊藉由會計的操弄手法，將開支變成資本支出做假帳。殼牌石油大幅地虛報石油的儲存量，企圖令公司的營利前景亮麗，有操弄股價之嫌。彭馬拿將大量的虧損隱藏到海外的戶口中，偽稱公司有巨額的存款。三菱汽車的高層串謀隱瞞了車輛的各種零件的毛病十數年之久，在數次的交通意外發生後才被揭發。這些企業弊案並非只是國外現象，台灣在近年來亦發生過不少大大小小的企業不倫理的案例。去年震動一時的博達財務作假案，被視為安隆弊案的台灣版，各種的勞資糾紛、社區居民對企業造成的污染的抗爭、溫泉區的各種有損泡湯

客權益的動作、消基會揭發的各種不實廣告及有問題的行銷手法等，亦經常被媒體廣泛報導，在在顯示出企業經營倫理出現問題的普遍性❶。

幾個國外企業大弊案的一些共同點是，它們都涉及欺騙、作假、背信、疏忽職守、貪瀆、掏空、濫權等非法及違反道德的行為。就法律而言，這些企業弊案觸犯了相關的法律（證交法、公司法及相關的監管規則）。就商業倫理而言，這些行為違反了大家共同遵守的明文或隱性的道德規範或守則。令人心寒的是，安隆弊案中的企業高層不單違反了社會、法律及業界的倫理規範，同時還公然牴觸安隆本身所標榜的企業誠信等核心價值！安隆弊案的主要負責人，除了被有關方面起訴的數名公司高級行政人員之外，就是安隆的董事會了。董事會負責公司的最終管理，董事不能藉口不知情而將責任輕輕推卸，這樣巨大的作假案的出現，充分暴露了公司治理形同虛設，董事的疏忽職守是治理的一大惡。

這一連串商業弊案令人憂心的地方是，導致弊案的還涉及一個廣泛及龐大的共犯社群——一個涉及多個個人、公司、社群以不同程度知情地參與犯案的社會網絡。事實上，今天的商業社會愈來愈複雜及互相依賴性愈來愈高，個別的公司要作惡犯法，沒有其他公司、組織或明或暗的支援或共謀，是很難成功的。

以安隆財務浮報弊案為例，如果沒有當時全球排名第 5 的安德遜會計事務所（Arthur Anderson LLP）的積極參與，串謀隱瞞作假的話，安隆弊案不可能隱瞞多時才被揭發。除了安德遜會計師事務所外，安隆案的共犯社群還包括了投資銀行及華爾街的分析師等。有間貸款給安隆的投資銀行，後來被揭發對安隆財務不佳其實很早就知情，而股票分析師明知安隆財務有危機，但仍公然為安隆股票唱好。因此，這些組織或個人難逃安隆的欺詐的部分責任。

弊案的惡果

企業弊案對金融市場產生了巨大的衝擊，投資者及一般市民都對企業、企業領導人及股票市場失去信心。根據 Time/CNN 的 2002 年 7 月的民調，有超過七成的受訪者認為企業財務騙案並非個別事件，而是企業內的普遍現象。接近七成的被訪者表示，經過企業弊案後，對公司總執行長的信任更少，約六成對企業的信任更少，大約五成對股票市場及股票經紀的信任更少。超過七成的受訪者認為，與一般人比較，公司總執行長更不誠實及不倫理。有七成受訪者認為絕大多數的總執行長的薪資過高。有接近四成被訪者認為，公司總執行長的

道德是差勁的。有趣的比較數字是，有 22% 認為國會議員的道德差勁，值得注意的是，政客一向在人民心目中的地位很低。投資人經過這一輪的企業弊案，對股票市場信心大幅下滑，標準普爾（Standard and Poor）指數在 2001 年 12 月 28 日是一千一百五十點，到 2002 年 6 月 12 日下滑到一千零十點。股票市場的以億計的價值迅速蒸發，投資人損失慘重，安隆及不少的涉案企業的員工連工作都失掉。（*Time, July 30, 2002*）

思考題

要進一步分析企業弊案，我們可以提出一些一般的問題，包括：誰是弊案的主謀？誰是受害者？犯案者的動機是什麼？弊案對社會的短期及長線的影響是什麼？誰要負責？什麼是導致弊案發生的原因？法律漏洞？執法不力？行為誘因扭曲？腐敗的組織文化？企業倫理的被忽視？弊案是個別事件？還是普遍現象？如何防止這些弊案會繼續的發生？

關心企業倫理

違反商業倫理豈止大企業？不少規模較小的公司經常出現違法亂紀行為。違反商業倫理的經營及行為相當普遍，涉及不同的利害關係人（stakeholders），有發生在國內外的、有跨國企業及本地公司，它們分布於供應鏈不同的環節之中，出現在不同產業之內。肯定的是，企業人（指一切在企業內進行生產的個體，包括企業主及股東）及其組織違法亂紀並不是二十一世紀才開始，以上的案例只不過比較矚目及震撼力較強而已。在世界任何一個角落有商業活動的地方，幾乎每天都發生著一些違反法律及倫理的行為。安隆弊案被揭發之前，企業弊案一直沒有停息過，安隆弊案之後並不見得就會變得減少。商業弊案是一個長期存在的現象，只是在不同年代它們以不同的形式、數量及震撼性出現而已。值得深思的是，是否有一些深層結構上的問題，導致欺騙、作假、貪瀆、背信、濫權、腐敗成為經營的常態？弊案無法根治的原因是否繫於人類本性之貪婪自私？一旦沒有強力的監督行為，行為就會出軌？或將搭便車（free riding）視為理所當然？當遇到私利的誘惑時，人就會將道德妥協或丟棄？這些都是重要的問題，肯定不能三言兩語交代清楚。

眼前的事實是，缺德經營行為經常涉及個人私利（private interest）侵犯了

大眾的共同善（common good）、惡行（vice）侵蝕了德性（virtue）、貪婪（greed）埋沒了良知（conscience）、濫權（abuse）侵犯了正義（justice）；或跟價值錯亂、道德無知、麻木不仁，或在道德模糊、倫理衝突的狀況下缺乏倫理解困能力（ethical problem solving capacity）有密切的關係。

幾個流行的商業倫理神話

在商業世界中，道德與不道德就好像拔河的兩股力量一樣，而不幸的是，不道德的力量經常成為勝利的一方，社會則成為受害的一方。更不幸的是，這些令人不快的事實催生了一些有關商業倫理流行的神話及偏見，混淆社會視聽，模糊了商業的本質。要還原商業倫理的真相，就必須戳破這些神話及去除這些偏見。這幾個流行的神話是：商業與倫理矛盾說、商業倫理等於守法說、商業與道德無關說、商業倫理是個人私事說、商業倫理沒有對錯說、先賺錢後倫理說。

商業與倫理矛盾說

這個神話要人相信，逢商必奸，無商不奸，將商業與唯利是圖，商人與不道德的人畫上等號。其核心主張是，商業與倫理在本質上是互相矛盾的，所謂「商業倫理」或「企業倫理」是矛盾的名詞（contradiction in terms），正如「三角形的圓形」這個矛盾語詞一樣。問題是，「商業」與「道德」真的是互相矛盾的語詞嗎？道德的經營在本質上是不可能的嗎？企業人必然會做出不倫理的經營嗎？

無論就觀念及事實面而言，答案都是否定的。從觀念而言，將商業與不道德的含意視為等值根本沒有合理的理據；而從商業的內涵的分析，找不到與不道德及相關觀念的必然連結。就事實面而言，社會上有不少具有社會責任的優秀企業，生產出良好的產品及服務，受到人們的愛戴及支持，造福社會。這些事實並不是什麼秘聞，而是經媒體報導廣為人知的常識。

商業倫理等於守法

在很多人的心目中，商業倫理等於守法行為。這個流行意見是對商業倫理的誤解。商業倫理包含了守法行為，但卻不等同於守法行為。一般而言，守法只是倫理行為最低限度的要求，法律範圍之外的很多行為仍需要道德來約束及

指引，法律無法也不應該將所有行為都納入管制，在法律以外很大空間的規範，就由倫理來加以約束。在還未有法律禁止職業歧視之前，講道理的人都會認為歧視在倫理上是不對的。若倫理等於守法，由於沒有違反任何法律，歧視就沒有不對了。但這是荒謬的。

商業與道德無關

這個神話認為商業是一種道德中性（morally neutral）的活動，好比藝術跟道德無關一樣。商業目的為了利潤，資本主義市場內的商業活動是一個自主的領域（autonomous domain），有其內在的規律，跟社會的道德無關，以社會倫理加諸於商業是不適當的。這個神話建立在一個錯誤的假定上——商業與社會是兩個完全獨立互不相涉的系統。真相是，商業活動在社會中進行，需要社會的支持及合作，抽離社會的基礎商業就無法生存。社會依此為生存的規範（倫理及非倫理的）同樣適用於企業，企業及企業人不能獨享「道德免疫」（moral immunity），不受社會之倫理約束及制裁。

商業倫理沒有對錯

這個神話的大意是，商業上的是非對錯完全由行業、社會、文化所決定，沒有一套放諸四海而皆準的準則。西方社會中的商業對錯，是由其文化所完全決定，同理，東方社會中商業行為準則亦全部受東方文化所決定。兩者不能互相比較，兩者都各有道理。換言之，公說公有理、婆說婆有理。這個神話的謬誤就是一種文化相對論的謬論，其最大的弱點在於完全忽視了同一個文化中對是非對錯都有爭議，文化不能完全決定對錯真假。例如，在美國立國早期，很多擁有土地的白人認為奴隸制是天經地義的，但亦有白人指出奴隸制是不人道、不道德的，決定奴隸制是對還是錯肯定不能訴諸於文化，而應有獨立的準則。奴隸制後來之所以被消除最大理由是由於它違反普遍的道德。而違反某一文化或國家的道德，這點已經足夠揭露相對主義的錯誤了。

先賺錢後倫理說

這個流行的偏見不反對商業倫理，但強調公司要實行商業倫理有一個先決條件，就是公司首先要能賺錢。言下之意是，不能賺錢的公司就不應承擔倫理責任！這樣就會導致很荒謬的後果——公司今年賺錢，今年更講究商業倫理；明年公司虧本，就不用承擔企業社會責任。更離譜的結果是——公司第一季及

第三季獲利，因此實行商業倫理；第二季虧大本，第四季剛好打平手。在這些情況下，第二季中公司是否可以做不倫理的事？第四季公司可以什麼倫理事情都不做？這個偏見的毛病在於錯將賺錢與倫理視為兩樣可以簡單分割開來的東西，並且認為賺錢是公司首要的任務。而實際的情況並不如此，一些業績出眾並且實行社會責任的公司，並不是由於賺了錢才履行社會責任，而公司的經營與倫理分不開，因為倫理是公司的基本目標及核心價值的要素。

以上的神話及偏見很多是不值一駁的，但有趣的是，它們在社會中卻相當根深柢固，連絕大多數的商人或企業人都相信它們，同時承受逢商必奸這類不大光彩的刻版印象。這裡隱藏了一個危險，這些偏見形成了一種自我實現的預言（self-fulfilling prophesy），令相信這個偏見的企業人做出這個偏見所支持的行為時會加倍的「理直氣壯」，其餘的信眾亦會容忍甚至乎接受為商必奸，認定商業的「本質」就是不倫理，不以誠信及倫理來期待商人，在過程中受到奸商的不倫理經營所損害的人只好自嘆倒楣。這種錯誤的態度助長了一種向下沉淪的惡性的循環，在沒有扭轉這個沉淪趨勢的情況下。社會不斷要付出由這個錯誤認知帶來的種種成本，所有人，包括企業主及企業人都成了輸家。

商業跟人民的生活息息相關，由不倫理經營所造成的社會成本委實太沉重了！問題是，這並非是不可避免的，我們是有其他、令社會不用付出這些成本及耗損的選擇。我們不應再讓這個不幸的錯誤繼續下去，要糾正這個偏見及終止無意義的耗損，必須回歸到商業的基本面，反思商業的基本目的、基本價值、基本規範，及商業與社會應有的基本倫理關係，探討如何在商業世界兼顧個人私利之滿足及共同善的促進，令經營行為符合人類的道德要求，經營者遵守對社會的倫理義務。這些誠然是重要的挑戰，亦是研究企業倫理的主要任務所在。

法律為何不能代替企業倫理

法律是維持社會秩序，保護人民生命財產及基本的自由權利的典範，其重要性不容置疑。在企業倫理的討論上，一個經常出現的問題是：企業只要遵守法律不是已經足夠了嗎，為何還要商業倫理？這是一個必須回應的重要問題。

對上述問題的一個簡單的回答是，單靠法律是不足夠約束企業損害社會的行為。理由是，商業與社會息息相關，企業人的決策及行為對其不同的利害關係人——員工、顧客、供應商、競爭對手、社區、自然環境等都會有不同度的影響，這些影響經常會涉及到對利害關係人利益損害的情況。法律只能提供企

業最低限度的約束，在法律範圍之外，企業仍有很大的空間來製造傷害。為了防止這些傷害，除了法律之外，道德提供了第二條防線來約束企業行為。一般成熟的現代社會都會有這兩道防線來規範企業，亦由於這樣，社會認為只要求企業經營不違法是不夠的，還要符合商業倫理的要求。在不少的情況下，不違法並不表示就符合道德的要求。以南非的種族歧視為例，在由少數白人政權統治時，法律強制執行種族隔離政策，及包含了種種嚴重的種族歧視條文，一家完全遵守這些法律的公司就會有各種種族歧視的政策與行為，但由於種族歧視是違反道德的，這家守法的公司的行為卻是違反倫理的。反之，另一家堅持要平等對待黑人雇員的公司就會觸犯法紀；但從道德的觀點而言，這家沒有推行歧視的公司卻是符合道德的。這個例子的教訓是，法律不一定是符合道德的，全球這麼多國家的法律不一定每一條都符合道德的。從道德的角度而論，人民是沒有遵守違反道德的法律的義務。再者，就算相關的法律本身沒有違反倫理，只遵守法律亦不足，因為只遵守最低限度的約束離人們的倫理要求還有一段距離。

　　本書所關心的是企業的倫理行為。撇開違反道德的法律不談，就算法律本身是符合道德的，法律仍不足以促成企業依道德行事。下面以：(1)時差問題；(2)法律制定時所展示的限制；(3)法律執行上的限制等三方面來個別論證為何法律在促成企業倫理行為會不足（*Stone, 1993*）。

時差問題 (Time Lag)

　　法律本質上是回應式的規範制度，絕大部分的法律都是針對特定問題而研制出來的，即先有問題，後有法律。立法是一個漫長的過程——引起制法的問題先被覺知及得到社會及立法者足夠的重視，才能啟動立法者的立法動機，繼而研究調查、草擬法律條文、辯論、修訂及審議、通過及執行法令，整個過程經過數年的時間是平常不過的事，若遇到爭議大的法案（如：有關管制菸草的法案），或掀動了社會上有強大政治經濟勢力的既有利益集團，法案動輒要十數年或更長的時間才能通過，就算僥倖能通過亦被修改到面目全非，令法案能否有效達到原來立法的目標成為疑問。在此期間，若某一產品對消費者有傷害（有些可能是不可挽回的傷害，或受害者人數可能很多），法律對防止消費者受到的傷害一點幫助都沒有。

立法的局限

法律真的可以充分保護公民的利益嗎？理論上，法律是用來保護人民生命財產及各種自由權利的，實際上，法律並不一定能做到這點，尤其是有關商業的法律。熟悉商業法的人都不難發現，很多這類法律其實只不過是將既有的商業慣例變成法律條文而已。有關食物、藥品、汽車、化妝品等法例條文，其實不少都參考自相關行業的規則而制成的。原因是，第一，政府的有關部門人手極為不足；其次，政府人員亦缺乏相關行業（如：藥物、食品）最新的知識。這都會造成立法上的極大的困難。企業的研究發展一日千里，政府官員及立法議員在知識及科技上永遠落後於企業的發展，政府經常無法從企業取得最新的有關資料，因為企業的研究人員雖然比政府官員掌握更多更新的有關知識（如：某一食品是否致癌，或導致某些疾病；某一藥物是否安全，不會產生嚴重的副作用等），但他們仍對很多問題沒有肯定的答案，所以就算能提供資訊，亦有一定的不確定性。

立法者無法即時蒐集到足夠的知識，自然對立法不利，但立法的另一個的局限是，每當涉及一些抽象的價值時，立法者之間的分歧就會出現。就算立法者獲得足夠的事實，但價值的爭議經常無法達成共識。例如，某一藥物會對社會中患上某一種病的 99% 病人有好處，但卻會對 1% 病人帶來嚴重的結果，應否禁止使用這藥物成為一個不容易解決的問題。用權利與社會效益的兩種價值來考量這個問題經常是沒有交集。

另一方面，要確定一些事件的因果關聯愈來愈困難，尤其是涉及複雜的現象，例如，環境問題、藥物對健康的問題等，其中所涉及的因果關係異常複雜。再者，問題的複雜性令其原因很難辨認，會導致法律條文含糊不清。這情況會導致很多的法律訴訟曠日費時，成本很高。法律條文含糊的另一個結果是，被告會覺得自己是這些法律的無辜受害者，這種負面情緒會激起很多的抗爭及不平，社會摩擦愈多，便會破壞社會和諧。

我們是否可以將法令寫得更精細詳盡，以消除條文的含混不清？問題是社會願意因此付出多大的成本。當法令條文寫得愈來愈精細，管制會變得愈來愈繁瑣，受管制的人會未受其利就先受其害。其次，當一些抽象的價值被寫成一些可度量的指標時，價值原來的意思或精神可能會因此而喪失掉。

法律執行上的問題

就算我們不為上述的問題所難倒，在實際執行上，問題仍是一籮筐。如上文所言，事情變得愈來愈複雜，要找到清楚的因果關係就會愈加困難，令執法難上加難。以食物安全問題的執法為例，今天在市場上出售的食品，從農地或田園收割或採摘回來，經過加工處理、包裝、運輸到各個賣場的過程中，其間不知經過多少個工序，經過多少家公司及組織。假設這些食物可能含有一些對人體有害的人造色素、添加劑或化學物料，對一些個別的消費者可能產生危險。問題是，我們每天進食了很多不同類型的食物，根本不知哪一種是對我們有害的，或在什麼情況下對我們有害。例如，某食物在某一份量之下可能無害，但與其他食物混合一起進食就會產生大害；某一食物所包含的毒素短期不會產生作用，但長期進食就會累積致命的傷害；或某一食物只會在某一種烹調方式下才會有害；或在消費者在一種身體狀態（如：懷孕）之下才會變成有害。既然無法確定哪一類食物會損害我們身體，自然無法精準地認定哪一家公司的食物對人造成傷害；亦無法精準地確定傷害的程度。假若發生了事故，受到傷害的一方要提出告訴，所須呈堂的證據不容易找到，而就算可以找到相關的證據的話，證據將會是相當複雜及混雜的。因此，就算法律可以防止有害食物傷害消費者，但不要以為法律可以提供百分之百的保護。仍會有不少的漏網之魚，是法律所無法有效防阻的。

另一方面，執法是要一定的成本的，因此，就算是一套制定得相當完善的法規，但執行這些法規的社會成本，不能超過法律為社會帶來的效益太多。成本過高的法律，是社會無法承擔的。社會一旦有法，企業就不會做出有損消費者或社會利益的事嗎？持這個想法的人未免太過一廂情願了。有法不執、執法不嚴、執法不勤、執法不公等都是執行機構的一些通病，成熟的社會亦難避免。

法律是一種形式的規範，雖然法律對人類行為有很大約束力，但並不是唯一約束人類行為的方法。不少學者指出，社會及倫理規範比法律更能影響人的行為。很多人都不會一遇到紛爭就對簿公堂，他們會用其他非形式的規則，而不是用法律來解決紛爭。例如，他們會以朋友、家人、同事等來從中幫助調解，而不用勞煩法官。社會經常會用口碑、閒言閒語來約束成員行為，或會用羞恥感來影響行為，令越軌的人知道做錯了事，或令企圖越軌的人有所顧忌。審理出軌行為不是在法院，而是在家中、在職場、行業或在鄰里之內，參與其中的人是親人、朋友、同事、同業等。在一些人際關係緊密且有明確的規範的社群，

一些非法律的規範比起正式的法例對人的行為有更大的約束力。

綜合以上的討論，單靠法律是不足以令企業做符合道德的經營。若與法律互相配合，倫理規範始終是約束企業行為不可或缺的規則。

社會對企業倫理的期望

雖然社會對商業或企業倫理存有不少偏見，但近十多年全球許多地方以先進國家為主出現了清晰的對企業社會責任的期望。這些期望不單來自一般老百姓及民間組織，同時亦出自政府及區域性的國家聯合組織及聯合國（下面的章節有詳細的介紹）。這一節扼要介紹一些有代表性的調查，顯示人民對企業倫理態度。

1996 年市場調查公司 MORI（Market and Opinion Research International）的一次有關企業社會責任的調查，受訪人數是 1,948 人，年齡 15 歲及以上的英國公民，受訪者都大力要求英國企業需要加強，並認為很多公司仍未認識到企業社會責任的重要性（有三分之二受訪者認為，企業對其社會責任沒有給予太大的關注）。有超過七成的受訪者表示，當決定購買一樣產品或服務時，該公司是否有高度的社會責任是他們是否挑選產品服務的重要考慮因素。有 86% 受訪者認為一家支持社會及社區的公司應是一家好雇主。當要評價一家公司的商譽時，受訪者認為最重要的兩樣東西是：(1)公司的營利能力及財務健全性；(2)產品服務的品質。這一點自 1990 年到 1996 都呈現同樣的走勢。根據 MORI 2003 的企業社會責任調查（樣本 982 人），公司的社會責任是決定是否購買產品服務的重要因素，結果仍是正面的：1997 年（包括認為極重要及頗重要的比率）（70%）、1999 年（82%）、2001 年（70.89%）、2002 年（86%）、2003 年（84%）。（*Dawkins, 2004: 2*）

MORI 列出的不同責任（商業及社會）項目，要求受訪者排列這些項目的重要性，結果如下：

照顧員工福利；提供好的薪酬及條件；保障員工的安全。（24%）

保護周邊環境。（21%）

更多參與本地社區及／或贊助本區活動。（12%）

為消費者提供良好服務。（8%）

減少污染；停止污染。（7%）

為員工提供良好退休金及保健計畫。（5%）

誠實及可靠。（3%）

支持公益活動。（3%）

生產及保證產品安全及高品質。（1%）

產品定價公道。（1%）（*Hopkins 2003: 118-119*）

　　MORI 1999 年千禧年民調（Millennium Poll）的其中一個部分，調查二十三個國家的二萬五千人，詢問他們對某一家公司形成印象時，哪些是最重要的因素？調查發現，整體而言，企業社會責任（包括了對員工、社區、環境）排行第一（56%），再來產品品質及品牌（40%），第三是經營及財務績效（34%）。在二十三個國家中的十個受訪者，至少有三名（包括西班牙、中國、日本等）認為企業要制定更高的倫理標準，及建立一個更美好的社會，同時有效地競爭（*Corrado & Hines, 2001: 3-7*）。

　　2000 年 10 月，MORI 對英國 2,099 名成人作開放式的調查，發現受訪者對企業社會責任的內容包括以下：

對顧客的責任。（20%）

對在地社區的責任。（17%）

對員工的責任。（11%）

對環境的責任。（7%）

負責任／倫理地經營。（5%）

賺錢／成功。（4%）

對股東負責任。（4%）

　　2000 年 9 月 MORI 受 CSR 歐洲（CSR Europe）委託調查，共計十二個歐洲國家 12,162 受訪者，其中有七成消費者表示，一家公司對社會責任的承擔是選購該公司產品或服務的重要因素，而有 44% 說願意購買價格比較貴的倫理及環保產品，受訪者亦認為公司善待員工，包括保障他們的健康及安全、人權及就業是重要的。

　　除了這些調查外，筆者近年的田野調查（Ip 2002a, 2003a, 2003b）亦發現企業員工對公司社會責任是有很高的期望的，絕大部分的受訪者都不同意企業唯一的目的就是利潤極大化；認為企業除了利潤之外，還應履行社會責任；同時

也同意不違法並不等於履行倫理義務。

更早之前，有一個全球的商業倫理調查，清楚顯示不同文化的人對商業倫理的意見。這個有名的跨文化的態度研究（*Hampden-Turner & Trompenaas 1993: 32*），調查了十二個國家超過一萬五千名的經理，調查日期由 1986 年到 1993 年，受訪者被問及有關他們對所處社會中的其他人對企業目的之意見：

你認為以下的意見(a)或(b)哪一個是你國家中絕大部分人所認為，最能代表公司目的？

(a)公司唯一真正的目的就是要賺錢。

(b)公司除了賺錢之外，亦應關注不同的利害關係人，包括雇員、顧客等的福祉。

公司唯一真正的目的就是為了利潤，不同國家的經理的態度（%）如表 1-1：

表 1-1

美國	澳洲	加拿大	英國	義大利	瑞典	荷蘭	比利時	德國	法國	新加坡	日本
40	35	34	30	38	27	26	25	24	16	11	8

結語

現代社會跟商業息息相關，我們生活中的基本所需跟商業也愈來愈密切。無論從衣、食、住、行、學習、就業、娛樂休閒等活動都跟商業活動分不開，生活中的商業成分（commercial content）愈來愈多，商業透過其產品及服務滲透到每個人生活的各個層面。有人會對這種高度的商業滲透性（commercial penetration）表示反感及厭惡，認為這是一種商業霸權（corporate hegemony）的暴力，顛覆了生活的正常面及扭曲人類的基本價值，導致一種氾濫的物質追逐（excessive materialism）、高度浪費的消費行為（wasteful consumerism），將社會推向一個與永續發展相反的方向。批評者的反感並不是沒有根據的，現時不少缺乏倫理視野及關懷的經營確實將社會推向一個不能持續發展的狀態，但關鍵不

是商業的經營必然會導致這個結果。過度的商業化當然對社會有很多不良的影響，但商業所產生的千千萬萬的產品（如：電腦、電視、行動電話、iPod）服務亦豐富了人類的物質文化，直接及間接地滿足我們重要的物質需求。更重要的是，這些產品不單滿足我們的物質需要，同時滿足我們的社會需要及心理及知性上的需要。例如，行動電話除了能滿足我們與他人連結的需要外，還能滿足我們溝通的需要。筆記型電腦不單可以幫助我們做高效率的文書工作，同時可以幫助我們進行很多創意活動，上網蒐集及瀏覽資訊，滿足我們創作、知性、溝通的要求。物質需求、社會需求、知性需求及心理需求等的滿足都是人類快樂（happiness）的重要元素（雖然不是快樂的全部），適當的商業都可以達到的這些目標，因此商業對人類快樂的重要性是不能否認或低估的。關鍵點在於單靠純粹的商業經營的能力，缺乏對世界的倫理關懷及承擔（ethical concern and commitment），恐怕亦難發揮商業對人類幸福生活的積極作用。本書的一個基本論點是，透過倫理的經營，企業在滿足其商業目標的同時，亦會助長人類的幸福（human happiness）。總而言之，企業倫理的落實與促進人類美好生活（the good life）有密切的關聯。

註　釋

1. 本章所提弊案中有幾個（如：安隆、花旗銀行）在本書的附錄內均有較詳盡的敘述。本章所提的幾個案子在本書撰寫時，仍在法院審理之中，最後的審判結果仍未敲定，因此分析只能以已公布的相關資料作為根據，作為企業之不倫理行為的一些參考資料。

第一部分

倫理基礎篇

2
Chapter

倫理觀念

✜本章的目標✜

◉ 介紹倫理的涵義、經驗倫理及規範倫理，以及道德責任的內容

◉ 介紹倫理論據、倫理爭議的解決

◉ 介紹效益論、義務論、美德倫理

◉ 介紹正義、權利、良知等倫理理念

引言

　　在一般的道德論述中，人們經常會使用道德倫理觀念做分析、判斷、評估或批判，或利用這些理念來制定行爲指引或規則。本章主要以精簡的語言介紹在道德論述中的基本觀念及論述，包括效益、義務、美德、正義、權利、良知等倫理觀念，在適當的地方探討這些觀念相關的問題。討論分爲四大部分：(1)論述什麼是道德；(2)倫理爭議及其解決；(3)倫理論述——效益、義務、美德；(4)正義、權利、良知。

什麼是道德？

道德的涵義及範圍

　　什麼是道德？什麼是倫理？日常生活中，我們會經常用到「倫理」、「道德」或同類的語詞，似乎都很明白這些語詞的意思。報章電視經常揭露各式各種不道德的事件或行爲，例如，牛排店的牛排不是原塊牛排而是拼組牛肉，古坑咖啡混入了從國外進口的咖啡豆，年貨中有很多混雜了假材料的「黑心年貨」等。我們不假思索就可認定這是不道德的經營，因爲它們涉及了欺騙、不誠實、作假、背信等違反倫理的行爲。

　　這些不當的行爲之所以即時引起社會強力的反彈，除了媒體效應外，社會的道德要求是關鍵。在一個教育普及、秩序良好的社會中，成員「人人心中有把尺」。那把「尺」正是道德是非的標準。事實上，人們不只有標準，而且會在適當的時候使用標準來做判斷、做選擇及做決定。這些有關對錯是非的行爲、決定、選擇、判斷、標準等都屬於道德或倫理的範圍。人們成長過程中從家庭、學校、鄰里、教會、職場及社會中受到各式各樣的倫理教育與薰陶，道德的尺就逐漸形成，倫理的感情及傾向、道德性格、能力亦開始成型。人們對什麼是對、什麼是錯，大概有一些籠統的認知。問題是，籠統的認知是不足以幫助人回應今天愈來愈複雜的倫理問題。因此，對道德做系統的分析及論理是很有必要的。倫理學的論述包括了分析倫理觀念、評估倫理行爲、建構理論及制定倫理規範。

案例

　　2005 年 1 月震動全國的邱小妹的人球案，揭發了嚴重的醫療疏失。兩名仁愛醫院的醫師不單疏忽職守，同時說謊及僞造文書，企圖掩蓋自己的失職。輿論及社會大力指責兩名專業人仕，痛斥他們醫德淪喪。社會對醫生的期望，除了醫術之外，就是醫德。醫生的第二生命是醫德，因此，沒有比被罵「沒有醫德」更重的指責了。這亦反映了道德在醫療界等專業社群的重要性。此案令人髮指的是，虐待邱小妹的竟然是她親生父親，之後此人仍沒有悔意，無怪人人都罵他「禽獸不如」。凡人做了很壞的事，一般都被罵爲是禽獸行爲，若所做的事被指爲禽獸不如，其傷天害理的程度已經達到極點了。兩名醫師的行爲成爲千夫所指，因爲他們違背了醫者的醫德，同時不誠實及作假來企圖推卸責任。

　　什麼是道德？一般人會將道德聯想到與善惡有關的東西上去。不同的文化都有其認定的善及惡的東西。以猶太教基督教爲主的西方文化爲，十誡標示出十條道德戒律，其實就是一個很代表性的善惡的準則——十樣世人不應做的行爲或事。這十樣人不應做的事——殺人、姦淫、偷竊、作假見證陷害他人等分別表示了早期西方文化的十大惡——不道德的行爲。以上的惡者都涉及到傷害，如果道德與去惡避惡分不開的話，道德的一個起碼的內涵應是不傷害。十誡的道德涵義是訓誡世人避免做十樣傷害他人的動作。做到不傷害就等同於道德嗎？不少不同的文化都有大同小異的消極的訓誡，但很多同時亦有積極的訓誨的，例如，不少的文化鼓勵成員一些積極的善行或德性，包括誠實、仁愛、忠誠、慈悲、好施、助人等。這些行爲都被認爲是應該的，這些德性都被視爲應有的，並且它們都跟快樂或促進快樂有密切的關聯。換言之，道德除了包含各種的「不應該」外，還包含很多的「應該」。在道德意義的「應該」與善惡（good and bad）有關，跟行事審慎（prudence）的「應該」意義上是不同的。

　　從基本面而言，道德包括避免（製造）傷害及促進快樂與幸福。道德的消極面是不傷害（do no harm），道德的積極面是促進快樂（promote happiness）。一個行爲若涉及避免傷害他人，或促進幸福，都屬於道德行爲。虐待、欺壓、殺害、欺騙、不誠實、操弄、背信等都屬於傷害的行爲，是不道德的。幫助他人、愛護弱小、贈醫施藥、尊重他人、除暴安民、公平待人、加強自由等都可促進快樂，是道德的行爲。踐踏人權是傷害人的尊嚴，是不道德的；保障人權是對人的尊重，是道德的。

有人視道德與倫理是兩樣不同的東西，道德是個人跟善惡、傷害、快樂有關的行為及品德，倫理則指人與人之間的道德關係，即人倫之理。有人則將道德視為行為對錯的最基本的原則。本書將「道德」與「倫理」當作同義詞來使用，不道德就等同於不倫理，或違反道德等同於違反倫理；做事合乎倫理就是合乎道德的意思。本書為了修辭方便將會交替使用它們。道德或倫理這些核心語詞，可以在道德領域中很彈性地應用，其適用範圍包括：人格、思維、行為、決策、選擇、關係、社群、規範、政策、組織、社群、國家、制度等，以上這些項目都可以有道德的性質或面向，因此可以用道德語言來描述及判斷。道德可以用來形容個人的性格、行為、動機、決定等；倫理可以用來描述人際關係，亦可以用來描述組織、社群，甚至國家。社會規範、習俗、法律或政策可以是道德的或不道德的。企業方面，我們可以有道德的公司、高倫理的組織文化、不道德的公司高層、不倫理的產業、不道德的經營手法、不道德的產品或服務等。

 思考題

在日常生活中，有關善惡、道德或不道德的例子俯拾皆是，你可以依自己的經驗來多列舉一些例子嗎？可否舉一兩個審慎意義下的「應該」的例子？

道德的來源

究竟道德來自何方？人們一般認為道德來自社會習俗。什麼是對，什麼是不對，什麼是好，什麼是壞的都源於社會風俗。但習俗論不是唯一說明道德的來源的主張，其他流行的主張包括：(1)神命令（divine command）說；(2)自然法則（natural law）說；(3)人類的直覺（human intuition）論；(4)人的理性（human reason）論。神命令說的支持者絕大部分是宗教徒，他們相信宗教教義中神的意志（divine will）或命令就是對錯善惡的準則，依神的意志或命令來行為就是道德，違反神的意志或命令是不符合道德。對沒有宗教信仰的人來說，這個說法是沒有說服力的。另一方面，就算對有宗教信仰的人來說，不同的宗教所信奉的神有很大的差異，神的意志或命令可能依不同的教義而出現分歧，哪些才算合乎道德，就會導致爭論不休了。中世紀神學家如聖亞奎拿（Saint Aquinas）所倡議的自然法則說，跟神意志說在內容上有不少的重疊，兩者都基本上是神學

的論證的不同版本。自然法則乃神所創造的，是人類對善惡的準則的依據。自然法則說的弱點跟神意志說差不多，就是違反自然法則並不見得是違反道德，而依自然法則行事亦不一定是道德。直覺說的好處是它似乎接近很多人的倫理經驗，人們不少的倫理直覺近似一些直覺；其弱點是無法清楚說明爲何不同人的主觀直覺可以建立大家共同遵守的規則，而兩個主觀的直覺一旦在同一個倫理爭議上互相衝突時，究竟哪個直覺代表的行爲才是對的，就無法解決了。哲學家康德（Kant）認爲人的理性是道德對錯的來源，他的說法是義務論的代表主張（見下文）。

經驗倫理學和規範倫理學

依性質做區分，倫理學主要有兩種：經驗倫理學（empirical ethics）及規範倫理學（normative ethics）。經驗倫理是研究人類倫理生活及行爲的經驗科學，利用觀察、提出假設、蒐集證據、測試假設、印證或推翻假設來建立知識。經驗倫理學的研究範圍很廣，議題多樣，例如，某國的政府官員爲什麼受賄之風如此之盛？某社團成員之間爲何彼此忠誠如此的脆弱？某地區爲何長期侵犯人權？某會計行業爲何經常涉及利益衝突？某國營事業爲何奉承之風如此普遍？某些上市公司的董事及執行長爲何如此的貪婪？某媒體爲何經常報導欠缺客觀公正？某社會民眾爲何違反交通規則如此的普遍？

規範倫理學是對倫理做規範、觀念的分析及理論的論述，研究的範圍主要以兩大問題——人應該如何生活，包括什麼是美好的人生（what is a good life）？人應該如何行爲，包括什麼是對的行爲（what is the right act）？爲主軸。規範倫理學大部分涉及哲學的探討，尋找對錯的理據。但這並不表示只須做抽象的理論思維，相關的經驗知識，尤其是經驗倫理學經常有助於規範的探討。

倫理學源遠流長

西方自希臘哲學家開始，經歷中世紀神學家、文藝復興、改革時期、啓蒙時期以至現代的哲學家的努力，累積了珍貴的傳統。重要的哲學家，包括蘇格拉底、柏拉圖、亞里斯多德、休謨、康德、米爾士等論述，不少仍禁得起時間的考驗，歷久彌新。中國有別於西方的豐富的倫理傳統，尤其是儒、釋、道爲代表的道德哲學，對中國文化有深遠的影響。縱使經歷了近百年的歐風美雨的洗禮，中國人的性格、行爲、價值觀、互動模式、國家制度、社會組織等均處處流露出儒、釋、道的氣質。

研究規範倫理，吸納傳統智慧是必須的，但必須要開放批判，去蕪存菁，不應盲從於傳統，視之爲絕對眞理或教條；尤其是要篩選出在現今世界仍有相關性的部分。不過，「去蕪存菁，批判承繼」說易行難。要區別什麼是精華？什麼是糟粕？必須靠清醒批判的頭腦及深厚的學養。

道德責任的涵義

道德涵蓋的範圍很大，包括了責任、義務、對、錯、正義、美德等重要元素。通常道德跟道德責任關係密切，談道德經常就是談道德責任。究竟道德責任（moral responsibility）是指什麼？在什麼情況之下，我們要對行爲負責？在什麼情況之下不用對行爲負責？（Velasquez, 1992, 37-42）

知情、自由與責任

當人做了一些行爲，影響及他人時，道德責任歸屬問題就出現。然而，道德責任的涵義很廣。試從道德直覺開始思考這個問題。知法犯法的人或明知故犯的人自然罪有應得，責任難逃。但無知犯錯，是否要爲行爲負責？這得視乎情形而定。另方面，不知者不罪，是一個準則來判定責任歸屬。依此準則，行爲者（agent）是否對行爲知情（informed），包括是否知道自己在做什麼，及自己行爲所導致的後果等，是決定行爲者應否負責任的關鍵。一般情況下，知情的行爲者（informed agent）應對行爲負責。問題是，知情本身是否足夠決定行爲者的責任？這視乎行爲者的知情行爲是否受任何外力所左右，還是自主做出的而定。若是被強迫的，如受到他人的威迫而做出的，行爲者可免除責任。如果行爲者是自主的話，那就須承擔責任了。簡言之，行爲者若在知情及自主的情況下行爲的，就要承擔道德責任。

無行爲與責任

道德責任是否必須假定行爲者先有行爲呢？行爲者是否必須先做了某一行爲才有負不負責任的問題出現？行爲者若沒有任何行爲是否就無須承擔責任呢？答案是否定的。當有人的生命受到威脅時，袖手旁觀的人經常會受到譴責。在我們應該行爲但卻選擇不行爲的情況下，無行爲仍有道德責任。例如，有小孩掉進了洶湧河水而快要滅頂，一名在附近的游泳健將卻不下河救人，泳手必會受到嚴重的道德譴責。就算泳手沒有做任何行爲，但卻難逃道德責任。

小案例

一名會計師事務所的審計師 4 人小組在審計某一大公司的帳務時，發現有不少不實的申報，組長向組員暗示，大企業是事務所的大客戶，大家假裝未有發現弊端就好了。一名組員覺得不當，但卻憚於組長的權威及小組的壓力，默許這做法，沒有依照公司規定及所屬會計師公會的專業守則向事務所高層做任何的舉報。

思考題

這名組員在這件隱瞞不實財報的事件是否有責任？其餘的人包括組長有什麼責任？

能力與責任

上文都假定了行爲者應做的事是他能力可及的。假若相關的行爲是超出行爲者能力的話，行爲者是無須負道德責任的。就剛才的溺水例子，假若快要溺斃的是名大胖子，在河邊的卻是一名五歲小孩，小孩沒有救胖子並不導致人們對小孩的譴責，因爲這是超出他能力以外的事。這裡展示了道德責任與能力之間的關係。一般而言，有能力做應做的事而自由選擇不做，才要負上道德責任。如果行爲超出行爲者能力的話，不應視爲行爲者應做的事。英哲休謨（Hume）著名的「應然蘊涵了可以」（ought implies can）一詞說明了這個原則。

就上文有關不知情可以免除行爲者道德責任這點，稍做補充。一個有精神病的人如果傷害了他人，我們是不會追究其道德責任的，因爲他根本不知自己的行爲及其行爲的結果。但有時有些不知情的情況是不可以免除行爲者的責任的。例如，如果某人故意令自己不知情，試圖免除自己的道德責任，這個人仍須負上道德責任。或者，行爲者若由於疏忽或懶惰而導致不知情，也不能免除道德責任。在組織內有時會構成行爲者某種程度的不知情，責任的歸屬問題引起不少的討論。

小案例

　　小職員發現公司高層經理經常與親信做出嚴重違法行為，但由於經理位高權重，且「後台很硬」，自己職位低微，無法阻止不法行為的發生。雖然小職員曾鼓起勇氣向上司投訴，卻無功而返，還暗示他少管閒事。不法行為幾年後被揭發，但公眾利益已受到嚴重損害。

思考題

　　在追究責任時，小職員是可以被免除道德責任的？

倫理爭議及其解決

　　單憑社會習俗或法律是無法應付日益複雜的商業倫理問題的。原因很明顯，商業發展一日千里，法律及習俗來不及跟上，很難為商業提供及時的行為規範。況且，單靠法律來處理商業道德問題涉及的社會成本很大，且效果不彰。

　　一家跨國藥品廠的流行止痛藥若被發現會導致癌症，可能會造成全球災難。令問題更為複雜的是，很多不良效果要待一段頗長的時間才被發現，其中所涉及的因果關係並不一定明顯。這裡凸顯了現代商業決策的一個基本特性：在不少商業決策中，決策者對決策所引起的後果並無確定的知識。面對有不確定後果時，決策者應如何做出一個合乎道德的決定，難度很高。令問題更為複雜的是，有時決策同時帶來好及壞的後果。例如，某種農藥可以大幅增加農產品的產量，但卻對人體及環境有害。應否生產這種農藥就涉及了如何去平衡好壞的影響，而要做適當的平衡必然涉及倫理標準。決策者用後果的好壞來決定？還是考量決定是否符合義務？面對不確定性時，愈來愈多人認識到，單憑黃金定律、「一切憑良心做事」、「問心無愧」等這些一般性的指引，既無法在認知上協助企業人精準認知問題（包括辨認倫理問題），在實踐上亦不能為他們提供具體而有效的指引。

　　就影響方面而言，商業決策會對不同的對象製造不同程度的衝擊。某個決策可能符合股東利益，但卻對僱員有害；對管理層有利的決定不一定對其他的員工有益；對工會有利的，並不一定對股東有利；對長遠環境有益的決策，可

能會損害股東的短期利益等。決策如何兼顧各方的利益，而不違反道德？當事人可以用不同的倫理觀點來支持某一決策，但究竟哪一觀點較爲合理？哪一原則較爲適用？答案並不一定清楚，且經常會引起不少的爭議。

在這種爭議中，究竟效益論有理？還是義務論有理？經常不是三言兩語可以交代清楚。事實的爭議比較容易解決，例如，尋找相關的證據或事實，大致上可以解決爭議（當然，在一些較爲複雜的情況下，取得相關的證據並不容易）。另一方面，倫理爭議有時會涉及抽象觀點與原則，甚至是基本假定的分歧（difference in basic assumptions），且無一定的決策程序可以確定地解決紛爭。雖然如此，並不表示倫理爭論永遠無法解決，有效的解決爭議的前提是理性的思考，包括釐清問題、確定證據、提出有理由的主張等。

倫理論據

現代人的生活——衣、食、住、行、休閒、學習、通訊以至醫療國防等都滲透了很多的商業成分。正由於這種高度的商業滲透性，企業的如何經營，是否道德地經營，都會影響到民眾的利益與幸福。公司怎樣對待員工、客戶、社區、供應商、競爭對手等都有倫理的一面，涉及應與不應的問題。例如，公司在招聘或擢升員工時，經常會出現性別及年齡歧視。從倫理的觀點，這個做法是否合乎倫理？大企業爲了極大化其市場占有率，會經常採取五花百門的壟斷手法，減少競爭對手，或令對手處於不利的位置上。從商業道德的角度，這樣對待競爭對手公平嗎？對消費者公平嗎？公司爲了增加產品銷路，經常誇大產品的性能或隱瞞事實，這些推銷的手法合乎道德嗎？事實上，很少商業行爲不涉及道德。經營者必須承認商業的倫理面是經營不可避免的，同時要學習如何適當地處理經營的道德。

既然商業與社會息息相關，影響著很多人的利益及幸福，除了法律外，社會對企業行爲經常做道德的監督、判斷或審查，是很應該的事。與此同時，經營者有爲其商業行爲提出辯護的權利。例如，當社會人士指責某一公司的行銷欺騙消費者時，公司有權做出答辯。相關的指責有事實根據？還是無的放矢？答辯是呈現事實？還是卸責詭辯？在這爭議中，指責是否公道？答辯是否有理？是重要的倫理考量，其中包括辨識指責或答辯是否都有事實支持，有合理的理由。只有藉由合理理由支持的主張或行爲，才能具有正當性，才會取得人們的信服及接受。對相關的主張、行動、政策等要求及尋找合理的理由，等於爲該行爲或主張提出某論據或論證（argument）。道德論據（moral argument）一般

用如「由於某理由，所以某主張」或「基於某理由，因此某行動或決策」等論證形式（argument form）表述出來。好的論據（good argument）是禁得起理性（邏輯）分析或包含有力證據的論據。合理解決倫理紛爭的關鍵之一，是檢查雙方是否提出好的論據。

倫理爭議的解決

有人認爲，事實的爭議（factual dispute）用事實來解決，道德的爭議（moral dispute）要靠道德論證來紓解。然而，實際的情況當然複雜得多。例如，在事實爭議中，如何確定什麼是相關的事實，哪些是事件的眞正原因等，並不是簡單的事。在道德爭議中，評估道德論證本身就相當複雜，尤其是涉及倫理原則或基本假定的爭議，情況會加倍複雜。這時，我們不容易找到獨立的準則來做仲裁。雖然如此，在一般的情況下，解決道德爭議是有規則可循（*Beauchamp & Bowie 1983: 13-15*），不是由人任意操弄的。這些規則分爲三類：事實規則、觀念規則及論據規則。

事實規則

不少的倫理爭議並不在道德原則或立場，而在相關的事實上。有時，當事人所提供的事實太過籠統或未夠全面，引致錯誤的推論或引申。因此，解決爭議時必須確定已獲取所有相關的精準事實。有時，提出的事實如果比原初所提出的更精準或更全面時，爭議很可能自動消失。例如，某藥品公司的一款流行的胃藥被發現有不良的副作用，威脅病人的健康。有人跟著指責藥品公司不道德。調查發現，公司在未推出藥品前對藥品所做的科學測試並未發現這種不良副作用。隨後，有研究發現產品對絕少數患有某種稀有敏感症的人有輕微不良的反應。公司隨即告知政府有關部門，及在包裝中做了適當標示，警告消費者。再者，公司還在傳播媒介上做了一個多月的宣傳，提醒使用者有關產品的不良效果。在這種情況下，公司似乎已經做了所有應該做的措施，向社會告知有關產品的不良效果，並沒有刻意隱瞞事實。消費者在選擇這種藥物時，是在知情的情況下做選擇的。如果社會大眾知道上述這些事實，應該不會指責公司不道德經營。

觀念規則

很多時，道德爭議的當事人雙方似乎都同具說服力，互不相讓，爭論看似

永無休止。但細察下，發現爭論中的主要觀念的定義含糊，或基本的命題意思不清楚，或彼此對同一觀念的理解有分歧等等，如果能將這些含混不清的觀念及意思分歧的命題都予以釐清，許多的爭論可能會比較容易獲得解決，或根本不會發生。80年代在美國的一場有關企業的社會責任的爭議就是一個經典的例子，爭議的一方將企業的社會責任定義成企業對股東的責任，另一方則將社會責任的對象界定為所有的利益相關者或利害關係人，股東只是眾多利害關係人之一而已。由於沒有解決定義上的分歧，雙方浪費了不少的筆墨及言詞，對解決爭議沒有幫助。

假若雙方接受了共同的道德原則或假定，釐清主要觀念及基本命題的涵義，對解決爭論肯定是有幫助的。然而，假若雙方緊持截然不同的道德原則或假定，解決爭議的難度會增加。不過，不是所有的爭議都會涉及這類深層道德的爭議。在一般情況下，爭論雙方經常可以尋找到能繼續溝通的共同點，而在這些共同點上逐步解決問題。有時，爭論雙方由於過於情緒化，彼此會將分歧過度放大，有意或無意地忽略共同點。這是經常出現的心理反應，但理性的思考應儘量消除情緒的干擾，直接檢查爭議的論點是否合理。

論據規則

凡倫理爭議正反雙方都會提出各自的論證，關鍵是這些論證是否有效、是否合理。簡單言之，有效的論證的結論是可以邏輯地推演出其結論，無效論證反之。合理的論證包含了合理的前提及合理的結論。因此，評估論據是否有效合理是解決爭議的另一重要步驟。評估論據包括了檢查論據的觀念及命題的涵義是否精準，相關的事實是否已經呈現、推論是否合法等，若能揭示出對方的論據無效，或其推論不當，或觀念混亂，或隱瞞重要假定，或遺漏了重要的事實，就會削弱，甚至推翻對方的論據❶

小結

學習辨識倫理問題、建構及分析倫理論據及解決倫理爭議是倫理教育的目標。然而，目前令人擔心的是，學校的道德教育長期受到忽視，缺乏長線有效的規劃、投資與執行，學生進入職場及社會時缺乏對倫理意識及解困能力，促成了近年社會及企業弊案頻頻的亂象。

效益、義務、美德

　　人們經常從不同的角度做道德考量。有的從行為所產生的後果來衡量行為的對錯，有的從道德原則或義務來評估善惡，有的從人類美德來檢查行為是否可以接受。從後果來衡量道德，經常會提出如「你有考慮這行動的結果所產生的好壞嗎？」「你能夠或願意承擔這行動的後果嗎？」「你所預期的良好後果若不出現，你仍會執行這個政策嗎？」「若這選擇會導致很多人的痛苦，你仍要堅持嗎？」這類的問題。不是用行為的後果來判斷道德通常會出現這類問題：「這行為雖然帶來一些好結果，但合乎倫理嗎？」「你這樣過活，有違反做人的義務嗎？」「你只問目的不擇手段，人們會接受嗎？」「你經常將他人視為工具，不覺得不對嗎？」明顯的是，這一組問題以義務來做倫理判斷，結果的好壞是無關於行為的對錯。從美德來衡量道德的人會以「有品德的人會這樣對待他人嗎？」「經常說謊的政治人物是否有羞辱之心？」「同流合污這類勾當是有品德的人會做的嗎？」這類問題思考及判斷道德，以美德作為行為好壞的準則。這三組問題分別代表了論述人類行為對錯的三個倫理理論。

效益與道德

效益論的主張

　　以行為的後果來作為判斷行為的對錯，似乎符合很多人的道德直覺。事實上，行為無論大小都會產生一些影響，尤其是社群生活的人而言，每個人的行為幾乎都會對他人產生一些或好或壞的影響，因此，個人的行為及其後果自然成為道德關注的焦點。

行為、規則、效益

　　效益論一般分為兩種：行為效益論（Act Utilitarianism）及規則效益論（Rule Utilitarianism）。行為效益論主張，一個帶來或增加整體快樂的行為就是道德的行為。相對於一個情況而言，若有兩個行為可以達到相似的結果的話，若行為 A 所帶來的快樂比較行為 B 所帶來的快樂大的話，行為 A 是道德的行為。例如，在商業互動中，若講真話所帶來的快樂比講假話所帶來的快樂大的話，講真話是道德的。行為效益論關注的是特定時空內的個別行為，而不是一

般的行為。換言之，假若在另外一個制定合約的場合中，講真話並不能帶來快樂，而講假話反而帶來快樂的話，那麼講假話是道德的。結果是，講真話是否道德要視乎該行為在特定場合內是否可以帶來快樂，或帶來快樂的多寡而定。對效益論者而言，講真話有時道德、有時不道德，而講假話有時不道德、有時道德，這些結果是可以接受的。很多人不能接受這個結論，認為在一般情況下人們都應該遵守經常講真話這個道德要求，不能一時講真話、一時不講，並認為兩者都是合乎道德的。批評者認為，行為效益論所導引出的指引若與這個普遍的倫理要求相左，那它就有問題。

行為效益論認為帶來了整體社會的快樂的行為就是對的行為這個主張，經常受到批評。以下是一個經常被引用來攻擊效益論的例子：

小案例

　　某城市近年內凶殺頻頻，兇手殘暴犯案手法異常相似，死者被殺害前都有被嚴重虐待的痕跡，警方研判兇手是變態的連環殺手。兇手非常狡猾，警方束手無策，同類凶案不斷發生，導致全市人心惶惶。經過連日的偵查，警方終於找到一名嫌疑人，不幸卻打草驚蛇，這名疑犯突然溜走了。據一些未被證實的資料，疑犯決定永不回來。警方遲遲未緝到兇手，已受到很大的壓力，如今嫌疑人溜跑，破案就無望。在這個情況下，負責這一案件的人員突然想出一個計謀——栽贓嫁禍一名沒有不在場證據的累犯，並將他屈打成招。全城誤以為兇手已落網，暫時鬆一口氣。

批評者指出，警方這個做法雖然帶來了整體社會效益的提高，但卻是不道德的，因為栽贓嫁禍一個無辜的人是不對的。鑑於上述的困難，效益論者於是改變主張，用個別行為所遵守的規則，而不是用個別行為來論道德。這個修改過的主張稱為規則效益論，基本主張是，符合可以導致整體快樂增加的行為規則的行為是道德的。規則效益論與行為效益論最明顯的不同，是它不是單從行為是否導致整體快樂（增加）而論該行為是否道德，而是先問這行為是否符合了某行為規則，然後再問這些行為規則所導致的行為是否可以提高社會整體的快樂。重點是，只有那些符合導致增加社會整體快樂的行為規則的行為，才是道德的行為。以上文的栽贓嫁禍個案為例，冤枉無辜是違反了「不應冤枉無辜」這條可以導致整體快樂的行為規則，因此，規則效益論是不會容許栽贓嫁禍行

為的。

規則效益論雖然在這點上比行為效益論優勝，但卻有其一定的困難。人類社會中能導致整體快樂的行為規則很多，這類規則之間的衝突司空見慣。例如，在墮胎問題上，尊重生命的規則與保護婦女的自由選擇權的規則發生衝突。在職場上，僱員的私隱權可能與僱主的財產權發生衝突。在社會的層面上，維護個人的隱私權利與國家安全經常會產生摩擦。一旦出現衝突時，究竟哪條規則比較優勝？規則效益論不容易回答這問題。

動機與道德

效益論經常被批評漠視個人動機在道德行為上的作用。以行善事為例，有人為了虛名、為了回應社會壓力，有人則出於助人之情。單從結果而不考量動機，這些行為同屬道德，但若加入動機考量，前兩者的動機不良足以減低其道德價值。源自不良的動機的行為就算帶來社會效益，人們仍會質疑該行為的道德性。

義務與道德

義務論以義務論述道德。德國大哲康德（*Kant, 1724-1804*）認為，人類的各種道德義務，乃透過人的理性反思而不用從經驗或行為結果中獲知。除了一個善的意志（good will）之外，世界上沒有其他的東西本身是善的。什麼令意志成為善的？康德認為善的意志的善來自自身，理性的人的意志的內在性質決定其善的本質。善或惡全依賴人自己，人們對意志有完全的控制，透過理性影響意志，令其成為善。由理性指引而形成的善的意志，不單不會為我們的自然傾向（慾望）服務，而經常會約束或干預慾望。依理性而產生的義務經常與自然慾望抗衡，依義務而來的道德生活永遠跟慾望世界背道而馳，道德經常要我們從慾望中尋求解脫，取得自由。康德相信，真正的道德行為是出於義務而不是為了符合義務的行為。例如，有人幫助別人若出於要符合助人的義務，康德不以為這樣的幫助人是有道德價值的，只有由義務所驅使的助人行為，才算是真正的道德行為。善的意志包含了義務感。只有那些出於義務感的行為，才有道德的價值。人們平常從個人感覺、自然反應、自利等出發來行善，由於不是出於一種義務感，所以沒有真正的道德價值。

義務之所以如此重要，因為是建基在所謂「無條件律令」（categorical imperative）之上。康德提出一個著名的無條件律令的表述：

「只依據那些你會同時願意它應成為普遍定律的格律而行動。」

（"Act only according to that maxim by which you can at the same time will that it should become a universal law.", *Foundations of the Metaphysics of Morals, 1785*）

　　無條件律令是普遍地適用於每一個人身上，既不涉及個別具體的目標，也獨立於行為的後果。康德也用另一個有名的陳述，表達無條件律令：「理性的人應時常視其他理性的人為目的，而永不能只視之為手段。」意思是，應該視他人為目的，而不應將人只視為手段。

　　康德深信人擁有理性，而理性的擁有令人擁有內在的道德價值，因此不應純被利用來作為其他目的之手段。純將人作為手段來看待，就是貶低了人的內在道德價值，違反了人的尊嚴。無條件律令對理性的人之所以有約束力，原因正是人的理性。理性的人正由於其理性的天性，必會接受無條件律令。康德倫理學要求的是道德的一致性，理性的人應遵守道德一致性——無人可以在道德上視自己與眾不同，認為自己可以做他人被禁止做的行為而不自相矛盾，或認為自己的利益比他人利益重要而不自相矛盾（*Rachels, 2003: 128*）。

美德與道德

亞里斯多德的美德觀

　　美德倫理在中西文化都有源遠流長的傳統，先秦儒家將美德設於道德的核心地位，古時希臘就有美德的系統論述，亞里斯多德的《尼各馬克倫理學》（*Nicomachean Ethics*）堪稱美德的經典巨著。

　　亞里斯多德認為，情緒與行動的恰如其分地適當反應就是美德。每個人都有情緒或情感反應，有的反應過度，有的反應會不足，這些過度或不足的反應都不是美德，只有不過度或非不足的適當反應，才是美德。例如，勇氣是相對於恐懼及自信的情緒而有的適中（mean）反應，過度的反應是魯莽；不足的反應是懦怯。從容克（自）制是相對於快樂與痛苦情緒的適中反應，過度則變成沉溺，不足則是反應遲鈍。又如對待金錢，不足的反應是吝嗇，過度則是奢侈浪費，適中的反應則是慷慨。相對於憤怒，適中的反應是好脾氣，過度是暴躁，不足是冷漠。總之，適中或恰到好處的反應是美德，過度或不足的反應屬惡行（vice）。亞氏認為這些恰到好處的反應是行為者的穩定性格，遇到適當的情境時，會自然及習慣性地表現出來。例如，一個勇敢的人不會是需要勇敢的時候

有時勇敢，有時不勇敢；而是會經常展示勇敢的行為。一個有仁愛德性的人不會是只有兩成時間是仁愛，其餘時間都不仁愛；而是需要仁愛時會經常表現仁愛的行為。亞氏相信，美德可以令一個人的生活更飽滿，有意義的人生必須由美德而達成的，道德美德中最普遍及最重要的是正義。除了偉大之外（與當時希臘社會軍人德性有關），若做寬鬆的解讀，似乎大部分這些美德大多適用於今日社會。

亞里斯多德將希臘美德綜合如下：勇敢（courage）、從容自制（temperance）、慷慨（liberality）、偉大（magnificence）、尊嚴（pride）、好脾氣（good temper）、友善（friendliness）、真誠（truthfulness）、風趣（wittiness）、羞恥感（shame）、正義（justice）、榮譽（honor）（《尼各馬克倫理學》，*1107a28-1108b10;1115a4-1128b35; Solomon, 1992: 200*）。

思考題

以上的希臘美德及現代美德（「思考題」內所列出）有哪些是適用於商界？這些美德都具有同等的價值嗎？是否有些美德比其他美德重要？例如，究竟榮譽重要，還是羞恥感重要？好脾氣、友善、風趣，三者都有同等價值嗎？真誠、勇敢、慷慨，究竟應該怎樣排列先後？美德之間會發生衝突嗎？一旦發生衝突時如何解決呢？

美德的來源

亞里斯多德認為美德不是與生俱來的，也不屬習慣，而是透過不斷的學習實踐而來的個人優越特質。例如，公正的人不是順其本性而做公正的行為，而是以從公正的人的行為作為榜樣學習公正的行為。若人的德性是學習回來的，那麼被學習的對象的德性同樣是學回來的，如此類推，一定有一個最早被他人學習的有德性的人——德性始祖。問題來了！如果德性不是天生而是學習回來的，德性始祖的德性跟誰學習回來的呢？困難是，德性始祖之前不可能有德性的人，於是德性學習的論述成為不可解了。亞里斯多德似乎沒對這個問題提出令人滿意的答案，不過他表示，美德行為不純粹是模仿的結果，還應符合三個條件：(1)行為者必須知道自己在做什麼；(2)行為者必須選對這行為；(3)行為必須源自行為者穩定不變的性格。

儒家倫理傳統以美德來推動及維護道德。儒家哲學中的君子論，將道德所依的美德做了詳細的論述，並將美德認定為世人踐德修身的目標。孔子之君子與小人之辨，細述了小人的各種低劣的品德，警惕世人修身時必須嚴加防範的小人的惡行。儒家倫理最高理想就是成聖成賢，聖賢擁有最理想的人格及美德，是人人應該學習的「模範角色」。中國人推崇見賢思齊、親賢人、遠小人，就是反映了這種願望與理想。透過「模範角色」學習美德及做人處事，是個人道德成長的重要過程。美德的發展亦有一段歷程，其中需要不斷之修練與學習。

美德倫理的優點

西方主流倫理學不是用道德原則、規範，就是用義務來論述倫理行為。但問題是人為何要遵守道德規則或實行義務？人要做好人、做對事的動機是什麼？雖然，義務論比起效益論更能顧及行為者的動機，但對提倡美德論的人來說，義務論的毛病是太過依賴非個人化的抽象理念，而忽略了行為者的性格在行善方面的關鍵作用。對美德論者來說，一個基於抽象的義務感而來的善行，與一個由德性所誘發的善行是不盡相同的，雖然結果都是善行。以德性為本的倫理會將善行視為行為者因應具體的個人關係、聯繫或其所擔當的角色或身處的位置從其德性中自然而出的回應。在倫理生活中，由個人的家人、朋友、同事、鄰里，以及作為公民一份子與其他公民等形成的社會聯繫（social attachments），給予個人的德性特定的內容，包括對家人的美德、朋友美德、同事美德、社區美德等，而不是泛泛的美德。這些社會聯繫給予個人生命包括倫理生活具體的意義，沒有將這些聯繫給予應有的重視的倫理學因此是不足的。

正義、權利、良知

正義與道德

「正義」（justice）這個詞與「公平」（fairness）經常被當作同義詞來使用。公平、正義不僅是重要的道德概念及原則，同時也是現代社會的普世價值。正義是文明社會（civilized society）的支柱，有倫理意識的企業必然會重視正義。

正義涉及多重意義，在不同場合這個詞被使用的時候，可能意指著不同的東西。正義經常用來意指（denote）某種某人應得的情況（what is one's due）。

例如，某員工盡忠職守、處事效率高，表現出眾，但多年卻未被公司擢升，同事都為他抱不平，認為公司沒有正義，對他不公平。另一方面，某員工工作表現優秀，獲得升職或加薪，我們認為某人受到公平的對待，因為該對待是那人應得的。這個意義的正義被稱為應得正義（entitlement justice）。

正義有時是指在一種涉及利益（好處）和風險或負擔（壞處）的分配情況。這裡所指的利益，包括經濟、社會、政治及文化等方面的資源或機會，如更多的就業機會、更好的居住環境、合理的房屋價格、平等的就業機會、平等政治參與機會、各種人權的保障及多元的文化設施等。負擔或風險也可以是多樣的，包括稅收增加、環境污染、人口擠迫、治安惡劣、機會減少、腐敗增加等。怎樣分配這些利益與負擔？基於什麼原則？誰人得到利益？誰人得要負擔？都是分配正義要處理的問題。一般稱這個意義下的正義為分配正義（distributive justice）。一個正義的分配是有一個正確的（right）利益與風險或負擔的分配。

正義問題亦經常出現在有關賠償的場合。某人若不當地傷害了他人的利益，加害人就有一個義務對受害人做出賠償。例如，某人破壞了某人的財物，令後者蒙受損失，加害人就有責任對受害人所受到的損失做出賠償。至於加害人對受害人要做多少的賠償才算合理？就涉及賠償正義（compensatory justice）的問題。賠償正義受很多不同因素的影響，並沒有一個簡單的方程式來決定。籠統地說，賠償應相等於加害人從受害人奪走的，或相等於受害人相關的損失。但有些損失，如生命或身體器官的損失是無法償還的，名譽被毀的損失很難量度。在這些情況下，完全相等的賠償雖然不可能，但依賠償正義要求，對受害人及其家屬部分的賠償，如金錢上的賠償是必須的。

正義亦會出現在有關懲罰的情況。例如，某人犯了罪，被判罪名成立，法官在量刑時要決定施予怎樣的懲罰及多重的懲罰，涉及了報應正義（retributive justice）。報應式正義要處理的問題是，以什麼的懲罰及多重的懲罰才足以懲罰當事人所犯的罪行呢？

正義與平等

在一般有關的正義論述中，以上介紹的正義的四種涵義是經常遇到的用法。除此之外，正義理念亦包含了一個共同涵義──相同的東西應獲得相同的處理，不同的東西應以不同的方式處理（equals ought to be treated equally, unequals [ought to be treated] unequally）。意思是，具有類似性質的東西應無差別地對待；性質不同的東西應以不同的方式處理。這個正義的共義，是希臘時期亞里

斯多德所提出來的，它成為正義的形式原則（formal principle）。由於這個原則的核心觀念是平等，因此有人稱之為平等的形式原則（formal principle of equality）。這條原則用「形式」這個詞來形容，因為它沒有提及任何具體的性質，因此可以應用到任何性質之上。

權利與道德

自從 1948 年「聯合國世界人權宣言」（Universal Declaration of Human Rights）面世以來，人權（human rights）在過去的半個世紀已經逐漸成為人類社會的普世價值及基本的道德準則。人權保護及發展在近年不單成為政府的責任，亦開始成為企業尤其是多國企業（multinationals）重要的社會責任。這些人類共同享有的權利包括：公平審判、不受虐待、擁有財產、結社、集會、投票、參選等民主權利、就業自由選擇職業、遷徙自由、言論自由、思想自由、表達自由、宗教自由、接受基本教育、不受各種歧視的權利等。

下文將對權利的性質、結構、類別及其倫理義涵作簡略說明。

權利的性質與結構

什麼是權利？簡單言之，權利是義務的合理要求（rights as reasonable demand of obligations）。我們用「A 有 R 的權利」來說明這個抽象的說法——A 有 R 的權利的基本意思是，B（代表其他的人）有義務尊重 A 做 R 所包含的事，這個尊重包括了兩方面，不得干預 A 行使 R。如有可能，協助 A 行使 R。更具體一點，若小王有言論自由的權利，則其他人就有不干預小王發表言論的義務，或／及有義務協助他行使言論自由。一個人的權利是他人有義務尊重及保護的東西。或者說，一個人若擁有某一權利，意涵著他可以做某一行為或行動，同時他人必須容許他做某一行為，或有義務以某一特定方式對待權利的擁有者。一項權利創造了相關於這權利的義務（a right creates an correlative obligation to the right）。例如，擁有言論自由的權利令某人可以自由無恐懼地發表言論，他人包括政府有義務不干預這人的言論。若上述的權利受到法律的保護的話，這項權利不單是道德權利（moral right），同時亦是法律權利（legal right）。現時很多國家都有保護人權的法例，很多的道德權利都成為了公民的法律權利。雖然如此，兩者的基礎是不同的，道德權利衍生自道德，支持它們是道德理念及原則，法律權利的基礎是法律，社會透過立法來加以認定。從另一個角度來看，人的權利其實代表了人的重要的活動，因此代表一個個人或政府不宜隨意干預的領

域，在這個意義下，權利可以被視爲約束個人或政府行爲的基本規範，權利成爲個人或政府合理行爲的倫理底線。

就結構而言，權利（即道德權利，下同）包含了以下的幾個元素：**權利主體**（權利的擁有者）（subject of right）、**權利的性質**（什麼權利？）（nature of right）、**權利的義務體**（有義務履行尊重權利的人）（against whom the right is claimed）、**權利的基礎**（支持權利的理由）（reason of right）。以私產權爲例，一名私人房車的車主就是權利的主體，其私產權令他有擁有、使用、維修保養、借給他人、轉售這財產等自由；有義務尊重這項權利的是車主以外的其他人，這些義務包括了未得車主同意不得使用它的義務等，而權利的基礎包括了說明這權利的理據。其他的基本權利大致有類似的結構。權利的主體不必是可以辨認的個人（identifiable individual），同時可以是群體，近年的集體權利（group rights）理念反映了這一點。同樣地，權利的義務體包括了特定的個體、群體或國家。道德權利要符合平等原則，即人人都可以平等地享有權利，不受種族、性別、宗教、社會地位、膚色、財富等因素限制。

權利跟義務關係密切。一個人的權利起碼包含了他人對權利主體的義務。例如，一個人的追尋幸福的權利，就是他人不應干預其追尋幸福的義務；工人有組織工會的權利，就是企業或政府不應禁止或阻礙工人組織工會的義務；公民有享受不受污染的環境的權利，就是企業不應污染環境的義務，或政府防止環境受到污染的義務。一般而言，權利與義務都息息相關，但有例外。例如，有人做了一些超乎常人的善行來幫助他人，這時行善者執行了超常義務。受惠者可以接受幫助，但卻沒有權利要求這類幫助。換言之，在超常義務上，權利與義務不存在相關聯的關係。

消極權利與積極權利

一個流行的分類法，將權利分爲積極及消極兩大類。消極權利（negative right）要求權利的義務體對相關權利行使不干預的義務。例如，人民有集會自由的權利，作爲義務體的政府的義務是不得干預人民的和平的集會。積極權利（positive right）要求義務體不只消極的義務，而是積極的義務來協助權利主體實現相關的權利。例如，公民有接受基本教育的權利，政府不單要履行不干預人民受基本教育的消極義務，而要積極地協助人民實現受基本教育。其他的積極權利，如健康權、就業機會平等權利、環境權利等都有相伴隨的積極義務。

就人權發展史而言，積極權利比消極權利晚出，二十世紀之前所提的權利

幾乎全屬消極類型的。二十世紀初，一些工業國家開始認識到若政府不提供一定的援助，很多處於社會邊緣的成員是無法照顧自己及家人生活，生存受到威脅。英國當時推行的貧窮法就是很好的例子。從人權的執行（enforcement of rights）而言，不管是消極權利還是積極權利都包含執行的成本——司法制度及相關的資源（*Holms and Sunstein, 1999*）。

不同權利之間的衝突是經常發生的，例如，在墮胎問題上，胎兒的生命權與婦女的自由權經常發生衝突，墮胎爭議為何仍持續不減，其中原因就是要解決這類重要權利的衝突是很困難的。在企業中這些權利的衝突亦司空見慣，雇主由私產權所支持管理公司的權利，經常與員工的隱私權及健康權發生衝突。個人權利與公共利益的衝突亦是今天社會上不時出現的事。公民的言論自由可能會與國家安全這個重要的利益發生矛盾，有一些言論可能涉及危害國家安全。

良知與道德

日常生活中，很多人都經常訴諸良心（conscience）來支持自己的行為或為行為辯護。「我這樣做，良心安嗎？」「你做了這決定，良心過得去嗎？」「問問自己的良心！」這類言詞經常被用來檢查某一個行為或決定是否合乎道德。很多人覺得，良心（或良知）是他們在道德行為上的是非對錯的準則及來源。有些人不會將良心視為眾多的對錯準則其中之一，而是將良知視之為行為對錯的**最後準則**，具有至尊的地位。這些給予良心至尊位置的人並不是不懂做一般的道德思維，而是認為在行為的對錯做最後的判斷時，必須以良心或良知為最後的根據。事實上，中外文化都賦予良知至高的道德位置，在重要道德爭議中，良心或良知均被引用作為道德的最後裁決。

《論語》中記載了一個小故事，學生宰我問孔子：「為父母喪是否需要三年這麼長的時間？」孔子回答：「是的，如果你不守三年之喪仍感到心安的話，就去做吧！」回答宰我時，孔子雖然沒有用「良心」這個字，但其意思大致是「你良心過得去就去做吧！」這故事說明了用良心來判別行為的對錯，其實在中國古已有之。西方文化中視良心為道德是非的基礎的看法亦很普遍。中古時期的亞奎拿斯（Saint Thomas Aquinas）及十八世紀英國的聖公會主教巴特勒（*Joseph Butler, 1692-1752*）就是兩個很好的例子❷。

巴特勒的良知論

巴特勒認為神在造人時賦予人良心（conscience），作為控制其他行為動機的力量。人們透過日常經驗就可以知道良心存在心中，及良心最能指引正確的道德行為。每一個人都有慾望（appetites）及情感（affections），它們都有特殊的外在對象，例如，我們對食物的慾望、我們對某人有感情、我們意欲到南部山區遠足等。除了這些涉及外部對象的慾望及情感外，人還有自愛（self-love）的能力，以自我的快樂作為對象。人還有仁愛之心（benevolence），以他人的快樂為目標。最後，人亦擁有良心來指導人正確的行為，良心給予人道德上真、假、對、錯的辨識力及判斷力，良心不只能指引我們做對的事，避免做錯的事，同時還可以幫助我們判別他人做的事究竟是對還是錯。

跟其他的神學家不同的是，巴特勒訴諸我們的經驗來證明良心的存在，不是用非經先驗的（a priori）方法，搬出人的理性（reason）內包含了良心這類的講法。良心是人的天性，對人的各種情感及行為的對錯做出最後的贊同或不贊同、許可或不許可的最高權威（authority），任何慾望或情感與良心發生衝突時，良心都有駕馭它們的能力。換言之，良心在這方面可以算是人性的一個判別對錯的內在的法則（law），是人的道德生活必須遵守的最終基礎[3]。

小案例

小王與小李是好朋友，經常一起談論有爭議性的社會問題，態度開放理性，從不情緒化。一次，兩人討論有關美國同性戀者應否有結婚的權利問題。如往日一般雙方都心平氣和探討這個問題的對錯，但在激烈且友善的交談過了兩個小時，大家意見都南轅北轍，最後其中一人要求要結束討論前，這樣說：「憑良心，我無法支持同性戀者可以結婚！」，另一方理直氣壯地回應：「跟您剛好相反，我的良知告訴我不應反對他們有結婚的權利。」

這段小插曲可能每天以不同的形式在不同的地方重複地發生著，良知或良心跟行為的對錯可謂如影隨形。

結語

　　本章的討論希望能幫助讀者對跟倫理的核心觀念——效益、義務、美德、正義、權利、良知建立基本的了解。值得注意的是，掌握了這些知識雖然可以協助我們更清楚地論述問題，但並不就足夠解決所有倫理問題，因為擁有這些知識並不等於已經具有一套機械程序，依指定步驟就可以找到倫理問題的答案。解決倫理問題須適當地應用觀念及原則、解讀倫理處境、辨認倫理問題、蒐集證據，及不斷運用批判思考及倫理想像力來評估對錯或做出建議。

註 釋

1. 至於如何去區分好壞的論據，讀者可以參考一般邏輯或思考訓練的書籍。可參考葉保強、余錦波，1994。

2. 亞奎拿斯的良心是一種從普遍原則推論出具體的指令的推論能力，跟巴特勒視良心為一種直覺得知對錯的能力不同。

3. 在其《布道》（*Sermon*）中巴特勒對良心有深入的論述。

3
Chapter

企業倫理五論

✤本章的目標✤

- 敘述企業發展簡史
- 討論企業的性質
- 論述企業社會責任論
- 論述企業利害關係人論
- 論述整合社會契約論
- 論述康德企業倫理
- 論述儒家企業倫理
- 探討企業社會責任的意涵
- 探討企業與利害關係人社群應有何倫理關係
- 論述企業經營的正當性

商業最終只有兩個責任：

遵守日常人與人之間的基本文明的規範（誠實、誠信等美德）及爭取物質上的報酬。

*~ **Theodore Levitt**，美國前證交委員會主席*

引言

企業倫理的中心課題，就是要建立企業的理性倫理秩序、規範及指引企業的經營行為及發展。在過去三十多年間，企業倫理學的學者提出了不少這方面的理念，本章將這些理念及建議綜合成五個主要的理論：(1)企業社會責任論；(2)企業利害關係人論；(3)整合社會契約論；(4)康德企業倫理；(5)儒家企業倫理。在未討論這五個理論之前，本章先對企業的發展歷史，及一個有關企業性質的辯論做一簡要的介紹❶。

企業發展簡史

現代人一談起企業，都會不期然聯想到著名的大企業，如通用汽車（General Motors）、國際商業機器（IBM）、殼牌石油（Royal Dutch Shell）、通用電氣（General Electric）、耐吉跑鞋（Nike）、諾基亞行動電話（Nokia）等名牌大公司。其實，英文「corporation」（企業）這個名詞含意很廣，在西方中世紀時這個名詞可以用到教會、行會及本地政府上去，亦可以指牟利及非牟利的組織。一間大學（非牟利的）可以是一家企業，一間牟利的公司亦是一家企業。一家牟利的公司可以是一家由平民合資、私人擁有的公司，也可以是在股票市場公開發行股票的一家上市公司（公眾擁有）；一家公司亦可以部分由私人擁有，部分為政府所擁有的。在紐約證券交易所、倫敦證券交易所、香港證券交易所等上市的公司全部都是公共擁有的私人公司。我們今天所熟悉的企業，是經過一段相當的演化過程發展出來的。

早期形式的企業估計出現在中世紀前期，第一類的企業是鄉鎮、大學、教會，它們都在皇帝處取得特殊的許可及受到皇室法令的管制。英國在十五世紀時就有有限責任（limited liability）這個法律觀念，當時的主要作用是界定鄉鎮

的鎮長對鎮的財務責任，包括一旦鎮財政破產時，鎮長要賠多少這些責任問題。那時法庭做出這個劃時代的判決，背後所依據的核心理念包括了以下的重要觀念：整體所擁有的或屬於整體的，是不能成為這個整體的成員所個別擁有的。中世紀時，法律並沒有給予一些牟利組織企業的法律地位。

另一個具革命性的組織原則——公司化（incorporation）（意思是合併組成公司），經歷一段演化而逐漸形成。十六世紀末，歐洲皇室將一種特許狀（special charter）批給了一些人，讓他們組成公司，這些人通常是皇室成員、貴族或富有的商人。這些特許狀容許這些公司擁有獨家的權利，可以在一個指定的地域上進口及輸出指定的貨物，那些擁有皇帝給予特權的公司，很快就形成了壟斷。十九世紀，普通法將特許狀制度化，成為法律的一個部分。透過普通法，公司作為一牟利組織的權利被確定了，特許狀隨即消失。國會容許商人自由組成公司，法律確認了人人有組織公司的權利。

十六世紀末及十七世紀海外貿易有長足的增長、航海技術的改良、商人階級的興起。商人投資建造大船，逐漸出現了一些能做遠洋貿易的大型公司，海上貿易頻繁引來了大批海盜的出現，保鑣行業及保險行業亦應運而生。例如，當時的亞姆斯特丹保險公司（Amsterdam Insurance Company）就有一隊六十個護衛船的船隊，保護在海中往來的商船隊。熱帶地區的產品——棉花、香料、茶葉、咖啡及甘蔗等對歐洲的商人及皇室都非常的吸引。皇帝想建立殖民地，商人想到外地做生意，導致了很多公司成立。當時商人的活動範圍，已經從歐洲的海洋擴展到世界的海洋，與此同時，歐移民潮正興起，歐洲不少國家將一些犯人移到澳洲，非洲的黑人亦被賣到西印度群島及美洲大陸❷。

傳說一千六百年最後的一天，英國女皇伊利莎白一世批准了一間貿易公司成立，公司名為「與西印度群島貿易的倫敦總督及商人公司」（the Governor and Company of Merchants of London Trading into the East Indies），這家就是聲名顯赫的東印度公司（East India Company），它亦被世人稱為最偉大的合股公司。東印度公司有很大的權力及特權，一手包辦了所有與東印度群島有關的貿易，其他的公司若要在那裡經商，必須先取得其所發的牌照及遵守其法律，公司有權向違反者罰款，及將之監禁。一家公司能享有如此大的權力，在今天看來，簡直是有點匪夷所思。有史家認為東印度公司基本上反映了重商主義的歷史，在十七世紀時公司從印度的皇室取得特權，而在十八世紀時則回過頭來給予印度的皇室特權（*Lipson, 1956: #314*）。

值得注意的是，雖然早期的公司是得到皇帝或政府給予特許貿易權，到殖

民地經商或做貿易，但公司的成員不像現代的公司一次集資組成的，而是在每一次出海貿易之前，商人用公司的名義，向有興趣的人融資，如果那次貿易有何損失，或被海盜洗劫，個別的投資者就要承擔損失。當商船愈做愈大、成本愈來愈高時，沒有一個人可以單獨負擔貿易的費用，於是就出現了集資來分擔風險的做法，這就是今天的企業的前身了。

除了東印度公司之外，其他擁有特許狀的公司包括了商人冒險家（Merchant Adventurers）、俄羅斯公司〔the Muscovy（or Russian）Company〕、利芬公司（the Levant Company）、南海公司（the South Sea Company）等，它們可以在法國、土耳其及西班牙一帶經營。法國亦成立了其東印度公司，及東印度群島公司（Company of the East Indies）。荷蘭則成立了荷蘭西印度公司（Dutch West India Company）、荷蘭東印度公司（Dutch East India Company）。這些公司絕大部分都賺不到錢。跟英國的東印度公司一樣地賺錢的是荷蘭東印度公司，它控制了爪哇及現時印尼的其他的部分，壟斷了當地非常賺錢的胡椒及咖啡貿易。十八世紀末，由於公司變得腐敗及組織臃腫，荷蘭政府取消其公司資格。

十九世紀，美洲尚是英國及法國的殖民地時，英國的赫德遜灣公司（Hudson Bay Company），及法國的西北公司（North West Company）包辦了北美的皮草產業，北美洲是當時歐洲皮草的主要來源地，其後合併於赫德遜灣公司，其後合併了西北公司，成為了一時無兩的龐大企業，其擁有的土地是羅馬大帝國最盛時期所擁有的土地的十倍！十九世紀末加拿大立國，英國政府指令赫德遜灣公司將這幅今日加拿大由安大略省一直向洛磯山伸展的一大片的土地賣給加拿大政府。現今跨國企業的財雄勢大自然令人側目，昔日赫德遜灣公司的輝煌歷史亦是現代企業史上重要的一頁。無論如何，東印度公司及其他同類的公司，是今天的現代上市公司的前身。

十九世紀政府對企業的管制漸趨寬鬆，取消了對組織公司的限制，可說是企業演化到今天的形式的最後一個階段。直至十八世紀中葉，成立企業必須先向皇帝或政府申請，經過研究及審批，公司才能成立，其中的一些考量因素，是申請成立的公司能否促進公共利益。但這個成立公司的制度經常被批評有偏私、貪污及製造了壟斷，人們對成立公司的制度所依據的思想提出了批評，這種思想就是當時流行的重商主義（mercantilism）——企業的活動必須要達致某些公共的目標，提高公共的利益。現代商業之父亞當史密斯（Adam Smith）對這個思想大肆評論，指商業活動不必經由政府指引，不用與公共政策有關聯，市場無形之手就會有效地引導私利的商人如何好好運用資源來生產經營，達致

社會最大的利益，政府有形的手會壞事，把事情愈弄愈差。十九世紀的另一個重要的改革思想是：組織公司是人民的一種權利，是人民結社自由的權利的一種延伸，不是皇上的恩賜。之後，這種特許狀制度逐漸被一種更公平及透明的制度所取代。今天，只要填好申請表格及付上所需的費用，任何人都可以成立一間公司（*Shaw, 1996: 160-161; Alexander, 1997*）。

美國的企業如一般公民一樣，其「生命、自由及財產」（life, liberty and property）都可以受到憲法的第 14 條修訂案（Fourteenth Amendment to the Constitution）的保護。法國視企業除了是一個生產的組織之外，還具有道德性個體（Personnalite morale）。有學者認為一家企業可視為一種擴大了的個體，因此跟個體一樣，擁有各種的權利，它們是「擴大了的個體，而不是削減了的社會」（enlarged individuals, not reduced societies），就算在一百多年前的美國，企業已經發展到以下的一個地步，公民發現到成為美國公民的含意包含了成為公司的成員，而對公司忠誠與愛國並無兩樣（*Davis, 1961, 1897: 242, 246, 280*）。

組織公司的原則中的一個具有革命性的原則就是有限責任原則（limited liability）。這個原則將一個人或一群人的商業行為轉變為一個企業法人的行為。在此之前，在商事法上沒有一項法律能創造出有這般深遠的影響。有限責任性可以說是現代企業的一個重要特性，它意味著企業成員對企業負債的財務上的責任，只限於他們所投資的金額。舉個例，假如某甲與其他人各出一百萬合資組成了一間有限公司，一次公司倒閉，法庭裁判要公司償還債主欠債，作為股東的甲當然要有責任還債，但其財務責任只限於他所投資的一百萬元，所有超過這個金額的欠債，他都可以免除責任。換言之，就算股東所投資的所有資金都不夠還債，縱使甲的身家仍有一千多萬元，但甲仍不需動用一分一毫來償還債主的欠款❸。

企業的性質

曾在美國發生一場有關企業性質的論爭，這個論爭中有兩個主要的意見。

今天的企業的前身是聯合股份公司。這類公司之所以成立，是由於想做生意的人認識到單獨一個人沒有足夠的資金來進行其期望的商業活動，所以就要找其他有共同目標的人合作，集合資金成立公司，願意出資合作的人成了公司的合夥人。因此，有人認為這類公司是合股人產權的延伸（extension of property right）及一種契約權利（right to contract）的實施。如果一個人獨資開店經營，

可以將賺到的利潤全數放在自己的口袋裡；合股公司的合股人將自己的資金投入公司，換來股權，共同擁有這家公司，他們可以獲得公司賺來的利潤，因為公司是他們的。這個思想的背後是私有產權的觀念——財產是屬於個人的，個人可以從其財產的運用而獲取一切利益及利潤。

跟這個看法不同的另一個觀點，認為將企業應被視為一家公共組織（public organization），而不純是一個私人組織，企業因此要承擔一些社會的目標。最早的聯合股份公司出現在封建王朝時期，成立公司是帝王對其一些寵愛的貴族或官員所恩賜的一種特權，公司是為了某一種特殊目的而成立的。今天，企業的成立亦要經過政府的審批，因此亦可以被看成是由國家給予的一種特權。展示這個觀念的一個很好的法庭案例是 1876 年的一場在美國發生的官司——Munn v. Illinois 的裁決，法庭裁定企業的財產影響到公共利益，因此政府有權管制企業，企業不全是私人的，同時有一個公共面向。

但與這一個裁決絕然相反的是一個發生在美國密西根州的 Dodge v. Ford Motor Co.最高法院的裁決。那次的裁判認為如果福特的老闆亨利福特（Henry Ford）認為福特公司賺了太多錢，因此要用減價的方式來將利潤分給社會的話，這個做法可能導致政府插手，強迫福特要多付紅利給股東。法院的理由是，一家商業企業的組成及運作，基本上是為了股東創造更多的利潤。在公司的組織章程就明文規定賺錢是公司的目標，這代表了公司與投資股東的一份契約，亨利福特是無權用做善事這個目的來取代原來的契約所列明的賺錢目標。

這個裁決表示了法院將企業看成完全是股東的私有財產。值得注意的是，如果股東的人數少，同時他們積極地參與管理公司的事務，則企業是股東的私產這個看法是相當合理的。然而，隨著時代的改變，企業的組織及運作已經產生了很大的變化，企業的股東人數愈來愈多，他們亦很少直接參與公司實際事務的管理，公司管理是委託一群專業的經理來主持，公司的擁有權與管理權是分開的，繼而導致了企業財產性質的改變（*Boatright, 2000: 348-49*）。

1932 年《哈佛商業評論》（*Harvard Business Review*）有一期刊登了有一個有趣的辯論，題目是「企業是否純是私人的財產」。參與辯論其中一名論者杜德（E. Merrick Dodd Jr.）認為，企業除了賺取利潤的功能之外，還有社會服務的功能，現代企業已經由一個股東私人活動的組織，搖身一變成為一個公共的體制，因此就有一種社會責任，包括做慈善事業的責任。企業在特殊的解讀下可視為一種財產，它可以由社會管制，以保證企業的員工、顧客及其他人的利益都得到保護。企業經理有義務及權利考慮企業的所有利害關係人的利益。對

這個看法提出異議的比爾（Adolf Berle）指出，當經理對股東的責任變弱，經理的權力及對公司的控制在實際上變成了絕對，這會很危險。公司法已經有不少約束經理權力的規定，責成經理要保障股東的利益，但對經理能否為社會利益而打拚，亦沒有有效的規定，經理怎樣運用這些新進的權力來保障自己利益之外的利益，根本就全無保證。

另一個對這個辯論有一決定性影響的事件，是 1953 年紐澤西州最高法院審理的 A. P. Smith Manufacturing Co. v. Barlow 一案的裁決，法庭認為公司經理捐給普林斯頓大學一千五百元是合法的，雖然股東反對經理這樣做，但法庭的理由是阻止企業這個捐贈會威脅本國的民主與自由企業體制，如果美國的企業不幫助包括教育等重要的體制，就等於沒有好好地保護股東、員工及顧客的長遠利益（*Boatright, 2000: 350-351*）。

企業是一個現代經濟中關鍵的生產組織（productive organization），包括了經濟、政治、社會、法律、倫理、組織等不同的面向，及可擔當不同的角色。從其不同的面向可以了解企業的多元性質。

先從企業所扮演的角色（roles）開始。對一個投資者而言，一家可以在股票市場中公開買賣其股票的企業（上市企業）是一個值得投資的對象，這家企業對投資者所扮演的角色是一個有潛力增加自己財富的組織。我們不妨以台灣的晶圓龍頭企業台積電為例做一個說明。例如，投資者對台積電的賺錢能力有信心的話，台積電就扮演了一個能增加公司股票價值的生產組織，即能增加投資者財富的角色。對一個雇員而言，台積電是雇主，可以為自己提供職位，自己可以用勞力，賺取薪金，養活妻兒；對消費者而言，台積電可以提供所需的產品或服務，滿足顧客的需求。總的來說，在供應社會所需，提高生活水平的角度來看，企業是推動經濟發展、提供就業、創造財富的主角。

從企業的組織結構方面看，企業之內的組織成員包括了企業所有權的擁有人——企業主；企業的管理者或執行人員：董事局董事，公司總裁或執行長、總財務長、總資訊長、總營運長、各級經理或幹部、各部門員工等。視乎不同企業的傳統與公司文化，企業組織內的各個職位都有明確及不太明確的權力與責任的規定，彼此形成一個權力與責任的互相關聯的網絡。有些組織的層級繁多，上下級責任及權力分配明顯，如一個權力金字塔，權力集中在位於塔頂尖的董事長及總執行長，上級指令下級，下級聽命上級，上一層指令下一層，是一個級層分明的科層體制（bureaucracy），傳統的製造業的公司都有這種組織形態。有一些企業的組織結構比較扁平，層級不多，組織內由各種不同的功能團

隊（functional teams）所組成，團體內以民主原則運作，其責任及功能隨著團隊的目標來訂定而變化，團隊之間彼此構成網絡，由協調者將之協調起來，工作完成，團隊會解散，或給予另外的新的工作目標。以團隊運作的組織比較機動，一些以服務業或顧問爲主的企業都展示這種結構的不同程度組成。當然，在這兩類型的組織結構只代表了兩個典型——層級性組織及網狀組織，現實上，視乎在哪一個產業，不少的企業是這兩個典型不同程度的混合體。

企業在社會中必須取得一個合法的地位，受該社會法律的約束。法律可以說是一個社會形式化的規範，社會成員必須遵守，一家企業作爲一個社會的組織成員亦不能例外。不同的國家雖然所制定的公司法都不盡相同，但相同的地方亦可能不少。無論如何，公司法主要是規定一個企業的組織及運作，公司的權利與要承擔的責任。在法律的角度而言，企業雖然是一個生產組織，沒有像人一般有意識、有生命，但企業在法律上卻被視爲一個法人（legal person），要承擔法律責任，及擁有法律權利。例如，如果福特汽車公司（Ford Motor Company）所生產的汽車出現了問題，造成了交通意外，令司機或路人受傷，公司就有法律責任要賠償受傷的司機及路人。一家公司若在生產過程中令員工受到可以避免的傷害（由於疏忽或管理不善，職場充滿不可接受的危險），公司就要承擔責任；若一家工廠在製造產品的過程，由於疏忽或大意，破壞了環境，工廠亦會受到法律制裁及相關的懲罰。

除了上述的面向外，近年不斷有人要求企業要履行其對社會的道德責任。當提及社會責任時，人們的關注焦點就落在企業的道德或倫理面。下面討論以「企業的社會責任」爲主題的企業倫理理論論述[4]。

企業社會責任論

企業社會責任的定義

「企業責任」（corporate responsibilities）或「企業社會責任」（corporate social responsibilities, CSR）是企業倫理的核心觀念，同時亦是一個爭議性的觀念（contestable idea）。

企業社會責任究竟指什麼？管理學界對這個理念常見的定義如下[5]：

「企業責任就是認眞考慮企業對社會的影響。」（Rayomnd Bauer in John L.

Paluszek, *Business and Society: 1976-2000*, New York: AMACOM, 1976: 1）

「社會責任就是（企業）決策者的義務，在保護及改善本身利益的同時，採取行動來保護及改善整體社會福利。」（Davis Keith and Robert L. Bloomstrom 1975, *Business and Society: Environment and Responsibility*, 3rd ed. New York: McGraw Hill, 39）

「社會責任這個理念假定企業不只有經濟及法律的義務，同時有超出這些義務的一些社會責任。」（Joseph W. McGuire, 1963, *Business and Society*, New York: McGraw Hill, 144）

「企業社會責任融合了商業經營與社會價值，將利害關係人的利益——所有受到公司行為影響的——整合到公司的政策及行動之內。」（*Connolly, 2002*）

社會責任金字塔論

管理學者卡爾路（*Carroll, 1996: 35-37*）將企業的社會責任類比於一個金字塔，責任金字塔包括了四個部分，分散在一個金字塔的四個不同層面之內。這四個部分是：

1. **經濟責任**（economic responsibilities）：企業作為一個生產組織，為社會提供一些合理價格的產品與服務，滿足社會的需要。這個部分位於金字塔的最底部，表示這類責任為所有責任的基礎。

2. **法律責任**（legal responsibilities）：企業之可以在一個社會內進行生產等經濟及商業活動，是要先得到社會的容許的。社會透過一套管制商業活動的法規，規範了公司應有的權利與義務，給予公司一個社會及法律的正當性（legitimacy）。公司若要在社會上經營，遵守這些法律就是公司的責任。法律責任位於經濟責任之上。

3. **倫理責任**（ethical responsibilities）：在法律之外，社會對公司亦有不少的倫理的要求及期盼，包括了公司應該做些什麼，不應該做些什麼等。這些倫理的要求及期盼都與社會道德有密切的關係，其中包括了消費者、員工、股東及社區相關的權利、公義等訴求。倫理責任位於法律責任之上。

4. **慈善責任**（philanthropic responsibilities）：企業做慈善活動，中外都很普

遍。一般而言，法律沒有規定企業非做善事不可，企業參與慈善活動都
是出於自願，沒有人強迫的。做慈善活動雖是自願，但動機可不一定相
同。有的企業是為了回饋社會，定期捐助金錢或設備給慈善公益組織，
或經常動員員工參與社會公益活動；有的公司做善事主要的目的是從事
公關，在社區上建立好的商譽，動機非常功利，不純是為了公益。這種
動機不純的善行，依義務論而言，不值得我們在道德上的讚譽。但功利
論者則認為只要能令社會獲益，動機純不純是無關宏旨的。依卡爾路表
示，慈善責任等於做一個好的企業公民（be a good corporate citizen）❻。

　　這四個責任構成了企業的整體責任。雖然分置在不同的層面上，這四個責
任並不是彼此排斥、互不相關，而是彼此有一定的關聯的。事實上，這些責任
經常處於動態緊張之中，而最常見到的張力面，是經濟與法律責任之間、經濟
與倫理之間、經濟與慈善之間的緊張與衝突。這些張力的來源一般都可以概括
為利潤與倫理的衝突（見圖 3-1）。

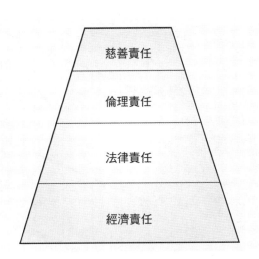

圖 3-1　企業社會責任的金字塔

企業社會表現模式

　　卡爾路（1996: 49）整合了不同的社會責任的構思，而提出企業社會表現模
式（corporate performance model）。這個模式有三大面向——社會責任、社會回
應及社會問題，每個面向分別有不同的次面向，產生了一個包含三大面向九十

六項的立體社會表現模型。三大面向連同其不同的次面向構成了一個4×4×6項目體：

社會責任面：經濟、法律、倫理、慈善
社會回應面：事前準備（前瞻性行為）（proaction）、包容或吸納性行為（accommodation）、防衛（護）性行為（defense）、事後回應行為（reaction）
社會問題面：股東、工作安全、產品安全、歧視、環境、消費者問題（見圖3-2）

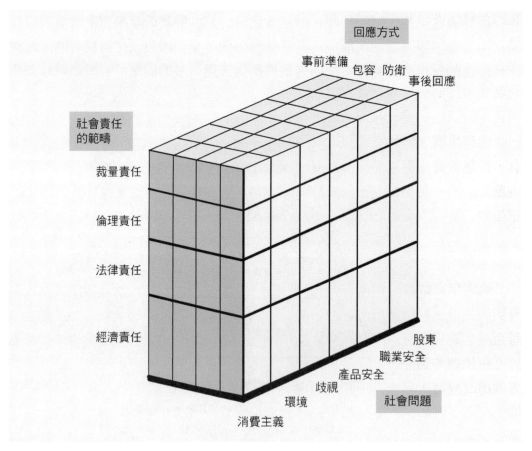

圖3-2　企業社會表現模型

資料來源：Carroll, 1996: 49

對責任金字塔論的批評

卡爾路對四個層面的責任彼此的關聯所言不多，我們對四個層面如何的互相關聯著並不清楚。就責任的優先次序而言，雖然卡爾路說這些責任並不彼此排斥，但卻以經濟爲最基本，其餘都建基在經濟之上，這意味著若其他的責任與經濟責任發生衝突時，經濟責任的履行有其優先性。例如，若經濟責任與法律責任發生衝突時，或經濟責任與倫理責任衝突時，經濟責任可凌駕於法律與倫理責任之上。然而，這個觀點是違反常理的。

單從經濟責任與法律責任的關係而言，這個觀念明顯地忽略了法律的優先性，一家企業之所以能經營，首先要得到法律的許可，取得合法經營的地位（上文的企業簡史已有述及）。換言之，沒有履行其法律的責任（包括取得經營執照），一家企業根本上是無法進行其合法的經濟商業活動。因此，在履行其經濟責任之前，必須先實行了其法律責任（起碼包括了做合法的公司註冊，及遵守所有公司法的規定）。即是說，法律責任應優先於經濟責任。倫理責任與經濟責任的關係亦可以做類似的批評，例如，公司亦不能也不應不顧社會公益，一味唯利是圖。無論在描述層面或規範層面，卡爾路的責任排列都有困難。還有，將慈善責任與倫理責任分爲兩類責任有點奇怪，既然倫理責任包括了做一些應該的事，那麼做慈善一般都會納入企業應做的事之內，即屬於倫理責任，正如做一個好的企業公民是履行企業的社會倫理責任一樣。

企業三重責任論

倫理學家費特烈（*Frederick, 1986*）處理企業社會責任跟一般管理學家的進路有明顯的分別，他認爲企業主及管理者之所以無法逃避社會責任的一個原因，是企業活動與社會活動有很多交接的地方，彼此利益與福祉息息相關，互相處於互相依賴的動態平衡之中。一方採取新的發展方向，另一方會受到衝擊。一方做出改變時，另一方要做出相應的協調。今天社會變化劇烈，維繫彼此的動態平衡關係的原來的規範或標準亦會受到壓力，需要做出調整或改變，這個規範張力及改變已經成爲企業與社會之間互動的常態，而社會責任基本上跟規範的改變緊密地連結在一起，故此，探討企業社會責任時必須認識這個企業與社會互動的規範面。而企業社會責任基本上就是回應企業經營時如影隨形的規範及標準問題。因此，重點不是要不要企業社會責任，而是認定要實行哪些社會責任。

就美國為例，從探討企業與社會互動的文獻中可以發現有幾個主軸。由二十世紀五〇年代開始到七〇年代中期，主要以社會責任為主題來疏理企業與社會的關係。第二個主軸與第一個主軸有某程度的重疊，由七〇年代一直延伸到八〇年代中期，重點在討論企業如何回應社會的要求。

就歷史的角度而言，將社會責任分為三層：社會責任（social responsibility）、社會回應（social responsiveness）及社會品德（social rectitude）。以社會責任為研究主軸的主要以管理學學者為主，這個研究集中在探討企業與社會的關係，尤其是衝突面所涉及的規範及標準，其貢獻在於確定了商業與社會之間的規範研究是探討商業與社會界面的方向。這些研究對潛藏在衝突與緊張之內的價值衝突了解不深，亦未觸及衝突或緊張所隱藏的道德原則之間的衝突，就算有提及亦是含糊其辭，沒有深入的理論分析。這時期的特色是用了籠統的社會責任觀念來做論述企業與社會關係，因此被認為太含糊及主觀，缺乏理論的系統性。跟著以企業回應社會要求作為主軸的研究展開了新一輪的論述，其特色在其經驗方法來觀察及記錄企業如何回應社會的壓力，重點放在記錄及論述企業的實際回應行為。但採取這條進路的學者仍沒對商企業與社會衝突所涉及的價值做深入的分析，尤其是一些受到實際論證的價值中性的立場影響的學者，根本上就迴避了價值的分析，並以所謂「無價值滲入」（value-free）的立場支持為何要避開規範的問題。這些學者建議企業要避開漫無邊際的社會責任的哲學爭論，將力量集中在如何實際地對社會問題、環境問題做出有效的回應對策，包括制定了可行的措施，如社會審計、社會趨勢預測，及將社會環境議題納入企業的策略性規劃中；或積極參與公共政策事務，使企業的立場能在立法過程中得到充分的考慮，以保護企業的利益；或加強公關工作，保護及美化企業的社會形象，包括有效回應所有對企業的負面報導及批評。一言以蔽之，企業回應的重點是以實務性、可行性及有效性來回應社會對企業的要求。至於社會要求是否正確、企業行為是否有違道德、價值衝突兩端究竟誰對誰錯，並不是社會回應所要關心的。如果社會責任的論述對規範的分析過分含糊及主觀，社會回應乾脆就將規範的對錯問題束之高閣。

對於上述兩類論述之不足，確認規範問題跟企業與社會互動是不可分割的。倫理學者於是提出企業社會品德這個觀念來論述企業與社會的關係。社會品德是指企業人的一些誠信、剛正不阿的品格。依費特烈：

企業品德包含了做出的行為及制定的政策的道德正確性。它的價值內容有

時含含糊糊或表達不清，卻是組成了倫理文化並爲人所深刻堅持的道德信念（*Frederick, 1986:135*）。

具有社會品德的企業，費氏稱之爲 CSR₃ 企業（CSR 是英文企業社會責任 corporate social responsibilities 的縮寫），由社會責任、社會回應及社會品德的行使或落實，分別塑造了不同的企業行爲，及形態各異的企業。具有社會品德的企業有以下的特性（*Frederick, 1986:136*）：

1. 承認倫理位於管理決策及政策的核心，而非邊緣地位。
2. 僱用及培訓那些接受倫理在他們每天的工作及行爲占了中心地位的經理。
3. 擁有一些精緻的分析工具，幫助偵測、或可能預見及應付影響公司及雇員的實際的倫理問題。
4. 將目前的計畫及未來的政策與公司的倫理文化中的核心價值互相配合起來。

社會責任三 P 模式

這個模式（*Wood, 1994*）將企業社會責任分成三個界面：原則（principles）、過程（process）及效應（effects）或產品（products）。原則界面包含了三個要素：(1)正當性（legitimacy）——包含了那些令企業被容許經營的企業與社會的關係；(2)公共責任（public responsibility）——公司依其原則而行爲的過程及結果相關的責任；(3)管理酌情權（managerial discretion）——經理依企業社會責任原則針對具體情況做對的事。過程界面就是實際的執行，包括了三個元素：(1)環境經營偵測（environmental scanning）——資訊蒐集及傳遞相關的資訊到組織各個部門，協助未來的規劃；(2)利害關係人管理（stakeholder management）——了解相關利害關係人關係，同時平衡及回應有關的關注；(3)議題管理（issue management）——制定及執行政策回應社會議題。效果或產品面包括三方面：(1)內部利害關係人效應（internal stakeholder effects）——包括檢測企業社會責任的相關行爲守則如何影響員工的日常工作，及一些相關的招聘、擢升及獎懲制度；(2)外部利害關係人效應（external stakeholder effects）——有關CSR的執行對外部利害關係人，包括環境的正負面影響；(3)外部制度效應（external institutional effects）——對商業整體，包括立法的影響。

3P 模式主要是一個 CSR 描述式模式，從三方面來更具體地展示 CSR 在一家公司的執行。經過重構，這個模式其實亦可以成爲 CSR 規範式模式，爲企業提供指引。

單薄企業社會責任論

企業社會責任另外兩個主要的建議：(1)「單薄企業社會責任論」（the thin theory of corporate social responsibility）；(2)「厚實企業社會責任論」（the thick theory of corporate social responsibility）。先談單薄責任論（或單薄論）。

單薄論的主要代言人是芝加哥學派的經濟學諾貝爾獎得主米爾敦佛烈民（*Friedman*）（*1962, 1970*），他的一篇經常被引用的文章〈企業的社會責任就是增加利潤〉（the Social Responsibility of Business is to Increase Profit）可以說是單薄論的經典代表作，反映了當時美國右派的自由經濟學派在商業倫理的一個標準論點[7]。

佛烈民認爲企業社會責任是：

> 「在一個『自由』的經濟裡，企業有一個而且只有一個社會責任，只要在遊戲規則——即在公開與自由競爭，沒有欺騙或作弊的情況下，使用資源及做出一些目標是要增加利潤的行爲……」（1962: 133）

佛烈民認爲要企業實行社會責任，例如：防止污染、控制通貨膨脹等，就等於用股東的錢來做社會福利，是一種變相的課稅，原來是私人公司雇員的企業經理變相成了公務員，造成了職權上的錯亂，製造不公平。他更懷疑那些口口聲聲要履行社會責任的企業主管，事實上是以社會責任爲名，滿足私利爲實。

現代大企業的產權與管理權是分開的，企業的擁有者與企業的管理者不是同一個人或同一群人。在資本主義的私有制之下，企業執行者是企業主的雇員，要向企業主負責，依企業主的意願（爲自己的企業賺回更多的利潤）運用自己的專業知識及經驗，經營企業。除了履行對企業主的責任之外，企業執行者亦有其專業以外的責任，他對其家庭、鄰舍、社區、教會、工會、俱樂部、城市、國家，甚至全球其他的地方都可以有其責任。企業執行者可以爲了履行其社會責任，投入自己的時間、勞力，甚至金錢。但這些投入，應全是他個人的資源，不應是他所屬的企業的資源，因爲所涉及的是個人的社會責任，而不是企業的社會責任。在這個認知之下，若一個企業的執行者做了包括以下的行爲：

1. 為了抑制通貨膨脹而壓抑公司產品價格上升（調高價格會為公司多賺一點錢）。
2. 動用超出法律所規定或對公司有利的限額的資源，來降低污染。
3. 為了解決社會失業、減低貧窮，僱用了不合資格、工作效率低的工人。

企業執行者做以上的事時的確是在做一些公益，實踐社會責任，不過，他這樣做並沒有照顧到僱用他的企業主的利益。表面上是履行社會責任，其實是慷他人之慨，最終會轉嫁到顧客、股東及員工身上。問題是，這些要承擔執行者「慷慨」行為成本的利害關係人，都是在沒有知情同意之下被迫承擔成本的，因此這個行為相等於向這些利害關係人秘密徵稅。

對單薄社會責任論的批評

佛氏論點表面上很有說服力，但內含不少的困難。首先，就算企業執行人要為股東帶來最大的利潤，這並不表示他們可以用任何的手段。例如，用欺騙作假來經營、來達到這個目的就不被容許，這點佛氏自己亦會承認。另一方面，要保證產物及服務是安全及不會損害消費者健康，公司就要投入不少的資源做研發及改善，這些投入無疑會降低股東的利潤收入，但為了消費者的利益，公司是沒有選擇的。沒有一家有理性的企業敢長期地生產危害公眾健康的產品，因為這樣做必會引來政府的制裁及消費者的反抗，令企業經營困難，這亦是違反企業本身的利益的。企業執行人在為股東謀求最大的利潤的同時，不能對這些方面麻木不仁，而要切實把這些事情做好。其次，企業要為股東謀利潤，不只要為他們的投資帶來好的回報，同時亦要穩住他的投資，要達到這個目的，執行人必須用一個長遠的眼光，認定企業的長線利益，而不能只貪圖眼前的一些短線利益，長遠的投資迫使管理人要用更宏觀的角度經營，兼顧更廣的層面，既要保住現有的顧客，同時要吸引更多新的客人，才能長期保持競爭力，永續經營。第三，股東是否只關心股票的價位，只關心財務的回報，而對其他的價值置之不理？這也不見得是一個普遍的現象。股東亦同時是消費者、員工、公民，他們亦要履行這些不同角色所伴隨的義務。作為消費者，他們當然不希望見到企業壟斷所造成的不合理價格，或市場充斥著有害健康的產品或不實的廣告；作為公民，他們亦不希望見到企業肆無忌憚地污染環境、破壞生態，或企業人貪污成習、賄賂官員、違反社會公平競爭及社會公義（*Boatright, 2000: 347*）。

　　佛烈民的論證其實並沒有完全否定企業要負道德責任或社會責任，他要求企業要不欺騙、不作假，遵守法律，在實質上無疑等於要求企業要遵守社會責任。問題在於他對企業社會責任採一個相當狹窄的定義而已。再者，佛烈民似乎只認爲企業唯一要負最大責任的對象就是股東，其他與企業有關的人士，包括雇員、顧客、社會等都相對地不重要。再者，他亦假定了股東與企業之間的關係只是一種純利益的利害關係，股東只關心他們的投資回報，其餘一切他們會一概不理。近年愈來愈多投資者參與的倫理投資（ethical investment），反映了不少投資者不只講求回報，同時會非常在乎投資之回報是否合乎倫理，是否來自一間實踐社會責任的企業。問題是，只將股東的利益視爲企業唯一要重視的利益顯然是有所偏差的，企業除了要照顧股東的利益之外，要兼顧其他利害關係人的利益❽。〔見下文利害關係人理論（stakeholder theory）的討論〕

厚實社會責任論

　　有感於單薄論的不足，有學者提出了厚實的社會責任論（厚實論），試圖取而代之。厚實論者提出了更豐富的社會責任的定義，作爲企業責任的基礎；企業責任的對象亦不限於股東，還包括了所有的利害關係人：顧客、消費者、供應商、社區、政府、環境等；責任的內容不單限於遵守法律，包括不貪污、不欺騙、不作假等，同時亦包括遵守倫理道德，不只要對所有的利害關係人不製造傷害，同時給予他們相關的道德關懷，在能力範圍之內，爲他們創造幸福。

　　厚實論不只在企業責任的對象上比單薄論多元化，而關懷的領域亦比單薄論廣闊。除此之外，厚實論要求企業採取主動前瞻性的行爲及思維來管治企業，不像單薄論所鼓吹的被動及回應性的行爲及思維。單薄論所產生的管理模式是一種主要關心企業如何可以避免犯上官非，要企業避免觸犯法律，是一種「遵守型商業倫理」（Compliance Model of Business Ethics），而厚實論所成就的則是一種「自律型商業倫理」（Autonomous Model of Business Ethics），重點在發揮企業的自主性來做好事，不單只是守法，同時要主動爲善，造福社會。（*Paine, 1994*）凡滿足以上厚實論的理論特點的都可算是厚實論，因此厚實論可以包含多個版本。下文所論述的其餘的兩大理論——利害關係人倫理及整合社會契約論，只要符合以上的厚實論的特性，都屬於厚實論理論家族的一員。

利害關係人企業倫理

引言

企業的經營環境不是社會真空，而是有一個彼此緊密聯繫及互相依存的複雜社會系統（complex social system）。利害關係人倫理（stakeholder ethics）就是以此為基礎論述企業倫理，主要理念是企業所涉及有關個人或組織的利益都構成企業倫理的要素。在複雜的社會系統中，企業的大大小小的行為，從日常的營運到策略性的決策，都會受不同的因素，包括團體及個人的影響；同時企業的行為及決策，亦會直接或間接地影響著經濟、社會、個人、團體，甚至自然環境。企業的影響力愈來愈大，而經營環境亦愈來愈複雜，企業如果做了不對的事，究竟要向誰負責，並不是在任何時間內都很明顯的。利用利害關係人觀點，企業可以辨認誰受到企業決策及行為的影響，然後確定責任。在一般相當含糊不清的道德處境之下，此不失為一個有效的管理商業倫理的方法。

利害關係人是什麼？

利害關係人觀點最先出現在管理學界，這個觀點被當作為一個策略性管理（strategic management）的工具（*Freeman, 1984*）。1990 年代，利害關係人觀點進一步被應用到企業倫理上去。我們不妨先從費民（Freeman）的管理理念開始論述利害關係人理論❾。

什麼是利害關係人？就字面意義，利害關係人就是涉及利益的人。根據費民，利害關係人（stakeholder）就是「任何受一個組織的行動、決策、政策、行為或目標所影響的個人或團體，或任何影響一個組織的行動、決策、政策、行為或目標的個人或團體。」（*Freeman, 1984: 25*）另兩個意義相當接近的定義是：「與公司有交往，及在公司有一定的既得利益的個人或團體。」（*Caroll, 1993: 22*）或，「那些對企業的活動的程序或／及實質方面有正當的利益（legitimate interests）的個人或團體。」（*Donaldson & Preston, 1993, 1994*）

所謂「stakes」就是利益。社會上具有不同利益的個人與團體都會對企業產生影響，同時企業要達致其目標時所採取的行為，亦會影響不同的個人與團體的利益。究竟利害關係人的範圍有多大？有人將利害關係人限於現在的利害關係人範圍內，例如，目前的員工、顧客、供應商、股東、政府、社區內的社群

等；有人則將利害關係人的範圍擴大到「潛在的」（potential）利害關係人，例如，目前顧客的親友或同事、將來可能光顧公司的新顧客、未來新的供應商、股東、競爭對手、政府、社區等。

思考題

以「能影響」（affect）及「為組織所影響」（affected by organization）的個人或團體來定義「利害關係人」是否過廣？因為，可能影響一組織目標的達成的個人或組織可以是很多的。請問一個意圖勒索巨額贖金的犯罪組織應否被視為該公司的利害關係人？

企業既然與很多不同的個人或社群發生利害關係，但不同的個人或社群彼此的利益不可能完全一致。那麼，哪些人或社群的利益較為重要？企業應如何處理不同利益的利害關係人？區分利益大小所根據的準則是什麼？怎樣認定對不同利害關係人的義務？都是利害關係人倫理的中心課題。

思考題：擴大利害關係人範圍

不是活著的東西是否能成為公司的利害關係人。例如，公司傳統、公司文化，或企業精神？後代子孫？人製造出來的產品，包括房屋、汽車、電腦等的物品，是否應被視為利害關係人？

利害關係人企業經營原則

企業社會責任的辯論中出現了兩個不同主張：(1)企業必須關心企業主（私有產權的主人）的權利與義務，及行使私有產權時對他人權利的影響；(2)管理人資本主義的效應及現代企業對他人福祉的影響。這兩個主張分別代表了權利為本的某個版本的康德倫理學，及以後果來決定對錯的功利主義的倫理觀。這兩個主張都各有優點，利害關係人理論可否揉合兩者之長而成就一個第三個觀點？依芬及費民（*Evan & Freeman, 1993: 79*）企圖將權利及後果做一個平衡的協調，提出兩個原則作為探討企業倫理的初步指引：

企業權利原則——企業及其管理者不能侵犯利害關係人決定自己未來的正當的權利。

企業效應原則——企業及其管理者要為其行為對他人的影響負責任❿。

應用利害關係人觀念來作為企業經營的理念的企業必須行使兩個管理原則（*Evan & Freeman, 1993: 82*）：

企業正當性原則——企業必須以其利害關係人：客戶、供應商、東主、員工、在地社區利益為依歸。必須確認他們的權利，及他們必須在某一意義下參與那些實質上影響他們的福祉的決定。

利害關係人代理人原則——管理人與利害關係人及抽象的企業有代理關係，必須以利害關係人的代理人身分來維護他們的利益，必須維護企業利益，保障其生存，及維護每一團體的長線利益。

第一個原則是根據企業的權利原則及企業效應原則的精神來重新界定公司目的。這個原則假定了利害關係人對企業的訴求具有正當性，利害關係人對企業有不可分割的權利，包括對實質影響他們的福祉的決定有參與的權利。第二個原則界定了管理人員有義務確認利害關係人的正當性的訴求，尤其是有義務維護企業的長線利益。這裡的義務是代理人的義務，當對不同的利害關係人的義務發生衝突時，原則要求管理人要將之解決，但卻要承認這些衝突的正當性，不像股東至上的觀點只承認對股東的義務，管理人對其他利害關係人沒有正當性的義務。

公司如何實行利害關係人原則

這兩個原則要配合公司法的改革及其他公司治理機制的改革才能將利害關係人管理有效地落實。至於公司治理機制的改革，依芬及費民（*1993: 83*）等提出要設立一個利害關係人董事會。這是一個甚具爭議性的建議，但未批評之前，先了解這個建議的細節。凡有相當規模的企業，包括上市的企業都要設立一個利害關係人董事會，成員由各個利害關係人社群——員工、顧客、供應商、股東及在地社區的代表，同時企業有一名代表。就每一名利害關係人代表是否有

平等權利要經過各種試驗來尋找最佳的方案，用哪一種的治理方法等問題，每一家利害關係人為本的公司都需要做多種嘗試找出最適合的方案。各董事有義務來令公司的管理符合各利害關係人的利益，不會做出損害某一利害關係人社群的利益，同時會達致衝突的積極消解。代表企業的公司董事是由利害關係人董事無異議地推選出來，作為公司管理層與利害關係人的重要聯繫。

這個建議的缺點是過於理想化，接近烏托邦式的聯想，並且在執行上遇到重重困難，包括：代表如何選出來？究竟有哪些利害關係人社群？利害關係人社群董事會跟公司的董事會的權力關係如何安排？前者是否有權否決後者的決定？公司董事會不接受利害關係人董事會的建議時，如何解決紛爭？……等這些問題，費民都沒有回答。事實上單就實際的挑選代表就會遇到無比的困難。單以顧客社群就可能出現很多不同的社群（原因是公司可能生產超過一千項的產品及服務），員工、供應商方面亦會有類似的狀況出現。單就一類的社群可能就需要很多個代表，結果是會令董事會組織（就算可以組成的話）人數過多而產生種種執行的難題。

利害關係人分析方法

利害關係人分析可以幫助企業辨認有關的利害關係人。依費民（*1984: 53*），一家企業的利害關係人，必須是一些具體的個人、組織、團體或社群，而不應泛指一些無法辨識的個人或抽象的組織、團體、社群的利害關係人。從一個倫理的角度來看，這個具體性的要求不一定需要。利害關係人不必是能辨識的個人或團體，管理者才能做倫理的考慮或反映。在不能辨識利害關係人的情況之下，管理者亦能夠及應該做倫理的考量及反映，尤其是當倫理思維的目標是一些一般的倫理規範，而不是針對具體的個人而做的倫理反映時。設想管理者要建立一套企業應如何對待顧客或雇員的倫理守則，管理者不必要事先有王小二這個顧客，才能建立對顧客應有的倫理，或管理者亦不必事先要認識到李大一是公司的員工，才能建立或思考公司對員工的義務。總而言之，公司可以獨立於可以辨識的具體的個人或社群或團體來建立其與利害關係人的倫理關係，所需的是倫理想像，而不是具體的利害關係人資料。這個講法並不排除在企業要做具體的倫理反映或動作時，具體的利害關係人資料是需要的。

將利害關係人分析視為策略管理，涉及了三個層次：(1)辨識誰是利害關係人，並建立利害關係人圖表；(2)了解組織管理與利害關係人關係的過程或程序；(3)了解組織與利害關係人互動及交換的方式及過程（*Freeman, 1984: 54-74*）。企

業的利害關係人可分為兩類：主要的利害關係人（primary stakeholder），包括企業的擁有人（或股東）、雇員、顧客、供應商。在這一群人中，股東及董事會成員占有重要的地位，企業的總執行長及高層管理人員當然也是舉足輕重的人物，然而，在一般的利害關係人分析中，他們多被視為企業的代理人，而不被視為利害關係人，但若依照影響及受影響的角度來看，他們應屬於公司的利害關係人。第二類次要的利害關係人（secondary stakeholders）包括了其他有關人士與組織，例如，消費者、媒體、民間團體、法庭、政府、競爭對手、社會等⓫。

利害關係人分析要處理以下九個主要問題（*Freeman, 1984: 242*）：

1. 誰是公司目前的利害關係人？
2. 誰是公司將來可能的利害關係人？
3. 每一個利害關係人分別怎樣影響公司？
4. 公司怎樣影響每一個利害關係人？
5. 對公司每一個行業或部門，誰是利害關係人？
6. 公司目前在每一層面上對每一個利害關係人的策略有什麼假定？
7. 什麼是目前影響公司及公司的利害關係人的環境因素（通貨膨脹、GNP、利率、人民對商業的信心、企業身分、企業在媒介的形象等）？
8. 公司怎樣量度以上的每一個因素？這些因素對公司及公司的利害關係人的影響？
9. 公司怎樣記錄公司與利害關係人之間的關係？

這些問題就可以作為利害關係人分析的指引。利害關係人分析的應用範圍，可以隨使用者的目的而定，使用者可以用來分析公司內部不同部門的倫理責任。圖 3-3 展示了利害關係人企業模型。

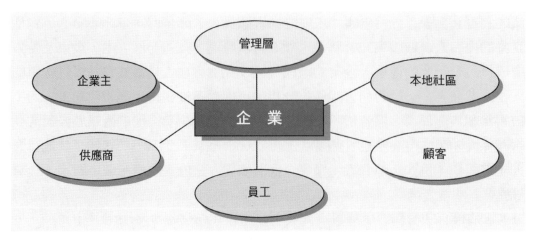

圖 3-3　利害關係人企業模型

資料來源：Evan & Freeman, 1993: 80

企業內部門的利害關係人倫理

　　企業由不同的功能部門所構成，而不同部門的員工行為結果都會對不同的個人或團體有不同的影響，同時本身亦會受不同的個人或團體行為結果的影響，即是說，企業內部不同的行動者，都分別有其不同的利害關係人，及有其所相對映的倫理責任。本節用利害關係人分析方法，辨認企業內不同部門的利害關係人，及確定不同部門對利害關係人的倫理責任（*Weiss, 1994: 46-49*）。

　　以一間典型的大型製造業的公司為例，公司由不同部門所組成，包括營銷部、市場推廣部、發展與研究部、公共關係部、生產或製作部、人力資源或人事部等。這些不同部門的經理都分別是企業的利害關係人，以下就簡單陳述這不同部門經理的倫理責任，以展示利害關係人分析與商業倫理互相交會的地方。

市場推廣及營銷部經理

　　市場推廣經理及營銷（或門市部）經理是站在企業的最前線，經常與顧客接觸。門市部經理的主要責任是為公司招徠及保留顧客，建立顧客對公司的忠誠與信任。他們要關注公司所出售的產品的優質（包括安全、耐用、可靠）、價格合理，以爭取老顧客的繼續支持與光顧，及招徠新顧客。市場推廣部經理主要的責任是將公司及公司的產品向廣大消費者推廣介紹，除了要採取有創意的手法，吸引消費者注意公司產品之外，市場推廣經理同時要保持客觀講真話的原則，不誇大、不弄虛作假、不隱瞞事實等。不少商業上不道德的行為都源

於員工為了達到公司所指定的營業額，不惜以欺騙顧客、隱瞞重要產品事實、誇大產品性能等不誠實的行為。

研究開發部門的經理

研發部經理的主要責任，是為公司研製及開發新的高質產品，以滿足消費者所需，及改良現有產品的性能，令其能更安全、更耐用、更節能、更環保，同時使成本降低。部門經理在執行工作時，會與其他部門，包括門市部（這部門是聽取顧客對產品與服務的情報中心，蒐集到的情報就會傳遞給有關部門使用，包括科研開發部門）、製作部及市場推廣部等緊密合作，部門經理的責任是要以開放的態度來聽取意見與處理情報，並以真誠講真話的態度來互相溝通。

生產或製作部門的經理

生產或製作部門的經理負責製造產品服務，主要的責任就是保障產品服務的品質、安全、耐用。經理要與其他部門的同事，尤其是研究開發部、市場推廣部等保持密切的合作，務求達致出售的產品服務都符合了優質、安全、耐用等要求，滿足消費者的需求。

公共關係部門經理

公共關係部門經理主要的任務是要在社會上推廣公司的形象，其責任是與社會上各個有關的團體組織，及政府部門建立良好的關係，及不斷與它們保持溝通，令大眾了解公司。在危機或有問題出現之時，部門經理在盡力保護公司的聲譽與形象之同時，亦要儘量以坦誠合作的態度向外界，尤其是提供媒體有關資料，以方便大眾了解公司的立場與政策。

人力資源（人事）部門經理

人事部經理的主要責任是要為公司招攬、保留、培訓、調任、擢升、評核、解僱員工。這些有關的人力資源管理都涉及了倫理及法律問題，包括公平、免受歧視、員工權利、工會集體談判、員工培訓等法律與倫理問題。在多元族群的社會如美國、加拿大等國家，還要包括有促進族群和諧，保障多元文化的責任，在僱用女性及少數族群方面，經理有責任加強促進「平等機會」這個原則，在符合聘任條件之同時，要儘量增加聘用這類員工，以平衡員工的性別與族群組成。

　　要統籌及協調、整合各個部門人員的責任，當然要靠高層的資深經理，通常是要由總裁或其授權的副總裁來統領全局，令公司能步履一致，互相呼應；其倫理責任包括了公司整體的倫理規劃及管理，如何實施公平、保護權利、保護環境及回饋社會的總規劃及執行。

　　利害關係人倫理的主要目的就是為企業在經營策略及方法、決策過程、企業價值、目標或願景的訂定上，提供管理倫理或倫理指引。利害關係人倫理的關心重點在「應然」的規範問題上，而不是在經驗的描述與說明。

利害關係人倫理的基礎

　　有什麼理由支持要利害關係人倫理作為企業行為的規範性指引？費民與菲利浦（*Freeman & Phillips, 2002: 331-349*）認為以個人自由主義（libertarianism）出發，可以成就一種利害關係人資本主義（stakeholder capitalism），這個商業體制體現了以下幾個原則：

　　　利害關係人合作原則──價值之所以被創造，因為利害關係人彼此訂定自
　　　　　　　　　願性的協議，聯手滿足了大家的需要。

　　資本主義商業之所以可以運行，主要是由於創業者、經理創造了交易及維持了這些交易及相關的關係，這些關係涉及了顧客、供應商、員工、銀行家及社區等利害關係人。這一群利害關係人的支持與合作是一家公司成功的要素。這些關係的基礎是人們的自願自發行為，這亦是資本主義之活力的來源。當利害關係人自願自發地運用資源來創造財富的話，只要他們沒有傷害到其他的人，他們的行為是有正當性的。

　　這裡所言的自願性協議包括了自由地制定契約，員工與雇主之間的契約，消費者與公司之間的契約，公司與周圍社區之間的契約等。第一種的契約是一般的契約意義下的契約，即勞資雙方經商議而達成的契約；但消費者及社區與公司的契約一般而言是一種隱晦性的契約，是一種彼此的倫理的期望及要求，而不一定是一種成文的契約。這些成文或不成文的契約要有生命力的話，則必須包含公平（fairness），而不同的公平理念可用來定義這些契約。在一個自由的開放社會下，若協議是不公平的話，受這協議所約束的成員會尋求改變，或找替代的契約，或要求政府干預或要求賠償。

　　接著的二個原則是輔助第一個原則的，主要是用來改正人們對資本主義的

誤解。

連續創造原則——商業所構成的體制是價值創造的泉源。在與利害關係人
合作及由價值所驅使之下，商業人不斷地創造價值的新
來源。

這個原則是要申明人類的創造力是推動資本主義社會的引擎。連續不斷的
創造會將每一個人的幸福提升，資本主義之所以成功，正是愛好自由的人的創
造力所致。

冒現的競爭原則——在一個相對地自由的社會出現了競爭，令利害關係人
有選擇。競爭在利害關係人之間合作中冒現，而不是
建基在一種將對方打倒的原始衝動上。

在一個開放自由的社會，人們有競爭的自由，或有自由來提供不同的選擇。
創造的過程保障了有一種互相制衡的力量，迫使管理者要妥善地對待其他的利
害關係人，如果管理者做不到這一點，其他的利害關係人網絡就會出現。

個人自由主義的論證包含了以下幾個成分：⑴依賴自由、平等自由或相類
的觀念；⑵依賴消極權利，包括了個人的私產權；⑶容許透過各種不同的自願
行動來創造積極義務（如：制定契約或做出承諾）；⑷歡迎最低限政府；⑸假
定人要為影響他人的行為負責。

除此之外，界定利害關係人的責任有以下原則：

利害關係人責任原則——協議的利害關係人必須接受其行為的結果。當第
三者受到傷害時，他們必須被賠償，或要重新訂
定新的協議，將所有受到影響的人都納入協議的
制定過程中。

這個原則是適用到所有的利害關係人身上，企業家、經理、股東或公司自
然要對其行為負責，消費者、員工、供應商、社區、銀行家等亦有相應的責任。
企業主對消費者及員工等有責任不在話下，但消費者在使用產品時亦需要承擔
責任，包括依產品的說明使用，避免不必要的受傷；員工有支持雇主提高生產

效率的責任，股東有責任推選有能力、敢負責的董事，而董事有責任好好監督公司的營運及發展，做好公司治理。

利害關係人資本主義的頭兩個原則是個人有自由制定協議作為商業的基礎，行使這些自由時亦衍生了相對應的責任。在這個構思之下，與「想做就做」或「買方留神」為精神的資本主義就有差別。在一般人的心目中，所有商人都是自私自利的，他們經商全然是唯利是圖。這個商業人性論在利害關係人資本主義之下亦得到以下修正：

複雜原則——人類的心理是複雜的，其行為可以源自很多不同的價值及觀點。

人一般的行為都為了自利，這一點大家毫無疑問，問題是，除了自利之外，還有公德心嗎？一般討論商業活動的言論都簡單假定了人是自利而不是利他的，可惜這個二分法對討論沒有多大的幫助。理由是，人可自私自利，但人亦有利他的能力，而經常會出現利他的行為。商人自利，商人亦可利他。人類社會就有這個自利利他的雙面性，商業社會亦不例外。依這個看法，資本主義正是這些複雜的個人的自願組合而成的合作活動，他們的行為彼此是自由及包含同意的。依個人自由主義，商業基本上是一種創造價值及交易的活動及體制，這種活動比國家的出現還早，可以說人類的一種原始的衝動的表現。

利害關係人倫理的困難

利害關係人倫理是否可以與不同的倫理理論融合或搭配？功利主義、義務論、社會契約論等倫理是否可以與利害關係人理論整合成不同的利害關係人理論，如功利論利害關係人倫理、康德式利害關係人倫理、社會契約式倫理？利害關係人倫理在本質上沒有一定的倫理傾向性，原則上是可以與不同的倫理搭配或整合的，因為利害關係人理論本身不能單獨衍生出相關的義務，利害關係人倫理必須與一些實質的倫理理論結合，才足夠確定對相關的利害關係人的義務。換言之，利害關係人理論在建構企業的倫理之時，必須藉助於一些實質的倫理觀念或理論，如個人自由主義、功利論或康德倫理學，來助其建構相關的規範及義務。在這個意義之下，利害關係人倫理只不過是一個擬倫理（一個有待完成的倫理），沒有實質倫理的注入，企業對利害關係人的義務（及利害關係人的權利）都無法清楚地確立，其在倫理的有效性就很有限制。整合社會契約論者對利害關係人倫理亦有類似的批評。

整合社會契約論

什麼是社會契約？

人類行為受各種大大小小、明顯的或隱性的規範所約束著，這些行為規範是否來自某種社會契約？這裡所言的社會契約（social contract）不是指一般的法律契約（legal contract），而是指一種社會上隱性的契約（tacit contract），其內容是關於一個國家、社群、地球村、一群人彼此同意的基本價值、行為規範、共同期盼等。用社會契約來思考人類行為規範的傳統源遠流長，著名的哲學家如霍布斯、洛克、盧梭等都運用社會契約理念來說明國家的來源及證明（justify）國家存在的道德的正當性（moral legitimacy）。社會契約代表理想的社會狀況，社會契約是現實社會或國家的道德基礎。

理想的企業與社會之間的關係，同樣可用社會契約理念來構思。契約的大致形式是：「我們（社會）同意條件X、Y、Z、⋯⋯企業同意條件A、B、C、⋯⋯。」社會包括了企業的員工、消費者、供應商、股東、鄰近社區、大社會、政府、國際社會及自然環境等，而X、Y、Z、A、B、C這些條件分別代表企業與社會彼此容許的行為，及相關權利與義務（*Donaldson, 1982: 42-52*）。

社會契約的內容綱要

企業本身是一個生產組織（productive organization），其生產活動對社會有正負面的衝擊（positive and negative social impact），構思社會與企業的社會契約時，這些衝擊可作為契約內容的指引。在構思契約的主要條款（terms and conditions）時，必須同時考量企業對社會所帶來的利及害。一個包含企業對社會的效益（benefits）與成本（costs）的社會契約的主要條款應至少包含以下幾條：

1. 企業應為消費者提供高效率生產。
2. 企業應為消費者在市場上提供更多的選擇。
3. 企業應為不合格、有毛病及危險產品所造成的傷害做出適當的賠償。
4. 企業應為工人提供就業機會。
5. 企業應為他們提供生活保障。
6. 企業應該防止或減少污染，不應不合理地損耗資源。

7.企業應該勇於負責。

8.企業應該防止或減少政治權力的濫用。

9.企業應儘量減少工人的疏離。

10.企業應加強工人對工作環境的控制。

11.企業應避免工人的非人化或物化。

以上條款集中在企業與消費者及員工這兩類利害關係人之間的關係，沒有顧及其他的利害關係人，因此只是契約的一部分而已。一個完備的契約必須把所有利害關係人（stakeholders）都納入來研制。然而，上面的討論已經足夠展示制定企業社會契約的大方向。用社會契約進路，我們可以更清楚了解企業對社會的權利及義務，及企業與社會的倫理關係。

符合倫理的社會契約

以上所言的社會契約必須符合倫理要求，才具有道德約束力，令參與契約的人會自願遵守契約的條文。一個符合倫理的契約必須滿足以下條件：

1. 受契約條文所約束的人或社群應該有平等參與制定這個契約的權利，而實質上所有受到這個契約所影響的人或社群都應該參與契約的制定。這些參與可以包括契約條文的提出、一些重要原則的提出、各自利益及價值的申述、契約條文的辯論、修正及定稿等。只有透過廣泛的參與，契約的正當性（legitimacy）才有一個穩固的基礎。稱這個條件為「平等參與條件」。

2. 制定契約是在自由（free）無強制威迫（un-coercive）的情況下而做出的，參與制定契約的人使用自己的自由意志來參與契約的制定，有關契約的意見及建議是來自參與者的自由選擇，而不會受到任何的壓力或欺騙。稱這個為「自由無威壓條件」。

3. 參與制定契約的人應有知情同意，包括了當事人的同意是建基在相關及足夠的知識及資訊，他們知道自己的利益與價值，及契約的目的及價值。對自己的利益、價值或制定契約所需的相關知識一無所知的人是沒有資格參與制定契約的。稱這個為「知情同意條件」。

4. 在制定契約時，所有有關人士的利益與價值都應得到平等的對待，不能出現一種存有偏私或歧視的情況，包括對某一些人的利益或價值特別重

視優待，對另一些人的利益與價值加以歧視或忽視。稱這個爲「公平原則」。

滿足以上條件的契約，就是一個符合倫理要求的契約。這個契約對接受契約的所有人都有倫理約束力的。

整合社會契約論

當諾臣與登菲（*Donaldson & Dunfee, 1985, 1994, 1999*）近年提出「整合社會契約論」（integrative social contract theory），企圖將普遍倫理（universal ethics）與不同文化內的特定倫理規範整合成一套企業倫理，讓企業在不同文化下做符合倫理的經營。整合社會契約論整合了兩類不同類型的社會契約：(1)規範性（normative）及假設性（hypothetical）契約；(2)特殊的組織團體及其成員之間的關係而建構成的社會契約。這裡所涉及的組織團體可以包括企業、企業的各個部門或一個大企業集團之內的各子公司，或一個全國性的商業組織或協會、各行業的行會、本地或地區的各行各業的商會，或全球性的國際工業組織或商會等。第二類的社會契約與商業的經營運作有直接的關係，其內容是與商業行爲有密切的關聯的。這樣的整合會令我們更了解商業決策的規範根據，同時能爲企業提供更佳、更切實際的指引。換言之，這套企業倫理既有現實意義、夠完備及能兼文化多元性及保存普遍的倫理原則（除非另行標示，以下的附註只列出當諾臣與登菲著作年份及頁數）（*Donaldson & Dunfee, 1994：254*）。

整合社會契約論比傳統優越的地方，正是其能兼顧現實及普遍的兩者。傳統倫理很少理會商業倫理的具體應用的場合，將普遍的倫理原則或規範向現實硬套。例如，傳統倫理無視於餽贈禮物在不同國家可能有不同的文化含意，或各行業所特有的談判習慣在不同的社會內可能有一定的差異等，結果是在應用上處處碰壁，效用很低。另一方面，不同國家各有不完全一樣的價值體系。有一國家的集體主義大家長色彩特強，另一國家重視個人主義及尊重自由選擇，這兩個國家的經營文化自然有很大的差別，將任何一方的倫理要求硬套在另一方，必會產生很多不對應、不合適的情況，製造很多不必要的衝突與誤解❷。

宏觀社會契約及微觀社會契約

社會契約主要分爲兩種：宏觀社會契約（macro social contract）與微觀社會契約（micro social contract）。參與制定社會契約的人所彼此同意的經濟倫理原

則就是宏觀社會契約。微觀社會契約是那些針對特殊的社群（community）的契約，它是代表契約參與者就該社群內的特別經濟商業互動所共同同意的道德規範。依當諾臣與登菲（*1994: 262; 1999*），一個社群是指一個自我界定（self-defined）、自我範圍（self-circumscribed）的一群人，這群人在一個共同分享的工作、價值或目標下彼此互動，並有能力爲自己制定倫理行爲的規範。自我界定是指社群的目標、價值、規範等，是由社群成員自己建立，而不是依從社群之外的標準。能這樣就可以自主地建立社群的身分及自我認同感，而藉此與其他社群清楚地區分開來。

宏觀社會契約的四個原則

宏觀社會契約有四大原則，分述如下：

宏觀社會契約原則一

本地的經濟社群可以透過微觀社會契約爲其成員制定倫理規範（*1994: 262*）。

在面對不同環境及在區限道德理性的要求下，不同的本地經濟社群若要制定倫理規範，就必須參考相關的經濟環境。在這個情況之下，強求不同的經濟社群都一律使用同一套倫理規則是無意義的。不同的經濟社群應有一定的自由來制定所需的倫理規範。那些個人可以組織社群的自由、參加社群的自由，及共同制定應用到每個成員身上的道德規則的自由，當諾臣與登菲稱之爲「道德自由空間」（moral free space）。另一方面，這類自由會爲宏觀社會契約所支持的（*1999: 38*）。

爲何道德自由空間在制定微觀倫理規範時是必須的？理由有兩個。第一，在制定契約時，參與契約制定的人都會面對不確定的因素，如果沒有任何的規範可循的話，由這種不確定性而來的代價可能是很高昂的，這包括在磋商契約時要付出極高的交易成本，因此大大削弱效率。爲了減低交易成本、提高效率，磋商契約的人就必須有足夠的自由來建立一些遊戲規則，以減低不確定性，提高效率。第二個理由是，契約制定者在制定契約條文時，希望契約能反映他們的價值與信念，包括文化、宗教及倫理等。自由主義契約制定者會希望將尊重個人的權利，最低限政府這些價值納入契約之內；而亞洲國家，尤其是那些支持亞洲價值的契約制定者，會希望把集體主義的價值、國家主權論、大家長作

風等價值放入契約之內。個別不同的企業亦會將各自不同的企業價值與公司文化融入契約內：有些強調集中化、軍事化管理，有些則重視權力分散、民主授權；有些重視股東回報，有些以客為先，有些重視環境保育，有些重視社會責任。道德自由空間令這些多元的因素可以充分地收納入契約的制定過程中，而所制定出來的契約就較容易適用在該經濟社群之內❸。

宏觀社會契約原則二

用來制定規範（norm-specifying）的微觀社會契約，必須以知情同意（informed consent）為基礎及為退出權利（right of exit）所支撐（1994: 262）。

上文已經討論過一個有倫理約束力的契約必須包含知情的同意，在此不贅述。除了知情同意之外，參與契約的人亦必須是自願的。自願包含了自由：自由加入、自由退出。微觀社會契約要容許成員在自由退出的權利。當諾臣與登菲其後（1999）在知情同意及退出權利之外加上了表達的權利（right of voice）。表達權利是指在制定微觀社會契約時，成員有權表達對契約的意見。影響社群成員的微觀社會契約的制定，必須容許成員的參與，讓他們能在自由無壓力的情況下發表對契約的意見，包括他們反對契約的權利。能發表意見假定了成員的參與權利（right to participate），而參與的權利亦包含了不參與的權利（right not to participate）。成員在什麼情況之下不參與，甚至要退出？當成員對所制定的契約的重要內容有基本的分歧，而經過多番努力之下，亦無法調解這些基本的不同意時，他們可以選擇不接受這個契約，從而不受這些契約所約束，而退出權利就是不參與權利的最強的一種。這項權利包括了成員不接受契約，及不接受遵守契約所規定的義務，同時放棄成為受該契約約束的社群的成員身分。

值得注意的是，有退出的自由是一回事，能否實現這個自由又是另一回事，因為實現自由需要相關客觀條件，假若客觀條件不存在的話，自由是無法實現的。例如，在一個失業率持續升高的國家，就算一間企業的工資是何等的微薄、工作環境是何等的不人道、老闆的態度是何等的惡劣，一個有沉重家庭負擔的工人是否真正有退出的自由是值得商榷的。表面上，這名工人有自由退出這間企業，但如果他真要這樣做的話（實現這個自由），他就失業。在這種情況之下，他的選擇自由實質上只有兩個：(1)在這種惡劣環境下繼續做下去；(2)加入失業大軍。這時，這名工人其實是毫無選擇可言的，而在別無選擇的情況下，

工人根本上就沒有退出的自由；換言之，其自由是空的，沒有內容的。就同意而言，同樣的情況亦會出現，在無法選擇不同意的情況之下，同意究竟有多大意義亦是值得商榷的❶。

眞正的倫理規範

不是所有的規範（norm）都是眞正的倫理規範（authentic ethical norm）。一個規範必須符合一些條件，才能成爲一個眞正的規範。以下是眞正的倫理規範的定義：

> 一條規範N相對一個社群 C 的成員，在一個重複出現的環境 S 下，是一條眞正的倫理規範的充足及必要條件是：
>
> 1.在 S 中遵守 N 是 C 社群絕大部分的成員所認可的。
>
> 2.在 S 中不遵守 N 是 C 社群絕大部分的成員所不認可的。
>
> 3.C 社群中有實質數目（超過 5 成）的成員，當遇到 S 時，會遵守 N（*1994: 263-264*）。

眞正的倫理規範的一個必要及充足條件是這個規範爲絕大多數的成員認可。一個眞正倫理規範反映了社群成員認爲是正確行爲的集體態度。一個規範的眞實性建立在社群成員的行爲是否建基在與這個規範一致的規範或信念上。一些重要的規範存在於不同的廣大的社群之內，例如，在一個民族國家或在一個行業之內。但不管是如何的大，任何的社群都只能產生眞正的規範，而不是超級規範。超級規範超越所有的社群，因此可以成爲所有的社群的倫理大原則，而眞正的規範只能根植在特殊的社群之內（*1999: 88-89*）。

因爲眞正的倫理規範對整合社會契約論至爲重要，所以必須要有一有效方法來辨認眞正的倫理規範。用成員的行爲及態度來辨認社群之內的共識似乎是一個可行的方法，然而，單用辨認行爲或辨認態度其中的一項是不夠的，因爲行爲可以是被迫的，因此並不反映成員的眞正態度，所以用辨認態度來補充是必要的；另一方面，單用辨認態度亦是不夠的，因爲研究員很容易會誤讀一個社群成員的態度，因此用成員的行爲來補足這方面的不足很有必要。

以下一些證據，可以作爲顯示一個社群是否存在眞正的規範（*1999: 105*）：

社群之內很多人相信有這個眞正倫理規範，並能用語言來表達這個規範：

1. 這個規範被包含在一些正式的專業守則之內。
2. 這個規範被包含在企業守則之內。
3. 這個規範經常在相關的社群的媒體之內被指認為倫理標準。
4. 這個規範經常被商界領袖視為倫理標準。
5. 這個規範在一些合格的意見調查之中視為標準。

愈多這些證據，愈表示相關的規範是真正的規範。反之，如果有以下的反證據出現的話，相關的規範並不一定是真正的規範：

1. 很多人的行為偏離這個規範。
2. 在同一社群之內出現了不一致或矛盾的規範。
3. 在相關的社群之內有強迫接受這個規範的證據。
4. 有證據證明，影響這個規範的出現或被接受涉及了欺騙成分。

愈多這些負面證據的出現，愈證明相關的規範不是一個真正的規範。近二十多年有不少有關社群成員的態度及行為的實證研究，為尋找超級規範提供很有用的線索。一些調查社群一般態度的研究亦可以幫助我們辨認真正的倫理規範。另外，還可以利用其他的近似項目（proxies）來協助尋找真正的規範。這些近似項目包括了專業守則、公司倫理守則（corporate code of ethics）、公司理念（credos），或一些商會或有關組織的倫理守則等。

宏觀社會契約原則三

微觀社會契約的規範必須要與超級規範保持一致，才能令人有義務遵守它。

規範之能令成員產生遵守它的義務（obligatory），意思是這些規範有道德的正當性（moral legitimacy），而符合一些超級規範（hyper norms）就是其正當性的來源。一個契約有道德的正當性才有倫理約束力，其所衍生出參與契約的人自願遵守它們的義務。

超級規範

什麼是超級規範？超級規範包含了一些極為基本的原則，反映了人類社會

的一些很深厚的倫理經驗，是一些較爲低層次的規範判準，因此當諾臣與登菲稱超級規範爲「第二序」（second order）規範。他們認爲在不同的宗教、政治及哲學思想的匯合處，可以發現超級規範。由於超級規範是用來判選微觀規範（micro-norms）的，因此不可能來自微觀規範，而必須來自微觀規範以外的地方，這樣才可以用來評估微觀規範。超級規範可以消解普遍主義（universalism）及多元主義（pluralism）的對立（1990）。在一些全球性的倫理規範中亦可以部分地找到這種超級規範，例如，聯合國跨國企業行爲守則（United Nations Code of Conduct for Transnational Corporations）的第十四段：「跨國企業在經營的國家內要尊重人權及基本自由，在社會及工業關係上，跨國企業不要以種族、膚色、性別及宗教進行歧視。」一般而言，世界人權宣言中所認定的基本人權及自由的相關原則，是超級規範的好例子（1994: 267）❶。

如果一條規範與超級規範不一致的話，這條規範仍可以是眞正的規範，但卻沒有道德約束力。因此，原則三是用來判別哪些眞正規範是有道德約束力的，只有符合原則三的眞正規範才有道德的約束力。

不同文化互相重疊的地方可能是超級規範的來源，宗教、文化及哲學思想的匯合處可能是尋找超級規範的地方。一個原則是否有超級規範的地位，視乎是否有以下證據支持（1999: 60）：

1. 有廣泛的共識支持這個原則是普遍的。
2. 是一些有名的全球工業標準的成分。
3. 受到有名望的非政府組織，如國際勞工組織或清明國際（Transparency International）所支持。
4. 受到地區政府組織，如歐洲共同體、OECD，或美洲國家組織所支持。
5. 國際傳媒一致地指其是全球的倫理標準。
6. 大家都知道它是與主要宗教的教義一致的。
7. 受到全球商業組織如國際商會或高斯圓桌會議所支持的。
8. 與主要的哲學教義是一致的。
9. 一般受到相關的國際專業組織，如工程師學會或會計師學會所支持。
10. 與有關普遍人類價值的研究結果一致。
11. 受到很多不同國家的法律支持。

如果有兩個或以上的證據印證一個原則受到廣泛的支持，這個原則就有超

級規範的地位，愈多證據支持的原則，則其超級規範地位愈強。相反地，如果有證據表示某一原則不代表普遍價值，或有證據支持與這個原則互相排斥的另一原則，或有證據支持如果使用了這個原則會導致一些廣為人所接受的人權的違反的話，這個原則都不應有超級規範的地位。

宏觀社會契約原則四（*1994: 269-270*）

符合原則一至三的規範若發生衝突時，可在與宏觀社會契約的精神與文字一致的情況下，用以下優先規則來決定彼此的優先次序（*Dunfee, 1991: 43-44*）：

1. 僅在一個單一的社群內所進行的交易，而沒有對其他個人或社群有不利的影響時，應該受地主國社群的規範所約束。
2. 如果對個人與社群沒有重大的不利影響，應該用社群規範中已有的解決規範衝突的規範來解決衝突。
3. 一條規範若來自愈廣泛或愈全球性的社群，就應享有更高的優先性。
4. 一些維持經濟環境穩定，令交易能在其中得以進行所必要的規範，應比一些可能損壞該環境的規範有更大的優先性。
5. 當涉及多條有衝突的規範之時，不同的規範之間的不同組合所產生的一致性模式，是排列優先次序的基礎❶。
6. 在一般的情況下，內容精確的規範要比一般性的規範或內容比較不精確的規範有更大的優先性。

例如，一個在印度設有分公司的西方企業，要考慮是否採用當地保證僱用現有員工子女的政策（*1994: 270*）。首先，經理要決定哪些規則對這個情況是相關的。規則2、規則4及規則6與這個情況沒有直接的關係，但規則1、規則3及規則5則有一些相干性。規則3及規則5與印度這種僱用習俗有矛盾，不少的國際規則都反對裙帶關係，僱用應以才能與經驗為準則，而不是血緣關係。但假若有人用類似私有產權的論證來證明子女可以繼承其父親的工作，正如子女可以繼承父親的遺產一樣，同時說明僱用了員工的子女對這個社群以外的人並無造成任何負面的影響，這時，公司為工人保證僱用其子女會符合優先次序規則的。

由微觀社會契約而制定的規範的例子如下：

1. 在交易中要有誠信。
2. 要遵守契約的條文。
3. 優先考慮僱用本地人。
4. 多用本地的供應商。
5. 發展本地社群經濟。
6. 維持工作間安全衛生。

思考題

　　眞正的倫理規範是商業倫理的重要基礎。在各行各業中都有一些正當性的規範，你認爲以下哪些是有正當性的規範？

1. 貨眞價實，童叟無欺。
2. 在證券業中經紀之間口頭承諾是算數的。
3. 大學中管理電腦系統行政人員應尊重個人電郵的隱私。
4. 律師要尊重委託人的個人秘密。
5. 公司在行銷時應保持客觀公正，不應以不實或誇大的廣告，誤導消費者。
6. 醫生應以病人利益爲首要的責任。
7. 銷售商品的人不應在交貨日期上信口開河。
8. 商人不應用「貨物出口，不可退換」來對待消費者。
9. 賺錢公司應多做慈善捐獻。
10. 大企業不應以錢傷人，以大欺小，以獵食式價格來搞垮弱小的競爭對手。
11. 被控行爲不檢的員工應有機會對指控做出答辯。
12. 在揭露公司不當行爲之前，揭發者應先循公司的正式程序來投訴。
13. 公司員工不應對不當的行爲同流合污。
14. 會計師應對被審核的公司的帳目表示獨立與公正的意見。
15. 公司的高級行政人員不應弄虛作假，浮報收入，欺騙投資大眾。
16. 企業的董事會應以保護投資者利益爲依歸，克盡本能監督公司的經營及發展。
17. 股票分析師在公司股票的分析時應保持獨立，避免利益衝突。
18. 公司董事及高級行政人員應避免內線交易，破壞誠信。
19. 公司不應將污染成本轉嫁到社會上去。
20. 公司應推行積極的環保措施，保護地球。

小結

宏觀社會契約所制定的超級規範的基礎上，不同的產業或企業可以因應其產業及企業的特性，各自制定由微觀契約下的規範，這些規範的制定同時會參考及吸納企業所處社會的文化特殊性，但這個微觀層面的規範必須要與超級規範一致，才能保證其正當性，而只有具有正當性的規範之下的義務才能有約束力。在這種情況下，製造業、服務業、開採業、金融業、通訊業可以各有其企業／產業倫理，這些倫理系統既有普遍性同時亦有特殊性，有全球性亦有在地性。美國石油公司的企業倫理與中國石油公司的企業倫理、印度的電腦產業與德國的同類產業倫理都異中有同，同中有異。

康德企業倫理學

介紹過社會責任論、利害關係人倫理、整合社會契約論這三套企業倫理的主流理論之外，本章介紹康德的企業倫理。商業倫理學家包爾（*Bowie, 1999*）提出一套以康德的倫理學為主導的企業倫理，提出康德的商業倫理原則，及一家符合倫理的企業的特質。

道德的檢測：康德測試

在前文一般倫理理論的討論中，我們已經介紹過康德的倫理核心在於以善良意志來界定行為之是否合乎道德，這與以行為結果來判斷對錯的功利論形成強烈的對比。在商業的世界中，康德原則一樣發揮作用——商業行為及關係的善惡對錯並不是由結果來界定的，而是由出自善良意志的義務所決定的。如前文（基礎篇）所言，康德倫理學中包含了一個獨特的方法（由無條件律令為基礎），幫助我們辨認什麼行為才是符合道德的，筆者姑且稱這方法為「康德測試法」（Kant's Test）。

讓我們重溫這個測試的使用。例如，我們向他人做了一個不打算會實現的承諾。要檢驗這個行為究竟在道德上是對還是錯，康德測試要求我們要構思一條能規範這個行為的格律或原則——「應該做一個沒有意願要實現的承諾」，接著問這條格律可否能成為人人都遵守的普遍規律而不自相矛盾。這個例子的答案是否定的。當這條格律被普遍化後，不只做出這個承諾的人不打算實現承諾，而是所有人都存心不遵守。這裡的關鍵是，承諾人就算不打算踐諾，但卻

不希望別人對自己做同樣的動作，即做出存心不實行的承諾。這樣，一旦將格律普遍化成為所有人的格律時，自相矛盾的情況就出現了。如果人人都做了存心不會履行的承諾，承諾成為無意義的。結論是：凡一個普遍化了之後就自相矛盾的格律所促成的行為，是不符合道德的；或，一個不道德的行為是來自於一個不能一致地普遍化的行為格律。

總之，康德測試的對象是行為原則或格律，如果那個原則或律令通過了測試，由格律所導引的有關行為是符合道德的，由不能通過測試的格律所導引的行為是不道德的。

思考題

　　試將康德測試應用到說謊、欺騙、欺壓等行為有關的格律上。又試將測試應用到商業行為，如公司浮報財報這個行為上，你認為這個行為可成為普遍化的格律嗎？

合約行為的道德性

康德測試是否可以適用在商業的領域內，協助我們判別道德行為？合約的制定與接受是很普遍的商業行為，一個合約或契約基本上是有法律效力的承諾，是參與合約的彼此同意的協議。商業上的契約有很多種類，包括雇員的任聘合約、產品的保證書、取貨及送貨的協議。我們不妨以商業合約行為為例，檢查康德測試是否適用。

假設我們從負面來對合約行為的道德性做康德測試，即以不遵守合約這個行為作為測試對象。要測試的行為是——不遵守自願及同意簽訂的合約，而導引這個行為的相關格律是：「不應遵守自願及同意的合約」，接著問，這條格律可以普遍化嗎？答案是不可以的，因此，由這個格律而來的行為是不道德的。

合約其實隱含了一種廣義的相互承諾。在商業交易中，假若人人不遵守彼此所簽訂的合約，人人存心不履行合約所隱含的承諾，這是一種自我摧毀（self-defeating）的行為。毀約若成為一個普遍的行為時，合約就變成不是合約，好比承諾不再是承諾一樣，其自我矛盾之處昭然若揭❶。

思考題

> 偷竊在商業上是一個很普遍的現象，顧客、員工、經理都可以是偷竊的主犯。一個容許偷竊的律令是否能不自相矛盾地普遍化？

面對某一問題，行為者可以有多過一個的選擇，如果有多過一個的選擇都通過康德測試，行為者是可以在這些選擇中任選一個，而每一個都是合乎倫理的。

尊重個人原則

康德在《道德形上學基礎》提出了判別道德的另一個表述方式，一般稱之為「尊重個人原則」，大意是：「經常將自己及他人視為一目的，而永遠不要只作為一工具」。康德認為，一個有道德能力（有道德意識，能做道德思維及行動）的人必須是一個理性的人；而一個理性的人，就是一個能自由選擇一些能通過普遍化測試的格律的人。一個道德行動者（moral agent）的先決條件，就是理性。這裡所言先決條件是指充足及必須條件，即是說，一個能自由為自己制定能普遍化的行為法則（格律），即能自由立法的人，就是道德行動者；一個不能為自己行為自由立法的人，則不是道德行動者。能夠成為道德行動者，就是人的尊嚴所在。這裡所言的自由，並不是從個人的生物或心理傾向，包括一切受物質定律所支配的行為而得到獨立的消極自由；而是一種從個人內在所引發，個人意志所選擇律令的積極自由。

康德式企業（公司）的經營原則

過去不少組織研究都發現，組織對個人產生各種效應，不同的組織結構及管理會直接影響員工的彼此合作及生產力。有組織學者建議，公司應該將重點放在員工的潛能發展上，不應只著眼於他們實際的表現。一個理想的公司應該以互信、開放及重視員工個性等原則來經營（*Bowie, 1999: 84*）。

一家符合康德倫理精神的企業——稱之為「康德式公司」——必須遵守尊重個人的原則，它與一家只重視結果、績效、利潤、市場或形象的工具性組織是互不相容的。究竟一家以尊重個人原則而設置的公司有什麼基本特質？

康德式企業會遵從以下經營原則（*Bowie, 1999: 90-91*）：

1. 公司應考慮所有受到公司決定所影響的利害關係人的利益。
2. 公司在未實行公司的規則與政策之前，應讓所有受到這些規則及政策所影響的人參與決定這些規則。
3. 在公司所有的決策中，不應有一個利害關係人的利益永遠優先於其他利害關係人的利益。
4. 當有一個涉及一群利害關係人的利益必須為了另一群利害關係人的利益而被犧牲時，公司的決策不能建基在人數的多少上（即，被犧牲的一群人的人數少）。
5. 公司不能接受一個與普遍化原則不一致或違反將人視為一個目的而不僅是一手段的原則。
6. 年利公司要履行仁愛的不完美義務（imperfect duty of beneficence）。
7. 每一家公司必須制定程序，保障利害關係人之間的關係是遵守正義規則。這些正義規則的制定要符合原則 1 至 6，並必須得到所有利害關係人的支持，它們必須是可以為公眾所接受的，因此是有康德所要求的客觀性。

以下是對上述經營原則做簡要的說明，及陳示其支持理由。原則 1 是所有以尊重個人為原則的道德所需要的。當每個人的利益都被考慮後，重要的是當彼此的利益發生衝突時，應如何應用規則來解決衝突。解決衝突的規則可能不只一個，但不管使用哪個規則，如果要符合道德，必須禁得起康德的測試，即，要符合原則 5。如果無一條規則為每一個人所理性地接受，那麼該規則就不是能普遍化了。這時，是否要由經理來決定呢？但如果由經理來決定，那麼其他人的自主就會受到約束或受損。原則 4 是防止經理用人數的多少來做決定，犧牲少數人的利益來滿足多數人的利益。

由於自主是人之值得尊敬的基礎，原則 2 是需要的。容許所有利益受到決定影響的人參與決策，是實現個人自主的一個很重要程序。在實際執行上，利害關係人應採取何種形式參與？執行機構容許多深入或廣泛的參與？這些問題必須因應具體的情形做出適當及可行的安排。有人建議，利害關係人都應該有份參與下列的事項：利潤分享、工作保障及長期就業（僱用）、建立團隊凝聚力等個人權利的保護。這些建議必須符合可行及可承擔的原則，否則只會停留在宣示的層面，無法落實成為政策及行為。

原則 3 是規定在公司做決策時，沒有一個人或一群人比其他人有更優先的位置。如果公司內的某一特定利害關係人長期都是分享到最多的利益，而另外

一些社群或個人則長期分得很少，或經常分不到，經常是輸家的一方就沒有理由再留在這個公司內做犧牲，一有機會他們就會離開。一家長期令一群成員成為輸家的公司，不會是一家員工團結及有互信的公司。公司的共同目標及價值，不能經常會導引出一些經常損害一部分人利益的政策。

原則 4 是一條反功利論的規則，原則 5 是規定規則要符合康德的無條件律令的要求。原則 6 的善行原則是從個人的善行這個不完美的義務推廣到公司去。公司可以被視為一個法人，就有義務與權利，雖然公司擁有權利與義務的意義，跟個人擁有權利義務的意義不完全一樣。這可以用企業公民原則（principle of corporate citizen）來證成原則 6。企業公民原則的要旨是要求企業要做一個良好的公民，不只不做損害社會的事，同時要在能力範圍之內，協助社會增加幸福。原則 7 為一個程序規則，主要是申明公司若依照以上 6 條原則來行事的話，則公司符合了正義。

康德公司的組織結構

用這 7 條原則來打造一家公司，這家公司的組織結構、程序會有什麼的特質？

先看組織架構。哪一種組織架構會違反原則 2？很明顯，那些層級重重（hierarchical）的威權式管理（authoritarian management）是不符合康德原則的。這類組織的權力極為集中，權力自上而下，員工處於臣服位置，只能聽命上級，不能有異議，這不利於員工參與組織工作。企業組織內的活動需要是高度的合作，而合作性活動需要規則來協調，而能取得員工經常遵守的規則必須事先得到他們的同意。沒有員工同意的規則，就很難獲得他們自願的遵守及加強他們工作的自主性，因此對組織合作不利。

不少管理先進的公司，都傾向採取較為扁平的組織結構，放棄了昔日的垂直層級結構。不過，很多公司將中層的管理職位取消，將組織扁平化，主要為了節省成本多過為了提高員工的自主性。當然，有些公司這樣做是要加強員工參與，向他們放權，擴大員工決策空間，增加決策機動性及提高工作效率。

有人批評這種康德式的組織安排太過理想化，不切實際。這種放權會令層級組織原有的效率消失，降低效率。事實究竟如何？不少研究顯示，層級性組織會令員工喪失工作主動性，在長期的被動下產生無力感、投入感低及經常藉故不上班等這些負面的效應。有些研究顯示，參與性的組織的生產力最好。高生產力要依賴的因素，包括員工工作的熱忱、有瑕疵的產品數量少、物資浪費減

少、員工溝通良好、員工掌握的訊息準確等，都比較容易在參與式組織中找到。

一個組織是否取得絕大多數成員的自願性同意，是其正當性的關鍵所在。從契約的角度來看，管理人的責任就是促進員工之間的自願性合作。社會契約假定了同意這個要素，因此，契約論者都支持一個較民主的職場。康德企業倫理要求一個廣泛的職場民主化，康德式公司應該以民主方式作為組織原則。民主化的最低條件是每一個員工要有代表他及他所屬的利害關係人小組，而組織的重要規則必須取得受其管制的不同利害關係人小組的同意。再者，層級組織要被團隊所取代，在團隊的決策必須建基在共識上，或是以大多數議決的。員工應認同組織的目標，而組織必須是一個合作的組織。由於公司的規則得到不同的利害關係人所認同及支持，公司就好像一個代議政治組織一樣。在這個情況之下，就公司的規則及程序而言，公司的員工既是人民亦是君主。在團隊中的決策近似直接民主，以一致同意作為決策的準則（*Bowie, 1999: 102-103*）。

在這家公司中，人人會彼此視對方為目的，互相以尊重對待，這個互動的場域好比一個「目的王國」（kingdom of ends）一樣。康德式公司是一個人格體的社群（a community of persons），同時又是一個道德社群（moral community）。而支撐這個社群的法律及規範是由成員自己制定的，這些法律及規範具有康德所要求的普遍性，同時必須將人視為目的而不僅視為手段。依哲學家羅爾斯（*Rawls, 1971: 421-423*）的看法，任何一個組織若有共同的最終目的（shared final ends）及進行一些共同的活動（engaged in common activities），都屬於一個社會聯盟（social unions）。康德式公司很像一個社會聯盟。

康德式公司的挑戰

對很多重視實務的人來說，康德式公司無疑是一個很高的理想，不過，他們擔心這個理想是否太高遠了？將企業視為一個道德社群或目的王國是一回事，如何將這個高遠的理想轉變成為現實卻是另一回事。就算公司有意向這個理想的方向發展，但在實際執行上將會遇到不少困難。對堅持這理想的人來說，只要是可能的，困難是可以克服的。無論如何，康德的尊重個人的原則的確有很大的道德說服力（morally compelling），公司在經營上沒有理由不接受這個基本原則及其所代表的價值。換言之，正由於康德的以人為目的這個原則具有很強的道德說服力，應是企業倫理經營的假定（presumption），懷疑者反而有責任說明為何不能用這個假定。話雖如此，康德公司的支持者必須面對應用這個原則的各種挑戰，包括說明尊重個人原則如何應用到實際的商業及經濟的運作及

關係上。例如，企業大量裁員是否與尊重個人原則不一致？依康德原則，企業應如何與員工分權與責任？公司要向員工披露多少公司的資訊？是否有所有公司重要的決策上都需要員工的知情同意？這些都是康德式企業必須解決的複雜問題。

儒家企業倫理

華人社會的倫理道德深受儒家倫理影響，華人的人格特質亦反映儒家倫理的元素。經過長期的演化，儒家倫理在一組核心元素之基礎上發展出複雜的多面體。本節以仁義倫理、禮治倫理、人本倫理、忠恕倫理、德性倫理等名稱來標示這個複雜而統一的倫理體系。這是儒家倫理的抽象哲學理念。將這套抽象哲學理念連結到制度面及組織面來思考，可以發展一套適用於商業世界的更為具體的儒家企業倫理原則。下面先論述儒家哲學倫理學。

仁義倫理

儒家倫理由三個核心元素——仁、義、禮構成，規範人們行為的對錯（*Ip, 1996*）。下面分別簡述這三個元素的內容。仁是道德能力及行為。仁是愛人的能力，行使這個能力表現為愛人的行為。孔子在《論語》用不同的方式來闡釋「仁」的內容：

> 「夫仁者，己欲立而立人，己欲達而達人。」（〈雍也〉）
> 「子張問仁於孔子。孔子曰：能行五者於天下，為仁矣。請問之。曰：恭、寬、信、敏、惠。」（〈陽貨〉）
> 「孝弟也者，其為仁之本與。」
> 「克己復禮為仁。」
> 「己所不欲，勿施於人。」

義是儒家倫理第二核心元素。義指道路也，意味著合適、恰當、正確的意思。

禮治倫理

由禮治所形成的社會秩序是儒家的理想世界，儒家對禮有很詳細的論述。

　　儒家認為，治國要依禮，所謂「為國以禮」；做人也要循禮，所謂「不學禮，無以立」。孔子常以禮來教育學生。弟子顏淵曾說：「夫子循循然善誘人，博我以文，約我以禮。」、「君子博學於文，約之以禮，亦可以弗畔矣夫。」

　　「非禮勿視、非禮勿聽，非禮勿言，非禮勿動。」
　　孝敬父母，禮更不可少：「生事之以禮，死葬之以禮，祭之以禮。」

　　孔子推崇周禮，視為禮的標準：「周監於二代，郁郁乎文哉，吾從周。」孔子的禮，亦與名分等級有密切的關聯。他所言「齊之以禮」是與其「正名」的主張互相呼應。在孔子的周禮秩序內，人各有其名位、等級及相關的禮儀；君君、臣臣、父父、子子就是他心目中的名與禮。君有君的名位，亦有為君之禮，指導其言行；臣有臣的名位，自然也有相應的禮，規範其行為。同樣道理，身為父親及兒子都各有其名位及禮。問題是這些君臣父子之禮之合理性如何確立。孔子在儒學上的獨特貢獻，就是以仁與義這些普遍的道德原則作為禮的基礎。

　　禮的推行與遵守，必須要恰當、適當或正確，才能產生禮的應有規範作用，否則就會徒具形式，失去禮的應有意義。義在仁心的作用時，協助做出恰當的反應與行為。沒有仁義的支撐，禮則徒具形式，不只沒有多大的道德意義，反成為人類合理行為的阻礙、自由的枷鎖。仁與義的注入，給禮以活潑的道德內容，協調人際關係，達致和諧。這個觀點在《論語》中有清楚的表述：「禮云禮云，玉帛云乎哉？樂云樂云，鐘鼓云乎哉？」（〈陽貨〉）「人而不仁，如禮何？人而不仁，如樂何？」（〈八佾〉）。禮比之於刑法，在治理國家方面效用更大：「道之以政，齊之以刑，民而無恥；道之以德，齊之以禮，有恥且格。」禮之效用，是達致和諧：「禮之用，和為貴。」

　　孔子對禮的效用，有極大的期望。「上好禮，則民易使也」（〈憲問〉）；「上好禮，則民莫敢不敬」（〈子路〉）。意思是在上位的（指統治者）如果切實地推行禮治，人民就會順服，容易被指使；人民亦不敢不對君主尊敬。

　　在仁、義、禮三元素所構成的規範系統下，人要實踐道德必須實現各種的德性。君子是道德的人的典範，是道德修養很高的人，能充分實現仁義禮德性的理想人格。除了仁、義、禮三個超級德性之外，儒家倫理還提出了很多的德性，它們都是君子所擁有的人格特質。

人本倫理

儒家倫理是以人爲本的倫理，這跟一些以神爲本的倫理有很大的差異。這點從儒家論述仁的來源就明顯展示出來——「仁遠乎哉？我欲仁，斯仁至矣。」意思是，仁不是跟人距離很遠的東西，只要人有實現仁的意願，仁愛之行就可出現。簡言之，仁就是內在於人特質，而不是外取得（如神明或天）的東西。由於將仁義仁行內在化在於人性，因此儒家所倡導的是人文主義倫理。將道德與人性結合的論述由孟子的「四端說」加以完成。

> 「惻隱之心，人皆有之；羞惡之心，人皆有之；恭敬之心，人皆有之；是非之心，人皆有之。」（〈告子上〉）
> 「仁、義、禮、智，非由外鑠我也，我固有之。」（〈告子上〉）
> 「仁、義、禮、智根於心。」（〈盡心上〉）
> 「惻隱之心，仁之端也；羞惡之心，義之端也；辭讓之心，禮之端也；是非之心，智之端也。人之有四端也，猶其有四體也。」（〈公孫丑上〉）

孔孟的論述確立了儒家人本倫理的特性——人人都有仁、義、禮、智等道德潛能，因此，就道德能量而言，人人是平等的，即，人不論窮富、權勢、學問、年齡、性別，只要發揮人的道德的心，就可以產生道德行爲，做有道德的人。所謂「人人皆可以爲堯舜」，正是指這種道德平等性。

德性倫理

儒家倫理根本上是一套美德倫理，即以美德爲本的倫理學，因此要應用儒學於當今的商業社會，亦應順此思路進發。故此，我們不妨從儒家的一些道德條目中，或對君子小人之分的論述中，抽取一些可用於商業環境的條目。

仁、義、禮、智之心的實踐產生了各種的德行，各種德行因此亦是道德之心的具體表現。儒家倫理的主要德行如下。

> 智、仁、勇
> 恭、寬、信、敏、惠
> 剛毅木訥
> 忠恕

克己復禮

其餘的德行的論述：

「博學而篤志，切問而近思，仁在其中矣。」
「志士仁人，無求生以害仁，有殺身以成仁。」
「見義不爲，無勇也。」
「君子有勇而無義爲亂，小人有勇而無義爲盜。」
「仁者必有勇，勇者不必有仁。」
「君子喻以義，小人喻以利。」（〈里仁〉）
「群居終日，言不及義；好行小慧，鮮矣仁。」（〈衛靈公〉）
「巧言令色，鮮矣仁。」
「人而無信，不知其可也。」（〈爲政〉）
「敬事而信。」（〈學而〉）
「君子泰而不驕，小人驕而不泰。」（〈子路〉）
「君子之於天下也，無適也，無莫也，義之與比。」（〈里仁〉）

這些對德行的古代論述，究竟有哪些仍適用於今天的商業社會？回答這個問題，需要做概念的重組，認定其意含及評估其相干性。

商業與品德

品德在商業世界是否重要？以一逆向思考，我們可以將這個問題來思考——如果沒有品德，商業世界將變成什麼？

想像將品德從商業中抽除，下面只是這個世界的冰山一角——員工經常以欺騙的手法來推銷商品；人事部主管經常將販賣公司的機密的人事資料以圖私利；製造部的職員違反安全守則生產危險產品；董事長挪用公款，用人唯親。這個世界是我們願意在其中生活的嗎？

人的品德在商業機構的重要性是無庸置疑的。問題是怎樣辨認何種德性是商業世界所需的？如何培養這些商業品德（如果可以的話）？怎樣鼓勵或鼓吹商業品德？怎樣壓制或轉化缺德傾向？看看儒家倫理能爲我們提供什麼答案。

忠恕倫理

忠恕是儒者彼此對待之道，是發自仁心仁能的德行。孔子自稱一生「一以貫之」的就是忠恕待人。《論語》有兩條：「己所不欲，勿施於人。」《論語‧衛靈公》及「己欲立而立人，己欲達而達人」《論語‧雍也》，說明忠恕的主要內容。宋儒的忠是指己欲立而立人，己欲達而達人，恕是己所不欲，勿施於人。儒家的恕道的涵義，基本上跟普遍於很多文化的黃金定律的內涵很一致，但忠恕之道則有更積極的元素，要在個人道德實踐上跟其他人的道德實踐掛結在一起，在完成自我的道德發展中完成他人的道德發展。恕道所蘊涵的黃金定律在今天的商業社會仍是有效是不用多言的，但要求人人做到達己達人則是較高的要求。正是就總積極的道德元素將儒家的忠恕之道跟一般的黃金定律區分開來。

下面的商業行為——製造商製造不安全的產品；商人用不實廣告誤導消費者；雇主剝削員工的勞力；雇員不誠實、矇騙公司等；廠商謠言中傷對手；公司過量排放溫室氣體；董事掏空公司資產；企業無預警倒閉；公司賄賂政府官員——都是違反忠恕倫理的。

宋儒朱熹在《四書集注》將「忠恕」解釋為「盡己之謂忠，推己之謂恕。」這個解釋主要是順著孔子原來意思，兩者是一致的。所謂「盡己」的「己」，不是指利欲的我、自私的我、卑下的我，而是指仁愛的我、德性的我、高貴的我。這個道德的仁愛的我要經過不斷修養方能發展完善。在過程中，道德我還應顧及他人的福祉。有德的人會兼善天下。這與《大學》所倡議的誠意、正心、修身、齊家、治國平天下的理想是彼此呼應的。

中庸之道

除了忠恕外，中庸之道也是處事的重要原則。

《禮記‧中庸》對「中庸」的闡釋：「執其兩端，用其中於民。」朱子在《四書集注》則解釋為：「中者，不偏不倚，無過不及之名；庸，平常也。」

孔子主張「禮之用，和為貴」，以和諧為社會的最終目標。他又認為處事不走極端，採取平衡原則，所謂「執兩端，用其中」，意思是在解決問題時，

從互相針對的觀點中尋找調和點。例如，勞資爭議，雙方各執一詞，僵持不下，最終兩敗俱傷。若雙方採取中庸之道，求同存異，對僵局的解決肯定有幫助。

行中庸之道是否會令人變成見風轉舵的機會主義者或不問是非的鄉愿？孔子看不起鄉愿，因為「鄉愿，德之賊也。」孟子更不屑鄉愿，說這類人「言不顧行，行不顧言……閹然媚於世也者。」、「同乎流俗，合乎汙世。居之似忠信，行之似廉潔。眾皆悅之，自以為是，而不可與入堯舜之道。」（〈盡心下〉）孔子視中庸為很高的道德：「中庸之為德，其至矣乎！民鮮久矣。」（〈雍也〉）能道中庸之人德行高尚，不是機會主者及鄉愿！行使中庸之道要符合仁義禮的德性。在這情況下達致的和諧才是真正的和諧。

重義輕利

孟子的義利論雖針對國君治國之道而發，但適用一般的道德範圍。孟子對義利的最精要論述在〈梁惠王上〉：「孟子見梁惠王。王曰：叟！不遠千里而來，亦將有以利吾國乎？孟子對曰：王！何必曰利！亦有仁義而已矣。王曰，何以利吾國？大夫曰，何以利吾家？士庶人曰，何以利吾身？上下交征利而國危矣。」孟子的意思非常清楚，假若國家上下都追逐私利，你爭我奪，國家就會陷入危機。

追逐私利遊戲會傷害基本人倫：

> 「為人臣者懷利以事其君，為人子者懷利以事其父，為人弟者懷利以事其兄。」「君臣、父子、兄弟終去仁義，懷利以相接，然而不亡者，未之有也。」（〈告子下〉）
>
> 取義去利的治理，則有良好的效果——「為人臣者懷仁義以事其君，為人子者懷仁義以事其父，為人弟者懷仁義以事其兄。」、「君臣、父子、兄弟去利、懷仁義以相接也，然而不王者，未之有也，何必曰利？」（〈告子下〉）

私利有排他性，一人私利的滿足是他人私利的虧損，人們私利的追尋是一零和遊戲。誰來維護公共利益？在沒有互信或強制付出維護公益的情況下，自私的人只會將個人私利極大化，因為他們認為若自己花時間精力來維護公益，別人可能乘機會占據更多的利益而不做自己應做的護公的分內事，因此不管別人是自私是不自私，最好的策略就是自私，因為利他很可能會被人占便宜。在

這個強大的自保的原因下，每個人都會自私行事，公共利益因此無法逃避損害。

> 孔子亦有重義輕利的論述：「君子之仕也，行其義也。」（〈微子〉）；
> 「君子喻以義，小人喻以利。」（〈里仁〉）「不義而富且貴，於我如浮
> 雲。」（〈述而〉）
> 孔子重義輕利建基在其德治思想：「爲政以德，譬如北辰，居其所而眾星
> 拱之」（〈爲政〉）；「道之以政，齊之以刑，民免而無恥；道之以德，
> 齊之以禮，有恥且格。」（〈爲政〉）

用德化取代刑罰，人民就可發展德意德行，國家可長治久安。

企業層面下的儒家倫理

將儒家哲學倫理應用到商業世界或企業上，會產生幾個跟企業較爲密切的基本元素——家族集體主義、人情關係主義、父權主義、威權主義、層級主義，這些都是潛藏在儒家倫理的深層中，在一般的哲學倫理學的論述中忽略或欠缺批判的論述的。要了解儒家倫理在企業層面的眞實面貌及運作的軌跡，對這些元素的認定及了解是必須的。

家族集體主義

儒家倫理基本上就是一種家族集體主義。華人非常重視家族，華人社會的長期穩定都依靠家族。家族集體主義指流行於華人社會那種家族至上的思想，要旨是——家族利益放在個人利益之上，當家族利益與個人利益發生矛盾之時，個人必須調整、壓抑甚至放棄個人利益來成就家族利益。維護家族利益是華人的行爲目標，亦是行爲動力。華人家族指一個以血緣爲基礎的家族社群，成員包括了有直接或間接的血緣關係的人。華人對家族有極高的忠誠，視自己的成就爲家族光榮，認爲自己的失敗會令家族蒙羞；而家族的成就加強了自我的肯定，家族的失敗會是自我的挫敗。華人甚至爲了維護家族而犧牲自己。家族是一集體，個人幸福只能在集體幸福中得到實現，離開家族的昌盛就沒有個人的快樂。家族集體主義塑造了獨特的以「關係爲本」的自我形態，即，自我的意義、位置、感情、思想、行爲取向，都受個人的家族關係所塑造及影響。換言之，沒有一個沒有家族元素的獨立自我觀念。長期在家族的影響及壓力下，華人形成了高度依賴群體的自我，經常就遷就群體的意向而壓抑自我。華人只以

家族爲忠誠及信任的對象，不信任外人，導致公民意識低及國家觀念薄弱；無怪乎華人離開家族，就是一盤散沙。

人情關係主義

基於家族集體主義，家族關係成爲了所有人際關係的模範。家族是初級社會團體，成員之間是以血緣紐帶爲基礎，以個人感情彼此聯繫起來，形成以情爲本的親密社團。成員透過經常的接觸與交往，彼此都有深入的了解及情誼。這個社群成員之間的聯繫及互動建基在彼此的熟悉及感情上，而彼此的對待及合作，以感情爲主導，以彼此的關係爲取向。簡言之，感情及關係的有無或厚薄，決定了是否可以合作或合作的品質；在利益及機會的給予或交換上，人情或關係是關鍵的準則。「有關係，好做事；無關係，事事難。」正是華人社會的一個鮮明的寫照。不少人認爲，華人社會的講關係、攀關係、靠關係的關係學已成爲做生意取勝之道。關係主義其實源自儒家對「親親」（親愛你的家族成員）的鼓吹及尊崇，亦是家族集體主義的結果。

父權主義

父權主義是一種以家長對待子女的方式來對待他人的做事原則與態度。父權主義者以關愛受惠者及照顧他們利益爲由，毋須先得到受惠的同意就事事爲他們做主。父權主義引起爭論之處，是這個行事方式壓制或剝奪了受惠者的自由，常以受惠者利益爲名，侵犯了受惠者的選擇自由。父權掌握眞理，動機善良，一切爲受惠者著想，受惠者無理由抗拒或反對。問題是，導向地獄的路是以善良動機舖建的。父權主義加上威權主義及集體主義迫人走向地獄的風險愈高。

不少台灣人視總統是大家長，企業主亦以大家長的架勢來對待員工，要求員工視企業爲一家族。傳統中國的店主稱雇員爲長工，即長期僱用員工。一旦成爲長工，店主就有義務照顧員工的衣食起居及其他私人的事，如同家長照顧子女一般。大家長的作風在做事上唯我獨尊，員工必須言聽計從；大家長可以爲所欲爲，因爲權力與權威都集中在他個人身上。

威權主義

權威主義跟父權主義是連體嬰，兩者都與家族集體主義關係密切。家族權威自然是族長，是權力、財政、道德的來源，自然成爲至高無上的權威。華人

社會是父權社會，父權權威所形成的威權主義表現為：權威的思想、指令、決定、判斷、地位及行為是不容置疑的，只能接受、依從，不能反對、異議。威權主義很容易養成位高權者自大及獨斷、目中無人的人格特質；強化了威權者喜歡駕馭、主宰、操控他人；喜歡將自己的喜好、價值、意見強加到他人的身上的習性。威權主義在社群中容易形成「一言堂」的封閉氣氛，及個人崇拜的弊病。同時，會導致成員的畏懼及依賴權威的懦怯性格，令威權者的惡行變本加厲。權威主義的極端表現是，權威變成了真理道德的化身、對錯是非的標準。威權主義排斥平等對待原則，權威的人是比他人高出一等，君臨天下，發號施令。

家族集體主義、父權主義及威權主義都建基在層級及不平等的關係上，家族中人與人之關係是垂直而非水平的——上尊下卑、論資排輩，此乃理想的人倫的秩序。推廣到社會上去，社會就是龐大而層級分明的關係網。

家族集體主義、父權主義、權威主義、人情關係主義，彼此連成一體，互相支持及強化，結合哲學的仁、義、禮的德性倫理，構成了儒家企業倫理的全貌。華人社會的社團、學校、公司、公營機構、政府部門出現的各種的家族集體主義。回到企業層面上，究竟儒家倫理對組織的積極及消極的影響是什麼？對效率及正義有何影響？對不同的利害關係人怎樣對待？組織內的權力如何安排？利益分配如何處理？都是檢查儒家倫理是否適用於現代企業的重要考察點。

結語

本章對企業倫理的五個理論都做過扼要的論述。這五個理論都必須要回答企業倫理的一些核心議題，包括——企業社會責任的含意是什麼？企業社會責任的範圍是什麼？企業社會責任的對象是什麼？企業應如何對待其利害關係人？企業與利害關係人社群應有何種的倫理關係？企業倫理行為的準則是什麼？企業經營行為的正當性如何建立？企業所遵守的規範如何有普遍性及正當性？不同社群或文化的企業是各有互相不能比較的倫理準則，還是有共同的道德準則？企業對利害關係人有哪些倫理義務？企業義務的基礎是什麼？不是所有的理論都能夠回答上述每一個問題，而做出的回答並不一定是完備無缺的。這些回答應被視為一些非結論式的暫時結論。重要的是，這些理論仍在演化之中，在尋找企業倫理行為及責任的說明過程中，我們對企業倫理的了解與知識不斷地增加，豐富了我們對企業倫理經營的理念，而豐富的理念會有助於我們建立更合

乎人性及道德的企業及商業社會。除了上述的好處之外，如其他的知性活動一樣，對企業倫理這個現象不斷追尋知識及建構規範，本身就有很高的價值。

以上五個理論都為企業應如何經營、什麼是企業對的行為、什麼是經營中應遵守的規範、企業應如何對待跟其有互動的利害關係人、企業與社會應有何種的倫理關係等這些問題做出回答。這些回答構成了多個對觀察及分析企業倫理的整體視景，透過這些視景我們可以對企業倫理面向做更進一步的觀察、分析與了解。透過進一步的觀察、分析及了解，我們可以修正及改良現在的視景，令它們變得更精緻及準確，這個過程可以不斷地進行，一直促進對企業倫理更精進完備的理解。

註　釋

1. 讀者若要更詳細了解前三個理論，請參閱（葉保強，2002）。

2. 當時的貪污及「內幕交易」情況非常猖獗，根據邱吉爾的說法，1720 年南海公司（South Sea Company）倒閉時，下議院的 462 名議員（占了下議院絕大多數）及上議院的 122 名議員都被指有嫌疑。

3. 有限公司與合夥公司或其他的商業經營形式還有兩點不同：第一，這類公司並不是由一群原初要組成公司的成員彼此達成某一種協議而組成，而是透過一個在政府機關的正式的註冊或登記，被有關方面批准之後而成立的商業組織。其次，雖然在一個商業的合夥人在公司賺到錢時可以分享利潤，但一間公司的股票持有人只能在公司宣布有盈利才能分得到紅利。

4. 以上三節的討論，取材自（葉保強，2002：18-29）。

5. 以下的定義，引自（Carroll, 1996: 34）。

6. 企業公民的近代構思，內容已經超越了做慈善事業的範圍，而包含了更多的與社會為善的積極行為。

7. 這個觀點，在其《資本主義與自由》（Capitalism and Freedom）一書有更詳細的論述。

8. 雖然倫理投資是近十多年才流行起來的投資活動，但在佛烈民撰文之時，美國本土的投資者，亦積極參與反對企業投資在南非的運動，推動這個運動的原因，是南非政府的種族隔離政策違反人權，如果投資者只會關心利潤的話，他們是不會因為人權的違反而要對企業施加壓力，嚴加批評。

9 費民（Freeman, 1984）的《策略管理：利害關係人取向》（Strategic Management: A Stakeholder Approach），是最先用利害關係人觀點來處理策略管理的一本論著。在費民構思中，利害關係人進路目的是為了公司全面的規劃，包括未來的計畫的一個前瞻性（proactive）策略管理工具。對利害關係人倫理的詳細討論，請參閱（葉保強，2002）。

10. 費民的利害關係人的定義是，對企業的生存及成功擔任重要角色的人或團體。

11. 這些利害關係人本身也分別有其利害關係人，例如，供應商本身可以有其雇員、顧客、供應商、當地社區等。如此類推，大家可以想像用利害關係人觀點來看商業活動所涉及的社會網絡是何等的複雜了。

12. 要了解整合社會契約論，必須先了解一些重要的觀念：區限道德理性（bounded moral rationality）、宏觀社會契約（macro social contract）、道德自由空間（moral free space）、退出及加入權利（right to exit and enter）、超級規範（hyper norms）等。詳情請參考（葉保強，2002）。

13. 怎樣平衡社群內不同的價值，是一個不容易解決的問題，我們是否需要一個如羅爾斯所倡議的無知之幕來協助制定合理的契約？

14. 當我們在談契約自由時，我們不能不同時兼顧自由的條件，古典自由主義那種不干預的自由對一些弱勢的社群或個人而言，顯然有所不足，因為不干預並無法保障他們一些基本的自由的實現。早在十九世紀末格蘭（Green）提出積極自由這個觀念，目的是要補足在保障市場上的契約自由上不干預自由的不足。

15. 有人認為這些規範的證明可能亦由一種宏觀的契約論證來證成。（*Rowan, 1997*）

16. 這條的意思大致如下：設有三條的規範一、二、三；若一與三規範的組合，比一及二及三組合、一及二組合、二及三組合有更高的一致性，則組合一及三有更高的優先性。

17. 這裡要區分兩種矛盾：邏輯的矛盾及實用的矛盾。一個邏輯自相矛盾的普遍格律所導致的行為或政策是不能想像的；一個實用的矛盾律令會導致一個與自己的目的不一致的行動，如果每一個人都依此格律來做事的話。這個觀點出自（*Korsgaard, 1996*）（引自*Bowie, 1999*）。

第二部分

社群的倫理

企業與其利害關係人

4 Chapter

企業對員工
的倫理義務

✜**本章的目標**✜

◉ 探討雇主與員工之間的倫理關係

◉ 分析雇主與員工（企業與員工）的契約
關係

◉ 透過案例說明有關歧視、職場安全、
童工、職場正義及集體談判權等職場
倫理問題

◉ 討論企業對員工的倫理義務

◉ 探討員工的權利

◉ 討論企業與供應商員工之關係

引言

從這一章開始，探討的主軸是企業對不同利害關係人的倫理義務。首先要探討的議題，是雇主與員工之間的倫理關係，及企業對員工的倫理義務。透過不同的案例，分別呈現有關職場歧視、職場安全、童工、職場正義及集體談判權方面的問題，探討雇主對員工的倫理義務、職場上員工的權利、企業與員工的契約關係。本章將企業之供應商的員工視為企業的間接員工，透過白宮成衣業夥伴協議及利維牛仔褲的採購指引，探討企業對間接員工的倫理義務。本書的基本論點是，合乎倫理的雇主、員工關係必須建基在有正當性的規範之上，依本書的觀點，這些規範必須與超級規範一致的。因此，這章所提出的企業對員工的義務是建基在合乎倫理的規範上，是符合超級規範所規定的。以下各章所探討的企業倫理義務亦有這個倫理性質。

職場性別歧視世紀官司

2004 年美國發生幾宗職場歧視的大官司，引起了媒體廣泛的報導。數月前美國大投資銀行摩根史丹尼（Morgan Stanley）一名已離職的女員工，向法院提出告訴，指摩根史丹尼在過去的日子中歧視她，沒有給予她同工同酬的對待，同時在擢升上不給予她與其男同事平等的機會，令她失去合理的升遷機會，帶來她個人收入及精神上巨大的損失，要求巨額的索償。官司結局是女員工勝訴，獲得上千萬的賠償。這宗官司不只震驚了華爾街，其餘震也蔓延到歐洲。歐洲的大公司包括了金融界，占高職的女性員工比率偏低，經常受到職場性別不平等的指控。這次在保守的華爾街發生的事，說不定不久會在仍採用過時的管理的歐洲的業界出現。

這宗官司雖然矚目，但若與 2004 年 6 月末美國另一宗同類的訴訟相比（見下面案例），震撼力有點小巫見大巫。這樁官司的被告是全球最大的零售量販店沃爾瑪（Wal-Mart），可能將接近一百六十萬名女性員工都成為賠償的對象（*New York Times, June 23, July 2, 2004*）。

案例──職場性別歧視──Betty Dukesv. Wal-Mart Stores

2004 年 6 月，一宗可能涉及一百六十萬女性員工官司被判定擁有集體控訴地位。控訴是在 2001 年提出的，被告是全球最大的零售量販店沃爾瑪（Wal-Mart），原告是六名前沃爾瑪婦女員工。她們控告沃爾瑪有系統地支付女員工的薪資比男員工的低，同時女員工的升遷機會亦比男員工的少。沃爾瑪的以鐘點付薪的員工中有 65% 是女性，但只有 33% 是管理人員。

有關公司的徵聘方面，沃爾瑪一貫做法是沒有將見習管理人員的職位空缺公布，經常的做法是由男性經理暗定某一男員工接班的。但這個做法在 2003 年初就改變了，現時有關的空缺都公布了。這可能與這宗告訴有關。

這個案子將自 1998 年 12 月開始任職於沃爾瑪的差不多所有的女性員工都包括在內。現時沃爾瑪在美國有 3,586 家大賣場員工就有一百二十萬，而女性員工的數目是遠遠超出男性員工的，由於有些女工不一定會參加這次告訴，因此很難估計涉及的員工的確實人數（*New York Times, June 23, July 2, 2004*）。

（資料來源：葉保強「職場性別歧視世紀官司」，《信報》，*2004/10/02*）

這宗集體控訴展示了勞資雙方的矛盾，勞方認為被資方不公平的對待。不公平的對待就是違反倫理的行為，同時依很多國家的法律是違法的（有關這宗集體告訴的詳情，參閱附錄之案例 3：Wal-Mart 性別歧視官司）。

職場安全

以下案例是有關職場安全的：

案例──陳家山煤礦瓦斯爆炸工難

2004 年 11 月 24 日（星期日），陝西省銅川礦務局陳家山煤礦發生瓦斯爆炸，當時在礦坑工作的二百九十三名礦工，有一百二十七人獲救，估計有一百六十六名礦工被困在煤坑遠離入口之處，因為礦工所處的位置及礦坑滿布濃煙，搶救工作極為困難。

發生工難的陳家山礦坑成立於 1979 年，年產原煤二百三十萬噸，是一國營礦坑，原屬於中央企業，1998 年下放為省屬企業，有員工四萬一千二百人，離

北京西南約四百五十里，其後證實被困的無一生還，這宗意外成爲中國十年來最嚴重的災害意外事件。爆炸的原點據稱是離礦坑入口約八公里處，約有一百二十七名在靠近入口處工作的礦工僥倖逃離災場，但很多都中了二氧化碳毒。

在今次氣爆的礦坑其實在前一週曾發生過一次火警，在那個礦坑工作的礦工擔心安全問題曾一度拒絕上班，但上司由於要增產，威嚇要懲罰不肯上班的礦工。諷刺的是，意外發生之前二天，陝西省政府發布一份指令，命令要加強礦場的監督，及關封所有抽風系統不合格的礦坑。今次氣爆的礦坑其實 2001 年 4 月就發生過意外，死了三十八名礦工，受傷七人，銅川礦務局局長因此被撤職。（*BBC NEWS, 2004/11/25*）（有關中國礦坑的詳情，參閱附錄之案例 4：中國礦坑是全球最危險的職場）

有些職場的危險性是隱藏的，到員工發現危險時，傷害已成。桃園八德市的美資公司 RCA 污染案，正是一宗職場不安全有名的本地實例（附錄案例6），RCA 的管理層如何處理職場的安全，及如何對待員工在這方面的權益受到責難。

童工問題

以下案例是有關童工問題：

案例──河北省沙河鐵礦童工

2004 年 11 月中（陝西陳家山礦坑氣爆前一週），河北省沙河市的一個鐵礦的火災工難中，有六十八名礦工罹難。獲救的生還者中，發現有未滿十五歲的童工。

據一名在今次礦災中獲救的未滿十五歲的童工周成平表示，她是陝西紫陽人，三個月前到沙河鐵礦場做抽水工，每天在地下二百多公尺的礦坑連續工作十六小時。一個月工資八百元人民幣。

沙河白塔鎮附近的礦場非法僱用了上百名童工。這些童工大多未滿十六歲，但要每天工作十六小時。根據中國的勞動法，僱用童工從事礦務工作是違法的。但不少的礦坑東主爲了節省成本，偷偷非法僱用大量童工，要他們做長長的工時，給他們少少的報酬（《聯合報》，*2004/11/29，A13*）。

童工問題現時在全球，尤其是在發展中國家中仍很普遍，下面案例的血汗

工廠經常涉及僱用童工。

職場正義及集體談判權

第四個案例是有關惡名昭彰的血汗工廠所涉及的職場正義及員工集體談判權問題：

案例──血汗工廠到處皆是

印尼首都雅加達的一間由韓國人開設的工廠，是一家典型的血汗工廠（"A World of Sweatshops" *Business Week*, Nov 6, 2000, 52-54）。那間工廠名為唐楊印尼鞋廠（Tong Yang Indonesia），工人八千五百人。唐楊鞋廠是國際知名美國運動鞋公司惠寶（Reebok）的代工，惠寶近年受到很多反血汗工廠的民間團體的壓力，要求這些接訂單的代工工廠要改善工作環境，及為工人提供合理的工資。代工廠商為了接到惠寶這個大顧客的訂單，百般的討好及順從自難避免，縱使老大的不願意，只好言聽計從，做了一些改善。但這些改善只是門面工夫，有沒有誠意，就要看個別的代工工廠老闆的商德了。

在 1999 年，唐楊鞋廠的老闆新購入了一部設備，將水溶的鞋膠來代替了有毒的鞋膠，同時改善了工廠的通風系統，以免工人吸入了有毒氣體。除此之外，老闆亦購入了有靠背的椅子，讓車工有一個較為舒服的座位來車鞋，同時亦為要抬重物的工人提供了五百個護腰。這些改善措施，都是被迫出來的，因為年前 Reebok 派來的審查員來巡視工廠並做調查報告，建議後有若干的改善措施。唐楊鞋廠一年的銷售達一億美元，這些改善用了二百萬。老闆雖然自掏腰包支付這筆改善費，但他卻認為是物有所值，因為自從改善後，工人的生產力提高了，而新購的設備亦效率不錯，他估計 3 年內就可賺回這筆開支。

在 1990 年初，許多的跨國公司都自動採納了商業行為守則，要求承造商要改善工人的工作環境。但由於沒有相應有效的監督，很多承造商都敷衍了事，做些門面工夫，惡劣的工作環境一直沒有真正的改善，引起有關團體大力的批評。在 1990 年後期，這些跨國企業不管是出於自願還是被迫，都各自僱用監督員，或聘請獨立的監督組織，經常到那些代工廠做實地調查，看看代工廠是否有違反公司要他們遵守的倫理守則。透過這些有效的監督，不少代工廠的工作環境及對待工人的條件，已比以前大有改善。但問題是，這些大公司所委外的

工廠只是很多代工廠的一小部分，其餘仍有不少的大公司，由於要顧及商品成本，根本就很少理會這些產品生產過程是否合乎倫理。在目前拉丁美洲及亞洲的不少地方，尤其是勞工密集的行業如製衣、玩具及造鞋都需要很多的廉價勞工，這些行業中出現血汗工廠的數目比其他行業為多。

在美國，有十來間大公司，Liz Claiborne Inc、Nike、Reebok、Mattel 聯合組成了一個行業的認證制度，確認某些商品是否經由人道的過程來生產的，給予相關的標籤，供消費者識別。這個制度的背後推手可追溯到柯林頓所主催的成衣製造業合夥人協會，及隨後成立的公平勞工協會（Fair Labor Association）。這個協會計劃派員四處到各地的代工工廠調查，看看工人的一些基本權利是否得到保障（葉保強，「血汗工廠到處皆是」，《信報》，*2001/08/06*）。

2000 年 5 月，一份由紐約的全國勞工聯委會（National Labor Committee）所做的報告，發現了在中國大陸用隨機抽樣挑出來的代工工廠，都有剝削工人的情況出現。茲舉一些例子，在深圳的寶安單車廠，是為美國 HUFFY 生產單車，十五小時輪班制，工作七天無休息，沒有超時加班費。為沃爾瑪（Wal-Mart）生產 Kathie Lee 手袋的中山金獅手袋廠，管工毆打遲到的工人，工廠收取不合理的高昂住宿及伙食費（約占工人工資的七成），令一些工人實質的收入每小時少過一美仙。為 New Balance 生產皮鞋的廣東東莞麗山鞋廠，工作環境安全情況很差，工人超時工作沒有加班費。這十六間工廠，不只違反了訂貨公司所規定的守則，同時亦犯了中國法律。被點名的美國公司 Timberland, New Balance，親自審查那些工廠，證實報告大部分的指控是真確的（有關更多的血汗工廠的案例，參看附錄案例 5：富士康員工墜樓慘劇）。

以上的四個案例只代表了職場倫理問題的一小部分而已，其他如私隱權問題、年齡歧視問題等亦愈來愈受到關注。事實上，職場倫理跟近幾十年逐漸改變的工作性質、職場生態及勞資關係息息相關。讓我們先簡單分析近年正在變化的工作性質及職場環境，然後探討相伴隨的勞資關係的演變。

近年隨著全球化的腳步加快及競爭的愈來愈激烈，配合通訊及電腦科技的廣泛地應用到生產線上，工作的性質及職場生態迅速起了巨大的變化。生產者利用科技及新的生產模式，將原來要在集中同一個工廠內進行的生產活動，分拆成數個部分，分散到全球不同的地點來進行。這樣做法除了能大幅削減成本之外，同時可以利用分散在各地的優勢，如貼近原材料的原產地，或有大量的

廉價勞動力的供應，來加強生產效率，同時可以貼近產品的市場。這種新的生產形式對企業如何安排工作產生了莫大的變化，同時亦改變了工作的性質。最明顯的變化是，終生僱用制很快地走進了歷史，而很多產業的昔日職業保障亦逐漸消失。競爭的白熱化導致近二十年企業的組織改造（restructuring）、收縮編制（downsizing）、收購合併、減少層級（delayering）、大幅裁員、關廠或遷廠，而最近的大量外包（out-sourcing）到全球各地的趨勢，進一步加速了更多的關廠裁員，或工人凍薪減薪、或削減福利、或工資削減同時工時加長、或從長工變為臨時工等。這是自規模生產以來職場最大變化的一次，一般的工人在其一生就業生涯（work life）中將會經歷起碼數次的行業轉變（careerchange），從一而終的就業形態已經一去不返。要適應職場的需求，員工必須要不斷學習新的知識及技能，向雇主證明自己的可僱用性（employability）。換言之，昔日的職位的穩定性（job security）已經逐漸消失，取而代之的是就業的穩定性（employment security），而要達到就業的穩定性必須要員工透過不斷的學習，吸納新知識，發展新技能，以適應新的生產及經營方式。

小檔案——知識型經濟職場變化大

1990 年代以來，台灣經濟愈趨知識化，高收入者的所得持續以倍數增加，跟低收入者的差距愈來愈大。根據主計處，最高所得組與最低所得組的就業人數差距，從二十五年前的 1.79 倍，增加到 2005 年的 3.79 倍。

台灣職場亦起了巨大的變化。大企業重視知識員工，為他們提供很好的工作環境。例如，外商如台灣 IBM、台灣微軟的員工不但高薪，同時享有很好的福利。IBM 在台灣、中國大陸及香港的公司就有免費的心理諮詢服務，照顧員工的心理需要。相比之下，勞力密集產業的員工處理就有天壤之別，例如，做水泥和土木工人就算因房地產景氣好接到不少的工程，但一旦工程做完，下一輪可能就要當臨工，收入極為不穩定（《聯合報》，2005/04/18，A12）。

派遣員工愈來愈流行

根據台灣派遣業者的估計，約有三分之一的企業使用過派遣人力，其中以製造業、金融業、量販業最為普遍。從事生產線作業員的藍領勞工也逐年的增加。部分人力業者派遣員工比過去多了三到四倍，職種亦愈來愈多。但派遣這個做法經常被濫用，有些雇主為了規避福利、退休金、職災就利用這派遣作為藉口。尤其是提撥 6% 的退休金的勞退制度實施後，估計會有更多的雇主會鑽這個

「巧門」。東元集團旗下的東慧公司估計，若只就行政、客服、工程師這些行業來算就有八萬人，若就保全、清潔外包工人都加算起來的話，人數就有二十多萬。經建會計劃將人力派遣列為十二項重點發展服務業之一，在計畫中方面的人力市場達三十萬（《聯合報》，2005/04/19，A6）。

著名的企業如 IBM 及惠普（Hewlett Packard）亦放棄其終生僱用制度，調整其公司文化，及重新界定公司與員工的社會契約。IBM 在十多年分析了作為雇主、員工關係的基礎的社會契約的演變，這個演變主要是雇主、員工在付出與收穫上彼此期望上的改變。IBM 這個演變的構思雖然以美國的情況為基礎，但由於全球化的削平化的效應，不同地方的職場所經歷的變化亦不同程度地展示了這個趨勢。下表展示出這個值得參考的職場演變的構思：

表 4-1　IBM 構思的職場社會契約的演變

	舊社會契約			新社會契約	
	雇主	員工		雇主	員工
收穫期望	倫理／誠實 滿意表現 有需要就再培訓 守規則／支援 對公司忠誠	尊重／公平 關懷的管理 好收入 好福利 有擢升機會 安全健康職場 職位保障	收穫期望	倫理／誠實 卓越表現 不斷改善 點子／參與 業務成功的承擔 個人投資	尊重／參與 有原則領導 以績效算薪資 成長機會 學習機會 安全健康職場 工作／生活彈性 安穩的過渡 信任
願意付出	制定工作期望 管理支援 好薪資 好福利 擢升機會 培訓／再培訓 職位保障 公司一家親	勤奮 彈性 超出的滿意表現 超時工作 從一而終 忠誠／信任	願意付出	信任／予權 促進式管理 多樣的薪資 專業成長機會 學習機會 資訊給予 過渡支援	參與 願意提出不同的看法 卓越表現 願意犧牲 終身學習 對成功有承擔

資料來源：Williams, Ross, J. Director of Leadership and Human Resource Development, Presentationto the 21st Issues Management Conference, *Human Resources Institute*, St. Petersburg, FL, February 18, 1993，引自 Buchholz & Rosenthal 1998: 342；經作者小修改。

隨著其知識及技術的增加，員工對工作的責任亦相應地增加，在職場有更大的自主性。在知識經濟中，這群擁有知識的工作者（knowledge worker）是天之驕子，工人中的精英群，但他們在勞動人口中畢竟只屬少數，絕大多數的員工是非技術性的勞工，他們的處境，無論在可僱用性、工資、福利等方面愈來愈不利，導致知識工作者與非知識勞工這兩個族群的落差會愈來愈大，而全球化黑暗面（如上文提到的血汗工廠）上的受害者都是這群非技術性的勞工。

現時許多國家的臨時工或兼職工人的數目每年都在增加，外包的工作會愈來愈多，而全職工人或長工的數目相對的減少，全球化會進一步加劇這個趨勢，企業為了回應競爭的壓力不得不如此，以減低成本及提高經營彈性。但這個改變是有其代價的，其中之一是勞資關係的惡化。昔日僱主、員工之倫理關係已經受到削弱或破壞，彼此之間的昔日的互信被猜疑所取代，彼此的忠誠已經蕩然無存，勞資雙方已經不再是一個有共同目標的社群（community），只是一種互相利用的短線交易而已。下節我們先探討僱主、員工的契約關係，然後論述僱主、員工的倫理關係。

僱主與員工的契約關係

追尋財富是很多人的理想，改善生活是所有人的慾望。然而，在一段頗長時期內，資方與勞方的關係被視為一個在財富追尋中的零和遊戲——一方勝另一方則敗；資方若大賺特賺，則勞方便要凍薪、減薪或失業；勞方若爭取更多的權益，則資方虧本關門。這種你勝我敗的局面很容易就變成你死我活的對抗與鬥爭，不幸的是，過去二百多年的資本主義絕大多數的勞資關係似乎應驗了這點，絕大部分時期都是勞方與資方之間不是對抗、不信任、猜疑，就是互相較勁及關係緊張。事實上，資方經常以其雄厚實力欺壓及剝削著勞方，直至政府的干預及工會的興起，這種情況才開始有所改善。過去一百年，勞方在爭取權益方面確實取得了很多實質的進展。今天先進工業國家的工人利益，基本上得到相當不錯的保護，員工所擁有的權利之廣泛，令二十世紀中以前的員工羨慕不已。

不過，工業先進國家工人只是全球工人幸運的少數，勞動人口的絕大部分分布在發展中國家的工人，很多仍過著如十九世紀資本主義早期的惡劣環境之下，受到資方各式各樣的欺壓及不公平對待，一點權益都談不上，加上他們的政府亦沒有為他們提供足夠的保護，他們儼然是被資方隨意宰割的一群，過著

一些文明社會不能容忍的奴役般生活（見附錄中案例 5 的「富士康員工墜樓慘劇」）。然而，全球化的來臨改變了南北工人在享受權益上的落差，工業國家的工人曾經享受過的種種權益愈來愈被全球化侵蝕及威脅。

自二十世紀九〇年代的全球化的逐步展開及深化，使得先進工業國家的員工的就業不斷受到威脅，工廠及生產不斷向發展中國家外移，公司的委外愈來愈厲害，員工的工資長期被壓抑或向下調整，有些公司甚至大批解僱員工已經成為一個常態。發展中國家的工人由於政府的保護工人的法制落後或執法不力，工人權益無法受到保護，工人受到剝削或權利受到侵犯乃司空見慣。

以英美為首的工業資本主義社會，勞資關係建基在契約自由原則上。依契約自由原則，勞方及資方都被視為經濟的行動者，擁有足夠的理性來為自己的生活及人生作明智的規劃，勞資關係可以用契約來界定雙方的行為及義務和權利。工人可以依照個人的意志來參與勞動，與雇主訂定契約，商議及同意合作條件，包括工作內容、薪資、福利等，成為企業的員工，用勞力來換取工資。契約自由重要的地方是，員工與企業主若不能在契約上取得雙方的同意，勞動契約就無法成立，工人可以另找別的雇主，企業主亦可以另找工人，彼此尋求自己滿意的合作人。這種契約自由給予勞資雙方極大的自由，而勞動市場亦由於契約自由而變得有效率，這種由契約自由所代表的經濟自由是所有自由的基礎，資本主義因此是自由社會的基礎，至少在理論上是如此。

實際情況當然與理論有很大的出入，其中之一是資方在經濟資源及由此而來的經濟權力遠比個別的工人大得多，在這種權力的極度不對稱的情況之下，在契約制定的過程中，工人的議價能力絕對處於劣勢，因此只能任由資方擺布，根本沒有平等議價的能力，最後制定的契約傾向於資方的利益是完全可以預見的。換言之，工人由於勢單力薄，根本就無法站在與資方平等的位置上談判契約條件，契約自由下的自由，事實上只是資方的獨占物而已。

在這種粗糙型資本主義（coarse capitalism）下，作為資本家的強者是主宰，作為工人的弱者是被主宰的。就算資本家單方面定出不合理的契約條件，工人苦於沒有議價的能力下只好被迫接受，因為不接受就只有失業、捱餓這一條路。資本家用他們所議定的價格及條件，在勞動市場中購買工人的勞力；工人被當作生產要素或工具，可以隨時調來調去，不合用時更可以將之丟棄。對這些資本家而言，他們的世界是沒有所謂工人尊嚴、工人權利的。勞資關係就是一種金錢的關係，是一種勞動力的買賣，界定這個關係就是法律契約。問題是，雇主員工關係不只是法律的契約所界定的關係，同時包含了倫理關係。

　　事實上，正式的（formal）雇主、員工法律契約之外，雇主與員工有一不成文的心理契約（psychological contract）或道德契約（moral contract）——彼此由信念、期望或責任所構成的隱性契約（tacit contract）。這些隱性契約是管理層與員工，及員工之間的重複的互動及長期合作，及員工對組織文化的解讀而逐漸形成的。這種道德契約對彼此的行為都有一定的影響力及約束力，繼而形成了雇主與員工的倫理關係。契約內所包含的期望與承諾若被違反，會損害彼此的關係。契約一旦破壞，員工會失去對雇主的忠心及信任，對工作的熱情會退減，嚴重的違反會導致員工暗中另尋他主；雇主會失去對員工的信任，加強對員工的監督，及不會在員工身上投資，嚴重的會找藉口來解雇員工。這個倫理關係通常沒有受到應有的重視，倫理關係受到長期破壞的結果，導致了各式各樣的勞資糾紛問題，直接損害公司的生產力（*McAlister, Ferrell, & Ferrell, 2003: 244-245*）。

雇主與員工的倫理關係

　　要探討雇主與員工應有的關係，必須回到倫理的基本面，因為就算法律的契約關係如果要有正當性的話，必須符合倫理要求的。事實上，先進經濟體內的有關勞資法則，絕大多數都是與超級規範保持一致的，因此是合乎倫理的。即是說，相關的法律契約同時是符合超級規範的要求的，因此由其所界定的關係及義務是合乎倫理的。

　　回到雇主員工的倫理基本面，第一件要做的事，是重新解讀企業的性質及員工的特質。若採取康德企業倫理學的觀點，企業是一個道德社群（a firm as a moral community），員工是社群的一成員，即是一個道德行動者（moral agent），應受到尊重。應用康德的尊重人原則到職場上，員工就不應只被視為生產要素或工具，而應被視為一個目的，即具個人的尊嚴、自主性，各基本的權利與自由。這些權利與自由應用到職場上產生了一組員工的權利，這組權利與指引職場規範的超級規範是保持一致的，超級規範在確認員工權利的同時，亦導引出雇主或企業對員工的相關義務。有正當性的職場倫理，包括了這一組的企業對員工的義務。

　　高斯經營原則採取一種代理人的觀點（agency perspective）來解讀雇主與員工的關係，以回報（reciprocity）原則作為這種關係的基礎（*Young, 2003: 113-122*）。代理人觀點將雇主視為委託人，員工視為受託人，受託人對委託人

要履行其代理人義務，而委託人要對受託人履行其責任。在這種關係下，雇主與員工不是敵對關係，而是一種互惠合作的關係。雇主與員工彼此利益連結在一起，基本上是一個利益共同體。雇主及管理人員作為委託人應有義務來維護員工權益。另一方面，員工在享受到管理者及雇主的照顧及關懷與尊重的同時，亦要以同等的行為回報之。

知識經濟下，雇主會愈來愈依靠優質的員工，加強公司的生產力及競爭力。現時最有增值潛力的是智慧財產──知識資本加上創意全都在員工的腦袋裡，而將這些珍貴的資本生產潛力發揮出來，必須先取得員工的忠誠合作，心甘情願地為公司創造價值。雇主必須謹記一點，知識資本存在員工腦子裡，是一種可以隨身攜帶的東西，今天的員工可能明天是競爭者的員工，了解知識資本的公司當然了解能留住有創意的員工的重要性。問題是，公司如何可以留住人才及吸引新的優質人才。

優質員工需要些什麼？他們需要得到公司的尊重及信任，給予他們充分的創造及決策自由，提供一個有助創造、不斷學習及發展自我的工作環境，他們需要得到友善合作的團隊，有足夠的支援及工作樂趣、工作充滿挑戰性等，他們需要上級珍惜及尊重他們的意見及建議。

二十世紀三〇年代，賓納（*Bernard, 1938*）就提出這個尊重員工及善待員工的主張，他在《行政人員的理論與功能》（*Theory and Function of the Executive, 1938*），對員工對公司的功能予以高度的肯定。賓納認為，企業中的勞資關係是一個合作系統，而非一個純用金錢來運作的系統。生產線之所以能運作順利，工人的穩定合作是必要的；一旦工人採取不合作的態度，生產便會遇到各式各樣的障礙，嚴重的會令整個系統癱瘓。要取得工人的長期穩定合作，管理者必須要付出誠意，與工人建立互相尊重的關係。

賓納指出，促進工人的合作除了物質誘因的如獎金或其他金錢報酬外，非物質誘因是非常重要的。組織的權威可以促成員工的真誠合作嗎？管理者如何能保證由他們發出的指令下面的員工會全面配合切實執行？管理者不可能對每名工人長期做貼身的監督，不得不讓員工在無監督之下自行執行工作；在無人管的情況下，若沒有善意及合作的精神，下面的員工可以偷工減料、拖延，及做出大大小小破壞或搗蛋的動作，令工作難以推行，或效率無法保持。沒有一種真誠的合作態度，單純的權威無法把事情做好。要成功推動工作，上層的管理者其實依賴下層員工的善意及合作。

高斯經營原則包含的指引是要企業發展及維持雇主與員工之間的彼此尊重

及依賴。原則確認員工的尊嚴，及企業要認眞地對待員工的利益。這些利益包括了爲員工提供薪資及報酬，令他們的生活條件得到改善。原則認爲雇主只提供工人最低的工資是不妥的，工資應該足以「改善」員工及其家庭的生活水平。這是一個相對性的條件：在生活條件低的國家可以發放較低的工資；在生活水平高的國家則支付較高工資。

依品質管理大師但明（Deming）的建議，受到雇主尊重的員工將會幫助公司創造下列的價值：

1. 認識及內化公司的核心價值、目標及經營哲學，並付諸行動。
2. 爲公司的長線好處著眼，不是只著重員工短期的利益；同時要考量投資人、顧客及其他利害關係人的需要。
3. 對不斷的品質改善展示眞誠的關心。
4. 對自己分內的工作有精準的掌握，並不斷改善效率。
5. 不要求及製造煩瑣的工作規則或妨礙性的論資排輩的制度。
6. 在同事、部門內部及之間，避免對抗及惡性競爭；以團體成員身分來爲共有財投身做出貢獻（*Young, 2003: 113*）。

經營原則的規範

綜合以上的討論，雇主對員工倫理對待可以用經營原則內企業與員工的倫理義務來規定：公司應尊重每一員工的尊嚴，以及嚴肅地對待他們的利益。公司對員工的責任包括：

1. 爲員工提供職業及適當的報酬，改善他們的生活素質。
2. 爲員工提供尊重他們健康與尊嚴的工作環境。
3. 與員工溝通，務求誠實，在兼顧法律及保障競爭力的情況下，與員工公開交流。
4. 聆聽員工的建議、觀點、要求及投訴，以及在可能的情況下，做出相應的行動。
5. 當有衝突出現時，以誠懇的態度與他們磋商。
6. 避免帶有歧視的措施，就性別、年齡、種族及宗教方面，保障員工獲平

等的對待，以及爲他們提供平等的機會。

7.聘用不同才能的人，令他們有機會發揮所長。

8.在工作期間保障員工免於受傷或疾病。

9.鼓勵及協助員工發展相關及可轉移的技能與知識。

　　對一些經常導致嚴重失業的商業決定提高警覺，與政府、員工組織及其他組織合作，共同解決這些問題。

■ 小檔案——員工憂鬱症　企業損失大

　　　　聯合國國際勞工組織的資料，憂鬱症已成爲二十一世紀的主要職場疾病，員工因憂鬱症而請假導致經濟重大的損失。根據統計數字，台灣有 6%到 10%的人有憂鬱症，憂鬱症的經濟成本每年是四百零五億元，其中藥費、醫療照顧等直接成本占 22%，約八十九億，但對生產力的損失則占 76.3%，成本接近三百零九億元（《聯合報》，*2005/01/19，A3*）。

員工權利清單

　　這一組的倫理義務是有相對應的權利的，以下員工權利清單（Employees' Bill of Rights 是企業應該尊重的（*Werhane, 1985*）：

1. 每個人在工作上有平等的權利，並且在職位上有被平等對待的權利（right to equal consideration at the job）。不能以宗教、性別、種族、膚色或經濟狀況，歧視員工。

2. 每個人有同工同酬的權利。

3. 每個員工有工作權利。透過一段試用期之後，員工就有工作的權利。只有在下列的情況之下他才會被解僱：

   (1)工作表現低劣。

   (2)在公司內或在公司外觸犯法律。

   (3)在工作時間內酗酒或吸毒。

   (4)無理地從事刻意破壞公司的活動。

(5)體力與心智失去能力，或到達規定的退休年齡。

(6)雇主在有公開可證實的理由時，如公司轉讓、蝕本、倒閉，解僱員工。

(7)在沒有合理程序（due process procedures）的情況下，員工在任何情況下均不能被解僱。

4. 每一位員工在工作上有合理程序的權利（right to due process）。員工在被降職或被解僱前有權要求同儕審查（peer review），有權接受聆訊，而在有需要的時候，有權要求外界的審裁。

5. 員工在工作期間有發表自由的權利（right to free expression）。這表示員工有權反對他認為是不合法或不道德的公司行為，而不會受到報復或懲罰。這種反對可以是言論自由、揭發（whistleblowing）或良知反對（conscientious objection）。所有批評應該將內容詳細寫出來，並且附有證據。

6. 員工的隱私應受到保護。

7. 用測謊機測試員工是違反法律的。

8. 員工有自由參與公司以外活動的權利。

9. 員工有工作安全的權利，包括有權獲取安全資料及有參與改善工作安全的權利。

10. 員工有權獲得關於公司本身、工作、工作所涉及的危險，及晉升機會和其他有關職業改善與發展的資料，資料愈多愈好。

11. 員工在適當的時候有參與有關其工作、部門及公司的決策的權利。

12. 公營及私營公司的員工在其對工作期間的要求未被滿足時，有權罷工。

這一組員工權利清單所列出的權利，基本上是與全球的基本人權規範，包括國際勞工組織的工作基本原則及權利宣言保持一致的，有高度倫理的正當性，因此雇主員工的倫理關係亦應建立在它們之上。

小檔案──客運業違反勞基法

行政院勞委員在 2 月 2 日在台北、台中、台南做春安勞檢，發現 14 家國道客運業者，每日超過 12 小時工作者有 5 家，每月加班超過 46 小時者有 7 家，其中以建明、統聯違規比率較高，達 30 以上；巨業公司違反勞基金規定每 7 天有 1 天休假的規定比率達 9 成（《中國時報》，2005/02/03，A8）。

小檔案──躉船工過勞觸電之死

　　一名躉船工人懷疑連續工作九天導致過分疲勞而觸電死亡。37 歲的死者羅帶根在躉船工作超過十年，負責維修機件、起卸貨櫃等工作，須在船上二十四小時候命。自從 2002 年 2 月 15 日起，羅隨船到內地做維修工作，週日凌晨二時返港。連續工作了九天的他，要求雇主返港後補放假期，雇主答允。然而，返港後雇主推翻承諾，要求他照常上班。羅僅睡了四小時後重返油麻地貨物起卸區工作。3 月 24 日早上 10 時 24 分，船艙尾部發現有積水，羅欲啓動抽水泵抽水，電掣開動時羅懷疑觸電昏迷倒地，送院時證實死亡（《明報新聞網》，2002/03/25）。

小檔案──員工因在家吸菸去職

　　美國密西根州一家稱 Weyco 的保健公司，最近制定了一套獨一無二的禁菸政策，不單禁止員工在公司內吸菸，同時還禁止員工在家中吸菸。公司的理由是要減低爲員工支付的健保費用。政策規定每名員工必須接受測驗，檢查他們是否有抽菸。同時公司爲抽菸的員工提供戒菸服務，不接受戒菸的員工就會被開除。這個政策在 2005 年 1 月 1 日生效，員工一是接受測試，一是另謀高處。有十四名員工依政策接受公司提供的戒菸協助，有四名員工拒絕測試，自動請辭。但公司方面證實就算他們不自動辭職，公司亦已打算將他們解僱。反對這個政策的人指公司太過分，連職場以外的行爲都要管，侵犯了員工權利。

　　公司總裁 Howard Weyers 堅信政策是對的，不只爲公司節省開支，同時可以改善員工的健康。他指出，員工能戒掉吸菸這惡習，對他的家人、朋友、同事都是一件好事。Weyers 對促進員工滿腹計畫，下一步會針對過重的員工制定一些健康的政策（BBC NEWS, 2005/01/27）。

企業如何對待供應商的員工

　　多國企業的承包商經營的血汗工廠，明顯違反了上文所列出的企業對員工的倫理義務。問題是，多國企業對包商的惡待員工應否承擔部分責任？答案是肯定的，多國企業若不縱容包商這種有違倫理的對待員工的做法，血汗工廠不

會如此的普遍。承包商的員工雖然不是多國企業的員工，承包商卻是受僱於多國企業，其員工可說是多國企業的間接員工。多國企業是否對這大群的間接員工有倫理義務？包括維護他們的基本勞動權利？多國企業是否有能力改變供應商員工的權利？1998 年在美國成立的公平勞工聯會，及催生這個組織的白宮成衣產業夥伴協議（簡稱夥伴協議），用規範及行動來給予這兩個問題正面的回答。另一方面，利維牛仔褲在 1991 年制定的管理供應商（承包商）的指引，是直接關涉承包商如何對待員工的，因此，亦是企業對待間接員工的一個好的榜樣，值得放在在本章結尾。讓我們先簡單介紹白宮成衣產業夥伴協議的背景。

1996 年 8 月 2 日美國總統柯林頓就勞工部長瑞格（Robert Reich）的建議，成立了一個稱為白宮成衣產業夥伴（White House Apparel Industry Partnership）的十八人專責小組，小組針對二十多年一直困擾著成衣產業的勞工及人權問題，制定相關的政策及指引，主要任務有兩個：(1)制定政策，保證產業內的公司所生產或售賣的產品是在合理及人道的工作環境下所製造的；(2)告知消費者其所購買的產品不是在剝削的環境下所生產出來的。

1997 年 4 月白宮成衣業夥伴專責小組報告出爐，報告同時制定成衣業的「職場行為守則」（Workplace Code of Conduct）及「監察原則」（Principles of Monitoring）。行為守則包括了一些基本上的倫理守則，包括強迫勞工、童工、滋擾及濫權、歧視、工作安全與健康、薪酬與福利、工作時間、超時加班費等標準的條款。監察原則包括了要求公司有清楚書面的監督標準，建立資料庫及成立內部的審計機制，監督標準在實際情況下的實施情況；從員工、工會、人權及宗教組織或其他有關團體，蒐集意見並成立改善的機制。除此之外，公司要讓外面的監察組織做獨立的監督，這些組織要在不受干預的情況下，挑選一些供應商的工廠訪查，並根據這些調查來寫報告及提出建議。1998 年成立的公平勞工聯會是負責監督守則的執行情形的。

公平勞工聯會有權審批巡查工廠的獨立審計員的資格，及將違反守則的公司驅逐出聯會。夥伴協議要求所有會員自行監督自己的工廠，同時要求在公司簽署守則的頭二、三年，讓公司三成的廠房由外部的監察員來審查，之後每年拿出一成留給外部審查。參加公平勞工聯會的好處，是可以在公司的產品上貼上協會證明產品「非來自血汗工廠」（"No Sweat"）的認可標記，有助於產品的行銷。

成衣產業夥伴職場行為守則

　　成衣產業的「職場行為守則」所包含的範圍相當廣泛，其中主要的內容如下：

1. 強迫勞工：不管是監獄內的勞工、合約勞工，或其他形式的勞工，都不應包括任何的強迫勞工。

2. 童工：不能僱用年齡低於十五歲的童工（或一些政府所不能容許的低於十四歲的童工）或年齡低於生產國家內要完成強迫教育所需的年齡。

3. 滋擾或虐待：每一個員工的尊嚴都要被尊重，沒有一個員工會受到身體、性、心理或言語的滋擾或虐待。

4. 不能歧視：無人會在性別、種族、宗教、年齡、殘疾、性取向、國籍、政見、社會或族裔的來源，受到任何形式，包括聘用、薪酬、福利、升遷、紀律、解僱或退休的歧視。

5. 安全與健康：雇主要為員工提供一個安全健康的工作環境，防止由在工作廠房工作時所可能出現的意外，或對健康所構成的傷害。

6. 結社自由及集體談判權：雇主要承認及尊重員工自由結社及集體談判的權利。

7. 薪酬及福利：雇主要承認薪酬是滿足員工的基本需要的必需品，雇主要依當地法律或行業的常規中兩者之中的最高數目來決定最低工資，及支付在法律上所規定的福利。

8. 工作時間：除了特殊的情況下，員工不應工作超過：(1)每週四十八小時，及十二小時超時工作，或(2)生產國家法律所容許的正規及超時工作的時限，或當地的法律若對工作時間不加限制時，合理的工作時間是：①一個正規的工作週加十二小時的加時工作；②至少在一週內有一天的假期。

9. 超時補貼：除了正規工作的酬金外，員工要有依當地法律所規定的超時工作的補貼，或在無同類法律的國家中，補貼至少等於正規工時的酬金。

　　守則內引起爭議的地方包括：可資生活的工資（liveable wages）、結社自由及集體談判權，及守則的監督問題（*Hemphill, 1999: 121-137*）。

　　在成衣產業守則在推行的還未正式執行時，就有一些引人注目的官司。

案例

　　1999 年 1 月，由塞班島（Saipan）非工會的成衣工人、人權組織，包括全球交流（Global Exchange）及血汗工廠觀察（Sweatshop Watch）、針織商及工業紡織業員工聯合會（Union of Needletrades, Industrial and Textile Employees, UNITE）及幾家法律事務所聯手，分別入稟洛杉磯及塞班的聯邦法院及三藩市的州法院，要求超過十億美元的賠償，以補償成衣工廠近十年來對工人的傷害、扣薪，及奪取利潤等。

　　原告代表了在該島（是位於南太平洋美國屬土的北馬爾安納島 North Mariana 的一部分）的工廠過去及現在工作的二萬五千名來自中國、菲律賓、泰國、孟加拉等國家的工人，向美國十八家大零售商及成衣公司，包括 Tommy Hilfiger、Sears、Roebuck & Company、Wal-Mart、The Gap、J. Crew、The Limited、Nordstrom 提出了三個集體訴訟，指控它們虐待工人，違反人權及美國勞工法。

　　原告指控有關的成衣商的承包商強迫工人每天工作十二小時，一星期七天工作，及無薪的超時工作，同時工人經常捱打及受罵，工人一到廠就被關在工廠內，護照被扣起，還要付七千元的僱用費。在塞班島的三十二間工廠大部分都是由中國人、日本人及韓國人承包的（*Vancouver Sun, Jan 15, 1999*）。

　　這是夥伴協議成立以來所面對的最嚴峻的挑戰。訴訟在 1999 年 8 月已有初步的結果。根據路透社 8 月 10 日在洛杉磯發出的新聞，四家美國大零售商就這宗訴訟尋求和解，願意設立一個一百二十五萬美元的基金，協助監察在塞班島由外商擁有的工廠的情況。這四家大公司同時亦禁止這些工廠向工人收取每人七千美元的應徵費（*Vancouver Sun, August 10, 1999*）。

利維牛仔褲全球採購及營運指引

　　1991 年，利維牛仔褲（Levi Strauss）是第一家制定一個全面的全球採購及營運指引（簡稱《採購指引》）的跨國公司。1999 年，利維公布的全球採購及營運指引（Levi Strauss & Co Global Sourcing and Operating Guidelines）如下：

（*Schoenberger, 2000, 265-269 Appendix A*）

　　我們的《採購指引》幫助我們挑選那些職場標準及經營手法與我們一致的商業夥伴。這些要求適用於為我們生產及完成公司產品的每一家承包商。訓練有素的巡查員會緊密地監察超過五十個國家內大約五百家承包商。

　　《採購指引》的執行，是一個全面及資源密集的工作。目的是要達到積極的結果及導致變革，而不是懲罰犯規的承包商。我們透過《採購指引》尋找一個長遠的解決方案，令那些為我們生產產品的個人受惠，及改善他們所在的社區的生活素質。

《採購指引》包括兩個部分：

1. 商業夥伴合作條款（the Business Partner Terms of Engagement）：處理可以由 Levi Strauss 的商業夥伴實質控制的問題。
2. 國家評估指引（the Country Assessment Guidelines）：處理那些超出個別商業夥伴能力範圍的更大的外部問題（包括健康安全問題，及政治社會經濟情況）。這些指引幫助我們評估在某一個國家做生意的風險。

　　這些標準都是我們經營的組成部分。員工有權及有責任採取必要的步驟，確保遵守這些標準及政策。公司的員工及商業夥伴必須明白《採購指引》的重要性，不低於符合我們的品質標準及準時交貨。

合作條款 (Terms of Engagement)

1. 倫理標準：我們要尋找及善用那些個人或經營倫理標準與我們一致的商業夥伴。
2. 法律要求：我們期望商業夥伴必須守法，及在經營上遵守所有有關的法律。
3. 環境要求：商業夥伴要與我們一樣對環境有共同的承擔，及在經營上符合我們的環境哲學及指導原則。
4. 社區參與：商業夥伴要與公司一樣，對改善社區有同樣的承擔。
5. 僱用標準：商業夥伴的工人是自願工作的、身體安全沒有受到威脅、有公平合理的報酬、被容許自由結社的權利及沒有受到剝削。除此之外，還有以下具體的指引要遵守：
   (1)工薪及福利：為工人所提供的工資福利符合相關的法例，及符合當地的習慣。

(2)工作時間：排班要有彈性的同時，除非在得到適合的超時加班費外，工時不能超過合法的時數。我們支持每週低過六十小時的工時，不會用那些經常超過六十週時的承包商。工人應在一週內有一天假期。

(3)童工：不容許使用童工。工人年齡不得低於十四歲，及不能低於入學的強制性年齡。我們不會用那些使用童工的承包商。支持發展讓年輕人學習的學徒制。

(4)囚犯或強迫勞工：我們不用囚犯或強迫勞工，亦不會用或購買由囚犯或強迫勞工所生產的產品。

(5)健康及安全：我們只與那些提供安全與健康的工作環境給工人的承包商合作。那些為工人提拱宿舍的承包商，宿舍必須是安全及健康的。

(6)歧視：我們認識及尊重文化差異，但相信要以能力來僱用工人，而不是基於個人的特性或信仰。我們與相信這價值的承包商合作。

(7)紀律處分：我們不與對工人使用體罰或其他形式的精神或肉體的威嚇的承包商合作。

評估及條款的遵守

與 Levi Strauss 合作的所有的承包商必須遵守這些條件。承包商會受到經常的評估，保障他們遵守條件。公司亦須親自到個別的工廠，與承包商合作發展一個穩固的負責任經營，及保障不斷的改善。如果發現承包商違反了條款，公司可以終止與該承包商合作，或要求該承包商在指定時間內做出補救。如果承包商沒有做出補救，公司會終止與承包商的合作。

在執行全球採購及營運指引時，公司要求不斷的改良。由於這套指引適用於全球，公司會繼續考慮所有有助於解決問題、面對新的挑戰及改善指引的有關的資料。

挑選國家指引 (the Country Assessment Guidelines)

怎樣挑選國家來投資或採購，要依從幾項條件；

1. 品牌形象：不會與那些對公司品牌形象有負面影響的國家建立合約關係或續約。

2. 健康與安全：若有證據證明公司的員工或代表受到不合理的風險時，公

司不會與那些國家簽訂或繼續合約關係。

3. 人權：當有廣泛的人權違反情況出現，公司是不會與那些國家簽訂或繼續合約關係。

4. 法律要求：當一些國家的法律環境令公司的商標或其他的商業利益，產生不合理的風險，或嚴重地阻礙這些指引執行的話，公司不會與那些國家簽訂或繼續合約關係。

5. 政治或社會穩定：當一個國家的政治或社會動亂不合理地威脅到公司的商業利益時，公司不會與那些國家簽訂或繼續合約關係。

企業對待員工評估

以下是簡單的評估工具，量度企業在一些重要方面上如何對待員工（*Young 2003: 123-124*）：

企業對待員工的自我評估

1. 公司如何確認員工的利益，如何採取步驟改善員工（個別及集體）的生活？

2. 在社會層面上，公司如何創造就業機會，及其經營中展示對人權的尊重？

3. 公司如何取得員工的信任（溝通及對話方法、合理的評估制度等）？

4. 公司如何管理對國家及國際有關員工的法令？

5. 公司如何在當地照顧到員工的需要的同時，在全球發展人文資本？

6. 公司如何協助防止環境破壞及促進可持續性經營？

7. 公司推行什麼措施防止員工進行包括收受賄款、違法等不當行為？

小檔案——Levi Strauss 的倫理傳統

利維公司有很強的倫理傳統，自創辦人 Levi Strauss 開始，一直對商業道德有一個持續不衰的承擔與堅持。1950 年代，利維計劃將業務擴展到南部各州，遇到了棘手的種族隔離問題。當時利維在維吉尼亞州的黑石鎮（Blackstone）開廠生產，為了要招募更多的工人，計劃向工廠附近的黑人社區招募，但這個做法可能牴觸了當地黑白工人不能混在一起工作的社會禁忌。公司想出了一個方

法來應付這個難題，就是叫新來的黑人工人用專為他們建的洗手間及飲水井。公司反對要建一道分隔黑白工人的圍牆，當地的鄉紳要求要在地上畫上一條白線，分隔黑白工人，但遭公司拒絕。一個星期之後，公司內的黑白工人可以在飯堂內同一張桌上用餐。經此一役，公司就在其他的工廠開始其反種族分隔的計畫，這對改變美國南部的業界對待黑人有很好的影響。當時主政的利維後人哈斯（Haas）家族堅決的意志，最後令南部的大老放棄根深柢固的種族成見，慢慢接受其他種族的工人。在美國尚未有平等機會法之前，利維就已經身體力行、推行機會平行這個觀念。1969 年《商業周刊》頒了第一個「商業市民」（Business Citizenship）獎給 Levi Strauss（*Schoenberger, 2000: 32*）。

結語

　　本章對企業應如何對待員工的基本規範做了頗為詳盡的探討，我們亦將承包商的員工視為企業的間接員工，因此它們跟企業的員工一樣同屬於企業的執行義務的對象。對於直接員工，企業的義務是直接的，對於間接員工，企業透過規範承包商相關的行為，來實現對間接員工的義務。無論是直接或間接員工，都應享有員工的基本權利，而這些基本權利是與企業倫理所依賴的基本超級規範互相支持的。這個關聯令企業的倫理規範具有普遍性及正當性，而由這些特性而導引出來的相關的倫理義務才能在全球不同地方的承包商有道德的約束力。

5 Chapter

企業對消費者的倫理義務

✚本章的目標✚

- 討論產品安全的倫理問題
- 探討與廣告性質有關的倫理爭議
- 分析欺騙性廣告性質
- 探討行銷倫理問題
- 分析企業對消費者的不當經營
- 探討資訊不對稱下的不公平交易
- 介紹消費者保護運動
- 論述企業對消費者的基本倫理規範及義務
- 論述消費者的權益

「任何產業的存活性，不管是賣肥皂或是軟體，最終要靠產業是否有能力贏得及保持公眾的支持。」

~ Nick Brookes,
Chairman and CEO of Brown & Williamson

引言

除了員工外，消費者（或顧客，下同）是企業的另一個主要利害關係人社群（stakeholder community）。本章集中討論企業與作為產品服務終端使用者之消費者的倫理關係。企業生產的產品服務，都是為了滿足消費者的需求，可見消費者對企業的重要。透過產品服務的交易，企業與消費者之間建立了一種緊密的互惠關係——消費者需要企業的產品服務，以滿足生活所需；企業需要消費者購買產品服務，以獲取合理的回報，維持企業的發展及繼續提供產品服務。這種互相滿足需求的互惠過程（process of beneficial mutual satisfaction of needs），基本上是一種善或好的創造（process of creating good），由此而形成的關係亦是一種倫理關係。在理想的情況下，兩者可經過交易而獲益，即交易後兩者的情況比未交易之前好。然而，實際的情況經常與理想有距離，由於買賣雙方的資訊不對稱及其他的因素，交易並沒有帶來預期的增值效果，而消費者經常是受害的一方，導致雙方倫理關係的破壞。產品與服務的品質及安全、產品的行銷及廣告，經常是出現狀況的地方。本章以產品的安全及行銷兩方面，探討企業對待消費者的經營倫理，並論述企業面對消費者的基本倫理規範、相關的倫理義務及企業應尊重哪些消費者的權益。

案例：福特越野車輪胎大回收

2000 年 8 月初，火石輪胎公司（Firestone Tires）開始在全球回收六百五十萬個輪胎，引起國際關注。這是自美國八〇年代初舉世矚目的嬌生藥廠止痛藥泰拿諾回收以來，最大的一宗產品回收案。

日本的橋石輪胎公司（Bridgestone）是火石輪胎的母公司，1988 年以二十六億美元將併購火石輪胎公司。火石輪胎公司在 1978 年亦曾發生過車胎回收，

當時回收了一千四百五十萬個輪胎，公司的聲譽跌至谷底。回收令橋石輪胎損失慘重，公司 1999 年二百零四億收入的四成，將會付諸東流。

調查人員懷疑，輪胎是美國西南部一帶頻頻發生嚴重車禍的主因。根據美國國家高速公路交通安全局的數字，車禍涉及了最少八十八人死亡，二百五十人受傷。大回收所涉及的輪胎是銷路很好的一些型號，「火石環軸型 ATX」「火石環軸型 ATXII」（Firestone Radial AT X and AT XII）及「越野型 AT」（Wilderness AT）十五吋輪胎。前兩類輪胎安裝在福特的一型號暢銷小貨車上，而後者正是最暢銷的越野四驅車「探索者」（Explorer）所用的輪胎。自 1990 年推出市場以來，探索者一直是美國最暢銷的四驅車，每年為公司帶來巨額獲利。

這些交通意外導致不少的訴訟，火石輪胎及福特汽車同時被告。自 1992 年至 2000 年，兩公司已經有一百宗訴訟，其中包括了十宗涉及胎面脫落的庭外和解。1991 年開始，美國國家高速公路交通安全局就不斷接到有關探索者輪胎的投訴，但一直等到 1999 年 5 月意外愈來愈頻繁時才開始行動。

根據調查，造成車禍的主因，是輪胎在汽車高速行駛時，胎的表層像香蕉皮般從胎身脫落，跟著輪胎爆裂，導致汽車失去重心翻覆。由於四驅車重心比房車高，在高速公路行車時輪胎若爆裂，翻車機會比房車高很多，因此造成不少傷亡。這類意外，絕大部分都發生在炎熱的幾個南部的州。同類的意外，亦發生在沙烏地阿拉伯、南美的委內瑞拉等國家。

據悉，生產問題輪胎的工廠坐落伊利諾州德加達市（Decatur），工廠近年頻頻發生工潮，廠方解僱了不少長工，改用大量的替工，及在品質控制方面有偷工減料之嫌。一些現時已離職的工人透露，工廠在九○年代中期開始，改變了製造輪胎的工序，包括將原來要二十六分鐘才能完成的不同胎層的高溫融合工作，縮短成十六分鐘。

問題輪胎經媒體公開之後，火石輪胎及福特汽車開始互相指責，企圖卸責。火石輪胎一直堅持要將輪胎的氣壓調至每方吋三十磅，福特汽車則向顧客建議調壓二十六至三十磅。火石輪胎指出，意外之所以發生，是由於駕駛者沒有依公司的指定胎壓所致。如果輪胎的氣壓不足，車身很重的四驅車在火熱的高速公路上行駛時，很容易令輪胎的溫度超出其預定的受熱度，使胎皮飛脫，造成意外。這個解釋似乎相當合理，因為絕大部分胎皮飛脫的意外都發生在炎熱的地區：美國的西南部、沙烏地阿拉伯及委內瑞拉等地方。加拿大雖然很多人駕駛探索者，但卻未有因胎面飛脫而造成意外的報告（*Time, August 21, Sept 11, Sept 18, 2000*）。

火石輪胎回收引起了消費者的恐慌與不安，大批使用這型號的駕駛者蜂湧

擠到火石輪胎的代理商要求換胎，火石一時未能供應如排山倒海般來的要求，很多消費者只好焦慮地輪候，怨聲載道。這次產品回收風暴，引起了國會的關注，火石車胎廠及福特汽車的總裁都分別被傳召到國會山莊做證，向議員解釋回收車胎的種種問題。國會議員要問的問題，亦是探索者車主最關心的：火石與福特究竟對問題輪胎知道多少？在什麼時候知道？是否有隱瞞事實？是否明知輪胎有危險仍將之推出市場？知道輪胎有問題後，為何遲遲不做出補救？

在初期的供詞中，火石公司聲稱直至 2000 年 8 月初，當福特汽車要對火石輪胎的品質資料做分析時，才發現該廠的輪胎出現問題。但國會的調查人員卻蒐集到火石車胎公司的一份內部財務文件，顯示公司其實更早就知道輪胎有問題。那份日期 2000 年 1 月 19 日的文件，顯示公司的財務經理就 1999 年的 288 萬元的賠款中，計算出有 64％，即 184 萬元是與輪胎脫落的賠償有關的，而這些有問題的輪胎都在公司十家北美生產廠其中一家，即在伊利諾州的德加達廠所製造的。

在聽證會上，議員質問火石輪胎公司的高級行政人員，為何在公司的財務人員發現有問題時，負責安全的人員未採取適當的行動？公司是否將問題只看成是一個財政上的問題，與輪胎的安全無關係？當時做證的是執行副總裁直言無諱，承認公司正是將問題單單看成是一個財務問題。

福特汽車是否亦有隱瞞問題輪胎？根據《紐約時報》及《時代周刊》的報導，1998 年沙烏地阿拉伯就出現有問題輪胎的報導，1999 年 7 月福特靜靜地回收了該地的輪胎，跟著 2000 年 2 月又在馬來西亞及泰國回收了輪胎。1999 年頭，已經有 800 個有關問題輪胎的投訴。後來外洩到媒體的福特公司的內部文件顯示，自 1989 年開始，公司的工程師建議將輪胎的氣壓降至低於最高的氣壓，來解決四驅車的穩定性問題。低氣壓的輪胎雖然可以減低翻車的危險，但卻會令輪胎更易發熱，增加胎皮脫落的危險。福特強烈反對意外的原因跟輪胎氣壓有關。

火石的日本總裁向受害人及家屬道歉，福特的總裁一口咬定意外是輪胎所致，跟汽車無關。但國會的議員拒絕接受道歉，聲言一定要將事件查個水落石出，包括兩間大企業究竟在什麼時候知道車胎有問題，他們是否有串謀隱瞞事實，將明知有危險的車胎繼續在市場上發售，置消費者的安全與生命不顧。

（資料來源：葉保強，「福特越野車輪胎大回收」，《信報》，2000/09/25。）

思考題

1. 你可以辨認這個案例中所涉及的企業倫理問題嗎？
2. 你認為在這個案例中，火石輪胎公司及福特汽車公司分別的倫理責任是什麼？
3. 你認為火石輪胎公司違反了哪些企業的基本倫理規範？
4. 你認為福特汽車公司違反了哪些基本的倫理規範？
5. 你認為火石輪胎及福特汽車在處理產品安全上的事前行為及事後反應有哪些倫理瑕疵？
6. 如果一早使用了康德的經營原則來處理輪胎的製造，你認為會出現這麼多的意外嗎？

產品安全問題

很多國家都有產品責任（product liability）法令，界定生產商的產品的安全及無害性上的責任，保護使用這些產品的消費者之健康及安全。如果產品有缺陷導致消費者受傷，或對他們健康有害，生產商都有責任做相應的賠償，或者，產品的缺陷令使用者帶來不合理的風險，生產商亦要承擔相關的責任。

近年美國有幾宗對大菸草公司的訴訟，是產品責任很好的案例。1995 年 3 月，佛羅里達州州政府向菸草公司提出告訴，要求索償十四億三千萬美元，補償由於要醫治與吸菸有關的醫療支出。在這宗官司之前，菸草公司亦在同一個州被告對三名吸該公司香菸的市民的健康造成損害，導致他們患上癌症，法庭判菸草公司賠償他們各一千三百萬。在另一宗的集體告訴中，菸草公司更被罰了一千四百五十億美元，作為那些原告因吸菸而導致健康受損的賠償。被告是全球的五大菸草商——Philips Morris、R. J. Reynolds、Brown & Williamson、Lorillard、The Liggett Group。法官指這些公司販賣一種危險及會導致疾病甚至死亡的產品，同時隱瞞有關吸菸對健康有害的資訊、提出虛假及誤導性的陳詞，同時聯手製造有關吸菸對健康不良效果的錯誤訊息。這宗是美國有史以來最大的產品責任訴訟案。

根據嚴格責任（strict liability）這個觀念，由於使用某產品而導致受傷的消費者，可以向在產品的整個供應鏈（supply chain）中任何一個當事者——生產商、供應商、分銷商及零售商提出告訴，理由是他們對產品都有責任。

案例

　　另一宗有名的產品訴訟是涉及麥當勞速食店（McDonald's）。一名到速食店購買咖啡的顧客，不小心將咖啡倒在她的大腿上，造成燙傷及留下了疤痕，陪審團認為是麥當勞疏忽，要賠償原告二百九十萬元。麥當勞上訴，罰款削減。經此一役，速食業者都學會了如何保護自己及保護消費者，都在咖啡杯或其他的杯子上印上清楚的警示字眼，提醒消費者咖啡是高熱的。

小檔案──二手菸是婦女肺癌頭號推手

　　台灣癌症基金會指出，肺癌每天奪走台灣六位女性生命，發生率及死亡率二十年來分別增加二和二倍半。女性肺癌形態中，肺腺癌大幅增加，可能與吸二手菸和淡菸有關。十八年來，肺癌高居女性十大癌症死因榜首。基金會調查的一千名女性中，近半數不知抽菸會導致肺癌，其中六成二不知常吸二手菸會導致肺癌。女生肺癌患者只有一成有吸菸習慣，四成二受二手菸傷害（《中國時報》，2005/01/05，A11）。

　　汽車業及藥品業都經常出現有危害消費者健康的產品。一旦出現由於產品有缺陷而導致傷亡，產品責任的告訴就會不停出現，生產商的商譽受到很大的損害，繼而嚴重損害其營收。

　　1998 年，福特汽車（Ford Motor Company）的休旅車「探險家」（Explorer）安裝了結構有問題的火石牌（Firestone Wilderness AT）輪胎，就是一個很有名的案例（詳情見本章第 139 頁案例：福特越野車輪胎大回收）經過一連串的訴訟，福特要回收一千三百萬個火石牌輪胎，更換輪胎供應商，為這一輪官司付出巨額的賠償及賠上公司聲譽。由於這事件，福特那年及接著的幾年營業額大幅下滑，公司損失慘重。其實火石牌輪胎出現問題並非沒有前科，在 1970 年代就有過一次輪胎大回收，是當時有史以來最大一次輪胎回收（見下面案例）。

案例──火石輪胎大回收

　　在未被引進美國之前，環軸輪胎（radial tires）在歐洲就一直很流行。1970年，一些有名的環軸輪胎製造商進入了美國市場，當時美國輪胎市場主要由好

年華輪胎公司（Goodyear）支配，火石輪胎公司（Firestone）曾經是輪胎市場的一個很強的競爭對手，看準了這類輪胎的市場潛力，進場欲分一杯羹。

1970年，福特汽車公司（Ford Motors）決定使用更多的環軸輪胎在其新生產的汽車上，並且希望用一家本地的生產商的產品，這正是火石輪胎渴望已久的好機會。自1971年開始，火石輪胎就開始為福特生產輪胎。由於這是一項新的產品，火石要投下大量的資源來配置新的設備及生產線，並大量培訓員工。到1978年，火石生產約五千一百萬不同款式的環軸輪胎，其中約二千三百萬是屬於 Steel Belted Radial 500 牌子（Firestone Radial 500）。

到1978年中期，Firestone Radial 500 這款輪胎經過了二千三百萬里的測試，六億六千萬的消費者里數，但消費者的投訴不絕，引起政府關注。在1977年夏天，美國聯邦政府公布 Firestone Radial 500 輪胎不安全。有關方面懷疑這個型號的輪胎容易爆裂，輪胎脫離及產生其他的變形等。紀錄展示有數百宗交通意外跟 Firestone Radia l500 輪胎有關，這些意外有三十四人死亡。

直至1978年，政府的國家高速公路安全局（National Highway Traffic Safety Administration）做了有關一萬四千宗輪胎出錯的六千份消費者報告。根據這些資料，國家高速公路安全局在1978年11月29日勒令回收 Firestone Radial 500，理由不是由於這些輪胎有什麼特定的毛病，而是它有一個相當可觀的失誤率。

國家高速公路安全局多次要確定輪胎究竟有什麼毛病，但都無功而返，不過，所蒐集的資料卻顯示了 Firestone Radial 500 有不尋常高的輪胎失誤率。火石輪胎公司堅持輪胎結構良好、安全可靠，問題出在使用者不當的使用及疏忽，但輪胎問題不斷出現。

消費者組織、政府機構及國會在不斷有輪胎投訴的情況之下，分別進行調查。火石輪胎涉及的官司有二百五十宗，國會調查、消費者投訴及調查、零售商杯葛等一波接一波而來，火石輪胎才開始意識到 Firestone Radial 500 問題的嚴重。在愈來愈大的壓力之下，火石輪胎終於同意回收約一千四百五十萬條 Firestone Radial 500 輪胎，是當時有史以來最大一宗的輪胎回收案。那次回收包括了在1975至1976年一年內所生產的輪胎，及為個別的百貨公司及汽油公司製造的輪胎。業內人士估計，這次回收涉及二億元上下的支出，火石公司成立了一個二億元的儲備金來應付這個回收所涉及的費用（*Buchholz & Rosenthal, 1998: 209-210*）。

另一宗著名的產品安全的官司，是涉及福特汽車公司的一型號汽車翩圖（Pinto）。那宗案件之所以引起極大的關注，不單是產品安全的問題，同時涉

及福特公司用何種態度來處理產品安全，及如何對待消費者的問題。福特最引人責難的是，公司高層視人命為一項支出，將消費者的傷亡所涉及的支出，與加強安全裝備的成本，兩者放在成本效益的程式上做比較，發現不改良安全設備而導致死亡所做出的賠償，比改良的支出少很多（就算每輛車改良安全設備的費用只需十一美元！），於是決定寧願支付意外賠償，也不將翩圖改良得更安全。這種視人命如草芥、對消費者的生命安全視為一個可以替換的數字的經營態度，為福特留下了歷史罵名，而翩圖這宗倫理醜聞，亦成為企業倫理的負面教材。企業明知故犯將有害產品推向市場，不單會惡名留存千古，同時會受到重罰。菸草公司就是很好的例子。

菸草公司千億元賠償協議

1998 年，菸草業又因產品有害問題被提出集體告訴，美國五家最大的菸草公司與政府達成庭外和解，賠款了事。根據和解的整體協議書（master settlement agreement），五大菸草公司同意被罰在二十五年內支付二千零六十億美元，作為支付全美四十六個州政府治理因抽菸而產生的疾病的醫療支出，及資助針對吸菸行銷活動，尤其是針對兒童廣告的反宣傳，包括禁止在廣告中使用卡通人物如 R. J. Reynolds' Joe Camel 來做宣傳。協議亦規定菸草公司不能採用以下的行銷手法，包括用廣告板、直接郵件、在大賣場免費贈送香菸。依協議，菸草公司要在協議生效的兩年之內以提高香菸的售價 44%，支付這筆巨額罰款。協議的目的是強迫菸草公司承擔由香菸所引起的疾病的成本。要符合協議的規定，菸草公司的行銷商被迫要改變行銷策略。協議要求菸草公司資助在首都的一個反吸菸的組織，要劃撥部分的推廣預算來做形象推廣。四個其他的州已經跟菸草公司達成和解，在二十五年內獲得四百億美元的賠償（*The Economist, September 18, 2004, p. 65*）。

小檔案──客運安全不合格

行政院消保會 1 月 20 日在北部泰山收費站、彰化員林收費站、高雄縣岡山收費站和宜蘭縣等地攔檢行經的客運和遊覽車共一百零八輛，發現其中有三十八輛不合格，占三成半。不合格的車輛包括「阿羅哈」和「日統」客運的輪胎胎紋深度未達標準，高速行駛有爆胎危險。國光客運有一部車逾期未做安檢。另有八輛車安全門不合格，其中三輛在安全門前加裝活動蓋板，堵死安全門出

口。有二十五部車的車窗擊破裝置不合格（《中國時報》，*2005/02/03*，*A8*）。

企業欺詐行為

　　除了沒有做好產品安全及健康外，不肖的企業經常對消費者做出種種的欺騙（fraud），以不當手法謀取利潤，也是違反企業與消費者之間的倫理關係。下面兩個案例都同屬欺詐及不誠實，第一個是發生在美國的菸草業，第二個是日本溫泉產業。

一、美國菸草欺詐案

　　2004 年 9 月，美國聯邦法庭正式處理政府對菸草公司提出告訴，被告的都是菸草產業的龍頭，包括 Philips Morris、R. J. Reynolds、Lorillard Tobacco、Brown and Williamson 及 British American Tobacco。這宗訴訟估計要用半年時間來審理，會傳召超過三百名證人出庭做證。司法部引用了一條 1970 年原本用來對付犯罪集團的法令——受敲詐勒索影響及貪污組織法令（Racketeer Influenced and Corrupt Organization Act 1970），控告菸草公司在過去五十年陰謀進行對消費大眾做了大規模的欺詐行動。

　　政府指控菸草公司經營方式酷似一個敲詐勒索集團，用各種不當的手段，包括長期欺騙消費大眾、隱瞞、刻意修改吸食香菸會上癮有關的證據，令消費者在被矇騙的情況下上了尼古丁的毒癮。政府還指控，菸草公司在行銷方面不顧公德，明知故犯地向未成年的青少年販賣香菸，及製作專門針對年輕人的香菸廣告（Altria Group 及 R. J. Reynolds Tobacco），及推銷一種明知不是如宣傳所宣稱的安全低焦油香菸。司法部指出，如果這些指控在法庭上被證明為真的話，菸草公司在這些年頭所賺獲的二千八百億美元全屬不當的收入，要悉數繳回社會（詳情見附錄中的案例 9：菸草公司世紀欺詐案）。

二、日本溫泉作假案

　　位於東京附近的群馬縣伊香保溫泉，是日本著名的溫泉鄉。2004 年該區部分旅館被揭發是用燒熱的自來水充當溫泉水。醜聞震驚了整個日本，連累整個溫泉產業陷入空前的信譽及經濟危機。溫泉水造假事件曝光後，溫泉區遊客流失一大半，生意一落千丈，伊香保地區觀光協會急謀對策，強制旅館清楚標示

水源，希望救回溫泉鄉的經濟命脈。

假溫泉水醜聞迅速波及其他十幾個溫泉渡假勝地，促使政府展開對全國溫泉一次全面調查，在 2004 年 8 月突擊搜查了當地幾個溫泉旅館。至少有兩家旅館承認它們確實在用自來水充當天然溫泉水。

日本有三千所以上的住宿設施的溫泉，全國大約有二萬二千個溫泉。溫泉業近年的蓬勃發展，亦爲溫泉醜聞種下禍根。近十多年日本經濟不景氣，只有溫泉業一枝獨秀，在過去十年溫泉數目增加了兩成。湯客人數愈來愈多，對有限的溫水供應造成了很大的壓力，在供不應求的情況下，不肖業者鋌而走險，做出不合商業倫理的事件來，包括利用過濾裝置將溫泉水再利用、加溫、加水。環境省調查發現，只有一成的業者用純溫泉水。事實上，一些著名的溫泉旅館也開始將溫泉水循環再用。據日本有關當局調查，目前溫泉業中只有三分之一的業者使用未加稀釋的天然溫泉水（案例詳情，見附錄中的案例 11：日本溫泉勝地作假案）。

無獨有偶，2004 年台灣有好幾處的著名溫泉區——北投、烏來、關子嶺、陽明山等溫泉區亦發生類似作假或其他不當經營的醜聞。例如，有些溫泉館用燒熱的自來水充當溫泉水，或在溫泉水中加入大量的自來水，或將溫泉水循環再用（是否合乎衛生則是未知數）。從保護資源的角度出發，循環再用溫泉水如果乎合衛生要求，不失是一種有效使用資源的做法。問題是，無人知道業者是否有做足衛生的防預步驟，以確保湯客的安全及健康。關鍵的地方是，他們是否將有關的事實誠實地告知消費者，尊重他們知的權利。日本或台灣的一些溫泉業者並沒有做到這些，從媒體披露出來的是，它們的經營缺乏透明度、商業倫理欠缺、不尊重湯客的權利，因此引起反彈及指責。

產品行銷倫理

每一企業都希望所生產出來的產品及服務，愈多消費者使用愈好，要達到這個目標，必須靠有效的產品行銷（product marketing），讓消費者知道產品服務的存在，及在眾多的同類產品中挑選自己的產品。近年行銷已經成爲企業經營中不可或缺的一環，每年預留可觀的預算來做產品行銷。現時，產品的行銷形式愈來愈多，愈來愈精緻。但在這些千變萬化的行銷上，經常出現很多弄虛作假、誤導、欺騙性的手法。下面嬰兒奶粉的行銷個案，可算是不倫理行銷（unethical marketing）的經典。

　　二十世紀七〇年代，食品生產廠發現嬰兒奶粉是一個很方便的母乳替代食品，市場潛力巨大，於是強力做奶粉的行銷，大力宣傳嬰兒奶粉的好處。雀巢跨國食品公司在行銷其產品到第三世界國家時，用了引起爭議的手法。公司的產品推廣員個個打扮成白衣護士，自稱「奶粉天使」，在醫院產房做奶粉的行銷。公司設置優渥的佣金，獎勵成功推銷產品的「奶粉天使」。不單如此，在開始行銷時還免費贈送奶粉給初生嬰兒的婦女，非洲很多地方的母親都來自於貧窮家庭，有免費贈品當然不會拒絕，於是就慢慢用起嬰兒奶粉來。值得注意的是，母親一旦選用奶粉餵哺嬰兒，身體會逐漸減少分泌激素，母乳就會相應減少，奶粉便成為初生嬰兒的唯一食糧。除此之外，貧窮的家庭很多買不起奶粉，於是就長期用稀釋了的奶粉餵養嬰兒，造成嬰兒嚴重營養不良。「奶粉天使」事件引起全球注意，英國一家慈善機構出版《嬰兒殺手》的小冊子，痛陳奶粉對嬰兒的禍害。小冊子瑞士版《雀巢殺害嬰兒》在瑞士派發，指責雀巢公司沒有商業道德（詳情見附錄中的案例 8：雀巢嬰兒奶粉的欺騙性行銷）。

香菸的不當行銷

　　上文的菸草業千億元官司中，人們關注的另一重點是，協議的實施能否有效控制吸菸的人數？現時很多先進國家的電視、電台、電影院雖然禁播香菸廣告，但香菸廣告仍出現在平面媒體如報章雜誌上。值得注意的是，香菸行銷受到這樣的限制，是否就能有效壓抑吸菸人口的增長？麻省的公共衛生調查發現，菸草公司在一些擁有大群年輕讀者的雜誌中上大賣廣告。菸草公司並沒有由於這個協議而停止過行銷活動，只不過改變一下策略而已，因為不斷擴大其消費群始終是菸草業的基本利益所在。它們的行銷部門在菸民經常出現的地方推銷香菸，而街道正是一個理想的地方，原因是很多的建築物內現時已經禁菸，要吸菸的人不得不跑到街上來滿足菸癮，於是行銷人員就利用上班族在戶外吞雲吐霧時，向他們推銷免費香菸及免費咖啡。酒吧亦是香菸公司的重點推銷的場所，行銷人員在酒吧上會向正在吸菸的客人推銷產品。菸草公司另一個產品推廣的重點，是分布於大小城鎮的便利店。與此同時，菸草公司投入資金做研發，希望能生產出一些所謂「安全香菸」，包括加上不同的爐嘴，或減低尼古丁的菸草。

　　密西根大學的一項研究發現，協議似乎對遏阻美國年輕菸民的增長有作用，年輕菸民的數目自 1996 年高峰一直往下降。不過，協議似乎對香菸的整體的銷

量沒有影響。R. J. Reynolds1999 年的淨營銷量比上一年上升了 32%，而 Philip Morris 的本地銷量比上一年則增加了 28%❶。

亞洲及中國的香菸消費情況

現時全球香菸消費最多的國家的前五名中包括了中國、日本及印尼。根據世界衛生組織的資料，每天在亞洲就有五萬青少年學會吸菸。中國的情況尤其嚴重，全球每三根消耗的香菸中有一根是在中國燃燒的，每年這裡有一百二十萬與吸菸有關的死亡。其餘的亞洲國家的情況同樣令人心寒——越南四萬、泰國五萬二千、印尼五萬七千、日本九萬。若依現時的走勢來估算，到 2020 年每年將會有四百二十萬亞洲人因此而死亡。這個巨大的死亡數字所代表的經濟、社會及人文的沉重損失就不用多說了。

世界衛生組織估計中國現時菸民達三億五千萬，若沒有任何的措施來扭轉這個趨勢的話，今天的青少年中有三分之一將會死於與吸菸有關的疾病。依中國醫學院的研究，年輕人男女菸民的人數愈來愈多，而與吸菸有關的癌症死亡人數愈來愈多。

中國近年的經濟發展令人民的收入增加，不幸地卻大大提高了香菸的消費。政府對控制香菸沒有全面及有效的政策，只會令問題愈來愈失控。一個明顯的例子是，不計外國進口的香菸，中國國內在 2003 年生產的 17.5 兆香菸，只有 1%才是出口的，其餘都是內銷，這種情況就足以令人擔心。2004 年在上海開幕的香菸博物館是全世界最大的菸草博物館，營建費用二千二百萬，是由國營菸廠捐助的，博物館的副館長（同時是上海香菸專賣局的官員），聲稱由於社會對香菸廣告管制太多，設館的目的就是要向公眾展示香菸，推廣吸菸的樂趣。在這種氣氛下推動控菸，肯定難度很高（*Time, March 17, 2005*）。上海的例子只是冰山一角而已，其餘各省市對控菸的誘因機制幾乎不存在，以生產菸草生產的省份如雲南為例，控菸遇到的困難更大。另一方面，反吸菸的力量尚是嬰兒學步期，消費者對菸害普遍缺乏意識，都構成了中國控菸舉步維艱的困境❷。

廣告與倫理

資本主義經濟以市場協調供求，理想的市場在大部分時間都能發揮著很好的經濟效能，包括不斷刺激競爭、促進生產效率、提升產品服務品質及多樣性，及促成價格下降，為消費者帶來不少實質的好處。消費者在市場上挑選產品，

經常受到市場訊息的誘導。有鑑於此，公司會花盡心思在市場上傳播及維持產品服務的強勁市場訊息，保證消費者可以輕易接收到這些訊息，導致市場充塞著五花八門的產品訊息，公司要在這訊息激烈競爭中脫穎而出，公司必須要別出心裁，在眾多同類產品或服務中突出自己，令消費者最終挑選公司的產品服務。有人認為，最終能真正爭取到顧客的心的，是產品的品質及價格。但問題是，消費者未接觸到產品服務的品質之前，必須先讓他們知道產品的存在。要達到這目標，行銷廣告就是最大的關鍵了。今天的廣告產業年收以千億美元計。廣告行業及其周邊的行業，包括電視、電台、報章、雜誌等都僱用了很多的員工，廣告及行銷是資本主義的重要元素。下文探討的主題，是廣告所涉及的倫理問題。

回到一個基本的問題——誰支付這些廣告公司的開支？表面上，直接支付廣告公司開支的當然是要做產品或服務廣告的公司，但這筆支出最終會被吸納到產品及服務的價格上，換言之，購買這些產品服務的消費者是最終的付款者。接著的問題是，消費者在支付了這筆錢究竟得到了什麼實質的回報？一個意見認為，消費者根本得不到什麼回報。不單如此，廣告沒有令產品服務的價格下降，反令消費者購買不應買的東西；廣告經常侮辱受眾的智慧；及廣告不講真話。認為廣告有積極功能的人認為，廣告的基本功能是為消費者提供產品服務的資訊，因此是有價值的服務。究竟誰是誰非？讓我們先了解什麼是廣告（*Velasquez, 1992: 292-301*）。

什麼是廣告？

有人將商業廣告定義為一類商品（包括服務）的資訊。這定義明顯的毛病是，它無法將廣告商所提供的商業資訊，與民間組織或政府機構所提供有關產品的資訊，或報章的非廣告欄有關產品的報導或評論等區分開來。消費者組織所提供的消費品報告所包含的資訊，是有關各類商品的客觀評比、測試結果（安全、耐用、價格、危險及售後服務等）。相比之下，一般的商業廣告都不會提供這些資訊。

廣告的主要目的，不是向消費者提供客觀及沒有傾向性的產品資訊，而是要向消費者推銷商品。若廣告偶然地包含了一些疑似客觀的資訊，這些資訊通常是高度地選擇性的，既不全面亦不客觀。廣告目的既然是推銷商品，廣告所用的語言主要是說服或誘導消費者購買商品而不是陳述產品性質。要達到這個

效果，廣告必須令消費者產生對產品的慾望；及令他們相信購買了產品會滿足他們的慾望（*Valesquez, 1992: 293*）。最後，廣告可能還令消費者相信擁有產品是美好生活中不可或缺的。

小檔案——現金卡不實廣告

市場上出現的信用卡、現金卡、融資、車貸、房貸及大賣場分期付款等廣告，內容經常誇大不實，損害消費者利益。立法院於1月13日對消保法修正案做初審，修正案規定銀行、大賣場等企業刊登這類廣告，必須列明消費者應負的總費用，包括利率、開辦費、手續費等費用，以年百分率計算明示，違反這項規定的業者最高可罰2,500萬元。

目前不少的現金卡的業者在廣告中所示的低利率，其實有誤導消費者之嫌。因為表面上利率低，但帳戶卻要支付管理費或手續費，若將這些費用算進利率之內，其實一點都不低。立法院亦提案要求銀行的廣告亦須列明所有的費用支付，讓消費者知道貸款的真正成本。（《中國時報》，*2005/01/14*，A12）

廣告的倫理爭議

廣告的目的在於推銷產品，但不是所有的推銷手法都是合乎道德的，因此，如何做廣告（廣告的內容或手法）不能避開倫理的檢驗。以下是三個常見的批評。

批評一：廣告內容乏味及庸俗，導致大眾品味的低俗化。事實上，廣告要發生效用，必須通俗、易明、不斷地重複、高聲叫賣式的，因此，很容易令人產生厭煩及無聊的感覺。最常見到令人生厭的廣告，是推銷如牙膏、洗髮精、洗衣粉、除口臭水、內衣、衛生棉等個人衛生產品，及快餐食品及軟性飲料等的廣告。不過，不同意這個批評的人指出，這些廣告雖然令受眾有美感上的不快，但卻沒有牴觸重要的倫理規範。

批評二：廣告鼓吹物質主義的價值觀，販賣物慾享受、拚命消費的快樂觀。久而久之，民眾在這種物質價值觀及物慾快樂觀下潛移默化，但卻會愈來愈不快樂，原因是物慾滿足只是暫時及無法經常得到保證的，逐物者在這個過程中經常感到不能滿足的苦惱。

如果廣告真的導致這些結果，廣告的倫理當然應受到質疑。不相信廣告真有這樣嚴重的效果的人認為，人的信念及態度是經過長時間才形成的，一旦形成就很難改變。如果受眾不願意接受廣告的訊息，廣告是很難改變他們的想法或態度的。因此，廣告不是要將一種新的價值加諸於受眾身上，而是反映既有的價值而已。

問題是，今天廣告無處不在，深入滲透到我們生活之中。人長期浸淫在廣告的隱晦的誘導及遊說中，哪些想法或態度或價值是自己本來已經有的？哪些是由廣告或商品行銷手法而來的？不是很容易清楚地區分開來。現代人在一個充塞著廣告的環境裡長大，不知不覺地接受了廣告所傳達的品味，及其所伴隨著的價值與態度。例如，麥當勞的很多廣告是針對兒童及青少年的，配合其他的行銷手法，如推出各式各樣贈品或遊戲，及免費借出店內的場地為小朋友舉辦生日會，這些軟性行銷手法，對消費者的偏愛有不容低估的長期影響。

批評三：廣告基本上是一種銷售成本——用在誘使消費者購買產品的成本，花在廣告上的成本沒有提高產品品質價格或生產效率，因此沒有增加產品的價值，沒有為消費者帶來額外的好處，是一種浪費。

支持廣告的人會提出反駁，認為廣告是可以為消費者提供消費市場的產品訊息，讓他們知道產品的存在及產品的一些特性。然而，如上文指出，廣告所傳遞的產品訊息非常有限，若只傳遞這樣的訊息，有其他成本低得多的方式可用。對這批評的另一個比較精緻的回應是，廣告的整體效應是促進社會對產品的消費，促成產品的大規模生產，繼而帶動生產效率的提升及產品價格的下降，為消費者及社會帶來好處。

問題是，廣告是否真能促進整體消費的增加，仍是一個疑問。不少研究發現，廣告經常無法刺激某一產品的消費，而在不同產業的消費活動的增加，與廣告的關係似乎沒有密切的關聯。事實上，廣告對某一產品的銷售有幫助，不是由於廣告對整體消費的提升，而是將消費者從某一產品的消費，轉移對另一產品的消費上去。換言之，廣告的作用是幫助個別公司爭奪市場的占有率，彼此爭取對方的客戶，但卻沒有將整個消費大餅增大。

從一些環保經濟學的立場出發，不斷增加的消費製造了很多嚴重的污染及資源耗損，並導致物種絕滅，是一件不值得鼓勵的事。過度的消費是現代環境危機的禍源之一，因此約束消費、改變消費觀及價值觀才符合人類長遠的利益。廣告不會鼓吹消費者約束消費，反而會誘使他們不斷地消費，因此廣告是今天的環境破壞的間接幫凶。

廣告對社會不良的影響究竟有多大，最終必須訴諸證據，不能用含糊的語言來論斷。我們需要做更多的心理學及社會學的實證研究來了解真相。

小檔案

廣告文字遊戲

不少廣告玩文字遊戲，誤導消費者。衛生署食品衛生處制定了「食品廣告標示詞句涉及虛偽、誇張或醫療效能認定表」，作為廣告的規範。依衛生署規定，業者不允許用包括「增高」、「美白」、「使頭髮烏黑」、「預防或改善乳房下垂」、「改善皺紋」這類涉及改變身體外觀的字詞；但「青春永駐」、「延年益壽」這類詞句是允許的。有關醫療效能的字詞如「健胃整腸」、「預防便秘」、「利尿」「治失眠」、「防止口臭」是不能用的，但「幫助消化」、「方便排便或小便順暢」、「幫助入睡」、「使口氣芬芳」是可以用的。（《聯合報》，2005/01/26，A6）。

置入性行銷廣告混淆視聽

台北市政府衛生局於 11 月 22 日表示，2004 年 1 月到 10 月份監錄到違規食品廣告共 319 件次，這些置入性行銷廣告用所謂醫生、博士等專家推薦商品或名人代言，其中不少涉及內容不實。違規廣告前 3 名分別是減肥類商品 115 件（36.1%）、豐乳類產品 82 件（25.7%）、增高類產品 22 件（6.9%）（《聯合報》，2004/11/23，C5）。

欺騙性廣告

有關廣告的倫理，人們經常會關心廣告所傳遞的訊息是否有誤導、誇大、不實、欺騙的成分，因而導致消費者的想法有不公平的影響。欺騙性廣告（deceptive advertising）是廣告倫理的一個中心的議題。

什麼是欺騙性廣告？用以下的手法來做廣告均屬欺騙性廣告：

1. 僱用一些人偽稱是產品的使用者，虛假地陳述產品的好處。
2. 偽做「產品保證書」。
3. 標示誤導性價格。

4. 隱瞞產品的毛病。

5. 造謠詆譭競爭對手的產品。

6. 仿冒一個有名的品牌。

其他的欺騙手法如誘餌式廣告——在廣告上宣稱有某一「價廉物美」產品出售，其實公司不是沒有這樣的產品，就是產品有瑕疵，一旦消費者看了廣告到店購買時，店員就說產品已經缺貨，然後用種種壓力迫使消費者購買別的更昂貴的產品。

一個包含欺騙性成分的廣告有以下的特性：(1)廣告製作人必須意圖令受眾相信某些不是真的東西；(2)製作人必須知道它是假的；(3)製造人必須刻意地做一些動作，導致受眾相信這個假的東西。除此之外，廣告若表達及發表一些隱含假的東西，同屬於欺騙性。欺騙性廣告主要包含了某種形式的說謊，刻意傳播一些不實的陳述。一個廣告是否屬於欺騙的關鍵，在於當事人是否有欺騙的意圖。假若由於受眾對廣告的誤解而導致某些結果，而這些結果若非廣告人所意圖的，或廣告人所未能預見到的話，廣告人是無須負責任的。這裡所謂廣告人包括了廣告公司的股東、製作人、同意或贊助這廣告的人或公司、廣告代言人等。換言之，所有參與其中的人或公司都要負上不同程度的責任。與欺騙性廣告有密切關聯的是誤導性廣告，兩者不同之處是，誤導性廣告不一定涉及刻意的說謊，但包含了傳遞一種有關產品的虛假形象（*Buchholz & Rosenthal, 1998: 310*）。

食物公司經常製作大量針對兒童的食物廣告，推銷如糖果、薯條、漢堡、軟性飲料這類的不健康食物（「垃圾食物」），並且有很好的效用。麥當勞快餐店製作了很多吸引小朋友的廣告，可口可樂及百事可樂的不少成功廣告亦是以兒童為對象的。菸草公司在未受到廣泛的管制之前，亦製作了不少以青少年為對象的廣告，大力推銷香菸產品。然而，這些專門針對兒童及青少年的廣告引起很大的爭議，其後很多國家分別立法限制這類廣告。限制這類廣告的一個主要原因，是青少年及兒童心智不成熟，很容易受到那些精心設計及相當煽情的廣告所誘導，購買廣告所推銷的產品。很多研究發現，兒童尤其是容易受到廣告內容擺布的一群，他們根本分辨不清廣告與真實的不同，完全相信廣告中的宣傳或行銷言詞。基於這些證據，以心智不成熟的青少年及兒童作為廣告對象的行銷手法是不合倫理的。

欺騙性廣告刻意利用不實、誤導或虛假的訊息來誤導消費者。從消費者權

利著眼，欺騙性廣告侵犯了消費者獲得眞實產品訊息的知的權利。從社會效益的角度出發，欺騙性廣告會令消費者對廣告的普遍產生不信任，導致廣告的合理功能無法發揮。

小檔案

黑心減肥廣告行銷伎倆

董氏基金會在 2004 年 11 月 25 日公布了市場上常見的黑心減重行銷手法，不實的行銷伎倆包括：(1)大搞神秘——強調獨家擁有千古秘方；(2)名人加持——利用名人知名度來推銷商品；(3)使用者見證——以感人小故事來推銷；(4)遊走法律邊緣——出示衛字、食字或藥廠出品字號，誤導消費者；(5)高科技形象包裝——標榜先進國家進口，使用消費者不明白的科技專門名詞；(6)擺高姿態——稱想瘦 2 公斤的別來，只歡迎想瘦 5 公斤以上的人；(7)換湯不換藥——遭檢舉後，改變包裝或換個名稱繼續販售；(8)以假亂眞——仿合法或知名藥品，利用相同包裝誤導消費者。名人加持的伎倆的例子，包括恬妞代言的美麗夜未眠、唐立淇的麗托藍藻、溫翠蘋 BGI 酵母、劉爾金代言的花草瘦身法等（《聯合報》，2004/11/26，A9）。

廣告代言人責任

公平會在 2005 年 4 月 14 日通過「薦證廣告規範」草案，規定商品廣告若內容不實，除代言人外，廣告代理商和廣告媒體在明知廣告不實的情況下傳播及刊登，依法與廣告主都負連帶損害責任，草案預計最快 3 個月內可實施。草案規定，推薦商品的名人、外國人或一般消費者，若沒有親自體驗商品，或與商品有不尋常的關係，會影響所推薦的商品的可信度，必須在廣告中明確告知消費者（《中國時報》，2005/04/15，A9）。

思考題

近年不少廣告公司以高價聘請包括知名影視藝人或運動巨星作爲廣告代言人，利用其知名度來推銷產品。其中一些代言廣告包含有不實或欺騙成分，廣告的代言人在這類有問題的廣告中有責任嗎？刊登廣告的媒體是否亦有責任？是否所有參與廣告的製作與刊登或播出的人都有道德責任？這個要求是否過分的嚴苛？

資訊不對稱與不公平交易

為了保護消費者權益，不少國家都制定法例，規範生產商如何對產品及服務做行銷、廣告及包裝等方面。這些規定其中重要的一項，是有關生產商如何向消費者披露產品的資訊。

生產商在向消費者行銷及販售產品服務時，所提供的產品資訊是否足夠、清楚、相關等，是檢驗企業是否有公平對待消費者的重要指標。政府的有關法令，是要管制生產商在行銷產品、做產品廣告或產品包裝上所披露的資訊是真實無誤及相關的，防止相關的資訊失實、誇大、誤導，或禁止生產商採取欺騙或作假等不當手法，瞞騙或誤導消費者，妨礙他們自由的選擇。用誇大、失實、欺騙或作假來行銷、廣告、包裝，都是有違公平交易原則，是不符合商業倫理的。

消費者與生產者之間存在很大的資訊不對稱（information asymmetry），在資訊的擁有上，消費者永遠是站於不利的位置上，由此而出現的交易是無法公平的，經常導致消費者利益受損。一直以來，消費者在選購產品服務時都是戰戰兢兢，步步為營，以免受騙，但在買賣雙方的資訊不對稱的情況下，這種「買方小心」（buyers beware）的原則對消費者提供的保護相當有限，假若沒有政府扮演中間制衡力量的角色的話，這種資訊不對稱而導致的不公平交易是無法得到改善的。政府必須透過立法及執法，扭轉資訊的不對稱，確保交易的公平性。

在美國及歐洲許多國家，都有不少保護消費者的法例，來保障消費者的權利（包括改變這種資訊不對稱）。一個世紀前，美國第一條保護消費者的法例誕生了，國會當時鑑於食品製造商在食品產品上作假及濫用產品標示，在市面上販售的食物一點安全保障都沒有，嚴重損害消費者的利益，於是在1906年制定了純食品及藥物法（Pure Food and Drug Act 1906），防止經過摻雜的食品、不實標示、有毒等食品、藥物、酒等的製造、販賣或運送。這項法例在1938年被修改，並改名為聯邦食物、藥物及化妝品法1938（Federal Food, Drugs, Cosmetics Act 1838）。所謂「摻雜的食物」（adulterated food）是指那些包含有損消費者健康的成分、缺少重要的成分，或某些成分被替換了的食物。1958年此法例加入了管制食物添加劑（food additives）的條款，並且增加了另一項重要的保護條款。在此之前，在食品及藥物局（Food and Drug Administration, FDA）尚未能證明食物對消費者有害之前，食品商是可以販賣可能有害的食物給消費者的，新增的條款規定，任何食物添加劑若經人畜食用後導致癌症，或經過適當

的食品測試發現會引致人畜致癌，都是不安全的（*Buchholz & Rosenthal, 1998: 300-301*）。

美國管制有關香菸行銷及廣告方面，就有吸菸公共健康法令（*1970*）；香菸標示及廣告法（*1965*）；其他很多的消費者保護法不勝枚舉。台灣亦有不少的消費者保護法，由消保會來執行監督事宜。民間的消費者保護組織及媒體，亦經常發揮監督的功能，將侵犯消費者權利的企業行為曝光。

小案例

Publishers Clearance House 是美國有一家專門為雜誌做行銷的公司，利用欺騙的抽獎遊戲（sweepstakes），誘騙不少不知情的消費者，尤其是退休人士購買它所代理的雜誌。這家公司常用的手法，是寄信到可能受騙的消費者家中，詭稱收信人是巨額獎金的第一輪抽獎的入圍者，但稱抽獎還要進行多幾輪。此信附有兩個空的回郵信封，一個是參賽但不訂購雜誌，另一個是參賽及訂購雜誌，後一個信封內附有訂閱各種雜誌的訂單，消費者可以在上面勾選欲訂購的雜誌。來信的措詞暗示如果收信人訂閱雜誌的話，會有更大的機會中獎。

不少的老人不察有詐，經常上當，他們被誤導一旦訂購雜誌，中獎機會就會增加。不少退休人士因此將退休金用來購買大量的雜誌，等待永遠不會來到的「喜訊」。因為受騙者遍及美國，引起了 23 個州及哥倫比亞區政府提出告訴，公司接受庭外和調，向被騙的消費者賠償 1,800 萬美元。Publishers Clearance House 沒有承認做錯，但同意在推銷過程中，除非有明確及清楚的說明這些抽獎的成功機會有多大，及中獎的條件等，否則不會使用「閣下是得獎者」這些字眼（資料來源：*McAlister, Farrell, Farrell, 2003: 207-208*）。

消費者保護運動的發展

2000 年美國總統選舉的綠黨總統候選人瑞達（Ralph Nader），在美國消費者運動史中曾立下令人稱讚的功績。瑞達在 1965 年出版了震撼了全美國《任何速度下都不安全》（*Unsafe at Any Speed*）一書，指控通用汽車公司（General Motors）的 Corvair 型號汽車不安全，並批評通用汽車根本不關心汽車的安全。瑞達此舉導致了國會進行有關汽車安全的公開聽政會，瑞達被邀出席做證。其

後，瑞達向通用提出告訴，通用要求庭外和解，瑞達獲得四十二萬五千元的和解賠償。瑞達用這筆錢成立了公益組織。大概從那時開始，美國的消費者運動開始活躍及逐漸壯大起來，國會為了要回應愈來愈活絡的消費者要求，在 1960 年代下半及 1970 年代早期，制定了不少的消費者保護法例。美國甘迺迪總統在 1962 年提出的消費者權利清單，可說是消費者權益發展中的一個重要的里程碑。（*Buchholz & Rosenthal, 1998: 296-297*）甘迺迪倡議的消費者四大權利包括了選擇權、安全權利、知情權及被聆聽權（詳情見下文），這四項權利催生了日後更多的保護消費者權利。甘迺迪政府同時成立了消費者諮詢局來研議有關消費者的保護，並制定及執行相關的法令及規則。

除了立法之外，消費者教育亦是重要的發展。此外，一些以保護消費者為目的的組織如美國的消費者聯盟應運而生，擔任了消費者的教育、宣導、揭發不當商業行為、監督及研究的工作。不少國家都出版消費者的刊物，為消費者提供快速即時相關的產品資訊，及對不良的商店不時做報導。

商業發展一日千里，商人的經營手法日新月異，買賣雙方的交易方式及形態愈來愈複雜及多變，消費者的權利是否有足夠的保護，是值得關注的；加上電子商務的愈來愈普遍，在網路交易上如何保護消費者的權益是政府的一大挑戰。

網路的出現為消費者提供很多昔日無法提供的快速及完備的消費資訊，包括對個別產品的評鑑、零售商信譽的評比及排名、有關的消費者保護法令，或產品價格及品質比較等。即時及相關的產品資訊成為消費者在購物時一個非常厲害的工具。資訊就是權力，網路令這句話成為現實，對能有效利用網路的消費群而言，買賣雙方的資訊不對稱的確大幅度的減低。然而，由於數字落差的問題，對那些無法使用網路的個人或社群（通常是教育水平低及貧窮的社群）而言，市場上的資訊不對稱仍然是一個有待突破的阻礙。

隨著時代的變化，消費的領域亦改變，傳統的消費者的消費場域是商業的領域，但今天的消費場域範圍更為廣泛，包括醫療保健及教育。公民除了是病人外，同時亦是醫療、教育服務的消費者。換言之，病人權利、學生權利同時是消費者權利，或至少三者有很大的重疊性。單以醫療服務而言，很多國家的醫療系統愈來愈私營化之時，這種情況尤其明顯。在美國，醫院管理組織（Hospital Management Organization）在醫療系統中扮演了一個重要角色，它們是以牟利為目的之醫療服務供應者。柯林頓總統執政時，推動了病人權益的立法，目的是要制定類似於消費者的權益的法規。2000 年，國會兩院審議病人權利及義務法案。教育作為一種消費似乎亦應受到同類的保護，不過，將受教育權利視

為消費權利仍不是主流意見。

另一方面，由於金融市場的快速發展，持有股票的公民愈來愈多，股民權利之保障成為政府要立法保護的目的，與上面所提及的病人權利立法的同期，美國眾議院提出金融市場消費者權利清單，目的是要保護民眾使用種類繁多的金融產品及服務時的消費權利。

在亞洲，包括台灣和香港，金融產業的消費開始愈來愈普遍，愈來愈多市民持有股票及互惠基金，但相關的收費經常引起爭議。單以銀行業為例，近年向用戶推出的服務收費名目層出不窮，引起消費者反彈，這些收費包括單方面收取存戶存款的偏高的費用，電子提款機的提款收費等。互惠基金的收費亦缺乏透明度，在其行銷的刊物及用語上，消費者經常不完全知道相關的佣金、手續費、管理費、年費等，因此經常吃了不少虧。

高斯經營原則下的企業義務

高斯經營原則規定企業對顧客（或消費者）的義務如下：

不管他們是從公司或其他來源購買到產品或服務，公司應尊重所有顧客的尊嚴。公司對顧客的義務是：
1. 針對公司顧客的要求，為他們提供高品質的產品或服務。
2. 在每一方面都公平地對待顧客，包括高水準的服務，以及解決和補救他們的不滿。
3. 努力確保顧客的健康與安全，以及確保他們的環境素質可以由公司的產品或服務得到保持及改善。
4. 在提供產品、市場推廣及廣告宣傳時，確保顧客的尊嚴受到尊重。
5. 尊重顧客的文化。

企業對消費者的基本規範

消費者國際（Consumer International）在 1997 年修訂的全球企業消費者憲章（Consumer Charter for Global Business）中確認的八項消費者權利——基本需

求的權利（right to basic needs）、安全權、資訊權、選擇權、公平聆訊權、賠償（redress）權、消費者教育權、健康環境權，這些權利可以用來作為企業對消費者義務所依據的超級規範❸。

企業對待消費者應遵守以下的規範：

1. 企業在經營的每一環節，包括生產、分銷及販售過程的每一個階段，必須考慮消費者的利益。
2. 企業應鼓勵發展及維持公平、透明及公開的競爭。要達到這個目標，企業必須最低限度遵守經營地的在地及全國的競爭及反托拉斯法則；確保企業的每一部門都知道本地的競爭法及完全遵守這些法令。
3. 企業應該以下列的方式來行銷及推廣其所生產及分銷的產品及服務：
   (1)在廣告及推廣活動中的言詞是可以獨立地核實的。
   (2)在任何一個國家內的廣告及推廣活動，是與法律所規定的誠實及真實程度保持一致的，或與一個講道理的人所要求的誠實與真實的程度一致的。
   (3)行銷或推廣不會誤導消費者。
   (4)行銷或推廣活動不會破壞消費者的信任，或利用他們不知情或經驗不足而占他們的便宜。
   (5)企業應遵守當地有關廣告及行銷的法律及規則。
   (6)企業應該遵守國際控制特定產品的相關守則，如世界衛生組的醫療藥物推銷倫理守則；在那些沒有相關的廣告及推銷法令的地方，企業應遵守國際的商業做法。
   (7)企業要特別小心向兒童行銷產品及服務。在任何情況下，都不應以兒童作為有害產品（如：香菸及酒精飲品）的廣告對象。

消費者對產品及服務的標準

企業生產、販售及行銷的產品及服務時，必須遵守以下守則：

1. 產品及服務擁有的功能符合所宣稱的功能。
2. 產品及服務在指定的用途及任何可合理預見的用途上是安全的。
3. 產品及服務是耐用及可靠的，效益及適用性程度最低限度要符合法律或

規則所規定的標準；或符合普通人合理的了解標準。

4. 產品及服務定期受到企業的監察及測試，以保障它們符合上述的標準。

5. 產品及服務包含符合國際標準的設計及製造。

6. 產品及服務在生產、分銷及運輸過程中，對環境的直接及間接的破壞減至最少。

7. 產品及服務在合理的情況下，產品的棄置要符合環境的永續性原則。

資訊的提供及標示

企業應以下方式提供產品及服務的販售、使用、內容、維修、儲藏、棄置的資訊：

1. 資訊是完備的，並用在經營地之官方認可的語言清楚書寫出來。

2. 任何展示出的資訊是在產品的明顯地方上清楚見到的。

3. 所有關於產品的可能錯誤使用的資訊，必須突出及清楚地展示，及使用一個能清楚辨認的語言或符號表示出來。

4. 企業在所有的經營地，都要提供同樣程度及詳細的資訊。

5. 企業要為消費者提供適當的產品回收、再用及棄置的資訊。

6. 企業只使用那些獨立制定的環保標準及標記在產品的標示上。

7. 當產品或服務無論直接或間接可能對使用該產品或服務的消費者有可能傷害時，所有有關的潛在危險的資訊必須在產品上完備及清楚地展示出來，或在消費者未使用該服務前提供給消費者。

8. 企業設置及執行正式的補償系統，完成對消費者投訴的公平的處理，包括對不滿意產品及服務的公平的補償。

9. 企業要設置令消費者能執行他們對企業在法律或契約上所規定的權利的程序。

產品保證

1. 企業要為消費者提供有關產品服務的某種形式的保證。

2. 提供這些保證的義務是在既有法定義務之外而額外擁有的，並且這些保證是不會削減消費者對產品生產商或零售商行使其契約權利。

3.這個保證對提供保證的企業是有約束力的，不管企業是否與消費者有契約關係。

消費者權利（Consumer Rights）

在以上的規範基礎上，可以進一步制定相配對消費者的基本權利。以下的十項消費者權利是根據消費者國際的全球企業消費者憲章下的八項權利為基礎制定的（葉保強、陳志輝，*1999: 45-48*；*Buchholz & Rosenthal, 1998: 297*）。

消費者選擇權（right to choose）

這項權利要求要在市場出現的產品及服務有足夠的多樣性及價格吸引，讓消費者做自由的選擇。

安全權利（right to safety）

消費者有享用安全及不含可避免傷害性產品的權利，相對應於這項權利，生產商有義務為消費者提供安全及不危害健康的產品或服務。

資訊權利（right to be informed）

這項權利主要是說消費者有權被告知產品服務的資訊。有關產品的資訊，包括文字或口述的，必須是相關的、準確、足夠及沒有欺騙成分的。借助這些資訊，消費者在選購產品服務時能做明智的決定。這項權利又被稱為知情權（right to know）。

投訴被處理的權利（right to be heard）

消費者對產品及服務有正當的投訴（包括遭到不公平對待、利益受損）時，必須有機構或部門來處理這些投訴。

賠償的權利（right to seek redress）

消費者由於不安全產品而導致受傷，或在交易中受到不公平的對待，有權要求獲得適當的賠償。

物有所值的權利（right to full value）

消費者有權要求產品服務的功能與品質，如廣告所宣示的一樣的物有所值。

有消費者教育的權利（right to consumer education）

消費者有權獲得消費者教育，令他們有能力了解及理性地使用充塞在市場的五花八門的資訊，做出明智的消費選擇。

政策參與權利（right to representation and participation）

消費者有權要求在跟他們權益有關的政策制定過程中，有人能代表他們的利益來發言及參與政策的制定。

健康環境的權利（right to a healthy environment）

消費者有權要求生產商的產品服務是有利於環境的，產品服務從設計、製造、包裝、分銷、退役、廢棄等的整個產品服務生命期都必須環境友善，符合永續發展原則。

隱私權（right to privacy）

消費者的隱私權要得到企業的尊重及保護。消費者的個人、消費及財務等資料的蒐集、儲藏、傳遞、使用等必須遵守相關的法律或規則，包括未得當事人同意不得蒐集、儲藏、傳遞、使用個人資料，或做任何商業用途，而要做出適當的防護措施，防止消費者資料被偷竊。

以上的權利的含意都相當容易了解，這裡要對自由選擇權及安全權做一些補充說明。先談自由選擇權。在資本主義經濟中，一個正常運作的競爭市場（competitive market）內會有很多的生產者彼此競爭，利用好品質及好價格的產品來吸引消費者，在這種情況之下，消費者是有很多選擇的。例如，如果消費者要購買電腦，他可以在市場上找到多家不同生產商製造的電腦，根據個人的需求，及願意付出的價格來選擇他所喜好的產品。能自由選擇才能滿足個人在產品及服務的偏好（preference），為社會帶來最大的效益。

關於消費者產品安全權利。這項權利所指的安全究竟是指什麼？怎樣才算安全？生產商的義務範圍包括了什麼？很多的產品由於構造本身並不能保證絕

對的安全，消費者的不適當地使用，或沒有按照產品說明書的指示來使用，都會產生危險，導致傷害。若安全權是要求產品絕對沒有危險的話，這個要求是過於嚴苛，且不切實際的，因為很多產品都有大小不同程度的潛在危險性。再者，所謂產品安全的範圍亦應限制在產品的被認定的用途上，而不是指超出預定用途以外的使用。例如，一把鋒利的水果刀被合理認定的功能是用來切割水果，但假如使用者用刀來打劫傷人，或用刀子來自殘，這時刀子縱使造成了傷害，但並不表示刀子不安全，只表示使用者不適當地使用刀子的結果而已。在這種情況之下，刀子所造成的不安全並不屬於刀商的產品安全的義務範圍之內。消費者的安全權自然不包括這類的危險。因此安全權應該是指生產商是否有在合理的範圍之下，採取一切合理的措施使產品符合安全的要求，包括產品的設計安全性、產品售前安全測試及檢查、潛在危險的產品警告標示、產品使用說明書對安全使用產品的詳細清楚的說明，及對潛在的危險的警告等。按適當的關懷原則（principle of due care）之要求，有商業倫理的生產商都應將包括上面所提各項安全措施做到最好。另一方面，生產商不應明知產品有嚴重缺陷（因此增加其潛在危險性）仍將之推出市場販賣。無論如何，生產商對消費者的產品及服務的安全義務應以上述兩點為基礎。

結語

　　企業對消費者應遵守的基本規範及倫理義務，本章已經有頗為詳細的論述。值得強調的是，倫理不單只限於理念的掌握，倫理行為的堅持更為重要。企業倫理的最終測試，是當企業遇到危機時能否始終如一地堅持倫理，甚至不惜犧牲利潤。當然，能做到這一點的企業委實是少數，因此，能在危機中堅持倫理為先的企業，特別獲得世人的稱許。美國嬌生公司（Johnson & Johnson）就是這樣的一家公司，二十世紀八〇年代它處理一款暢銷的止痛藥被下毒的危機時，展示了優秀的經營倫理，成為企業倫理決策的典範。

註　釋

1. Steve Jarvis, "They're Not Quitting," *Marketing News*, November 20, 2000, pp. 1, 9; Marianne Lavelle, "Big Tobacco Rises From the Ashes," *US News & World Report*, Nov 13, 2000, p. 50，引自 McAlister, Farrell and Farrell, 2003, 210-211。

2. 資料來源：葉保強，「消除菸害，政府有責」，《信報》，2005 年 3 月 19 日。

3. 憲章用「權利」這個字眼，但其含意有超級規範的功能，故筆者將之陳述成規範。

6
Chapter

企業對股東
的倫理義務

✤本章的目標✤

● 陳述股東與企業之間出現的問題

● 論述公司治理的議題

● 分析企業與股東之關係

● 論述企業對股東倫理的基本規範

● 建議企業對股東的倫理義務

引言

公司治理（corporate governance）問題經安隆醜聞（Enron scandal）的被揭發，一再成為全球關注的焦點。尤其是安隆弊案的發源地美國，對企業高層而言，治理不單只是一種好奇的關注而已，而是企業生死攸關的急務。對一些一直輕忽公司治理的企業而言，是否有全心全力做好公司治理是公司存亡之所繫。本文以世界知名的娛樂王國沃路迪士尼公司（Walt Disney Company）最近的一次「股東起義」（shareholder revolt）事件為例，具體地陳示出一家治理不當的企業的一些問題，及所引起的市場反映。最後，介紹一些有關良好公司治理的條件及論述其與商業倫理的關聯。

迪士尼股東起義事件

2004 年 3 月 3 日在費城的股東大會上，有超過四成的投票股東對董事長的艾士拿（Michael Eisner）的連任表示不支持，這等於對艾氏投下不信任票。值得注意的是，美國從未有過一家上市的大公司發生過這類事件。2003 年的股東會上，艾氏還得到 93% 的支持，但今次只獲得 57%。依慣例，一家公司若有 5% 的股東對某一董事表示不信任，那位董事就會顏面無光，從今次艾氏所得到的不信任票之多，可見事態的嚴重。迪士尼股東終於化憤怒為力量，運用股東的權利，迫使公司董事會做出了決定，撤換其董事長。

促成這一次倒艾動作的推手來自幾方面——大型的機構投資者、小股東及迪士尼的兩個前董事——創辦人沃路迪士尼的侄子萊迪士尼（Roy Disney）及史坦尼格特（Stanley Gold）。大型機構投資者方面，包括了全國各州的州政府的退休基金、加州公務員退休基金（California Public Employee's Retirement System，簡稱 Calpers）及一些大型基金如 T. Rowe Price 都積極參與這次倒艾運動。在此之前，實力雄厚的加州公務員退休基金一直對以艾氏為首的董事會批評得很厲害。

這些退休基金及互惠基金對今次董事會的決定仍表示不滿，理由是艾氏只失去董事長一職，仍保住了總執行長一職，直至 2006 年合約期滿為止。另一點令批評者不滿的是，董事會新委任的董事長喬治米曹（George Mitchell），本身與艾氏有很親密的個人關係，根本無法保持獨立的地位。況且，股東的投票亦

有 24%不支持米曹的。在董事會公布了換人結果後，退休基金及互惠基金立即發表聲明，要求艾氏要在 2004 年年底前辭去總執行長一職。來勢之洶，是近年股東積極行動（shareholder activism）所罕見的（*New York Times, March 3-5, Feb 26-28*）。

在這次股東起義事件未發生之前，上文提過的兩名倒艾董事曾聯合過那些不滿公司表現的機構投資者，向總執行長艾士拿施加壓力，要其改革董事會。艾氏於是僱用了一名公司治理的專家，推行了一系列的改革，包括禁止公司外部的會計師同時擔任公司的顧問。非常諷刺的是，這個改革建議正是一個在 2002 年股東提出的改革建議，但當時卻遭公司反對。公司同時將一些與公司有商業聯繫的董事撤換掉，以防止利益衝突。

接替艾氏的職位的米曹本身的獨立性亦受到不少股東懷疑，普遍認為由他來主導公司的改革不會徹底。究竟米曹何許人也？現年七十歲的米曹在 1995 年加入迪士尼董事會時已有十五年的參議院從政經驗，而在參議員的最後七年還是議會多數派的領袖。未做參議員前，米曹是一名律師，亦曾當過一陣政府的檢察官及聯邦法官，但卻一點商業經營經驗都沒有。離開參議院後，米曹亦曾擔任一些公司的董事，但他擔當董事的好幾家公司 Xerox、Staples 都在財政上出現問題，受到證交會調查及之後被罰款。

米曹做迪士尼董事時，與迪士尼公司的關係亦受到批評。批評者揭露，他身為董事卻擔任公司的顧問有六年之久，收取了每年五萬元顧問費。由於經常受到質疑，米曹在 2001 年停止顧問工作。除此之外，米曹自己開的公司曾獲得迪士尼數百萬元的費用。

米曹之所以獲聘任，主要由於董事會認為他是議價高手，在達成協議上極為老練。根據米曹的參議員同事的意見，他擔當多數派領袖期間所展示的協調能力及經驗是完全足夠他應付迪士尼的困難的。支持者都盛讚他做事謹慎、合理及夠硬朗。米曹未來最棘手的工作，無過於如何處理艾氏的去留。仍抱著懷疑的眼光的股東，會緊盯著米曹如何運用他的技巧來匡正目前公司的敗象。

市場對迪士尼董事會這個決定一般反應不佳，認為董事會在股東大會結束不足六個小時就做出如此重要的決定，顯然過於草率，根本沒有真正了解到股東不滿的真正原因，只會進一步削弱股東對董事已經不多的信任。事實上，迪士尼董事會的選擇非常有限，在同一時間內要公司兩個最重要職位上換人，會造成大震盪，為了保持穩定，短期內讓艾氏仍擔當總執行長是無可奈何的唯一選擇。再者，今次股東的反應非比尋常，事態極為嚴重，必須即時回應，不能

拖延決策。

今次這宗事件的發生其實由來有自。自安隆弊案爆發後掀起的一連串商業欺詐醜聞以來，股東對公司董事會的公司治理的嚴重缺失批評之聲不絕於耳，怒火一直未曾平息過。其中最惹股東反感的是公司高層的超高薪資及完全失職的董事會。

總執行長及董事長等公司高層的薪資之高在近兩年成為砲轟的焦點。離譜的是，就算公司的業績一直表現不佳或甚至走下坡，公司高層仍不斷獲得高薪、分紅及股票選配等優厚的報酬。如果不是董事會未盡監督的義務，一味為總執行長背書，讓他們可以予取予求，視股東利益如無物，掏空公司資產，這些敗象很難出現。不少治理很差的公司之董事與總執行長有密切的關係，根本沒有獨立性可言，彼此利益輸送，狼狽為奸，儼然一個共犯集團。

迪士尼的董事會的公司治理一直在市場惡名遠播。艾氏掌權二十年，一直任用好友親信成為董事，因此董事會根本就成為艾氏的橡皮圖章，唯他馬首是瞻。再者，艾氏作風專橫傲慢，自以為是，加上長期的大權在握，令其自我過分膨脹，行事如一個封建皇帝，根本不將股東放在眼內，在其任內無法忍受其專制作風的高層走了好幾個，同時一些可能賺錢的合作機會亦由於他而泡湯。雖然公司股價近期有點起色，但在過去七年一直在低位徘徊。今次，股東大會中艾氏被股東細數不是後，仍死不認錯，硬拗一番，令原來不滿的大小股東更火上加油，決心要去之而後快。

股東集體控訴

2004 年 10 月在美國的戴勒華爾州（Delaware）的法庭迪士尼公司的股東向法庭提出集體控訴，指迪士尼董事局治理公司上有失職，要求巨額的賠償。

這場集體控訴其實從提出到開庭已經有七年之久，股東控訴事由是有關年前公司在 1997 年解僱上任才十四個月的總裁奧域士（Ovitz），給他極為優渥的一億四千萬的資遣費，令股東氣憤到要訴諸法律的是，奧氏在這段期間的表現極為差勁。股東認為這個做法極為荒唐，嚴重損害股東的權益，董事會同意這個做法就難逃責任。更離譜的是，奧域士這位在好萊塢打混多年的超級經理人是董事長艾士拿的好友，高薪禮聘奧氏亦是由艾氏一手操控的。這一點一再反映了迪士尼的公司治理長期以來的頑疾。提出告訴的股東要求公司要退還發給奧氏的資遣費加上利息，總數共二億元。集體控訴的狀紙上，董事對奧氏的任聘沒有依照正確的手續來審查，沒有詳細審查公司發給奧氏的合約的條款細則，

其中包括給予他無錯失的完成合約的條款，而沒有加入若表現不稱職可被解僱的條款。若合約上加上這條款的話，以奧氏之將公司搞到一團糟的表現來判斷，公司完全不用支付這一筆巨額的資遣費。狀紙亦指出，艾氏在任聘奧氏時大搞小動作，連同兩名跟他要好的董事在 1995 年故意跳過了董事會正式開會審議聘任的決定，在全體董事未正式投票之前就向媒體宣布聘任的決定。股東指控接近二十餘名前任及現任的董事在這宗聘任及解僱奧氏的過程中未善盡董事職守，完全漠視股東的權益。

迪士尼的董事會的人事安排一向爲公司治理專家所詬病，原因如上文所言，絕大部分的董事不是董事長艾士拿的商界好友，就是他以前的商業拍檔，在這種人情濃厚的氣氛下，符合水準的公司治理所需要的獨立性不會存在，董事會的決定經常就由掌控公司資源及資訊大權的董事長和兼執行長的艾士拿所操控，完全缺乏應有的制衡，錯誤與腐敗是注定會發生了。事實上，安隆案以前，很多出名的企業大亨都財大氣粗，不可一世，視公司如自己的小王國一般，董事會人選由他操控，變成自己的橡皮圖章。艾氏只不過是特別引起媒體注意的大亨而已。

從在庭上艾士拿及奧域士等人的證供具體地展露出上述的弊病。其中一項是艾氏在 1996 年膽敢要求董事在他突然辭世或殘廢時提名自己的妻子做董事，而董事竟然同意艾氏的要求（*New York Times, December 20, 2004; Washington Post, October 21, 2004*）。

迪士尼無法避開改革巨輪

這股東起義及集體控訴事件在公司治理方面極具指標意義，美國商界內其他治理乏善可陳的企業的董事，無不被這一役股東起義風吹得膽戰心驚。事實上，迪士尼股東起義事件是近年商界幾件重要的發展累積而成的結果，有幾股力量匯集起來激爆今次的迪士尼董事會變天。

1.安隆效應

早兩年出現的安隆會計詐騙案，及隨之而引爆的一連串的企業弊案，令股東認識到如果他們不積極行動起來，自己的權益是毫無保障的。大小股東開始認識到公司的董事會不可信，董事沒有善盡他們保護股東利益的責任，於是開始了股東的動員及串聯，對公司董事會施壓，要求各方面的改革。

這股改革的風力自上世紀末一直在加速之中，依總部在華盛頓的投資者責任研究中心的資料，2001 年股東提出了 506 個有關公司治理的改革建議，2004 年估計這些建議會增加至 900。2002 年有 17%接到公司治理改革建議的公司做了改革的承諾，2003 年，則有 28%的公司做出同樣的承諾。

大型的機構投資者（主要是互惠基金）的投票行為亦展示了他們愈來愈像企業的擁有者，原因是證交會規定他們要公布他們的投票結果，這一來，投資在這些基金的投資者會清楚基金購買各公司的股票的情形，因此基金不能輕忽做事。另一方面，近年擁有股票的市民，尤其是中產階級愈來愈多，基金經理經常接到來自不同社會階層的顧客的投訴，同時亦對公司對股東的利益的忽視愈感不滿。安隆弊案未爆破前那種安於現狀，對企業寬鬆容忍的態度，現時出現一百八十度的轉變。

股東積極行動運動（shareholder activism）近年在企業界中掀起了一陣企業改革之風，且有實質的成果。例如，2003 年底股東就聯合起來成功地逼迫一家大企業的總執行長下台。另一個重要的股東改革行動出現在華爾街——去年紐約證券交易所的總執行長格爾素（Grasso）其高到不合理的薪酬被揭發後，幾家大型的州政府的退休基金就聯手成功地將格爾素推下台。

2.政府推波助瀾

證監會有鑑於公司治理的腐敗，於是提出一些匡正公司治理的規則，其中一條特別令輕忽職守的公司董事寒心的規則，給予機構投資者一個前所未有的權力。依這規則，若他們不滿公司的董事會的表現，可以提出新的董事來取代表現不佳的董事。如果這規則生效後，只要有股東投票的 35%或更多的股東反對某一董事的話，機構投資者就可以提出替代的董事，在來年取代不稱職的董事。

近年美國政府非常積極檢控年前出現問題的企業高層，不斷有犯案的企業高層被起訴及判罪。Worldcom 的前總執行長 Bernard Ebbers 及總財務長 Scott Sullivan 被起訴；安隆的前總財務長 Fastow 承認控罪及前總執行長 Skilling 被起訴；家居生活大師 Martha Stewart 被判有罪；Im Clone 總執行長 Waksal 被判入獄服刑七年；Tyco 總執行長 Kozlowski 被起訴等。政府這一陣串的高姿態的大動作，不只令小股東發洩一肚子悶氣，同時，對一直有改革強烈意圖的股東的士氣有很大的激勵作用。從這些舉國矚目的案子中所釋出的明確的警訊，企業的高層經理不可能接收不到（*New York Times, March 3-5, Feb 26-28, 2004*）。

什麼是合格的公司治理？

現時公司治理成為商業界的熱點幾乎是安隆弊案的效應。安隆醜聞確實是美國商界公司治理的當頭棒喝，鞭策企業進行快速及徹底的改革，增強董事局的品質，加強問責性，及做結構上的改革，防止嚴重的利益衝突，遏止安隆式敗壞再出現。以前董事輕忽職責的陋習一夜之間成為董事會急需處理的重要議題，其中包括了什麼是合理的總執行長的薪資？怎樣處理股票選配權？董事應避免何種的商業聯繫？董事最多可以擔任多少個公司以外的董事職位而不會影響其表現？審計委員會的職權是什麼？董事成員應符合哪些資格？外聘的審計公司是否可以同時擔當公司的顧問工作，份量多少？以前董事會可以模糊處理這些問題，但經過安隆一役，如何妥善處理它們，成了成功與失敗的公司治理的指標。

公司治理的專家對如何治理好一家公司，在大原則上都有一定的共識。以美國為例，以下四大原則，可用來審視董事會的公司治理優劣（*Business Week, October 7, 2002*）：（※括號內是筆者的按語）❶

董事的獨立性──不超過兩名董事是公司的現任或離任的執行人員，董事不得與公司有生意往來，或擔任公司的顧問工作或法律工作。董事局內的常設委員會，包括了審計委員會、薪資委員會及提名委員會的成員必須由獨立董事擔任。

※（董事成員的獨立性愈來愈受到史無前例的重視的主要原因，亦拜安隆弊案所賜。自安隆弊案以來所暴露的董事會之敗壞的一面，正是董事會經由總執行長或明或暗的諸多利誘，及一些明顯涉及利益衝突的生意安排，令絕大多數的成員陷入「自廢武功」的弊境，董事完全無法監督公司重要的決定，董事會幾乎成為公司總執行長的忠貞的背書者，對總執行長的「千依百順」「絕對配合」，董事會的獨立性蕩然無存，儼然一個共犯集團。單看不少的大型上市公司的總執行長每年巨額薪資及獎金的慣例式的批撥（有時是在公司業績差強人意時，這種豪放給予一點不減！），就可大致反映到董事會的薪資委員及董事會並無切實地執行其監督工作，可見其輕忽職守的情形。）

股票擁有——每名董事必須擁有等值至少十五萬美元的公司股票，這些股票不包括股票選配權（stock option）；新加入的董事在時間上來不及累積這個數量的股票除外。

※（這項要求的目的是希望將董事個人的利益與公司的利益掛在一起，董事假若持有股票的數量太少，會減低他們努力做好公司的誘因。這個要求假定了每個人都會對與自己自身利益有關的事情分外留心。）

董事資格——董事會至少要有一名獨立董事要對公司的核心業務有經驗，及該名董事是一個與本公司規模相等的公司之總執行長。全職董事不應擔任超過四家公司的董事，退休董事則不得超過七家公司的董事。每名董事至少要出席75%的董事會會議。

※（對一家上市公司做好監督的工作並不是一件簡單的事，以業餘玩票式的心態來執行任務無疑是對董事應有的職責不了解及不尊敬，及對股東不負責任。十數年前當時立法局的有些立法議員被媒體揭發身為超過一百家上市公司的董事，這個荒謬至極的情況在當時卻沒有在社會帶來太大的反應，相關的公司的股東並沒有任何明顯的反彈，部分原因是社會對公司治理意識不強，小股東亦不懂如何保護自己權益。時至今日，這種情況亦不見得改善了很多！）

董事局積極性——董事局必須在沒有管理層出席的情況之下定期召開會議，每年要自行做自我評估。審計委員會每年開會四次。除此之外，董事局必須在總執行長的薪資方面表示節約，對總執行長的接班計畫做好準備，要積極監督公司經營，及遇到問題時要快速處理。

※（董事是否有全心全力履行責任是公司治理成敗的關鍵，有些董事會的會議開得像一些聯誼會年會，彼此客客氣氣，一些重大的決議根本沒有深入的討論或辯論就輕易通過，大會呈現的無比和諧是包含著誠實及經過深思共議的共識？還是敷衍塞責輕忽責任的沉默？對董事表現的評審有助於提醒他們股東的權利不可侮以及他們的職責不能輕忽，但關鍵是這些評審要客觀及公開，且可以有後果的。）

股市興旺時，擁有優秀董事局的公司及劣質董事局的公司都同樣可以獲利，所以分別不顯著，但一旦股市崩坍，情況就有顯著的轉變，企業治理成為當前急務，優質的董事局的重要性立即顯現出來，在危機時，優質董事局可助公司減少損傷，安度難關，轉危為機。

翻看《商業周刊》自 1996 年以來所挑選出來的優質董事局，再看三年後這些公司的表現，就可以見到一點端倪。1999 年，擁有優質董事局的公司的股票比最差的公司表現好了一倍，而在 2000 年當經濟放緩時，最佳董事局的公司仍能維持不俗的回報，股票回報有 51.7%的回報，而最差董事會的公司則虧損了 12.9%（*Business Week, October 7, 2002, p. 54*）。

輕忽商業倫理的代價沉重

基於文化習俗、法律傳統的差異，不同的國家對治理的理念也許不盡相同，及執行的細則上會有出入，但其中心理念在今天的股東資本主義社會中卻有很高的重疊性。這個中心理念就是股東是企業的主人，董事及經理被股東所委託來治理好企業，有不可推卸的法律及道德義務，處處為股東的權利著想、為他們謀取最大的利益。公司治理的基本精神歸根究柢就是責任的問題，即商業倫理的問題。現時浮上台面的公司治理失效，包括了安隆、迪士尼、世界通訊、花旗銀行、殼牌石油等弊案所暴露的種種腐敗、欺詐、作假、濫權等等亂象的源頭之一，毫無疑問是公司的最高決策機構董事會的倫理有嚴重缺失了。敗壞的企業的董事會成員的商業倫理不是不夠就是完全空白，在這種領導層倫理貧血或劣等的狀況下所養成的腐敗組織文化不腐敗才是奇事，而敗壞的組織文化加上一群唯利是圖的企業高層，正是培育一個違法亂紀的企業的最佳元素。

假若董事有不能輕易動搖的倫理操守，對治理中心理念有真誠的承擔，始終如一地履行對股東的義務、盡心盡力執行董事職務，大力推動及發展倫理的組織文化，這些敗象就算不能完全地根絕，至少亦會大幅減少。無論如何，近年一連串的企業敗象正好再次證明了缺乏倫理的代價實在太沉重了。現時不知還有誰仍會硬拗商業倫理在企業經營中可有可無這一類的亂語❷？

小檔案——公司治理成功故事

美國的廢料管理公司（Waste Management）在 1998 年一次會計醜聞〔當年被美國廢料公司（USA Waste）收購〕，但由於董事長威特華爾夫（R. V. Whitworth）的英明領導，利用這個危機將公司轉化成一家有健全治理的企業。在醜聞被揭發時，威氏被召來做危機處理，他立刻將三名在財務浮報被爆破前數月將手上的股票沽出的高層經理解僱，與其餘二名董事在侯斯頓總部設立了一個緊急應變中心，與一個危機小組在連續九十天的每一天的下午五時之後開會應付危機，同時僱用了一千二百名會計師翻查公司的財務紀錄，並招聘了一個新的總執行長。結果是將公司從危機中救回來。當時公司進行了大改革，九人的董事會加入了八名新的獨立董事，董事會的審計委員會由聯合航空及美國航空的前總財務長卜合（Pope）擔任，而董事會成員是禁止與公司有任何生意的往來（*Business Week, October 7, 2002*）。

企業與股東及投資者的關係

不管是街邊小吃攤還是員工過萬的大型公司，都必須有資金才可成立及營運。股東或投資者提供公司成立所需的資金，是公司主要的利害關係人，擁有他們應有的權利及義務。在現今高度發展的資本主義經濟中，公司透過各式各樣的金融工具，如發行股票、公司債券等方法來融資。資本是令資本主義存活及生機勃勃的活命水，沒有源源不絕的資本投入，資本主義經濟活力必會受到限制。股東、投資者、信用保證人或貸款人都是企業的資本主（*Young, 2003, 125-136*）。

購買公司股票的大小股東，及提供公司信貸的銀行及金融機構都是公司的主要的利害關係人。股東擁有公司的股份等於是擁有公司的所有權，是公司的東主。在現代型的公司還未面世之前，店舖的主人除了支付開店的資本之外，還要處理店舖經營的大小之事——從選址開店、配置設備、採購原材料、招聘及訓練員工、向銀行申請借貸，挑選管理幹部、建立銷售網絡等。店舖的東主既是店的擁有人亦是管理者，所有權及管理權連結在一起。相比之下，現代大型公司的所有權與管理權分開，公司東主（企業主）會將公司的管理權委託專業管理人來處理。企業主雖然不再處理公司實際的經營，但卻掌控了公司高層

管理人員——董事會及執行長等職位的任免權。現時不少國家的公司法規定了負責公司的管理及發展的是董事會而不是股東，不過，股東除了有權選舉董事之外，對公司重大的發展，如併購是可以有投票權的。購買了公司股票的大小股東，當然希望股票價值不斷上升，能為他們帶來利潤，而任何會影響公司股價的發展或事件都會直接影響股東的利益。公司的治理是否優良、公司是否遵守法律、公司是否有做如賄賂、欺詐、造假、財務浮報等違法行為、產品是否安全健康等問題，都會影響公司的形象，衝擊公司的股價，損害股東的利益。基於這些原因，股東愈來愈關注公司的治理是否健全，董事會是否有善盡職守，維護他們的權利。

公司的信用保證人或債權人有短線及長線兩種。貸款及提供信用保證給公司的短線債權人（尤其是一次過那種），與長線的投資者的最大不同的是，他們最關心的是企業是否可以依時還款及支付利息，當公司連本帶利歸還債主時，兩者的關係就暫時終止，直至另一輪的交易，兩者的關係重新開始。實際上，公司與債權人的交易很少是一次過的，很多作為公司債權人的銀行與公司建立了長期的交易關係，彼此有長線的期望，期望雙方都經營成功，長期交易令雙方的利益緊密地連結在一起，產生了很強的誘因來達到持續的雙贏局面。

如果公司經營不善或經常惹上官非，債權人對公司的信任會降低，導致會重估與公司的關係。2001 年的安隆財務詐騙醜聞的直接結果是，債權人對安隆的財務完全失去信心，拒絕再延續其信貸。銀行若有理由相信公司財務管理不善，欠下巨債，就會抽掉銀根，公司立刻陷入現金周轉不靈的危機，隨時會面臨倒閉。當一家管理不善的公司要倒閉時，倒楣的是股東與債權人，他們的投資會大幅縮水或全部泡湯。因此，股東及債權人要經常保持警覺，以確保公司治理正常地運作。

投資人及債權人與公司的互相依賴的關係可以視為一個委託人與被委託人之間的關係。投資人及債權人將投資及信貸交給公司的董事及高層行政人員託管，期望他們投注入公司的資本有合理的回報，同時接受這筆投資的風險及從投資獲利的機率。

很多國家的公司法都有規定董事及公司行政人員，與企業主或股東的信託關係，前者是後者的被信託人，因此對企業主或股東有被信託的義務，必須悉心管理好公司，確保他們的利益獲得最好的照顧及保護。與企業主或股東的情況不同，信貸人並不是公司的信託人，兩者只有契約關係而已。雖然如此，契約關係亦明文界定了兩者相關的權利與義務，因此彼此都有切實履行契約的義

務及行使相關的權利。企業主與董事及行政人員之間的信託義務——董事對企業主的信託義務及行政人員對企業主的義務，構成企業的一個基本的道德規範。

「經商原則」在論述公司對股東／投資人的關係時，制定了以下的一般原則：我們相信要對投資者對我們的信任做出應有的回報，不負他們所託（We believe in honoring the trust our investors place in us）（*Young, 2003: 128*）。

其餘的四個規範公司與股東／投資人的原則如下：

1. 運用專業及積極的管理，為股東或投資人謀取公平及良好的回報。

2. 在法律許可及保持競爭力的情況之下，向股東或投資人披露有關資訊。

3. 保存、保護以及增加股東或投資人的財產。

4. 尊重股東或投資者的要求、建議、投訴或正式的決議。

管理層應努力為股東的資本增值，不應只為他們賺到低利潤，更不應令公司虧本。管理層的責任是要為克盡全力為社會創造財富，若無法達到這個目標，無疑是等於將投資者的資本的賺錢機會浪費掉，因為投資者可以將資本投到其他可令他們獲得更大回報的地方。

近年揭發的絕大多數的企業弊案都展示公司治理的失效。董事會輕忽職守，沒有嚴密地監督公司營運、長期容忍或姑息高層種種越軌行為，導致弊端愈弄愈糟，這些行為等於出賣了股東對董事會的信任。其次，不少失職董事經常被高層行政人員收買，身陷利益衝突的泥沼不能自拔，喪失了獨立性，不只無法有效監督行政人員，還與他們狼狽為奸，私相授受，以私人的利益凌駕於公司股東利益之上，進行種種的侵占掠奪，掏空公司資產。企業的治理敗壞，貪婪自私的行政人員為所欲為、予取予求，視股東利益為無物，將他們對公司應有的義務忘得一乾二淨。

1990 年代一些先進的工業國家已經開始關注公司治理的議題，及制定相關的指引，安隆弊案及其後的一連串企業詐騙案的出現，加強了公司治理的改革要求。董事的資格及能力愈來愈受到注意。公司治理要求董事各個應有相關的經驗及知識技能，廣闊視野，才能有效地管理公司，做出專業的判斷及審慎的決策，穩健地領導公司成長及發展。執行長須具有領導者的特質、管理才能，及為組織建立互信、發展人才，並且本身人格高尚、正直誠實、善於溝通等。

向企業主及投資人公布公司相關的資訊，讓企業主或投資人對公司的情況及發展有足夠的認識，不只是尊重他們對公司知的權利，亦可以此建立他們對

公司的信任。此外，對投資人及企業主的投訴、意見及要求的尊重和即時的回應，不只是應有的禮貌，同時是一項義務，並有助加強他們對公司信任。

商業活動的互信至為重要，缺乏互信、合作不順暢，沒有合作，商業無法有效進行。信任要經過長時期才能建立，但卻可以很容易被摧毀。欺詐、隱瞞、說謊、不誠實都是互信的死敵。故做神秘、做事不透明都會削弱互信，招致猜疑，長期的猜疑累積成恐慌，兩者互相促進，形成一個惡性的循環。猜疑及恐慌是雙贏及長久的合作的死敵。

資訊就是權力，公司管理層掌握所有的資訊，若能即時公開給相關的利害關係人，會令接受資訊一方對公布的一方產生信任，因為接受者會覺得發放一方坦坦蕩蕩，沒有隱瞞，不會藉控制資訊來作操弄交易。資訊即時的公開及傳遞，有助公司的透明化，不軌行為在透明化下無所遁形。

美國的公司，擔任總執行長的人可以同時是董事會的主席。這個權力結構被批評為無法發揮有效的制衡作用，是導致腐敗及弊病的原因之一。董事會主席的功能是要監督及領導公司，包括監督總執行長，一旦這兩個職位由同一人出任的話，總執行長實質上就等於無人監督，制衡就形同虛設。總執行長擁有權力之大，除了董事之外，無人可以比擬，尤其是在無有效制衡下，權力遲早會被濫用。現時，全球的公司治理界都強調要將這兩個職位由不同人來出任，以達到權力制衡的效用❸。

除此之外，如上文已提及，董事會的成員應保持高度的獨立性，包括個人或其所屬的組織或機構實質上與公司沒有任何的生意往來或實質的利益關係（詳情見下文有關公司治理原則的相關條款）。

總執行長一干人的過度優渥的薪資在近年亦是爭議的焦點。究竟什麼才是合理的總執行長的薪資？單以一些大型公司的總執行長的年薪與一般員工的平均年薪比較的變化，就會發現兩者的差距愈多愈大，令人懷疑總執行長的薪資是否已經遠遠超出合理的水平。以美國為例，四十年前，大公司的總執行長的平均年薪是一般員工不會超過十五倍，到了二十世紀九〇年代末，兩者的差別已經升到超過四百倍！

除此之外，總執行長及高級職員的薪資是與公司的績效掛勾的，這個安排的源由，是認為若將總執行長的利益與公司的利益連結在一起時，會誘發總執行長更能積極為公司打拚。所包括的優渥福利及紅利亦是相當的驚人，其中以股票選擇權為最。這些激勵機制不幸導致了意想不到的惡果，激勵變成了引人犯罪的誘因。總執行長及高層行政人員為了保障自己的獲利不絕，不惜在公司

財務上做出種種的隱瞞、造假及欺詐，目的是令公司的財務表現亮麗，令股價上揚；股價表現優異，他們的報酬就會水漲船高。這些作假浮報其實正侵蝕公司的資產，導致股東的損失。最終這些欺詐敗露之時，公司股價大跌，公司的資產泡湯，不只股東蒙受重大損失，供應商、債權人及公司員工全都是受害者。這些由貪婪、扭曲的誘因、治理崩盤、輕忽職守而來的企業腐敗，不單令很多無辜的投資者及利害關係人受害，同時亦破壞了社會對市場的信任這個支柱。

小檔案——紐約證交所執行長薪資的爭議

總執行長的薪資問題在美國是熱門話題。2004 年 5 月，美國紐約一宗有關總執行長的薪資訴訟，顯示薪資問題在公司治理上的重要性（*New York Times, May 24, 25, 2004; Washington Post, May 24, 2004*）。

前紐約證券交易所主席格爾素（Dick Grasso）在 2004 年 5 月 24 日被紐約州檢察長史賓沙（Eliot Spitzer）提出控訴，狀詞聲稱紐約證交所批准給予格氏的一億八千七百五十萬元的薪資是完全不適當及非法的。史賓沙還向這證交所及其薪資委員會的主席蘭岡（Kenneth Langone）一併起訴。格氏被指用威迫利誘方式來誘迫董事會批准他豐厚的薪資，而他又與蘭岡合謀，操弄其合約有關其薪資的資訊，以切割式的披露手法，誤導董事會同意其合約列出的薪資。

2003 年 9 月，格氏被迫辭去董事長及總執行長職位，接著，他的薪資的細則被披露。2003 年 8 月末，證交所宣布格爾素同意一個新的合約，將其任期從 2005 年延伸到 2007 年 5 月 31 日。令人難以置信的是，在這份合約中，承諾了離奇而優渥的三千九百五十萬元的薪資。

史賓沙提出告訴的法源，是紐約州的非牟利公司法（New York State Not-for-Profit Corporation Law）。依這個法，檢察長有權對非牟利公司的行政人員不當處理公司財產採取起訴行動，及可以採取行動索回行政人員不合理的薪資。一般而言，該州的非牟利公司行政人員所領的薪資是絕對不可能接近格爾素這個天文數字的薪資。

這宗起訴是經過四個月的調查，並取得證交所一名行政人員及一家曾參與建議格爾素薪資的顧問公司的證供，史賓沙才採取行動的。其中一個很關鍵的證供是，這名行政人員及顧問公司都承認他們所提供給證交所董事會有關格爾素的薪資資料是不準確及不完備的。由於這樣，這名行政人員已經且同意退回一百三十萬元給證交所，而顧問公司亦會退回有關格爾素薪資分析的費用給證交所。

薪資委員會主席蘭岡之所以被起訴，主要因為他是明知這些薪資資料的不準確及不完全，沒有做出任何阻止的動作，讓合約通過。史賓沙計劃要向蘭岡索回一千八百萬元，向格爾素取回1億元。

格爾素在今次案中的利益衝突實在十分明顯，因為他親自任命董事，及一手委任決定其薪資的薪資委員。如果沒有安隆案，格氏這種作風根本不會出事，因為證交所的制度一向透明度不高，大家對利益衝突習以為常，但今非昔比，格氏大概高位坐得久了，不知不覺產生了權力的傲慢，懶得去做任何的利益迴避，同時還低估了史賓沙乃這位非比尋常的檢察長，終於惹上官非。

格爾素在史賓沙提出起訴的第二天，打破了自2003年因其薪資有過度之嫌而辭職以來的沉默，在《華爾街日報》的頭版對史賓沙所提出的指控——他以矇騙的手法誤導證交所的董事會批准其接近一億四千萬的薪資——做出嚴辭的反駁。格氏指出，證交所董事都是經驗豐富的華爾街金融界或大企業的大老，他們每人的年薪連福利分紅合起來亦是億位數字的，史賓沙指這些業界老手被格氏矇騙不是太匪夷所思嗎？格氏言下之意是：如果這宗案件我行為有什麼不當的話，不要以為我是唯一的罪人，參與審批這筆薪資的董事們休想推卸責任！

格氏這宗案件，暴露了紐約證交所的公司治理出現了嚴重問題。

小檔案——王永慶、郭台銘、張忠謀的薪資

台塑董事長王永慶二十多年從未領過一分一毫董事薪水，也不拿任何津貼或車馬費。王永慶的哲學是，他身為公司的大股東，只要把公司經營做好，自然可以獲利。另一點令股東欣賞的是，王永慶個人持有台塑四寶的高額股票，但卻很少利用複雜的轉投資關係避稅或謀取私利，公司透明度高，同時可為國家帶來稅收。反觀不少的上市櫃公司利用制度漏洞，以投資公司擔任公司法人董監事，通過複雜投資關係，資訊不透明，令董事可以避稅。此外，董事長不只領取巨額的薪資，還巧立名目，身兼公司的顧問、部門執行長，領取具員工身分才能獲得的分紅。

2005年當上全台首富的鴻海集團董事長郭台銘所領的薪資只有五百多萬，是上市公司中偏低的薪資。郭氏為了激勵員工，把自己部分股票信託，將孳生的年息獎勵員工，減少公司配發員工分紅對獲利的稀釋，保留更多的盈餘給股東。

2004年台積電董事長張忠謀的薪資再度蟬聯冠軍，共領取三千七百萬元現

金，及五千三百八十八張台積電股票，共達市值三億二千萬元台幣，比2003年增加九千萬元。然而，張的薪酬跟美國雅虎執行長席梅爾相比，則是小巫見大巫，因為席梅爾2004年的薪資折合台幣約六十九億元，是張的二十餘倍。美國五百大企業執行長合計領得五十一億美元酬勞，平均每人薪資一千餘萬美元，約台幣約三億二千萬元（《聯合報》，2005/03/18，A7；2005/5/5，A5）。

小檔案——最佳董事會的特質

《商業周刊》在2002年選出的美國最佳及最劣的董事會，最佳的董事會包括了：3M、通用電器（General Electric）、家居維修中心（Home Depot）、英特爾（Intel）、強生（Johnson & Johnson）、派沙（Pfizer）及德州儀器（Texas Instrument）等。

這些卓越的董事會擁有以下的一些特質：

3M 在其九人董事只有一名是執行董事，其餘都是獨立董事，因此在董事會的獨立性方面表現卓越，審計委員會主席是史亞爾斯（Sears）的前總財務長，所有董事與公司都沒有生意往來。奇異的董事會集中了美國商界的有能之士，無怪乎公司在為股東帶來豐厚的利潤方面無公司能出其右；公司現時進一步加強董事會的獨立性，最近吸納了強生的前總執行長萊爾森（R. Larson）（他是一直鼓吹公司治理的）進入董事會；而董事會最近決議將股票選擇權列為公司的支出。

家居維修中心的十二人董事會只有二名為公司內部的成員，獨立董事經常在沒有管理層的出席情況下開會，商討公司的事宜，規定每名董事每年要親訪公司二十間店。英特爾董事會有一名首席董事的設立，只有少數的美國公司有這種安排。董事會的審計、提名及薪資委員會都沒有公司職員，董事會每年都做自我評審，每名董事都持有公司數目可觀的股票。派沙的董事會獲得公司治理專家的整體得分僅次於奇異的董事會，獨立董事的開會是沒有公司的總執行長在場的，公司的審計、提名及薪資委員會都沒有公司職員作為成員，董事及公司高層人員的股票的交易都公開掛在網路上（資料來源：*"The Best and Worst Boards: How the corporate scandals are sparking a revolution in governance," Business Week, October 7, 2002, pp. 50-58.*）。

企業對股東倫理的超級規範

經過有關企業與股東關係的討論，本節以 OECD 最近有關公司治理的建議——OECD 公司治理原則（OECD Principles of Corporate Governance）（OECD 治理原則，下同）為基礎，提出企業對股東應遵守的超級規範[4]。

OECD 治理原則整合了公司治理的共通點，聲明公司治理有多個模式。不同國家可因應其法律習俗及文化傳統，用不同的模式來實施原則。這些原則只提供一般的指引，並不為成員國的法律提供詳細的規範，並且只供參考之用，沒有法律的約束力。

OECD 治理原則有以下五條：

原則一：公司治理的架構必須保護股東權利

股東基本權利包括以下：

1. 記錄股票所有權的安全妥善的方法。
2. 股票轉移。
3. 即時及定期取得公司的有關資訊。
4. 參與股東大會，及有投票權。
5. 選舉董事會成員。
6. 分享公司的利潤。

除了以上的基本權利之外，股東還有權參與有關公司重大改變的決策，包括了公司的法令或一些基本的治理方式；有關這些重大的變化，股東有權獲得足夠的資訊[5]。

原則二：公司治理架構必須保障對所有股東，包括小股東（散戶）及外地股東的公平對待。所有股東當其權益受到侵犯時，必須有機會獲得有效的補償。

所有屬於同一類的股東必須受到平等對待。在同一類股東中，所有股東應有同樣的投票權。所有投資者在他們未買股票之前，必須能得到有關投票權的

資訊（這些資訊附於股票之上）。任何改變這些投票權利的決定，必須經過股東的投票認可。股東大會的程序及過程必須對所有股東公平，這包括了公司不應令投票特別的困難或涉及昂貴的費用。公司應禁止內線交易及私相授受。有些股東利用與公司高層綿密的人脈，私下取得有關公司機密資訊，因而在股市上圖利。這種內線交易損害公司及其他沒有這種人脈關係股東的利益。

絕大多數的經合組織成員國都有證券法、公司法及刑法來禁止這些勾當。事實上，不少國家都有禁止內線交易相關的法令，但由於執法不嚴，內線交易經常發生，破壞股票市場的公平性，違反了公平對待股東的原則。董事及經理必須公布在交易中所涉及的實質利益，或一些影響公司的事項。每當涉及董事或經理本人與公司有商業往來，或董事的家族成員與公司有生意往來時，董事及經理都應做利益迴避，做適當的利益申報，以公開形式展示這些關係是否有左右他們的商業決策。董事及經理不單要自己維護公平，同時亦要被人家看到公正被維護，不會隱藏任何會做成偏私的利益糾葛。

原則三：公司治理架構應承認由法律所訂下的利害關係人權利，及鼓勵公司與利害關係人的積極合作，共同創造財富、職位及可持續的財務穩健公司。

凡受法律保護的利害關係人權利，公司治理的架構必須予以尊重。「利害關係人」這個普遍用詞，是指那些利益與公司有密切關聯的人或團體，包括了公司的員工、供應商、顧客、債權人、社區等。經合組織成員國的很多法律，包括了勞工法、商業法、契約法及破產法都對利害關係人的權利提供一定的保護。雖然有些國家對利害關係人權利的保護不夠完備，但一些相當在意商譽的企業都會對利害關係人展示一定的倫理關懷。法律有公權力的強制性，然而倫理沒有強制性的約束力，除了少數真正有商德的公司外，在一些法律約束不強的國家，很多公司只是嘴巴談尊重利害關係人，實際行動卻是另一回事。在一些有法律保護利害關係人權利的地方，這些權利一旦受到侵犯，利害關係人應有機會尋求有效的賠償。這些法律亦當是廣為人知及易於實施的，令受害人在尋求賠償時不須付出難以負擔的成本。

公司應設立一些增強利害關係人參與的機制，例如，在董事會設員工代表、員工股票擁有權，或公司利益分享計畫等，而在利害關係人參與公司治理時，應能取得相關的資訊。

原則四：必須保證將所有有關公司的實質事項做出即時及準確的披露，這些事項包括了公司財務狀況、績效、所有權及公司治理等情況。

公司必須披露的資訊應包括但不只限於以下：公司的財務營運績效；公司目標；主要大股東及投票權；董事會成員及公司主要管理層成員及他們的薪資；可以預期的實質風險；有關員工及利害關係人的實質事項（如收購合併，或出售公司重大資產等）；治理結構及政策。有關資料的準備、核算及披露，必須依據會計、財務或非財務，及核算的最高的標準。公司的每年核算必須僱用獨立的會計師，以保障一個由外部會計師做的客觀報告。向使用者發放資訊的管道必須是公平、即時及有效的。

原則五：必須保障公司能獲得策略性的指導，董事會對公司有效的監管及董事會對公司及股東的問責性。

董事會是公司的最高決策機構，有效監管公司是其首要的任務。董事會的決策及行為必須以公司及股東的利益為依歸，董事要對公司有完全的了解及高度的關懷，要勤奮及誠心誠意執行其任務。當董事會做出一些對不同的股東群有不同影響的決定時，必須公平地對待所有股東。董事會必須保證公司守法，及經常以股東利益為念。

董事會處理公司事務時，必須保持獨立客觀，不受管理層左右。董事會應有足夠數目的非執行董事，以保障其做決策，尤其是一些容易涉及利益衝突的事項，包括了財務報告、人事任命及經理及董事的薪資等時，能保持獨立、不偏不倚。有時，非執行董事還可以多做額外的工作，向投資大眾保證，他們的利益會受到足夠的關注及保護。有時若有需要的話，董事會還需要設立特別的委員會來考慮公司是否有潛在的利益衝突問題，這些委員會必須有一個足以令人信服的最低數目的非執行董事，或乾脆是由非執行董事組成，以釋投資者的疑慮。

董事必須撥出足夠的時間來執行義務。董事應獲得準確、即時及相關的公司資訊，才能有效履行義務。不管在歐洲還是美洲，很多董事都身兼數間大企業的董事，令人懷疑這些董事能否有足夠的時間及精力來確實履行職責。因此，很多的公司治理專家都不約而同的要求，董事不能擔任太多其他公司的董事職務，以免影響有效執行原公司的董事責任。

這五條公司治理的基本原則，其實建基在年前一份有關公司治理的《米爾史坦報告》（*Millstein Report*）所提出的治理四大核心價值：公平、透明度、問責性及責任。原則一及原則二可以視爲體現公平價值，而原則四展示了透明度，原則三講責任，而原則五則反映了問責性。有人以爲公司治理純是法律及管理問題，這個狹窄的看法甚不足取，治理原則所包含的是倫理，公司治理一天不根植在商業倫理的基礎上，公司治理就很難能持續下去❻。

事實上，對公司治理的關注並非從安隆案爆發後才開始。1990 年代開始，公司治理已有很廣泛的討論，當時英國政府還委任了這方面的專家卡布里（Cadbury）做了一個公司治理的報告（*Cadbury Reporton Corporate Governance*）。

公司治理原則修正版

OECD 部長在 2002 年要求用接近兩年的時間來檢討現有的公司治理原則，邀請了商業、勞工界及民間組織的代表，進行密切的磋商交流。2004 年 1 月組織制定了修改的草稿，並將之掛在網路上讓大家來評論，廣納意見。在新版修正中，一個專責小組做了一個調查，了解在成員國有關公司治理的發展情況，將得到的成果用來協助評估修改的原則。

事實上，經合組織的公司治理原則的原來版本基本上是一份相當穩妥的公司治理政策文件，正如很多寫得相當完備的原則或指引一樣，問題不在理念，而在於執行。公司治理原則的初版沒有論及公司總執行長的薪資問題，而機構投資者的問題當時亦只輕輕提及。新版的原則在以下四個方面都加以加強：

1. 增強了監管及執法的機制，鞏固有效的治理架構。
2. 改善股東對公司情況的知情情況，發揮其當家做主的精神及行動。
3. 加強對公司管理人員廣泛的監督。
4. 提高公司的資訊公報及增加透明度，加強注意利益衝突。

股東的權利在新版中得到加強，他們有權罷免董事及有權參與人事的提名及選舉，同時亦有權對總執行長的薪資及董事的薪資政策，包括股票選擇權等提出意見。關於董事會方面，新版將其責任更清楚地規定下來，包括了經常出錯的地方——內部監控、董事成員的獨立性、公正及客觀的財務報告等。

除此之外，經合組織亦舉辦了一連串的圓桌會議，總結各區域公司治理的實況。調查及交流的結果顯示，各區域都了解公司治理的好處，認識到公司治

理不只是防止公司觸犯法律，減低利益衝突、降低成員詐騙機會；同時是有助於經濟的健全發展，令公司更容易取得發展所需的資金，改善投資環境，減低退休儲蓄的風險，穩定金融市場。因此，做好公司治理對國民整體經濟長程發展百利而無一害（資料來源：葉保強「公司治理」，《信報》，2003/02/17, 24；03/03, 10, 17；2004/06/05, 19）。

企業對股東的倫理義務

依據上述作為約束及指引企業對股東行為的超級規範，企業對股東應有的基本義務如下：

1. 尊重及保護股東的權利是企業的首要義務。
2. 企業有義務公司對所有股東，包括了小股東（散戶）及外地股東給予公平的對待。若有股東的權益受到侵犯時，企業有義務做出適當的補償。
3. 企業有義務尊重法律定義下的利害關係人權利，及鼓勵企業與利害關係人的積極合作，共同創造財富、職位及成就財務穩健的公司。
4. 企業有義務將所有有關公司的實質事項，包括了財務狀況、績效、所有權及公司治理等情況，做即時及準確的披露。
5. 企業有義務保障董事會能給予公司策略性的指導、董事會對公司有效的監管，及董事會對公司及股東的問責性。

小檔案──美國大企業執行長薪資爭議

《財富》委託一家薪酬顧問公司做的調查顯示，已經申報了 2002 年執行長薪資的一百家美國最大的企業中，2002 年執行長的薪資下降了 23%，平均收入是一千五百七十萬，但這個數字主要是由於少數的幾位超級巨星執行長的收入大幅縮水所導致的，一個更能反映真相的量度是薪資中位數，即收入中等的執行長的薪資，數字顯示有 14% 漲幅，平均數是一千三百萬，但標準普爾五百同期的表現卻下跌了 22.1%。

由於財務醜聞被政府起訴的 Tyco 的執行長 Dennis Kozlowski 的薪資下降了 12%，但仍有八千二百萬的收入，是標準普爾五百的公司在 2002 年第二高收入的執行長，Tyco 股價在 2001 年下降了 71%。Kozlowski 被控掏空公司。如果 Kozlowski 的薪資離譜的話，他的財務長 Mark Schwartz 的薪資更匪夷所思──

一億三千六百萬元（*Fortune, April 28, 2003, pp. 39-40*）。

小檔案——太電 200 億掏空案

台北地檢署 2004 年 12 月 16 日偵結太平洋電線電纜公司（太電）掏空案，將太電前副總、茂矽集團前董事長胡洪九，及太電前後董事長仝玉潔、孫道存、仝清筠等六人起訴。胡洪九被求刑二十年，併科罰金新台幣十億元。仝玉潔、孫道存知悉太電遭掏空後，卻故意隱匿實際財務狀況，任仝清筠以假定存單掩飾資金缺口。

根據起訴書，胡洪九在 1994 年涉嫌利用太電資金在香港、英屬維京群島成立中俊、太豐行等公司，將太電資金轉入，再轉匯到一百六十家海外公司洗錢。胡洪九還利用交叉持股等方式，以太電在香港的資金購買不動產，登記在太豐行旗下海外子公司擅自挪用，同時解散中俊，共掏空一百七十億。

財團法人投資人保護中心登記求償案的求償人數達二萬人，是台股史上最嚴重的投資人受害弊案。國安基金持有太電十七億元股票，四大基金亦持有近十億股票，估計求償金額達五十億元。依相關的法令，財報不實案的被求償對象，包括因刑事罪嫌被起訴的涉案人、負責編製及審核財報的董、監事，和簽證會計師（《聯合報》，*2004/12/17*，A1；《中國時報》，*2004/12/17*，A1；《中國時報》，*2005/03/04*，A8）。

小檔案——新光金控董事道德守則

新光金控董事會最近通過道德行為準則，要董事及員工遵守，是國內十四家金控首先使用道德守則的公司。為了保護那些舉報不當行為的員工，準則鼓勵員工呈報任何非法或違反道德行為準則的行為。員工以善意告知有關董監事或經理人有違法或違反道德的事，不應遭受任何形式的報復、威脅或騷擾。新光金的道德行為守則還規定了董監事及經理人應尊重及公平對待客戶、交易商、競爭者及員工，並不得自客戶、交易商、競爭者或與金控有關的團體，獲取或給予回扣或其他不當利益。

除了新光金之外，其他亦制定了道德準則的上市公司，包括黑松、南亞塑膠、永裕、得力實業、聯電、矽品、微星科技、華航、中華電等（《聯合報》，*2005/05/18*，B2）。

註　釋

1. 《商業周刊》（*Business Week*）對最佳及最差的董事會的評分是這樣做出來的：委託了哈里斯互動公司對五十一位公司治理專家做了調查，諮詢他們有關公司治理的意見，專家選出了最有效董事會及最無效的董事會，在此基礎上，《商周》在這兩類的董事會中挑選了一些有代表性的董事會出來，其後《商周》的編輯分析了董事會的整體表現而歸納出一些特性來。《商業周刊》依據投資者責任研中心（Investor Responsibility Research Centre）、企業圖書館（The Corporate Library）及機構投資者服務（Institutional Shareholder Services）蒐集了十六項量度公司治理的標準，包括了獨立性、問責性及品質等，董事會表現的量度標準包括了董事會策略處理、監督，及執行長的薪資等。

2. 後記：此文的部分資料取材自 2004 年 3 及 4 月間筆者在香港《信報》「企業與專業倫理」專欄發表的數篇文章，及葉保強 2005「公司不應如何地治理──迪士尼股東起義的啓示」《應用倫理學通訊》，33：19-26。

3. 2003 年 1 月，總部在紐約市的會議局（Conference Board）的一個專責委員會建議，要將董事會主席的位置與總執行長的位置分別由不同的人擔任。

4. OECD 指出，公司的治理水平的高低，直接影響到投資者對公司的投資意願。在全球化的今天，公司若要在國際市場中吸引一些長線投資者所謂「耐性資本」（patience capital），它的治理必須有很高的水平，才能獲得這類投資者的信心。

5. 2004 年的原則修正版 II 段對股東權利有更詳細的規定。

6. 詳細的討論見筆者的 2005 的一篇論文"Corporate Governance's Missing Link-How Ethical Capital Helps"，在 2005 年 8 月 26 日，The Inaugural Asia-Pacific Corporate Governance Conference, Hong Kong，宣讀。

7
Chapter

企業對競爭者的倫理義務

✚本章的目標✚

- 以微軟壟斷官司探討壟斷的情況
- 論述自由競爭的效益
- 探討反競爭行為的種類及原因
- 討論競爭力的真正來源
- 論述企業的競爭義務

"It is not from the benevolence of the butcher, the brewer or the baker, that we expect our dinner, but from their regard to their own interest."

~ 亜當史密斯

歐盟重罰微軟壟斷行為

2004 年 3 月歐盟（European Union）的行政機關——歐洲委員會（European Commission）對微軟（Microsoft）被控的反競爭官司做出判決，判微軟觸犯歐盟反托拉斯法規，被罰四億九千七百歐元（六億一千三百萬美元），是歐洲委員會有史以來最大的一宗罰款。這宗官司的原告人是媒體播放機軟體公司 Real Networks Inc.，指控微軟用慣用手法綁紮軟體到視窗（Windows），企圖壟斷市場。

除了罰款外，委員會還命令微軟將其視窗操作系統（Windows operating system）的詳情向其他軟體製造者，如 Real Networks Inc.公開，讓它們可以研製可以在視窗系統上運作的軟體。這個裁決等於是對微軟的綁紮策略（bundling strategy）的心臟打了一記重拳，對微軟的長期取得市場優勢的經營模式（business model）是個沉重的打擊。這個判決不單改變微軟在個人電腦上播放電子音樂及電影軟體市場的優勢，同時會衝擊微軟進入網路搜尋市場的計畫。現時網路搜尋的市場領先公司是 Google，現時雖然微軟尚未將搜尋軟體綁紮到視窗上，但計估微軟日後會將搜尋軟體綁到視窗上。

同時，微軟要在九十天內完成製作另一款沒有預先安裝影音播放機（Media Player）的視窗軟體，好讓其他的媒體軟體，如 Real Network 的 Real Player 及 Apple 的 Quicktime 可以在視窗上順利操作。這個歐洲版的軟體的售價與原來未修改的軟體價格一樣。微軟要有一百二十天內跟其在企業使用的伺服器電腦市場的競爭對手，分享更多技術資訊。這個裁判只適用於歐洲，其他市場不受這個裁判的影響。

這是微軟違反公平競爭官司的重點。歐洲委員會認為，微軟將媒體播放機綁在視窗上這個行為，根本上就排除了其他軟體生產者生產在視窗上操作的軟體的可能，而全球接近九成的個人電腦都安裝了微軟的視窗，凡安裝微軟的視窗都無需購買其他同類的軟體，其他同類軟體的開發商所製作出來的軟體一開

始就處於不利的位置，無法與微軟做公平競爭。因此，微軟這個做法無疑是一種市場獨占行為。如果微軟拒絕做裁決的指令，將會受到加倍的罰款——罰款相等於微軟每天在全球銷售的 5%。

比起年前微軟在美國所受到的制裁，歐盟這次對微軟的制裁更為嚴厲。1998年，在美國的一宗舉世關注的反托拉斯官司中，微軟敗訴，2001 年微軟與政府達成庭外和解，微軟只須容許其他軟體公司將軟體用在視窗上，不用將綁在視窗上的軟體拆除（見下頁小檔案）。

微軟對歐洲委員會這個裁決不服，向歐洲第一回合法庭（European Court of First Instance）提出上訴，並要求暫緩歐洲委員會的制裁，直至上訴得到結論時才執行。這一筆龐大的罰款，對一般公司來說會是一大打擊，但對擁有現金五百三十億美元的微軟來說，這筆錢只是小意思而已。令微軟忐忑不安的，倒是要公開視窗系統資料這個部分。

微軟的理由是，將視窗系統的資料向競爭者公開，無疑是將商業秘密公開，這是一種侵犯智慧產權的行為，會對公司造成不可挽回的損失。微軟要求歐洲委員會將制裁暫時擱下，等待微軟向歐洲最高法院的上訴都被審理完結後才執行。微軟認為，公司有權將任何東西安裝在其產品上，以改良其產品，有利於消費者，這是創造的原則。綁紮雖然對競爭者不好，但卻對消費者帶來好處。

反對微軟做法的人指出，微軟這種做法跟綁售沒有兩樣，每當微軟見到市場上出現創新產品時，就會偽稱自己早有這新產品，然後偷偷製造一套跟人家大同小異的產品綁到視窗上去，導致一些本來有希望的新產品都早年夭折。這種做法對創新極為不利，不止對競爭者不公平，對消費者而言，亦是受害者。

2004 年 12 月 22 日，歐洲第一回合法庭駁回了微軟的上訴。微軟當時計劃向歐洲最高法院提出上訴。整個上訴程序完結將會要多等五年。從微軟的利益出發，上訴是有利的，可以爭取更多的時間，在最終裁決還未出來之前，仍能以其獨占優勢來賺取更大的利潤。微軟一直堅持沒有做任何不當的事。根據過去的紀錄，一遇到官司，微軟必定會上訴。歐洲委員會在 2004 年 3 月做出裁決時，其實軟體同業對微軟的指控已經有五年多了。

2005 年 1 月，微軟改變策略，放棄對歐洲第一回合法庭的裁決的上訴。2005年 3 月 29 日，微軟與歐盟達成協議，將歐洲版的視窗取名「視窗 XP 本地版 N」"Windows XP Home Edition N"，而「N」是代表了「沒有媒體播放機」（not with Media Player）

在此之前，微軟已經在幾宗的同類官司中與原告達成和解。在 2004 年末，微軟美國政府及相關的原告分別達成兩宗反托拉斯官司的庭外和解。11 月 8 日，微軟與 Novell 達成和解，支付五億三千六百萬美元的賠償，Novell 同意退出歐洲委員會起訴微軟的官司。2004 年頭，微軟同意與 Sun Microsystem 達成同類的庭外和解，賠償費是七億美元。

微軟同時與電腦及通訊業聯會（Computer and Communication Industry Association, CCIA）達成和解，CCIA 同意退出歐洲委員會對付微軟的官司，再者，CCIA 同意撤銷另一個向歐洲委員會的投訴，及同意不再要求美國最高法院審議司法部 2001 年向微軟提出反托拉斯的控告。歐洲委員會的裁決是根據 CCIA 及四家美國公司，包括 Time Warner、Sun Microsystem、Novell、Real Networks——對微軟的投訴而引發的。自從這個投訴提出之後，其他的一些公司亦相繼加入投訴行列，但聯會與四家公司是由始而終最有力的原告。

2003 年 5 月微軟已經與美國線上——時代華納（AOL-Time Warner）達成和解，支付七億五千萬美元的賠償。這官司是關於由 AOL 收購的網景（Netscape），指微軟使用其獨占地位來打壓在瀏覽市場（browser market）的競爭❶。

小檔案——微軟壟斷官司

1998 年，美國有十八個州對微軟提出違反「謝爾曼法案❷」（Sherman Act）的集體訴訟。經過三年的調查，法院判定美國微軟公司以不正當的手段壟斷市場。這些手段包括：

1. 對「中介軟體」（middle ware）設置使用障礙。微軟很早就認知到中介軟體對於微軟電腦軟體的嚴重威脅性。透過中介軟體，其他競爭對手可製造與之相容的電腦視窗或應用軟體，進而瓦解微軟視窗的壟斷地位。為了化解競爭威脅，微軟早在 1996 年就開始防止任何能跨視窗平台中介軟體的發展，也就是儘可能讓 Navigator 及 Java 網際網路應用程式長期或永久無法在其他的作業系統使用。

2. 對瀏覽系統設置使用障礙。為維持壟斷地位，微軟於 1995 拒絕給予網路瀏覽設計公司「網景」（Netscape）其新的微軟視窗。當網景拒絕放棄發展 Navigator 後，微軟做了一些動作，儘可能縮小使用 Navigator 瀏覽軟體的人數。微軟了解，當愈少人依賴 Navigator 時，使用者就必須分擔更高的使用費，進

而降低人們使用 Navigator 的意願。另外，當使用者企圖在微軟視窗使用 Navigator 時，也會致使微軟系統當機，或無法開啟檔案或閱讀資料。

3. 對原廠委託製造商（Original Equipment Manufactures, OEM）施壓：(1)微軟將 IP（Internet Explorer）網路瀏覽程式綁入其微軟視窗契約中，令微軟視窗使用者必須使用 IP 瀏覽軟體。即使這些使用者想使用 Naviagtor 瀏覽器，也必須付出更高成本；(2)微軟對 OEM 廠商在任意更改 Window95 及 Window98 視窗的部分提出更嚴格的限制，以防止任何有利 Navigator 機會之產生；(3)透過利誘威脅，誘使 OEM 大廠設計出獨尊 IE 瀏覽器的應用軟體。例如，微軟就給予 Dell 及 Compaq 電腦製造商更便宜的價格，條件是他們保證只用微軟電腦軟體。當 IBM 拒絕只單獨使用微軟的電腦軟體時，微軟便延後十五分鐘讓 IBM 獲取 Window95 的一些重要資料，令 IBM 在電腦裝配速度落後，銷售損失了數百萬美元。

微軟否認這個做法有何不當，自稱所採取的行動只是反映激烈競爭的事實。另外，消費者能使用免費的網際網路瀏覽器，是對消費者有利的。

2001 年 11 月 2 日，法官寇特利（Kotelly）對微軟做出下列判決：

1. 中介軟體更廣泛之定義。法院將中介軟體做出更寬廣之界定，包括瀏覽器（browser）、電子郵件客戶、影音播放軟體（media player）、即時通（instant messaging software）等都認定為中介軟體，並受到法律保護。

2. 中介軟體介面的揭露。微軟必須釋出一些技術資料，以利其他軟體開發者寫出能與微軟作業系統相容之應用軟體。這些促使其他競爭產品之出現，進而趕上微軟系統的整合功能。

3. 自由安裝中介軟體。這將使電腦製造商與消費者可以自由安裝那些能與微軟競爭的中介軟體到微軟作業系統中。

4. 不能對使用其他競爭對手視窗軟體的電腦製造商及軟體開發者採取報復行為。這將可幫助電腦製造商、軟體開發者，及消費者能自由選取、安裝中介軟體。

5. 必須為其軟體開發出一致的許可程序。這將進一步避免電腦製造商及軟體開發者遭致微軟公司的報復。

6. 電腦伺服器通信與資料傳送規則的揭露。這將使其他非微軟的伺服器軟體能在微軟視窗中使用，避免微軟在伺服器軟體市場不正當的壟斷。

7. 排他條款。微軟不能要求包商在使用微軟軟體的同時，拒絕幫其他客戶開發會與微軟產生競爭性之產品。這將確保軟體開發者及電腦製造商在與微軟簽

訂契約，仍能發展與微軟競爭之中介軟體。

法官同時指令微軟必須持續五年遵守這些判決（但如果法院發現在五年中微軟仍違反這些判決，得將期限再延長二年）。

並非十八個州都同意這項判決，仍有九個州包括加州、康迺迪克、佛羅里達、愛荷華、堪薩斯、麻薩諸塞、明尼蘇達、猶他，及西維吉尼亞州仍繼續上訴。在判決結果出來前二週，微軟總裁比爾蓋茲（Bill Gates）曾表達庭外和解的意願，提出下列和解內容：

1. 不將網路瀏覽器及網際網路搜尋器置入微軟視窗作業系統中。
2. 對微軟視窗作業系統使用業者，收取統一費用。
3. 開放更多路徑讓軟體製造商獲取更多微軟程式，以利他們設計出更多跨平台的應用軟體。
4. 上述三項內容不只適用於個別使用戶，也適用企業用戶。

這宗官司難說誰是贏家。表面上微軟避免公司遭到解體，似乎是贏家。然而，這場官司的清楚訊息是：微軟為維持其壟斷地位所採取的手段是違法的。儘管司法部認為判決終止了微軟的不法行為，並會防止類似事件在軟體市場中再次發生，但許多微軟的競爭者懷疑判決是否真能抑制微軟的壟斷行為（資料來源：*BBC News, 2002/11/01；2002/11/02*；由曾傳家整理，經筆者修定）。

自由市場與競爭的效益

二十世紀，中國自七〇年代後期啟動改革開放運動，逐步引入市場機制，為國民的財富創造上創下了史無前例的奇蹟，在二十多年內令三億人口脫離了貧窮線。市場奇妙的功能在於其自由競爭的機制的系統及廣泛的運用，在生產的效率提高、改良產品服務品質、降低產品價格及創新產品服務上產生了很多的優點。沒有自由市場的競爭，經濟發展必定受阻，消費者的選擇自由受到限制，高品質遙不可及。就算是死硬的社會主義者或共產主義信徒，都不能不承認自由競爭的重要。

依標準的經濟導論教科書的定義，一個理想的競爭性的市場擁有下列七個特質（*Velasquez, 1992: 175*）：

1. 在這個市場中有數目很多的買家賣家，他們沒有一個擁有數量可觀的市場占有率。

2. 所有買家賣家都可以自由及即時進入或退出市場。

3. 每一個買家及賣家對其他的買家及賣家正在做的事，都有完全及完美的資訊，包括所有買賣的產品（包括服務，下同）的價格、數量及性質等的知識。

4. 在市場上發售的產品彼此之間相當類似，導致無人在乎誰在賣或跟誰買。

5. 生產或使用在市場買賣的產品的成本及效益完全由買家或賣家來承擔或享用，而不用第三者來承擔這些成本或享受效益。

6. 所有的買家及賣家都企圖用最少的付出賺到最多的回報。

7. 沒有一個外在的組織（如政府）管制在市場上交易的任何產品的價格、數量或品質。

除了上述七個特質之外，自由的競爭市場還需要有一個有效法律系統來保護私產制度，以確保買家賣家對所交換的產品擁有合法的所有權。再者，法律亦保障了買賣雙方所同意的交易合約是有法律約束力的。

在一個理想的競爭市場中，產品的價格及數量基本上由供求所決定。當產品數量不足時（相對於買家的需求量），買家對產品願意支付的價格就會上升，而價格上升會誘使賣家提供更多的產品。另一方面，當市場上產品的數量供應充裕時，價格會下降；下降的價格會驅使賣家減少產品的供應數量。這些供求的起起落落導致一個有關產品的價格及數量的規律——在一個完全競爭的市場中，產品的價格及數量會移向一個所謂「平衡點」——在這個點上，買家要購買的產品數量正是賣家要賣的數量；同時，這一點上，買家願意支付的最高價格正是賣家願意接受的最低價格。這時，買賣雙方都分別找到願意的交易對手，彼此都對交易感到滿意。這亦是一個符合倫理的狀況，無論從正義、效益或權利的角度而言，在這個狀況下完成的交易都符合了以上三種倫理項目的某一版本（*Velasquez, 1992: 176-184*）。

反競爭行為

理想的競爭市場雖然有這樣多的好處，問題是，究竟教科書版本的理想市場在現實上存在嗎？經驗告訴我們，現實的市場跟理想有一段距離，而在不理

想的狀況下，市場很多功能都打了折扣，出現很多不良的結果，損害社會經濟效益。競爭一般會帶來好處，然而，不是任何形式的競爭都是如此。不公平的競爭或不當的市場行為，還會對自由市場造成傷害，不只對競爭對手不公平，侵犯消費者的自由選擇的利益，及損害資本主義的長遠利益。前文提到的微軟的壟斷行為之所以受到制裁原因亦在這裡（另一著名的壟斷官司是發生在十九世紀的標準石油的案子，見下文小檔案）。

除了壟斷之外，反競爭行為有多種，例如，公司之間可以用明確的協議或暗示的安排來排除或減低競爭，效應是產生了不公平的競爭。在明確協議的情況下，有意減低競爭公司（通常是少數幾家已占有可觀的市場占有率的公司）的當權者會開會決定聯合對某些產品哄抬價格，將價格提漲在理想競爭市場的價格之上。通常在一個產業內的市場權力愈集中，參加明文協議的公司的數目愈少，因此較容易達成協議。協議一旦成功及付諸執行，這種形式的不公平競爭在效果上形同獨占式的壟斷。除此之外，公司可以經由以下的手法來削弱市場的自由競爭（*Velasquez, 1992: 192-196*）：

價格協議（price fixing）——在少數公司壟斷的狀況下，公司的負責人會秘密地開會，決定聯合將產品的市價推升到一個不合理的價格上去。例如，通用電器操弄價格的案例就是一個典型的例子。

操弄貨物供應——公司之間協議聯合減產，消減產品的供應令產品的價格被推高到超過競爭市場的價格。

獨家代理協議（explicit dealing arrangement）——當一家公司在發售一樣產品給一買家時，要求買家遵守的附帶條件是要買家不得從指定的賣家購買任何產品時，這家公司就做了這類的協議。例如，超過半個世紀之前美國的美國裝罐公司（American Can Company）只租給一些客戶價格非常低廉的封罐機器租戶，但他們必須不得從其競爭對手（Continental Can Company）購買任何的罐裝。

綁售（tying arrangement）——公司賣給客戶某一產品的條件是客戶必須且同意向公司同時購買另一些產品。

零售價格操弄（retail price arrangement）——生產商賣給零售商某一產品的條件是所有的零售商必須依公司預先制定的價格來制定產品的零售價。

價格歧視（price discrimination）——向不同買家就同一商品收取不同的價格。美國 1960 年代就有這樣的一個案例，大陸餅公司（Continental Pie Company）在鹽湖城的生意被競爭對手猶他餅公司（Utah Pie Company）搶去不少生意，於是公司決定在那一區用超低價來搶回顧客，在連續幾年內在該區發售的餅價比其他地區低了很多。結果惹來官非，最高法院判決公司的做法是「掠食者式」（predatory）的定價，違反公平競爭原則。產品價格的差異應該由製造、行銷、運輸或其他服務的真正成本的差異做成，而不應是用來搶回失去的顧客，打倒對手。

企業做違反競爭的行為，主要有以下的原因：

1. 擁擠及成熟的市場——當一個市場的競爭者愈來愈多，或消費者的需求收縮導致供過於求時，公司的營收及利潤自然縮水，這時，來自維持營收及留住客人的壓力，會逼使經理為了業績而不擇手段來削弱競爭。

2. 當在一個產業之內的每家公司的產品的同質性很高時，公司就只有用低價來競爭，這時為了防止價格不斷地下滑，公司經理有很強的誘因來聯手操弄價格。

3. 有不少公司員工的考勤是要看他們每月或每季為公司帶來多少的業績，而員工的分紅、獎金或擢升都由業績決定，在通常沒有其他倫理指引的情況下，員工會認為公司關心的只是利潤及營收，是否合乎倫理並不重要，很自然就會做出不擇手段的違反競爭規範的做法。

4. 當一家公司產品的價格由公司最前線的員工來決定的話，價格的操弄很容易發生。

5. 公司的組織文化是否有包含各部門、各層次員工的倫理操守及經營守則，及有定時的監督執行情形的機制，亦會影響員工是否會進行不當的競爭行為。公司上層是否有對包括競爭的經營倫理清楚地告知員工及是否能身體力行地實行商業倫理，會影響不當的競爭行為出現的機率。

除了透過一些明文的協議來聯合行動外，但反競爭的集體行為亦以暗示的方法，透過默契及對共同目標的了解，協調彼此的行為。參與反競爭的公司的目標是要保持現狀，維持彼此既有的市場占有率，而要達到這目標，最理性的做法就是避免、減少，甚至消滅競爭。不只如此，大家都分別認識到如果某一價格領袖（price leader）帶頭調漲價格，其餘的公司都會跟隨領袖漲價的幅度。美國在二十世紀自三○年代開始就出現過這種情況，龍頭菸草公司每次的加價或減價的幅度幾乎相同，產業中默認為價格領袖的公司先加價，不久其餘的公

司都會跟著照樣加價，價格領袖減價，其餘的公司不久就會調低同樣幅度的價格。菸草產業這些具有高度協調性的加減價動作並不是開會議決，而是一種隱性協議（tacit agreement）的結果。但正如上文指出，不明文的協議效應跟明文協議一樣，都是違反自由競爭。

小檔案──利比里亞米商屯積食米圖利

2005 年 3 月 27 日，利比里亞（Liberia）政府向三十名米商提出告訴，指他們囤積食米，然後以四倍於國家管制的價格出售，一袋五十公斤的食米由一千三百二十利比里亞幣（二十四美元）暴升到二千四百七十五利比里亞幣（四十五美元），食米是利國的主要糧食，1979 年曾因米價漲升引起動亂。利比里亞經過十四年的戰爭，國民經濟狀況不佳，這種囤積行為被指為經濟破壞，若被定罪，米商會坐牢及被取消執照（*BBC NEWS, 2005/03/28*）。

貪污與商業

賄賂政府官員是跨國企業取得政府工程合約常用的不當手法，同時是不公平競爭行為的一種。1970 年代美國洛歇飛機工程公司就是一個好例子。洛歇取得日本、沙烏地阿拉伯及義大利等國家的合約都是用賄賂手法。賄賂行為是扭曲市場的行為，因為透過賄賂，行賄的企業並不是靠其產品的品質及價格來競爭，而是用賄款收買了有關官員，然後受賄的官員濫用職權來阻止行賄者的競爭對手進入市場，令行賄的公司成為市場的唯一供應商，在這個情況下，貪污的效應等同獨占式的壟斷。正由於有這種壟斷的效應，其他隨壟斷而來的無效率及不公平亦同時出現，品質低劣及價格不合理成為普遍的現象，消費者及納稅人是受害者，破壞經濟正常運作。

二十世紀七〇及八〇年代，大企業經常賄賂政府官員。長久以來，發展中國家的貪污相當普遍，政府官員貪污舞弊之猖獗令人咋舌，嚴重的地步足以威脅著不少國家的經濟及社會發展。近年的反貪的焦點集中在政府，而不單是跨國企業。世界銀行採取了前所未有的積極對付貪污措施（*Behrman, 2001: 57-60*）。

單以 1994 至 1995 年在媒體界報導的全球貪污案已經足夠令人感到貪污幾乎無處不在，尤其是在發展中國家及在俄羅斯及東歐國家。跨國企業其實亦是

受害者，所以就聯同一些民間組織及 OECD，配合美國不斷的催促之下，二十五個成員國在 1994 年通過一份沒有約束力的建議，敦促各國政府要將外國受賄的政府官員起訴。企業若被懷疑涉及貪污，而不一定被證實是貪污，都會在國際的競爭中處於劣勢，失去商機。在 1995 年全球各地政府官員貪污案頻頻被揭發，涉案者很多是政府高層，人民對政府的信心大降。在 1995 年 7 月 24 日聯合國政策協調及可持續發展部（UN Department for Policy Coordination and Sustainable Development）向中央委員會議提交了 1995/14 的「反貪污行動」議決（Resolution 1995/14 on "Action against corruption"），聲明貪污已經成為一個危害政局穩定的地步，威脅民主政治及社會道德，同時危害社會經濟及政治的發展，敦促各成員國制定通盤的反貪措施及對貪官予以懲治，同時並呼籲國際合作來防止貪污（*Newsweek, Nov 14, 1994, pp. 41-41; Business Week, Nov 6, 1995, pp. 36-38.*）。

同年，國際商會（International Chamber of Commerce）亦呼籲商界與政府合作來對付貪污，並呼籲 OECD 國家接納先前所提及的建議，對外國貪污官員進行刑事起訴，及取消貪污可以免稅這些稅務條款，並建議所有政府合約必須遵守國際的倫理守則公開投標，令所有商業交易透明化，及受到審計。

1997 年，OECD 成員國通過了「對付外國公職人員貪污公約」（Convention on Combating Bribery of Foreign Public Officials），公約在 1999 年正式生效。1997 年，世界銀行亦積極推動反貪的活動，建議加強政府透明度，及制定制衡機制，增加公職人員的問責性，削減他們的酌情權力，用實質的方式來鼓勵清廉的官員，包括加薪及升級。國際貨幣基金亦為貸款的規則增加了透明度，其他的地區性銀行，包括泛美、亞洲及歐洲發展銀行都收緊了規則，防止貪污。這些措施都是針對政府官員與跨國企業之間的貪污，在私人領域中的貪污及在本地的貪污都沒有顧及。

世銀的一個 1997 年的調查顯示，在六十九個國家的三千六百個公司的調查中，有四成曾付賄款，參與貪污的公司有 15% 來自先進國家，60% 來自前蘇聯。美國商業部估計，美國公司的競爭對手參與貪污活動令美國公司在 1997 年損失了一百五十億美元海外合約。1998 及 1999 年貪污受到全球注意，因為好幾個政府由於貪污而倒台（*US Newsa nd World Report, Dec 22, 1997, p. 42*）。

貪污對發展中國家的傷害很大，掠奪了這些貧窮國家稀有的資源，對發展造成了莫大的障礙。貪污對商業的負面影響亦很大，很多企業為了避免在貪污猖獗的國家經營，這些國家就失去了外來投資的機會，經濟發展受阻。受賄公

司的聲名亦會受損，民眾會對這些公司不信任。根據民間反貪污組織透明國際，貪污侵蝕了全球 GDP 的 3%。

中國是最佳的例子，說明貪污如何損害經濟成長。2005 年最初兩個月，銀行界發生了兩宗醜聞。中國銀行一家分行經理連同了銀行超過一億元人民幣失蹤，數週後，一家商業銀行的十餘名職員被捕，涉嫌串謀偷竊十億元。中國建設銀行的一名中層經理攜帶八百萬元人民幣失蹤。這些腐敗並非只限於銀行業，政府控制的投資公司、國營企業、經紀行都遭到大量的掏空。官商勾結相當猖獗，在過去四年，有二十五名官員由於受賄被判死刑，數百名貪污官員正在服刑。每個月都有貪污受賄的案子。2005 年 3 月初，政府公布全國四家國營銀行中，其中的二家就有五萬八千人由於偷竊款項或發放沒有授權的貸款受到處分。單以 2003 年計算，政府估計約有八十億元從國營企業被偷走。縱使中國經濟持續地高速增長，人民的所得提高，及外資不斷地湧入，但中國的金融體制則亂七八糟。在過去的四年，上海股票指數下跌了 40%，全國一百三十家經紀行一半破了產，而最大的銀行欠債纍纍（*New York Times, March 22, 2005*）。

有關企業反貪污的國際指引其實在幾十年前已經出現，聯合國及經合組織都分別有類似的指引，如 OECD 對付國際商務的國外官員受賄公約（OECD Convention on Combating Bribery of Foreign Public Officialsin International Business Transactions）；OECD 多國企業指引（OECD Guidelines for Multinationals）；ICC 對抗勒索及貪污行為守則（ICC Rules of Conduct to Combat Extortion and Bribery）。近期的指引，包括由透明國際及社會問責國際（Social Accounting International）所制定的「對抗貪污商業原則」（Business Principles for Countering Bribery 2002），由世界經濟論壇（World Economic Forum）、透明國際及伯素治理學會（the Basel Institute on Governance）合作制定的「反貪污夥伴——對抗貪污原則」（Partnering Against Corruption-Principles for Countering Bribery）。要有效反貪污，除了指引或基本規範之外，要有配套的實際可行及有效的執行計畫。

小檔案——Monsanto 賄賂案

美國農產科技生化跨國企業 Monsanto，被美國有關當局裁定賄賂外國官員有罪，被罰一百五十萬美元。在此個案中，Monsanto 公司承認一名已經離職的高級經理，在 2002 年利用一家顧問公司做中間人，以五萬美元賄賂印尼環境部的一名高級官員，要求免除對其棉花做環評。為了掩飾這筆賄款，經理叫顧問

公司將這筆賄款列為顧問費。雖然有貪污發生，但那名印尼高官並沒有免除公司做環境評估。Monsanto 承認這個做法是不當的，並保證在未來三年受政府密切地監督其行為。

　　負責起訴 Monsanto 的兩個部門是司法部及證交會。司法部罰了 Monsanto 一百萬，同時要 Monsanto 接納加強內部監督機制，及配合後續的民事及刑事調查。證交會的罰款是五十萬作為其觸犯貪污規則的庭外和解費（*BBC News, 2005/01/07*）。

要保留競爭應有的功能，必須有效執行維持公平競爭的規範。

競爭力的真正來源

　　隨便問一名有能力付款的消費者這個問題：什麼是他們選購商品時最重要的考慮？他們都會以商品的品質作為最優先的考慮。事實上，從經營者的角度而言，吸引消費者必須靠商品的優良品質，要留住顧客亦非得靠品質不可（配合公司優質的售後服務），一家公司之所以受到消費者歡迎及熱愛，當然是公司能為他們提供價值，而品質就是價值。無論如何，品質是公司競爭力的核心（*Young, 2003: 151-164*）。

　　由於品質永遠是吸收及留住顧客的關鍵，競爭的正道應放在品質的維持及提高上。創新帶動品質的提升，加強公司的競爭力。有多種方式來表現創新——生產方式或過程上、經營模式、新的科技、供應商、來料或設計等。公司不應單用低勞工成本或採用廉價的原材料或配件來獲取低層次的競爭力，而應著力發展及加強公司長線競爭力。經營者應該明白這個道理，唯有優秀的公司才貫徹這個道理，因此競爭力持續不墜。很多公司都喜歡炒短線，守不住品質這一關，偷工減料、走捷徑，最後把公司的商譽也賠上了。

　　加強產品及生產方式方面的創意，維持及不斷加強產品服務的品質，招攬及留住優質人才，提高管理效率及經營倫理，持續的培訓員工，都是提升長線競爭力的正道。值得在此重申的是，對公司忠心及全心投入的優質人才，是公司競爭力的主要來源。要發明新的生產方式或程序、設計新產品或服務、提高產品服務品質都得靠人才。要吸引及留住優質人才，公司必須建立一個優質的重視倫理的組織文化，令員工覺得被尊重及重視，被公平及倫理對待。這樣的組織文化才能建立互信、回報的文化（culture of trust and reciprocity）。這種文化才能令員工對公司有承擔，及有一種感到身為公司成員的榮譽感。

價格競爭

消費者選購產品時，價格當然是一個要素，但卻不是唯一的。公司若只著眼於價格來爭取顧客，以為單用價格就可以達到競爭力，則沒有真正全面了解競爭力的真義。削價當然可以在短時間內達到速銷，取悅消費者，但價格下調不應影響公司的長期營收。為了清理存貨，準備新產品的推出，公司做不定期的削價傾銷是合理的經營手法。然而，經常性的割喉式削價競爭，或長期的削價是會削弱公司持續經營的能力，損害到合理的利潤。公司要保持健康的營利能力才能有發展機會、開發新產品服務、加強品質等。

現時競爭異常激烈，公司長期在產品價格不斷向下調的巨大壓力，利潤愈來愈少，當一個產品，如個人電腦經過長期的競爭，價格會不斷下降，直至接近生產成本為止。產品的大規模的量產，品質愈趨向標準化，公司之間生產出來的產品品質的差別愈來愈少。這時，消費者是主要的得益者，但生產者則進入利潤愈來愈少的「微利年代」。在這個情況下，公司唯有透過創新技術來減低生產成本，或以量產來補足微利，或以品牌來吸引顧客，擴大市場占有率，以達致更豐厚的利潤。

無論如何，在今天的割喉式的競爭中，單靠削價來保持競爭是不能長久的。不認識這一道理的公司很快就要付出沉重的代價，顧客流失、大幅裁員，甚至倒閉。

為了大幅降低生產成本，很多公司都將生產移到成本低的地方。全球化的主要動力亦源於這種成本壓力，這些公司將本地的工廠關閉，在成本低的地方開廠，或將部分工序或生產線搬移到工資低的國家，或採用外包的做法，委託在成本低的地方的公司代為生產。一般而言，勞力密集的產業，如成衣、紡織、家電、電子產品、電腦、音響等都從高工資的工業國家移往如中國、印度、墨西哥等地方。結果是，工業國家出現關廠或收縮編制，大量職位流失到落後國家，或仍保留職位的工人工資不斷向下調，福利亦可能被削去。工業國家的公司或工廠沒有做好準備的狀況下，員工及社會是首當其衝的受害者，失業或生活水平下降。在這種沒有適當配套措施來減低全球化的衝擊的情況下，全球化成為了一種無情的零和遊戲。至少在表面上而言，第三世界國家是受益者，而工業國家的工人是受害者[3]。

併購

二十世紀九○年代中期開始由科技股所帶動的股市狂飆中，企業界經常出現的現象就是收購及合併的動作，一些龍頭的科技公司如美國的思科（Cisco）、其後被揭發驚人的欺詐案的世界通訊（World Com）、加拿大的北電網絡（Nortel）等知名公司無一例外，這方面的動作頻頻，而很多公司的高層都以併購來維持公司的快速成長，其實目的不外是藉由併購來增加公司的股票市價。這些併購的確能在短期之內抬高公司的股價，問題是這些併購是否符合公司長期利益，則很少公司的董事會或高層行政人員會真正關心。由併購所帶來的很多問題，如併購是否必要？被併購的公司是否真正為公司增值？被併購的公司的業務是否配合或加強了公司的核心業務？還是稀釋了公司的核心業務，導致發展焦點失焦？兩家公司的組織文化如何和諧整合？收購價是否過高？併購導致的大量員工的裁撤是否有配套的措施以達致合情合理的裁員？併購是否有周詳地考慮大小股東的利益？誰是最大的得益者？誰是最大的受害者？依據什麼原則來裁決其中的正當性？有沒有違反公平正義原則？得失方面是否達到一個合理的平衡？

擴大經營規模經常被用作支持併購的一個很強的理由。依傳統智慧，規模愈大愈能抵禦市場難以預測的波動，在全球化中愈容易取得競爭的優勢。其他的理由包括要增加市場的占有率、核心業務優勢的互補、公司要開發新的業務、加強經營效率等。事實上，這些理由最後都是為了加強公司的競爭力。併購對公司的發展來說可以有正當的商業理由，但當一家公司藉由不斷的併購導致市場占有率愈來愈大之時，即向獨占式的壟斷傾斜時，併購便會威脅到自由競爭，其正當性會受到質疑。

不管是何種形式的壟斷，由於會扼殺自由競爭，破壞自由市場的基本規範，壟斷者會受到制裁或懲罰。壟斷者之所以被視為洪水猛獸，因為壟斷者以消滅競爭對手來進行競爭，即最後以取消競爭來達致完全操縱市場，對產品服務價格的完全操控，強迫消費者在毫無選擇的情況下，接受違反市場規律的價格的產品服務，嚴重損害他們的權益。沒有自由競爭，消費者受害、競爭者自由受到侵犯、對經濟不利，不是社會之福。政府的首要功能就是要維護公平競爭，保障市場的基本規範沒有被違反，企業有不可推卸的責任遵守市場基本規範，不做違反公平競爭的動作。由於自由及公平競爭對經濟的重要性，成熟的工業

體都有足夠的法律及嚴厲的執法來對付壟斷及其他反競爭的經營，並不惜對違反者施以嚴厲的懲罰，以回復市場秩序。微軟的被罰，更早的美國貝爾電話被分拆成很多小型的貝爾電話，及十九世紀的標準石油的壟斷案（見以下小檔案）都是著名的例子。

小檔案──標準石油壟斷案

美國內戰之後，石油工業都是小規模的公司，競爭非常激烈。當時沒有任何的規範約束經營者，它們可以為所欲為，結果令市場大起大落，供求方面經常不平衡。很多生產商及煉油商都試圖穩定市場，但由於競爭極為激烈，多種自願的合作，包括成立正式的協議都失敗。標準石油公司（Standard Oil）的創辦人洛克菲勒（John D. Rockefeller）在群雄混戰中，靜觀局勢，逐個擊破，將整個石油業掌控於其股掌之中，獨霸油業。

隨著1872年全國煉油商協會（National Refiners Association）（其成立的目的是要控制石油價格及產量）的倒閉，洛克菲勒及其夥伴就直接控制了工業的大部分。當時洛克菲勒用信託公司（Trust）作為一個中央控制中心，在不同的州內成立獨立的公司，並用中心來做協調、統籌及指揮整個合併。在1882年標準石油信託協議（Standard Oil Trust Agreement）成立了一個信託公司（trust），這公司是投資在四十家公司的四十一名投資者的證券的中央控股公司。這個協議授權給原來九個董事（其中三分之一是每年選出來的）來負責管理那些公司，包括所有的石油買賣、運輸、倉庫、提煉及行銷。

標準石油很快就成立一家億萬元的獨占大公司，多年來支配著整個石油市場。標準石油是歷史上第一家公司採用這個方式來發展成近代的企業，用一個中央行政機制來控制一個龐大的石油帝國。1890年，美國國會為了防止企業壟斷，制定了稱「舒爾文反托拉斯法」（Sherman Antitrust Act of 1890）反壟斷的法。聯邦政府指標準石油觸犯了該法的第一段及第二段，並發現在石油業及與其相關的一些工業出現愈來愈多的合併，令競爭正在消失，須透過法律來令政府有權去拆散這些合併，令競爭重新出現，保護公眾利益。標準石油被法庭裁定企圖壟斷整個產業，消滅競爭，於是被勒令分拆為幾家獨立的公司。

（資料來源：*Rogene A. Buchholz, Business Environment and Public Policy: Implications for Management, 5th ed. Englewood Cliffs, N. J.: Prentice-Hall, 1995, pp. 69-70. Also Buchholz and Rosenthal, 1998, pp. 118-119.*）

企業對待競爭對手的倫理義務

公司應怎樣對待競爭對手？視之爲敵人及採取各種手法將之淘汰出局？視之爲朋友，在互利互惠的情況下做自由與公平的競爭？企業應遵守什麼競爭倫理？《原則》確認公平競爭是國家富強及公平分配產品與服務的途徑之一。對待競爭對手，企業應履行什麼倫理義務？以下是企業的基本競爭倫理義務：

1. 企業有義務遵守公平競爭市場規範，不做違反競爭的行爲。
2. 企業有義務促進那些對社會及環境有利的競爭，尊重競爭對手。
3. 企業有義務避免爲了保障競爭有利位置而支付有問題的款項或利益（賄賂）。
4. 企業有義務尊重產權。
5. 企業有義務拒絕以不誠實或不道德的方法，例如，商業間諜活動來獲取商業情報。

小檔案──仿冒工業是全球最快速成長的產業

根據 2005 年 1 月美國《商業周刊》報導，仿冒工業已成爲全球最快速成長的產業，2004 年的產值約五千一百二十億美元，全球的仿冒品有三分之二是來自中國大陸。仿冒品包羅萬象，包括：電腦晶片、精品、香菸、行動電話、化妝品、嬰兒奶粉、啤酒、威而鋼。根據世界海關組織的數字，全球商品貿易中，仿冒品占 5%至 7%。

巴基斯坦及俄羅斯是全球假藥中心，義大利約有 10%的設計師品牌衣服是假的，巴拉圭則以仿製化妝品及品牌牛仔褲聞名，幾乎什麼東西都可以在中國仿製，堪稱仿冒王國。據中國官員的估計，僅是內銷的冒牌商品每年的營銷額就達一百九十億到二百四十億美元。（《中國時報》，2005/01/31，A13；New York Times, May 12, 2005）

小檔案──台灣企業反競爭行為

1.圍標進口糯米，六廠商挨罰

公平會調查去年糯米價格大漲，意外發現案外案，販賣中興米的聯米公

司與素有「糯米大王」之稱的宏元米廠共六家公司，在中央信託局辦理的食用米關稅配額進口權利招標案時涉及圍標，因聯合行為違反公平法，共罰一百五十五萬元。端午節是糯米的使用旺季，但 2004 年糯米價格從 2003 年底的每公斤二十九元，漲到去年 4 月的每公斤五十元，漲幅達七成二，宏元米廠被許多民眾檢舉涉及人為炒作，公平會調查時意外發現，宏元米廠與聯米等六家公司在中信局的食用米關稅配額進口權利招標案涉及圍標。公平會表示，由於招標案投標期間正值國內糯米市場供貨吃緊，價格大幅飆漲之際，急需進口糯米以解國內市場不足，當時宏元米廠掌控多數國產糯米庫存，而聯米則意圖掌控大部分進口配額權利，透過圍標讓其他參標者無法透過公平競爭取得貨源，減損國內糯米市場之競爭（《聯合報》，2005/03/11，A11 版，林雅萱整理）。

2.中油、台塑聯合行為恐面臨重懲

國際原油價格一路下跌，國內油價卻不動如山，引發消基會質疑中油與台塑兩大供應商聯合不降價。公平會強調定價問題不是處罰重點，有無聯合行為才是重點。公平會強調，競爭市場上單純「價格一致」行為並非違法，但中油及台塑兩家油價成本結構不同，其獲利程度也有出入，但由過去的調價模式來看，兩大業者均以事先、公開的方式傳遞調價訊息，進而達成一致性的調價結果。依據相關法規，中油與台塑於 10 月中才被公平會各罰六百五十萬元，若其聯合行為未改善，無論是聯合漲價或聯合不降價，由於已非初犯，公平會一旦取得具體違法事證，可將其罰鍰金額提升為二倍，且可移送法院刑事庭辦理，所涉及的責任將不只是民事賠償（《中國時報》，2004/12/22，A9 版，林雅萱整理）。

3.水泥聯合漲價，公平會追查

水泥價格從 2004 年一路飆漲，散裝水泥從每公噸一千三百元漲到二千三百元，漲幅達 77%，春節後傳將再漲價。公平會說，已主動立案調查水泥市場，若發現將重罰，最高可達二千五百萬元。由於水、電費醞釀在農曆春節過後調漲，水泥業者在反映成本的考量下，傳出春節後將再調漲內銷牌價一百元，漲幅約 4.4%。公平會對國內水泥及各區域的預拌混凝土市場的動態一向關注，近年來水泥價格不斷攀高，公平會已立案調查。國內水泥產能遠大於需求，因此國內水泥基本上並沒有供需失調，而影響水泥價格上揚的因素，至於因燃料上揚或運輸成本導致水泥成本增加的幅度也有限（《聯合報》，2005/01/14，B2 版，林雅萱整理）。

註　釋

1. 資料來源：Steve Lohr & Paul Meller, "Europe Rejects Microsoft's Bid to Preserve Bundling Plan," *New York Times*, December 23, 2004; "Microsoft to Adopt Further Windows Changes, "the Associated Press, *Washington Post*, March 30, 2005; Steve Lohr & Paul Meller, "Microsoft to Pay $536 Million to Novellin Antitrust Case," *New York Times*, November 9, 2004; Steven Lohr, "Paring Away at Microsoft," *New York Times*, March 25, 2004; BBC NEWS 2004/12/22。

2. 美國內戰後的工業化，使得經濟力量集中在大型企業中，而這些大型企業則利用其影響力進一步削減對手競爭。為了解決這種不公平的競爭，1890年美國國會通過此項法案，以限制大型企業或企業群壟斷市場的行為。

3. 第三世界的工人雖然有工作做，但不是沒有沉重的代價的——在很多不顧商業倫理的公司下工作，其工資及工作環境是遠遠低於合理的水平的，亦可以算是一種剝削，因此他們也是受害者。要將全球化更人性化地處理，降低其所帶來的不良衝擊，需要有很多的配套政策及機制，包括立法及執行商業倫理，來達到減少痛苦、增加快樂的效果。

企業對社區的倫理義務

8
Chapter

✤本章的目標✤

- 以鹿港反杜邦運動說明企業與社區關係
- 論述企業與社區的倫理關係
- 認定企業對社區的倫理義務
- 反思入鄉隨俗的正當性
- 探討商業與扶貧
- 討論商業與疾病控制
- 探討政府與企業的關係
- 管制的成本及效益

鹿港居民反杜邦運動

　　1977 年台灣經濟在度過第一個能源危機後，經濟好轉，由北部觀音及林口一帶工業區及南部高雄、台南等地工業區之設立，帶動經濟發展，促使政府認定有必要在彰化濱海地區興建一工業區——彰濱工業區，一來可配合公營事業長期發展建廠需要，再者又可使當地繁榮起來。於是便在不顧成本、未做經濟效益及環境評估的情況下「逕行規劃」。但在投下五十億資金開發後，卻面臨第二次石油危機，世界性的經濟不景氣與投資意願低落，致使所開發的五百多頃海埔新生地無人管理，淪落荒蕪。

　　事有湊巧，當時恰逢美國杜邦公司向政府提出「二氧化鈦」廠生產投資申請案，這等於彰濱工業區的救星，因此經濟部大表歡迎。杜邦是全世界最大的化工公司之一，年營業額在美國製造業中排名第七位。杜邦認為台灣政治穩定、經濟成長快速、人才、技術均高，而東南亞市場更對其產品有三十萬噸的需求，若能在台灣設廠，可就近供應東南亞。基於市場、運輸、稅務以及環境維護成本等因素的綜合考量，來台設廠確實是一項合理的生意。

　　投資計畫中的資金共六十四億新台幣，如果順利設廠，將成為當時四十年來台灣最大的投資案。因為杜邦的設廠可以彌補彰濱工業區的錯誤規劃，因此，在投資審查會過程中，各單位儘可能地配合。另一方面，經濟部不斷地安撫民意，告知民眾追求經濟成長必須負擔些許「風險」的道理，並行文省政府配合地方拓寬馬路，以利設廠。經濟部認為「杜邦投資案」將有四點經濟效益：(1)鼓舞經濟發展，提升國內化工技術與污染控制水準；(2)解決國內大部分仰賴進口的二氧化鈦來源，至少節省每年約六千萬美元的支出，又能藉外銷賺取每年約三千六百萬的外匯收入；(3)解決荒蕪多年的「彰濱工業區」的空置問題；(4)增加鹿港地區的繁榮與就業機會。杜邦的申請案在 1985 年 8 月獲批准。

　　二氧化鈦生產過程中可能造成的污染，是爭議的關鍵。回應居民的疑慮，杜邦僅自誇有五十年的生產經驗，願以跨國企業的信譽做保證，認為其優良的「安全紀錄」和足以通過環境評估，並勸居民不用擔心。但是，杜邦對於具體的環境污染防治措施卻付之闕如，只提出一頁未做任何說明的「二氧化鈦廠環境影響評估大綱」❶。

　　二氧化鈦是高污染的物質，尤其是在氯化過程中，有三種發生污染的可能性：一為氯氣管道外洩；二為氯化鐵廢水處理；三為氯化反應後的廢氣處理。

鹿港區漁民最擔心的廢水處理的問題。氯化鐵廢水處理方法可分為三大類：深海投棄、深井投入法、化學處理及回收氯化鐵。杜邦在鹿港設廠所擬採取的則是深海投棄法與深井投入法。其所選定的廢水拋棄地點，一處是離東北海岸約四十三公里、水深二百七十公尺處；另一處則是小琉球外海一百一十公里水深二千六百公尺處。這些地點雖符合廢水拋棄的基本條件，但在美國本土基於保護海洋防患污染，已禁止廢水投海的處理，改以陸上回收法。然而，杜邦在台灣廠的計畫中卻仍採取拋海法，這會對臨近海域造成污染。

鹿港居民反對杜邦設廠的理由有三。首先，彰濱工業區的失敗計畫讓當地居民對政府的能力與公信力失去信心；其次，歷年來各種的公害及環境污染事件讓民眾對化工廠的印象惡劣，特別是鄰近的彰化受到台化公司的為害記憶猶新，以剛發生的印度布普聯合碳化廠氣爆大災難，倍增居民對化工業的不安；第三，即使撇開可能危害生命安全的不確定因素，一旦在濱海工業區設立化工廠，杜邦生產二氧化鈦過程中產生的廢氣與廢水，必然對當地養殖漁業產生很大的衝突，凸顯了每年養殖漁業總收益達一百億元以上的經濟效益、杜邦總投資額的六十四億之間的矛盾，地方利益與中央利益的衝突，激發了國內有史以來第一個有組織性的環境保護運動——反杜邦運動。

由於杜邦的設廠計畫，使得當地居民警覺到環境對自己身家性命的重大影響。在幾個月的時間中，鹿港人從小孩到大人，從老人到婦孺，每個人對環境污染的知識由零開始，以致對化學傷害及二氧化鈦的毒性侃侃而談；而在行動上，則積極聯署陳情，從環保單位到立法院、行政院，甚至總統府，另外也舉辦「反公害之旅」，並要求以鹿港鎮全民投票的方式決定要不要杜邦，充分展現出住民意識的覺醒，對保衛家園的熱切期望。

經過一年多的意見衝突，鹿港群眾之一連串抗爭行動後，美國杜邦台灣分公司總經理，終於在 1987 年 3 月 12 日宣布自鹿港撤出，不考慮在彰濱工業區投資設立二氧化鈦廠，但仍將履行在台灣的二氧化鈦投資計畫。鹿港的設廠計畫失敗後，杜邦公司重新檢討整個作業流程，並決定引進先進的技術，不再採取海洋棄置方式處理，獲得國內專家信任，然後杜邦再不斷與桃園縣觀音鄉居民溝通，最後杜邦終於得以在桃園觀音設置了二氧化鈦廠❷。

杜邦鹿港事件引發一連串的問題是值得深思的。反杜邦運動不單是一個深具歷史意義的民間環保運動，同時亦是一個自發的社區自救運動。除此之外，鹿港事件還凸顯出企業在做決策時若沒有認真考慮社區的利益，對決策的社區衝擊掉以輕心，不了解企業與社區之間的緊密關係，就會引起社區的反彈，製

造緊張及矛盾，令企業無法經營。事實上，對很多發展國家都希望能吸引外資來設廠，幫助經濟發展，為提供居民就業機會。然而，問題經常出現在企業在做設廠或投資活動時，沒有關心社區居民的利益，對周邊社區及環境的義務意識不夠，導致居民的猜疑、不信任及抗爭。政府為急於吸引外資到彰濱工業區設廠，有過分討好外商而忽略本地社區利益之嫌。企業在進行其經濟活動時，應如何將社區的福祉一併考量，以達致雙贏，企業與社會應建立一個怎樣的倫理關係，是本章要探討的議題。

商業與社區的倫理關係

企業並非生存於社會真空中，而是社會的一部分，彼此有高度的互相依賴性，企業必須有周邊社區的支持，無論從土地的提供、適合人才的供應、治安、環境、交通等都必須依賴社區；而社區亦因為公司提供就業機會給住民，幫助提高住民的生活水平，協助社區經濟發展及累積財富（*Young, 2003: 172-177*）。

企業與社區存在合作的關係，然而要維繫及促進這些合作，必須靠規範、善意及信任。企業在不同的社區經營，應該遵守社區的合理規範。這裡特別標明「合理規範」是重要的，因為各個社會由於種種原因——習俗、偏見或文化，形成了約束成員行為的規範，但不是所有的規範都是禁得起時代的考驗，或具有倫理的正當性的。對這些不適合時代或缺乏倫理正當性的規範，企業是沒有義務遵守的。合理的規範不只是就社區而言是合理的，同時亦應有普遍的倫理正當性。這裡所言的社區，除了在地社區之外，還包括了全球社區。在今天全球化愈來愈深化的年代，本地社區與全球社區的互動及聯繫愈來愈密切，價值文化的彼此交流及互動是不可避免的，在此其間大小的摩擦及衝突亦時有所聞。目前最急切的課題，是要消除彼此的衝突與緊張，平衡普遍規範及特殊規範兩者的要求、促成良性的磨合，建立一套既有普遍性亦可適用於在地社區的倫理規範。

在今天全球資本主義經濟下，企業在經營時必須承認及尊重一些具有高度共識的價值，人權與民主是兩個引起最少爭議的普世價值。企業與社區的活動就應起碼遵守這兩個價值及其相關的倫理規範。尊重人權、民主、法治、私人財產、公共道德、問責性、公民社會等都是相關經營規範的基礎。

小檔案——Unocal 被指控在緬甸違反人權

美國跨國石油公司 Unocal 在一宗歷時八年的訴訟中，同意庭外和解，對受害者做賠償。代表十五名受害者的美國人權組織指控 Unocal 在九〇年代在緬甸 Yadana 區建蓋一條耗資十二億美元的輸送瓦斯管時，縱容當地擔任工程保全的軍隊強迫村民為工程清除森林，甚至使用強姦、謀殺及奴隸方式來達到目的。賠償的實際金額沒有向外透露，將會用來改善居民的居住環境、醫療及教育條件，及保護在瓦斯輸送管區內的住民的人權。這宗官司代表了人權組織成功運用美國的法庭來強制跨國大企業要保護其員工，免受獨裁政權的欺凌。其次，官司亦展示了企業有直接及間接保護人權的責任（*BBC News, 2005/03/22; Business Week, January 24, 2005, p. 57*）。

「經商原則」確認了公司應將自己視為全球企業公民（global corporate citizen），有責任為公司經營的所在社區的政治改革及人權做出貢獻。在這個前提下，企業有義務尊重人權及民主，在實際情況容許下，促進人權與民主。在尊重人權與民主的大前提下，企業應與政府保持一種合作的關係，不應利用企業的龐大財力，做出種種不當的行為，包括賄賂官員、官商勾結、操弄市場、不正當的影響等行為，不合理地扭曲民主的正常程序，進行不公平的競爭，或缺乏透明度的不道德交易，以私代公，破壞社會正義。

亞洲的威權傳統源遠流長，孕育出一種腐敗官商勾結的政經體系，商界利用與政治綿密的人脈關係，長期以來侵害公眾利益，並得到毫無民主制衡的權力所撐腰，獲取不當的優勢，大肆侵占公共財，製造社會不平等、不公義的事，激起民憤民怨。印尼社會在軍事獨裁者蘇哈托長期高壓統治下，形成了典型的裙帶式資本主義。蘇哈托將所有賺錢的產業的掌握權全數留給家人親戚朋友，令他們可以肆無忌憚地掏空國家資產，以家代國，以權謀私，腐敗的程度無以復加。蘇聯共產政府解體後的社會亦是一個無法無天的世界，擁有實際權力的軍警乘機混水摸魚，進行違法亂紀的勾當——貪瀆、賄賂、掏空國產、內線交易、威嚇、利誘、欺詐。在這種政府虛弱或嚴重失靈的狀況下，商人如果只存私利，亦可以趁勢大撈一筆。問題是，沒有一個有效的政府，商業經營是無法進行的。因此，企業應了解政府在維繫一個有秩序的經營環境有不可取代的功能，這樣企業才可以在一個可預測的環境下有規律地經營。因此，企業是有義務來支持政府維繫經營秩序的功能，包括有義務不違反這些有正當性的政府功

能及政策。

安全、和平、穩定及治安良好的社會並非理所當然的事，這些都要靠有效的政府來加以維護。只要看伊拉克的胡申暴政崩潰之後的動亂局面，就知治安良好穩定和平是需要很大的政治及軍警力來維持的。企業支持政府正當功能的具體行動包括支持法治精神、遵守法律、在能力範圍之內協助政府有關發展人文資本及社會資本的政策。後者包括對社區發展及建設、教育、健康、安全及德育資助等的知識及財力的支援。這些人文及社會資本都是商業經營的要素。發展教育、公共衛生及社會道德應是政府的主要責任，但若企業在此能助政府一臂之力，及與相關的組織結成合作夥伴，當可以加強這方面的投資，一個社區若含有豐富的人文及社會資本，公司可獲得優質的員工、高質素的商業夥伴、守規範的供應商、有商德的銀行等，公司會是這些正面因素獲利者。

企業對社區的倫理義務

二十一世紀的經營必須要回應永續發展的需求及原則，不能再用工業革命以來的那套舊思維、舊習慣來經營。企業不單要依永續性原則來重新調整公司經營的目標及核心價值，決策過程及管理流程，同時要在設計產品及生產過程中做適當的修改或重組，及引進或開發新的科技，以配合永續經營的原則，同時，要以永續發展原則指導員工、經營夥伴、供應商等利害關係人社群做長期的溝通，或做適當的培訓，務求能全面將這原則付諸實行。除了按永續原則身體力行外，同時亦要同業、政府及相關的民間組織合作，互相交流實踐心得，或將自己成功的經驗編寫成「最佳做法」（best practice）的案例，以供同業參考。

綜合以上的討論，企業對社區的倫理關係應以下面的倫理義務來維繫：

1. 企業有義務尊重人權及民主，在實際情況容許下，促進人權與民主。
2. 企業有義務確認政府對社會有正當性的義務，透過商界與社會其他界別的和諧關係，支持那些促進人文發展的公共政策與措施。
3. 企業有義務與那些致力於改善健康、教育、工作安全及生產力的力量合作。
4. 企業有義務促進及刺激可持續的發展；在保存及增強自然環境及保存地球資源方面，擔當領袖角色。

5. 企業有義務支持和平、安定、多元化及社會融合。

6. 企業有義務尊重本地文化的完整性。

7. 企業有義務做一個良好的企業公民，捐助慈善教育及文化活動，贊助員工參與社區及公民活動。

入鄉隨俗的反思

上文提及多國企業需要跨國經營，面對多種不同的規範，因而會產生不少倫理挑戰。多國企業「四海為家」，跟著商機全球跑，哪裡生產成本低就在哪邊設廠。除了對全球變化具有高度的敏銳性外，多國企業對在地的文化習俗亦有很強的適應力，入鄉隨俗成為它們對在地經營的一個重要策略。問題是，入鄉隨俗的「習俗」是否合理？構成了這個做法是否合理？

由於文化的差異，原居地的文化習俗可能與在地文化習俗有不協調甚至矛盾的地方，多國企業這個入鄉隨俗的策略可能不是一劑萬靈丹，入鄉隨俗作為一個適應策略經常會受到挑戰。尤其是當這些習俗是關於一些重要的道德原則，隨俗或不隨俗可能會產生重要的倫理兩難。例如，如果原居國（home country）文化是支持男女平等的，職場上實行同工同酬，但地主國（host country）卻歧視女性，在職場上沒有執行同工同酬，這時，多國企業經理要隨不平等的習俗？還是依照老家的一套來行事，甘冒與在地的習俗對抗的危險嗎？

有時，產生困難不在於所涉及的倫理原則，因為兩個文化可能都接受同一個原則，分歧發生在對原則的不同解讀或在原則的應用上。

一個行為在公共衛生素質高的發達國家是對的，同一個行為在公共衛生條件極差的貧窮國家就變成不對了。以發售嬰兒奶粉為例，在英美國家發售這類產品是完全合乎商業倫理的，因為公民一般都有公共衛生常識及習慣，婦女都懂得怎樣衛生地使用奶粉來餵食嬰兒，且清潔的飲用水供應充裕。反之，在貧窮落後國家包括非洲及南亞等地區大力推銷嬰兒奶粉可能是違反倫理的，理由是那裡的衛生條件極差，沒有清潔的飲用水，育嬰的婦女多是文盲及不懂安全地使用奶粉，這些不利使用奶粉的條件合起來就會造成對嬰兒的傷害。同一類行為在不同國家的執行為何會導致完全相反的後果？其中的一個原因是，兩類行為的對錯準則都建立在同一個倫理的原則上——不應加諸於無辜受害人可以防止的傷害（瑞士雀巢跨國食品公司的不道德嬰兒奶粉行銷手法正是一個好例

子，參看附錄中之案例8）。在這類情況下，多國企業應認定兩套不同的義務來回應兩個實際條件不同的環境。

寶維（*Bowie, 1988: 522-526*）提出一個多國企業入鄉隨俗的義務論述，包含了不同層次及種類的義務。首先，義務分為兩種，第一種是外來的多國企業與在地國共同分享同一套的義務——對所有利害關係人的利益都關注的義務。另一種本身包含了兩種：(1)原居國的義務與地主國的義務由於實際條件有異而產生彼此不同的義務；及(2)原居國與地主國兩套不同的義務，原因是兩國在道德原則上出現分歧。在(2)下又包含四種不同的情形：①原居國的道德原則能證成的但地主國的原則則是不合理的；②兩國的原則都合理；③兩國原則都不合理；④地主國原則合理但原居國原則不合理。

在第二種義務的第一類中，例如，若地主國不容忍貪污的，但原居國則不禁止貪污，多國企業應該有義務遵守地主國的規範。第四類中，原居國例如是支持員工有組織工會的權利，但地主國則禁止員工有組織工會，多國企業就有義務讓員工組織工會。但問題是，假若地主國在法律明文禁止工人組織工會的話，跨國企業若容許工人組織工會就會觸犯在地國的法律，問題會變得很複雜，這時，多國企業經理就有一個不容易解決的難題。剩下的兩類的道德性比較明顯的，若兩國都是有正當性的，多國企業當然有要義務去執行；而若兩國的規範都缺乏正當性，多國企業是沒有實施相關的義務的。

依上述的一個義務架構，多國企業在全球的經營所要面對的義務認定，應有一個有用的參考。

下面以扶貧、管控疾病兩方面來具體說明企業如何履行對社區的倫理義務。

企業與扶貧

根據聯合國發展計畫，全球有三十九個國家是「最低度發展國家」（the least developed countries），這個名詞其實是「全球最貧窮國家」的同義詞。這些國家的一半人口是赤貧戶（即每天以少於一美元來支付生活所需），兒童的夭折率很高，有一成機會活不過五歲生日。依世界銀行的估計，赤貧人口達十一億（1981年是十五億）。現時，每年超過八百萬人由於大貧窮而死亡，每天超過二萬人由於太窮而死亡（*Sachs, 2005*）。這些國家欠債纍纍，每天繳交的債款多過投資到教育及醫療的經費，主要外匯來源就是出口如咖啡及銅這些產品，但這些產品的價格近年下跌厲害。雖然年前富有國家已經將這些國家的欠債一筆

勾銷，但仍無法幫助它們脫貧，增加經援是不可避免了。若要在 2020 年時將估計的一億三千萬營養不良兒童的數目減半的話，就要每年投入二百五十億的經援，而令適齡兒童受免費小學教育就要有超過一百三十億的投資。沒有富有國家的經援，貧窮國家的生路根本就很渺茫。

究竟全球的窮人有多少？若依每年收入少於二千美元作為一個貧窮的定義的話，估計有二十到四十億人，是一驚人數字。另一方面，假若這群窮人在不久可以有一定的購買力的話，由他們所形成的市場是商機無窮的。有些有創意的企業家，就在這方面大動腦筋，做一些可以賺窮人錢的生意來。匪夷所思？依一直倡議貧人商機的美國密西根大學經濟學家 Prahalad 的估計，占全球人口四分之三的人口每天只賺得二美元，但若單以這群人作為商業的對象，就會為全球的每年營收帶來額外的一百三十兆。直到今天，接近四十億的消費人口一直被大企業忽略（*Time, May 2005, The Bonus Section, 32-33*）。事實上，已經出現不少專門以窮人為對象的生意，且做得相當成功。如果這些經驗是可以在全球不同的角落複製的話，那麼一種新的扶貧方法，及一種新的經營方式會同時出現，其特色是：既可賺錢，亦做善事。換言之，企業的利益與窮人利益是可以重疊的（*Fortune, Oct 28, 2002*）。

就世銀的數字得知，低收入國家占全球私人消費的 4%；就算將這個比率加大數倍，仍對企業盈利沒有顯著的助益。跨國汽水公司可口可樂就是一個很好的例子，可樂在非洲經營已經差不多有六十年的歷史，但得到的利潤只有 3%到 4%。自中國改革開放以來，西方商界都一致看好中國市場，商機無窮，但到目前為止，真正能賺錢的公司仍是少數。中國的情況已經比一些低度發展國家的情況好多了，其不斷壯大的中產階級，及整體社會正走向小康，確實是一個不容低估的市場。印度的窮人的數字亦相當驚人，是非洲及亞洲的窮國之外，最多窮人集中的地方。商機如何有待觀察。理想的估計，若自由貿易及民主在全球不斷地擴展，當赤貧人口不斷地縮小，人口不斷向城市遷移，這些就是可以促進全球商業活動的因素。一些相信做生意與做好事可以並存的大企業，相繼推出一些有創意的經營方式，幫助低發展國家脫貧。

企業扶貧經營案例

在今天的數位經濟年代，數位科技與扶貧可否有良性的聯繫？企業是否可以運用數位科技幫助貧窮國家的人民脫貧？我們不妨將數位科技縮窄在電話、網際網路等科技上，說明它們在脫貧上可以發揮的功能。現時全球雖然只有 6%

的人口經常使用網際網路，但不要低估這些科技對扶貧的巨大威力及潛力，因為網際網路的重要功能是資訊的提供，擁有即時及足夠的資訊就等於擁有強大的經濟力量，可以發揮很大的槓桿作用。例如，偏遠地區的農民要將收成的作物賣到市場之前，可以先透過網際網路獲知有關的農作物的最新市價，不必受中間商人操控，因而可以取得一個更好的價格，賺多一點就能改善自己的生活。透過網際網路獲取資訊的另一個明顯的好處，是這些偏遠地區的農民不必拋下手上的工作，走一天的路，攀山越嶺，到鄰近市場去問作物的價格，省下來的時間可以繼續工作，生產力因而提高。資訊科技在幫助窮人脫貧的潛力在此可見一斑。

在印度，惠普（Hewlett Packard）實驗室正研究如果令貧窮農村人口可以使用網際網路，研究如何使用語音、太陽能，及一些廉價的工具，令更多人能更容易地使用網際網路。這個名為 e 包容計畫（e-Inclusion）是一個牟利的商業計畫，並非慈善計畫，因為公司深信，只有一個能在經濟上自我支持的計畫，才可以令更多的人受惠。現時正是計畫展開的早期，很難見到實質的結果。現時在印度南部及南非分別都推出了這類計畫，預期有兩類的結果。第一，惠普希望開發一些人們需要及願意購買的服務。在印度可以在網上下載政府的各種申請表格，這項服務極受人民歡迎，這個實驗如果在其他的地區都可以重複的話，那麼生意就不成問題。其次，這樣的做法就會在廣大的消費群中建立惠普的品牌，同時協助公司如學習當地的文化及建立與客戶的關係，這些都是成功經營的先決條件（*Prahalad & Hammond, 2002*）。

孟加拉一位銀行家推出一個具創意的叫「農村電話的計畫」，利用租借手提行動電話來賺錢。首先，格爾米銀行（Grameen Bank）借 245 美元給一名農民來購買一支手提行動電話，該農民在兩年之內就還清了借款。原來農村計畫採取大額的一次過收費，該農民從租借電話給其他農民的收費所賺回來的錢，是這筆一次付款的一倍。除了能用賺回來的還債外，該名農民平均每天還有二元的進帳。這筆收入看似微不足道，但比孟加拉的四分之三有工作的人的收入還多！格爾米電話（Grameen Telephone）是格爾米電訊（Grameen Telecom）的一個分公司，其收入絕大部分來自城市，而農村電話的收費（每月超過一百元）是市區平均收費的一倍。這項計畫在 1997 年推出後，發展神速，現時已經有二萬個這類農村計畫，將可能是一生才第一次使用電話的四千萬孟加拉居民納入計畫之內。值得注意的是，這是一家牟利的公司，不是慈善機構！雖然公司不願公開營業額，但從人數眾多來推想，利潤相當不錯。

　　與購買力不強的窮人做生意，關鍵在創意。個別的窮人負擔不起的產品，一群人或一村人集合起來就有足夠的購買力了。依花旗銀行（Citigroup）一個具創意的方案，其印度的分公司利用社群策略（community strategy）來經營，推出了以一家公司、一間工廠作為開戶的單位，公司或工廠的每一個成員，從警衛工人，開戶只需美金二十元，令每個人都可以有銀行戶口，配合只用自動櫃員機及電話服務，減低經營成本，這種以多取勝的策略證明很成功。這個理念在 1998 年在 Bangalore 試辦，現時就有二十五萬的客戶，而只有一個分行來應付這些客戶。

　　專營婦女化妝品的 Avon 採取有效行銷，大量利用婦女直接推銷給鄰居，同時還將產品改裝成適合於本地人口味的產品，減少包裝及減少份量，以符合當地的購買力。聯合利華（Unilever）在印度的分公司 Hindustan Lever 發現印度人買不起一瓶大的洗髮精，且只在特別場合才會洗頭髮，於是洗髮精包裝成不同份量，一次用完的小包裝價錢只需數美仙。結果生意奇好，現時每年賣出了四十五億包。依《時代周刊》的報導（*Time, May 2005, The Bonus Section, 32-33*），聯合利華在越南的分公司，利用十萬名獨立的營業代表所構成的銷售網絡，深入全國偏遠地區，將 2004 年的營收增加了 23%，即超過三億美元。

　　秘魯很多人沒有電話，要在廣大的農村來推廣醫療知識難若登天，Voxia 這家專門做電話接駁服務生意的公司想出一個妙計，克服這個困難。公司與拉丁美洲的一家最大的電話公司 Telefonica 結盟，推出了一個合作計畫。依計畫，醫生可以用八百這個撥號連接到公司的伺服器上，配合一個個人密碼及一個帳號，就可以使用電話中的聲頻及資訊服務，進行語音郵件、報告疾病的情況或描述一個案例的狀況。這些資訊都存放在政府的一個資料庫中，可以透過網際網路而取得，政府有關方面就可以很快獲知全國的疾病情況，不用如以往一樣要等數週才知道發生了什麼事情。這個服務亦可應用到民營銀行去。最近美國政府的機構聘用了 Voxia 來代為從醫生、學校的護理人員及血庫蒐集資料。這項生意發展很快。

　　在全球化愈來愈深化的經營環境之中，企業二十一世紀的利害關係人社群（stakeholder communities）的成員，不再局限於鄰近的社區，同時包括了在遠方的社群，尤其是那些極需要援手的貧窮社群。簡言之，扶貧應是今天重視商業倫理的企業的社會責任注入了新的內涵。

　　據最近一份受世界銀行委託完成的報告（*Washington Post, April 23, 2004*），近年中國及印度（人口合共有二十三億）的經濟發展強勁，令兩國的貧窮人口大

幅下降，愈來愈逼近聯合國發展計畫中的目標：到 2015 年將在 1990 年生活費少於一美元的人口數目減半。東亞其實已經達到了這個目標，其餘的地區，除了撒哈拉次大陸之外，都可以達到或接近達到目標。然而，依千禧年發展計畫的其他目標而言，成績就差強人意。而依現時的趨勢，全球要在教育、醫療衛生、食水、環境保護等方面，恐怕無法依時達致完成目標。例如，計畫的第一個目標：希望在 2005 年消除男女學童在中小學的就學人數差距方面，就未達到。不單如此，據估計，就算到 2015 年要三分之一的發展國家完成這個目標的可能性很低。對應方法之一是富有國家要增加援助，配合加強外援的效率及有效性管理。另一個方法是積極鼓勵私營企業，用它們的創意推動對扶貧有助的商業。同時，要提供一個方便的平台，發展及加強政府與商業、商業與商業、商業與民間組織、政府與民間組織之間的夥伴合作，整合各方面的資源人才及經濟，解決全球貧窮問題。

企業與疾病

Anglo American 回應 HIV/AIDS

南非的企業經理人跟別的地方的同業很不同的一點，就是他們都很熟悉愛滋病的傳染，同時是對抗愛滋病傳染的領袖人物。為什麼會這樣？因為南非正是愛滋病發病及傳染最猖獗的國家，全球四千萬受到感染的人中，每八名就有一名來自南非。

一個名叫南非對付 HIV/AIDS 商業聯盟（South African Business Coalition on HIV and AIDS）在 2004 年 11 月公布了一份報告，報告調查了愛滋病對南非一千家公司的影響。就採礦公司而言，有六成公司表示這個傳染病削弱了公司的生產力及利潤，有一半的金融及製造業的公司有同樣的情況，而農產及運輸業受到的衝擊更大——有病的工人不是提早退休就是在聘用期間死亡，對公司是一大成本。在南非的年輕工人占了這裡的技術性工人的大多數，他們經常是最容易受到感染的一群。從經營成本的考量，保存一名工人性命的成本是低於工人死亡的成本，商人怎會不了解對抗愛滋的好處。

總部在南非的英美礦業（Anglo American）是一家跨國礦物公司，開採的礦物包括黃金、白金、鑽石、煤、鐵、基本金屬、林木，同時亦有做金融及科技產業，分公司遍布全球，包括非洲、歐洲、南美及北美洲等。英美礦業在南非

有員工十三萬五千人，在防治愛滋病方面的經驗受到業界津津樂道。

2002 年，執行長塔哈（Tony Trahar）宣示 HIV/AIDS 是公司在各國經營的社區所面臨的最大的公共衛生問題，公司不能對 HIV/AIDS 對撒哈拉次大陸的社會的嚴重破壞視而不見，他呼籲業界應與政府及民間組織齊手對抗這場 HIV/AIDS 戰役。估計英美礦業在南非的 23% 的員工是 HIV 陽性反應病患，未來這群員工有一成至一成半會進一步惡化到需要治療的地步。

在國際防治愛滋病的工作中，南非的情況是最嚴重的地區，單靠公司或個別產業的力量是無法應付這場驚世的傳染病，業界必須與相關的組織及社區聯合組成夥伴，才有希望防治 HIV/AIDS。英美礦業了解到這點，於是與當地的中央及地方政府、國際組織及相關的非政府組織及社區團體合作，制定了防止 HIV/AIDS 的計畫，不單為病患員工提供 HIV/AIDS 預防及治理，同時亦能保障公司長線的利潤及永續經營。

英美礦業防治 HIV/AIDS 的政策及策略是經歷了十五個年頭逐漸形成的。最初的做法是提高員工對疾病的警覺性，加強教育員工如何預防受到感染。起初，一般人對這個 HIV/AIDS 世紀絕症都有禁忌，就算染病也不敢求醫，怕被歧視或貼標籤，因此令 HIV/AIDS 傳染愈來愈厲害，患病人數愈來愈多。公司於是調整工作重點，將預防、治理及支援三管齊下。吸取了多年的治理經驗，公司的防治策略分成兩個部分：(1) HIV/AIDS 預防、醫治及支援；(2) 在職場防治愛滋病。

職場 HIV/AIDS 防治計畫，包括以下要件：

1. 與相關的組織組成聯盟，加強社區的積極參與及干預，大力推動 HIV/AIDS 的預防。
2. 利用同事之間的教訓，提高員工對 HIV/AIDS 的警覺，及派發保險套。
3. 推行大型的防治由性交感染 HIV/AIDS 的宣傳及治療運動。
4. 透過自願匿名及沒有與 HIV 分布調查連線的方式，在公司所有在南非洲的分公司的 HIV/AIDS 感染情形做報告。
5. 在公司職場及周邊社區推動大型自願性對 HIV/AIDS 感染的自願性諮商及測試（Voluntary Counseling and Testing, VCT）。
6. 將 VCT 連結到受到 HIV 感染的病患的醫理及支援上。
7. 執行一套正式的 HIV/AIDS 通報系統。
8. 對治理 HIV/AID 的策略的有效性進行研究。
9. 為感染 HIV 的員工提供治療，加強照顧病患。

10. 支持對 HIV/AIDS 抗體的研究，及參與 HIV/AIDS 抗體臨床測試。

公司在非洲南部的分公司有數千 HIV/AIDS 名員工從這些計畫中獲益，其中有十一個分公司可以提供治療的測試。預估受治療的員工會從 2004 年中期的三千人以每年三千人的速度增加。這個防治計畫的重要特色，是將 HIV/AIDS 預防由職場擴展到社區，特別針對年輕及高危險社群的預防宣導，在過程中積極跟社會有關的組織結盟，推行社區教育。

英美礦業的資深副總裁（senior vice-president）布爾冰（Brian Brink）近年來在對抗愛滋病忙得不可開交，因為他是專責防治愛滋的工作。布爾冰有時遇到礦場對這個政策表示保留的經理，他們不明白公司花這麼多資源來做這件事，對業務有什麼好處？尤其是對那些在非洲南部偏遠的礦坑工作的礦工做這些服務，究竟為了什麼？布爾冰的回答是這政策是道德的事，同時對公司亦有利。理由是，公司有三萬五千名受到愛滋感染的工人。

布爾冰關注愛滋病在 1986 年就開始，那年南非礦產業做了第一次對工人的調查。英美礦業的工人都是來自外地的民工，單身住在礦坑的宿舍，經年累月無法返家，宿舍附近很多娼妓，工人沒有愛滋病的意識及缺乏預防知識，因此很快就受到感染而生病，染病的工人返家探親時連同病毒一併帶回農村，於是愛滋病迅速的傳播開來

今天，每一名工人都有一個健康紀錄，定期做 HIV/AIDS 測試、諮商及用藥物治療。上文提到的 2002 年推出的防治計畫，進展順利，已有二千三百名工人接受治療，費用每人每月約二百四十五美元。這個計畫救了不少工人的性命，他們的家人亦可以接受測試及治療，HIV/AIDS 治理計畫包括礦場周邊的村鎮的居民。在推廣防治的過程中有一個重要的發現，計畫成功的關鍵在於礦場經理的領導能力，那些做不好防治愛滋病的經理通常是生產力較差的，而最好的經理能說服 86% 礦工每年做體檢，這些經理同時有最高的生產力、賺錢能力及與工會關係良好。

礦產業一向都有自己的醫院及保健計畫，因此對抗愛滋病上有一定的優勢。其他的產業可以因應資源來做一些優先的動作，例如，為工人提供保密的自我測試，及提供藥物。總之，對抗愛滋病一如對抗其他疾病一樣，及早預防就會節省不少的成本及麻煩。

現時印度的情況愈來愈嚴重，很快就超過南非成為最多 HIV/AIDS 病患的國家。中國及蘇聯是隨後的兩個 HIV/AIDS 傳染愈來愈嚴重的大國。英美礦業的經

驗肯定可以借鑑❸。

小檔案——八千九百萬非洲人會感染 HIV

聯合國一份報告指出，如果世界不做更多對抗 HIV/AIDS 的工作的話，大約有額外的八千九百萬非洲人（約非洲人口的一成）在未來的二十年內會感染到 HIV。現時，約有二千五百萬非洲人是 HIV 患者。若採取適當的措施，大約可以將一千六百萬人從死亡邊緣救回來，及令四千三百萬人免受 HIV 感染。這份名為「愛滋病在非洲」（AIDS in Africa）的報告是一百五十名專家二年工作的成果（*BBC News, 2005/03/04*）。

小檔案——大藥廠研發第三世界藥物

跨國大藥廠 Glaxo Smith Kline 的一個專門研製疫苗的部門 GSK Biologicals，最近投資了三億美元來測試一款對抗高度傳染的寄生蟲 rotavirus，這是自五十年前測試對抗牛痘疫苗以來最大一宗的投資。不同的一點是，今次的測試對象是六萬名生長在貧窮的拉丁國家的兒童，這款疫苗去年在墨西哥測試成功，取得許可證。這次的測試建立了一個新的疫苗研發模式，過往，測試先在先進國家進行，等到賺回投入的研發資本之後（通常是數十年），才到發展中國家測試。如果今次的測試成功，則成為首次將一款新疫苗在一個有很大的需求但賺錢潛力不佳的國家進行。長久以來，上市公司沒有商業的誘因投資研製第三世界的疫苗或藥物，理由很簡單，這裡的病人根本付不起藥費。這個南部先行的策略有其時代的背景，生物科技界現時採用基因的工具來做研究，整個領域進入了第二春；其次，包括比爾蓋茲夫妻基金會（Bill & Melinda Gates Foundation）資助第三世界的醫藥研究。自四年前成立以來，投入了超過十六億美元來加快第三世界疫苗的研製。GSK Biologicals 是全球疫苗的最大供應商，每年營收達二十億美元，其在產業內獨特之處在於它集中研製第三世界的疾病，如瘧疾在發展中國家每分鐘殺死三名兒童（*Business Week, April 26, 2004, pp. 62-63*）。

政府與企業的關係

在探討企業與不同的利害關係人社群，如員工、消費者、競爭者的關係時，我們已經說明了政府利用立法及執法來保護相關利害關係人的權利及利益，雖然政府並沒有直接執行倫理，但卻在維護商業倫理上扮演了重要的角色。在這一節中，我們介紹一些約束企業行為的法令，作為對政府與企業的關係做一簡單的補充說明。

政府首要的責任就是保障人民的生命健康財產、維護公共秩序，及一個清潔自然環境、衛生的社會環境、保護及發展公共財，及為人民帶來幸福或營造達致幸福的環境。就商業倫理而言，政府的責任是要維持一個有活力、公平的經營環境，及保護人民作為員工、消費者、雇主、公民等應有權利及利益。透過立法及有效的執法，及利用行政權及監督機制、保障商業的經營是合法，及運用財政及稅制等手段，建立企業負責任的誘因，防止進行違法及不道德的經營方式，加強企業實行社會責任。

美國 1950 及 1960 年代的法律對公民改變種族歧視及種族隔離有很大的作用，而近年美國聯邦裁判指引（Federal Sentencing Guidelines, 1991）對改變企業的倫理行為有一定的影響。企業若違法而被裁定有罪及罰款，究竟要付多少罰款呢？根據美國裁判委員會（United States Federal Sentencing Commission）的聯邦裁決指引，罰款的多寡是由一組因素所決定的。這組因素包括：企業初犯還是前科累累？是否曾向有關方面舉報罪行？是否願意承擔責任？是否與有關方面合作？是否有有效措施防止或監察不法行為？表 8-1 是一個企業違反消費者權益的裁判案例。

表 8-1　美國裁判委員會審議企業違反消費者利益罰款的細項

違反消費者利益罰款數目（以萬美元計）		
	最多	最少
有效防止犯罪措施、舉報、肯負責	$274	$68.5
只有防罪措施	1,096	5,480
無措施、無舉報、不合作、不肯負責	2,740	1,370
無措施、無舉報、不合作、不肯負責有高層人員參與	5,480	2,740

資料來源：Case No. 88-266 United States Sentencing Commission Supplementary Report on Sentencing Guidelines for Organizations.

　　聯邦裁決的一個案例：Acme 企業（Acme Corporation）被裁定郵政欺詐罪（mail fraud）。控方指出 Acme 一貫濫收那些損壞租賃汽車的消費者的維修費用，同時也收取一些消費者無須負責的維修費用。在未被法庭定罪之前，Acme 已歸還那些被多收取費用的顧客總數接近一千四百萬元的巨款。法官依據 1991 年的聯邦裁決指引作為基礎，下令 Acme 要繳交六百八十五萬元，約為其顧客損失總數的一半。根據上述的裁決指引，罰款數目的幅度是可以很大的，法庭可以將罰款定於顧客損失的 5%至 200%，而最後究竟要付多少罰款，得視乎上面所列的因素是否存在了（*Paine, 1994: 110*）。

　　這裁決指引對企業界有很大衝擊，不少企業體會到不當行為的昂貴代價，紛紛主動地推行倫理改革，避免公司陷入法網而被重罰，付出龐大的代價，除了犯法要被罰款之外，其他無形損失，包括消費者對企業失去信心及企業信譽受損，也是難以估計的。雖然如此，許多推出企業倫理改革，主要是為了避免犯法而已，而不是真正對倫理有承擔。

　　1950 年代到 1970 年代香港的貪污嚴重，但自從政府制定及有效執行反貪污法以來，貪污情況逐漸好轉，社會及商界都普遍支持反貪污。雖然如此，法律得要配合商業倫理，才能有效控制貪污。

　　以下舉美國維護公平競爭的法令及保護員工的法令來說明政府如何管制企業行為。

維護公平競爭法令

以維護公平競爭方面，最有名就是舒爾文反托拉斯法（Sherman Antitrust Act 1890），此法是一項聯邦政府對付市場壟斷的大法，在十九世紀末前在國會差不多沒有反對的情況下通過，主要原因是那時的商業發展到一種壟斷情況，小商人及社會對此有強烈的反映。法令規定一切妨礙自由交易的合約、協議或信託或涉及合謀都是違法的。違反這大法是屬於重罪，由司法部負責刑事檢控，違法的公司最高罰款可達一千萬美元，個人犯法最高是三十五萬或三年徒刑。這項法令不只適用於州際商業，同時適用於在國外的商業活動。這項法令實施以來，曾經將幾家大違法的大企業解體，這包括了 1911 年的標準石油公司，1911 年的美國菸草公司及在 1984 年的美國電話及電報公司。微軟在幾年前亦在一宗有關壟斷的官法中險遭分解。微軟被控利用其在市場的高度占有地位，侵占網路瀏覽市場，有壟斷之虞。幸好其上訴得勝，暫時逃過公司被一分為二的懲罰。其後，Clayton Act（1914）的制定是為了補充舒爾文法的不足，在公司的收購合併的情況下制定了一些限制，防止造成壟斷，妨礙交易自由。除此之外，亦限制其他妨礙公平競爭的經營手法，包括價值歧視、綁售、獨家協議，或收購競爭者股票導致競爭的削弱等。

另一條有名的法案是聯邦貿易委員會法案，目標亦是加強舒文法，更廣泛地防止壟斷或不公平的競爭。這法案促成了聯邦貿易委員會的成立，保護商業及消費者。在所有的聯邦法令中，此法對商業行為影響最大。在執法上，聯邦貿易委員會接到投訴後，經調查後證實投訴是有根據時，就發給被投訴的公司一個正式的投訴，但若公司仍繼續其不法行為，委員會發出一命令要求公司停止該行為。公司若不服可以向聯邦法庭提出上訴，推翻命令。但委員會可以在法庭要求民事罰款，每天違法的行為可以被罰一萬元（表 8-2 及表 8-3 條列出美國一些重要的管制商業行為的法令及執行機構）。

台灣亦有很多相關的法令及執行機構，保護消費者、勞工、環境及維持公平競爭的法令。

表 8-2　美國管制商業活動的主要聯邦法令

舒爾文反托拉斯法（Sherman Antitrust Act 1890）
—禁止公司用合約、聯合或合謀來限制自由貿易。

Clayton Act（1914）
—禁止如價格歧視（Price discrimination）、獨家經營協議（exclusive deale rarrangements）等妨礙自由競爭，或會導致壟斷的做法。

聯邦貿易委員會法（Federal Trade Commission Act 1936）
—建立聯邦貿易委員會；賦予委員會調查權力，以阻止不公平競爭。

Robinson-Patman Act（1936）
—禁止批發商與零售商之間那些減低競爭的價格歧視，禁止生產商對大買家過度優惠的對待。

Wheeler-LeaAct（1938）
—不管是否有損競爭，一律禁止不公平及欺騙性行爲或做法（Deceptive acts and practices）：由聯邦貿易委員會來管制食品及藥物的廣告。

Lanham Act（1946）
—保護及管制品名稱（Brand names）、品牌標記（brand marks）、商品名稱（trade name）和商標（trademarks）。

公平包裝及標示法（Fair Packaging and Labelling Act 1966）
—消費品的不公平或欺騙性包裝或標示（deceptive packaging or labeling）是違法的。

Magnuson-Moss Warranty（FTC）Act（1975）
—要求產品保單能提供最低限度的資料披露。

消費產品價格法（Consumer Goods Pricing Act 1975）
—禁止州與州之間的生產商與經銷商之間的價格協議（Price maintenance agreements）。

反托拉斯改善法（Antitrust Improvement Act 1976）
—規定大型企業在要進行合併或收購之前通知聯邦管制機構，由機構研究是否有牴觸法律。

商標仿冒法（Trade Mark Counterfeiting Act 1988）
—對經營仿冒品的人，或一些威脅健康與安全的仿冒品，會受到民事及刑事的懲罰。

營養標示及教育法（Nutrition Labeling and Education Act1990）
—禁止誇大的健康宣示，要求所有處理過的食品要附有營養資料的標示。

電話消費保護法（Telephone Consumer Protection Act 1991）
—管制不請自來的電話調查（Unwanted telephone solicitation）；禁止行銷人員用自動電話撥號或一些錄好音的訊息傳遞到某些電話線。

數位千禧版權法（Digital Millennium Copyright Act 1998）
—改良過的版權法，用來保護有版權的東西，包括音樂及電影的電子版本。

兒童線上隱私法（Children's Online Privacy Act 2000）
—管制向十三歲以下的兒童蒐集能辨認其個人的資訊（姓名、住址、電郵地址、興趣或用餅乾來蒐集資訊）。

表 **8-3** 美國聯邦管制商業行法的執法機構

食物藥物局（Foodand Drug Administration 1906）（年份是機關成立年份，下同）

—負責執法的範圍；防止錯誤標示的食物、藥物、醫療設備、化妝品、寵物食糧及有潛在危險性的消費品。

聯邦儲備局（Federal Reserve Board 1913）

—管制銀行及相關行業、保護消費者的信用權利、維持金融系統的穩定、執行貨幣政策及擔當國家的中央銀行角色。

聯邦貿易委會員（Federal Trade Commission 1914）

—負責執行有商業行為的法律及指引；防止虛假及欺騙性廣告及標示。

聯邦通訊委員會（Federal Communications Commission 1934）

—管制電報、收音機、電視在州與州之間及國際貿易的通訊。

證券及交易委員會（Securities and Exchange Commission 1934）

—管制證券，包括股票及債券的發行及交易。

國家勞工關係局（National Labor Relations Board 1935）

—執行國家勞工關係法；調查雇主及工會的不公平的勞力行為，予以更正。

平等就業機會委員會（Equal Employment Opportunity Commission 1970）

—運用行政及司法對公民權利法令的執行及透過教育及技術的援助，促進就業平等機會。

環境保護署（Environmental Protection Agency 1970）

—制定及執行環境保護標準，及對污染進行研究。

職業安全及健康局（Occupation Safety and Health Administration 1971）

—為職業安全及健康法執法；執行有關職場的健康、安全法例及規則；到工廠突擊檢查，保障職場安全。

消費產品安全委員會（Consumer Product Safety Commission 1972）

—執行相關法令保護消費者權益。

保護員工權利的法令

　　政府的不少僱傭法則，目的是為了保護勞資契約下處於弱勢一方（雇員）的利益。以美國為例，自二十世紀三〇年代開始，政府推出一系列的保護員工法則，為職場建立最起碼的規範，包括薪酬福利、工時、集體談判、組織工會權利、職場安全等法則。例如，確定工人有組織工會進行集體談判權及罷工權的法令是國家勞工關係法（National Labor Relation Act 1935）；公平勞動標準法

（Fair Labor Standard Act 1938）規定了雇員的最低工資及超時加班的加班費的標準及僱用童工的規則；1963 年生效的同工同酬法（Equal Pay Act）是為了保護婦女免受性別歧視，規定婦女員工從事的工作與男性員工基本上相同工作時應享有相同的工資（沃爾瑪 2004 年的集體告訴案例就被指控違反了同工同酬法，見附錄案例 3）。另一套範圍更廣的反歧視法是 1964 年實施的公民權利法第 7 款，這項法令禁止所有基於種族、國籍來源、膚色、宗教及性別的歧視。其他的相關法令包括了防止年齡歧視法（Age Discrimination in Employment Act 1967）、職業安全健康法（Occupation Safety and Health Act 1974）、雇員退休收入安全法（Employee Retirement Income Security Act 1974）、美國公民傷殘法（Americans with Disability Act 1990）、家庭醫療假期法（Family and Medical Leave Act 1993）等。

管制的成本及效益

政府對商業的管制涉及不少的成本，這些成本不只要由政府、企業來支付，消費者及社會亦要承擔。要精確地量度某一管制所涉及的成本是很困難的，成本大致可分為管制的直接成本，包括政府在執行管制時所涉及的行政成本（人員、設備等）；商業要遵守這些法令所涉及的成本。例如，某些法令需要公司更改其生產程序及購置新的儀器及設備，同時要花費培訓員工新的程序及使用儀器及設備。除此之外，公司亦要對這些新的做法做好紀錄，或定期向政府提交報告，以配合政府的管制程序；或再重新登記牌照時，需要做不少的文書工作。在美國，不同的產業都會出巨資委託一些遊說公司到國會進行遊說工作，要求政府減少管制，修改或推翻現有的法令。汽車產業每年就花上巨額的遊說費，要國會議員不要推出防止污染的法例或提高耗油效率的法令，以減輕生產成本。

這些由管制而產生的成本，生產商都會將之轉移到消費品上，由消費者來承擔這些成本。生產商經常指責政府這些管制是有害效率的，因為生產商花在要配合政府的管制而消耗的金錢及時間，是可以用來開發新產品或將之再投資在設備及儀器上的。

管制雖然有一定的成本，但為各方帶來好處亦是事實。首先，有一個公平競爭的商業環境，對廠商有利及加強消費者的選擇自由；其次，消費者可以享受安全、健康、價格合理的產品及服務；第三，員工亦可以在一個安全及較合

理的環境下工作；最後，環境亦會得到一定的保護，社會可以享受不受各種污染破壞的自然環境。

有些公司在守法之外，採取自我管制。有些行業為成員公司制定守則，自我管制目的是要維持行會的商譽。行會要求成員自我管制，若成員不遵守守則，會受到制裁，包括被逐出行會。美國的一個執行自我管制相當成功的是更好商業局 Better Business Bureau（BBB Online Website）。商業局之一百四十個本地的分會負責處理消費者與成員公司之間的糾紛。每個分會在當地大力推動良好商業行為，由於沒有法律為其後盾，無法執行。做法是，一旦發現有不當的商業行為就會利用當地報章或電台來發布這個消息。如果是行會成員，就會被逐出行會。這樣的自我管制比起政府的管制所用的成本低，且它們制定的守則及指引是比較實際。但自我管制亦有問題，非行會的成員沒有義務遵守守則，很多行會沒有足夠的資源及工具來執行守則；守則的規定一般都相當寬鬆，沒有多大的約束功能。

企業對政府的倫理義務就是遵守法律，及配合政府有關的政策。

註　釋

1.　參見《台大學生杜邦事件調查團綜合報告書》，台北：牛頓出版社，頁 172-173。

2.　參考楊渡，《民間的力量》，台北：遠流出版社，1987 年。《台大學生杜邦事件調查團綜合報告書》，牛頓出版社，1986 年。「鹿港反杜邦運」http://content.edu.tw/local/changhwa/dachu/taiwan/s/s2/s25.html。「杜邦成功經驗拜耳可借鏡」，《中國時報》，1997/12/21.參見 http://www.teputc.org.tw/env_news/1997/12/86122105.htm。此案例來自葉保強 2001 年，《台灣商業倫理個案集》，中壢：國立中央大學哲學研究所，頁 132-134。此案由石慧瑩整理，經筆者做文字上的修改。

3.　Corporate Citizenship in Action: Learning from Commonwealth Experience, 2003, London: Commonweal th Business Council, pp. 36-39.

　　The Economist, December 4, 2004, p. 60.

9 Chapter

企業對環境
的倫理義務

✤本章的目標✤

- 陳述人類對環境的衝擊
- 描述生態危機
- 討論企業環境超級規範——CERES 原則
- 探討企業環保典範轉移
- 論述企業對環境的倫理義務

前言

　　本章從企業所造成的環境災難切入，分析其原因、衝擊及教訓，論述企業對環境的倫理義務。每宗環境災難都有其特殊的原因，但企業輕忽環境責任，都是導致這災難的主因。本章陳述人類社會目前所面臨的環境危機，介紹企業環境倫理的超級規範，提出企業對環境的倫理義務，並介紹一些優良的實踐企業環境責任的案例。本章先敘述一宗震動全球發生在美國阿拉斯加州的油輪漏油災難，接著論述人類對環境的巨大衝擊及生態危機及企業對環境應有的責任。本書附錄蒐集了如印度布普市的聯合化碳氣爆的大災難、台灣桃園縣八德市的美商 RCA 污染地下水及 BP 墨西哥灣漏油大災難等事件，都是知名的企業破壞環境的案例，細讀深思可以加強讀者對企業環境風險及責任的認識。

Exxon Valdez 油輪漏油大災難

　　1989 年 3 月 24 日凌晨，美國跨國石油企業 Exxon 旗下之華爾迪斯號巨型油輪（Exxon Valdez），在美國阿拉斯加州威廉王子海灣（Prince William Sound）華爾迪斯港（Valdez）出海處的 Bligh Reef 上觸礁，導致船身油槽破裂，當時油輪載著五千三百萬加崙（二億公升）原油其中有超過二十四萬桶（一千一百萬加崙）湧入灣區水域中，超過一千三百里的海岸線受到嚴重污染。據美國國家海洋及大氣署（National Oceanic and Atmospheric Administration, NOAA）估計，現時仍有約二萬加崙（七萬六千公升）的原油埋在灣區的灘頭下。Exxon 支付了二十億美元（下同）清理油污及復育工程，被罰至少十億元的損害賠償，並在企業史上留下罵名。這次是美國當時史無前例的環境大災難，警惕世人石油產業對環境的潛在風險，能源開發及消費隱藏著的巨大環境成本，也喚醒人們關於企業及政府對環境應負的責任。

漏油大災難

　　1989 年 3 月 23 日傍晚，當華爾迪斯號油槽注滿了五千三百萬加崙的原油後，船長約翰海茲伍德（Joseph Hazelwood）準備將油輪駛出威廉王子海灣。當時，船長違反公司的禁酒令喝了酒，並將掌舵任務讓給第三副手❶。缺乏經驗的副手，竟將油輪駛向暗礁海域而不察。按慣例，海岸防衛隊會警告駛進危險海

域的船隻，但由於雷達太過老舊無法持續追蹤油輪的位置，就在這失聯片刻，油輪全速朝暗礁駛去，被暗礁劃破了十三個油槽中的八個油槽，原油大量溢出海水中。觸礁後二十分鐘，海茲伍德用無線電救援。這是海岸防衛隊第一次收到的救援訊息。原油從裂口湧入海中數小時後，跨阿拉斯加石油運送管線（Trans-Alaska Pipeline, TAP）❷管理局派出一艘拖船及多艘油輪，一方面搶救人員，一方面則將原油抽回到調來的油輪內。但由於溝通不佳與前置作業欠妥，第一艘整裝就緒的油輪，一直到事發過後十四個小時才到達災難現場。數天之後，其他救援船隻才陸續抵達，但並沒有帶備足夠的救援工具及物料，包括化油劑、攔油繩、撈油杓等，而救難人手極為不足。嚴重影響救災，令災情擴大。事實上，在漏油開始的前幾小時，海上氣候非常適合原油打撈作業。

救難團隊包括 Alyeska、Exxon、及 Exxon 的簽約廠商 VECO，但只撈回了3～13%的漏油，遠低於原先所宣稱的十萬桶。其餘的一千一百萬加崙的原油不是飄流及進入了海灣的生態系統，就是蒸發或是飄浮到其他海域。漏油對南阿拉斯加生態系統造成即時性的破壞，成千上萬被原油浸濕的海獺、海鳥、海豹、其他遷移至此覓食動物的屍體處處可見。在事件發生數週後，當地的捕漁業受到了嚴重的打擊，漁獲量極速銳減。據估計，海灣食物鏈最底層的浮游生物，有近 25%在這起漏油事件中被消滅。

災難的遠因

導致漏油事件的原因很多。1970 年 Exxon 與其他六家油公司組成了名為 Alyeska 的公司，舖設了八百里長的跨阿拉斯加石油運送管線。Alyeska 對美國及阿拉斯加政府作出承諾，會有效回應並防止大規模的環境災害，包括有效使用化學藥劑來分解石油、訓練員工的危機處理；及最重要的措施是，載運原油的油輪船身安裝雙層鋼板。油災揭露了承諾是假的：華爾迪斯號的船身並不是雙層鋼板結構。阿拉斯加州政府雖然每年從每桶原油獲取 25%的利潤，但將所得用在其他與石油無關之項目上。另外，阿拉斯加州政府也從未規定 Alyeska 要有應付最嚴重災難的應變計畫。聯邦政府由於削減預算，造成海岸防衛隊及其他與原油危機處理相關之部門經費短缺，無法購置及替換儀器及設備，員工缺乏應付危機的訓練。就以設施而言，防衛隊獲知華爾迪斯號改變航道那一刻，老舊之通訊系統竟然發生故障，跟油輪發生致命的短暫失聯，無法在油輪進入危險海域前向它發出預警。其次，防衛隊人員從三十七名被刪減至二十四名。國家石油外洩研究中心及聯邦政府的石油意外基金的經費，也被刪減至五百萬元

以下。最後，儘管聯邦政府明知雙層鋼板的船身可以避免超過六成原油的外洩，但鑒於全球船業的競爭劇烈，沒有將這規定變成法令。這些原因都間接導致此次災難。

漏油的衝擊

Exxon 與 VECO 聯合清理原油的工作，一直持續到同年的 9 月中旬。近一萬一千名志工加入救援，協助清理油污及拯救灣區內的野生動物，Exxon則資助志工生活費等開支，用了超過二十億元。油災除了證明 Exxon 在預防漏油的前置作業不當及漏油後的救援行動缺乏應變能力外，還暴露了其三大不足。首先，在清理油污海灘時的方法不當及用了有問題的材料，高壓熱水柱及含毒性的去油劑雖然沖去石塊上的原油，但同時把其他附著在石塊上的生物一併沖刷乾淨及消滅。負責清洗的工人未受過訓練，亦不太明瞭救援工作的目的。其次，儘管聯邦政府及其他環境保護組織認為有必要對海灣做進一步的修復，但 Exxon 對是否在 1990 年春回到該海灣作業卻支吾以對。最終在海岸防衛隊的指令下，Exxon 才同意進一步之修復計畫。第三，Exxon 跟外界作溝通的公關手法拙劣，令公司形象重創。其中最荒謬的是，Exxon 執行長在意外發生三週後才到現場探視，且只停留片刻後便折返首都華盛頓，向政府官員進行遊說，反對強制運油輪要有雙層鋼板船體之法令。

回應災難方面，Exxon公司制定了回應的措施，且對漁夫及那些直接受到漏油事件影響之人作出補償。1991 年中旬，Exxon 還為一百五十起與漏油事件相關的官司纏身，賠償及被金額達 5 百億。聯邦政府對 Exxon 公司提出五項控訴（兩項重罪，其他三項是輕罪），阿拉斯加州政府則分別對 Exxon 與 Alyeska 公司，以油輪的裝備不足及誇大其處理漏油危機的能力提出起訴。1991 年初，聯邦政府及阿拉斯加州政府原本與 Exxon 達成了十億元的庭外和解（其中 Exxon 必須承認四項罪名），但遭阿拉斯加眾議院否決。受到這起事件的影響，Exxon1988 至 1989 的收益從五十三億跌至三十五億元。Exxon 的商譽在《財富》最受愛戴的美國公司排名榜上從第六位重挫至第一百一十位！

漏油災難後，政府隨即立法及制定相關措施，應付未來類似的災難。依國會通過「石油污染法」（Oil Pollution Act），油公司開採的每桶原油必須徵收五角稅收，撥入清潔漏油災變基金，現有及新造之油輪必須是雙層船身，及船員必須嚴格遵守酒測規定。此外，要增加駁船、攔油繩、救援拖船之配套設施、及提升海岸防衛隊雷達追蹤能力。

美國石油運輸系統問題不斷。1991 年中旬，政府審計局（General Accounting Office, GAO）發現 TAP 在營運上出現嚴重的缺點，包括低效率的漏油偵測系統及無效之冷卻裝置（防止運輸管變形）。油災後隔年，整條管線共出現六千次的漏油意外。1990 年 1 月，Exxon 從紐約至紐澤西港口的石油運送管線破裂，超過五十萬桶的原油湧入海口及周邊溼地。

華爾迪斯號船長海茲伍德，因違反 Exxon 規則被革職並調回紐約總部。阿拉斯加州政府將他控以領導無能、無視危險、隨意排放原油、及執行勤務時酗酒多項罪名。但法院只以隨意排放原油此輕罪裁決，只罰他五萬元罰鍰及一千小時的社區服務。經此一役，Exxon 對環境保護責任是否就認真起來？事實證明公司只虛應故事，例如，只邀請一名環保人士擔任為負責公司內部環境及安全監督之副董事長。不只如此，在漏油事件隔年之股東大會上，Exxon 董事局拒絕承諾發展對環境低衝擊之能源。海灣生態系統需要數十年才能復元，但 Exxon 高層只到過災區視察過三次，最後一次在 1991 年春。

1991 年 4 月一篇綜合了五十八篇政府對海灣研究之科學報告披露，油災兩年後野生動物受到的威脅仍未消除，動物真實死亡數目是原初估計的五倍。二十多年後，據威廉王子灣科學中心的估計，災難導致以下野生動物的死亡：二十五萬隻海鳥、二千八百頭海獺、三百頭海豹、二百五十隻禿鷹及二十二隻殺人鯨。

Exxon 以三千萬元修復華爾迪斯號，但油輪被禁止進入阿拉斯加港口。1991 年 10 月，聯邦法庭災難官司開庭前夕，Exxon 與政府達成減刑的協議，條件是 Exxon 要支付十億三百萬元及承認四項輕罪，另外支付一千五百萬元的刑事罰鍰（1/3 罰鍰用以幫助海灣未來之重建工作）。Exxon 在 1989～1990 兩年獲利下滑後，接著的四年業績不斷改善，1994 年盈餘達五十一億美元。其後，聯邦法庭在 1994 年 9 月對 Exxon 作出懲罰性判決，要 Exxon 支付五十億美元罰款，但 Exxon 提出上訴，其後經歷一連串的司法攻防，法院最後裁定將罰款減至原初的十分之一，即五億元。其後公司被 Mobile 併購，成為今天的 Exxon Mobile。Exxon Valdez 油輪最近經由一家分公司設在香港的印度拆船公司購得，2012 年 7 月印度最高法院批准油輪可以在阿蘭（Alang）的拆船塢解體。

油災對生態的巨大破壞自然會嚴重當地的捕漁業，當地盛產的鯡魚在災難發生時正值產卵季節，因此受到重創。油災過後四年整個鯡魚魚群崩潰，嚴重影響漁民生計，很多商業的捕漁船都不入港了，導致嚴重失業及人口大量外移，當地商業經濟走入蕭條，油災帶給居民永遠無法磨滅的情緒傷痕及不安。很多

居民經常要跑法院爭取賠償，長期處在巨大心理壓力之下，油災同時造成社區分裂，人際關係惡化，彼此猜忌及不信任。以 Cordova 這漁村為例，油災將居民變成富有戶及貧窮戶，前者受僱於 Exxon 清理油污工作的就賺了一大筆，後者是失業戶，有不少家庭因此而破碎，家人互不理睬，離婚數字大增。二十年後，捕漁船陸續回來了，漁產的罐頭工廠的工人亦回來了，區內居民生活漸趨正常，但崩潰了的鯡魚仍一去不返，居民對油災的傷害仍心有餘悸。

油災的教訓

雖然油災帶來了一些新法令及措施，但仍無法防止漏油事件的發生。2007 年在三藩市灣（San Francisco Bay）就有五萬八千桶原油外漏；而 2010 年的 BP 在墨西哥灣的油災（見附錄案例 15），一再證明石油產業的潛在風險很大，隨時會製造環境大災難。然而，美國人對石油的需求殷切，石油開採不但不會停止，還會更為積極。美國人在災難發生二十多年後對石油每天的消耗量比 1989 年的增加了二百萬桶這個事實，就充份說明石油產業仍是有利可圖的產業，同時展示消費者及民眾要繼續承擔伴隨著石油而來的巨大風險及代價。

人們對能源需求有增無減，美國政府基於現實考慮，仍會容許石油產業在此開採。阿拉斯加州石油及天然氣的庫存極為豐富，現時這裡每天可生產五百萬桶石油，產量僅次於南部的德州。洲內位於北坡（North Slope）的普爾豪油田（Prudhoe Bay oilfield）是全美最大的，石油稅收及其他徵收的費用佔州府收入的 84%，石油的重要性可想而知。如果阿拉斯加州是一個獨立國家，它名符其實是如沙烏地阿拉伯一樣的產油國。然而，由於不斷的開採，普爾豪灣下面的石油快被採光，現時州內石油生產比起十年前下降了 38%，而跨阿拉斯加輸油管將會可能無油可輸。令州政府興奮的是，近年在灣內離岸處發現有估計二百七十億桶庫藏，分佈在北坡對開的哲格智海（Chukchi Sea）及布福海（Beaufort Sea）與及州西南面的霸零海（Berring Sea）。然而這些環境都非常脆弱，在這裡鑽採石油風險極高，一旦再次發生意外，後果非常嚴重。石油帶來財富與繁榮，但對環境的風險也很大，這個矛盾與爭議確實令當地政府及人民相當煎熬，同時亦考驗美國政府及人民如何平衡能源安全及環境保護。石油產業正是爭議的重要主角，如何執行有環境責任的生產是業界永恆的課題。（*BBC News, 2010a, 2010b; Dowling, 2009; Guterman, 2009; Starik, 1996; Walsh, 2009a, 2009b。本案由筆者於 2013 年 3 月修訂，部分內容由曾傳家協助整理。*）

小檔案——台灣環境備忘錄

1.污染美海域，長榮罰二千五百萬美金

長榮海運公司旗下在巴拿馬註冊的長榮國際公司4日向美國司法部認罪，承認在美國東西兩岸海域非法傾倒廢油，造成生態污染，遭美國司法部罰款二千五百萬美元，部分金額將提供社區生態保護用途。另外，長榮必須落實旗下船隻在美國泊靠港口的環保計畫，並接受司法部門連續三年的「後續觀察」。長榮國際公司船隻涉嫌污染的地區包括洛杉磯、西雅圖、波特蘭（奧立岡州）、紐瓦克（紐澤西州）和查爾斯頓（南卡羅來納州）五個司法管轄區，被五個區的檢察官控訴二十四項重罪，和一項輕罪，罪名包括非法傾倒廢油、妨礙美國防衛隊檢查及竄改紀錄等等。長榮旗下有關的四家公司必須受到有關環境保護的嚴格約束（《中國時報》，2005/04/06，A11版，林雅萱整理）。

2.廢電池年含汞量可毒死二十萬人

近年來各國際知名品牌電池，紛紛赴大陸及東南亞設廠，台灣去年共進口近一萬公噸乾電池，其中從大陸及東南亞地區進口七千四百多公噸，總含汞量約615至695公斤，以每三公克汞即可毒死一名成年人計算，台灣一年廢乾電池含汞量可毒死二十萬人。市售乾電池包括鹼錳電池與碳鋅電池，大多標示為「不含汞」，但元智大學環境科學研究中心檢驗發現，東南亞地區製造的乾電池含汞量約34至54ppm，高出國內標準六至十倍；大陸製造的乾電池，含汞量更高達127至130ppm，遠超過國內標準二十五倍。立委痛批環保署未落實抽驗乾電池，且雖規定可對含汞量超過5ppm的乾電池製造業者或進口商徵收四倍的廢乾電池回收處理費，但光有規定卻從未開罰；環保署以往只要求業者主動將乾電池送檢，未來將加強民間採樣抽驗工作（《聯合報》，2005/04/16，A6版，林雅萱整理）。

3.中油不理賠，淡水漁民封航道

去年中油竹圍外海輸油平台因更換老舊管線，引發大規模漏油事件，浮油不但污染竹圍漁港作業海域，更遠飄至淡水、富基等著名漁港，造成嚴重生態危機。中油僅賠償竹圍漁民，部分淡水漁民認為不公，上週「封堵」中油作業船出港，前天並在岸上搭布棚準備長期抗爭。三十多名淡水漁民前天在竹圍中油碼頭岸旁搭起帳篷，舢板船一字排開，堵在中油作業船的出入口。漁民們說：「大家都有長期抗爭的心理準備。」淡水區漁會總幹事江春貴說，中油遲不賠償，漁民決議再追加這段期間不能出海作業的損失，索賠金額由三千萬元提高

到七千萬元（《中國時報》，2005/04/19，C1 版，林雅萱整理）。

4. 2004 年吃掉三萬公斤，墾丁珊瑚礁魚銳減

墾丁國家公園管理處委託國立海洋生物博物館調查發現，由於墾丁海產店這幾年流行吃珊瑚礁魚，2003 年吃掉了二萬五千公斤珊瑚礁魚，去年更吃掉三萬公斤，造成墾丁海域魚源逐年枯竭。墾丁是國內唯一擁有陸域及海域的國家公園，有全台最豐富的珊瑚礁魚類，共有一百三十一科、一千一百七十六種，其中不少是珍貴稀有魚類，但這幾年面臨大量捕殺危機。墾管處在 2003 年、2004 年委託國立海洋生物博物館進行「人為活動對海域生態衝擊之長期監測研究」，發現墾丁魚源減少，除了生態遭到破壞，海產店流行吃珊瑚礁魚，是海底魚源枯竭的主因。造成珊瑚礁魚減少的另一禍首是電影「海底總動員」的主角——小丑魚，電影紅了，不法業者到墾丁海域猛抓小丑魚供應水族館。事實上，小丑魚在水族箱中是無法養活的（《聯合報》，2005/04/05，A9 版，林雅萱整理）。

5. 香山牡蠣銅污染惡化

農委會漁業署委託台灣大學海洋研究所副教授林曉武，連續三年監測香山海域的重金屬污染，發現今年牡蠣含銅濃度創下新紀錄，不但是國際平均值的四十倍，更是國內其他地區的數十至數百倍，顯示當地污染持續惡化。諷刺的是，監察院在 2001 年曾就香山牡蠣重金屬含量過高，糾正環保署、農委會、衛生署、新竹科學工業園區、新竹縣市政府等單位，事後各單位每季齊聚衛生署，商討解決之道；但林曉武三年來的調查顯示，香山海域污染未減緩，對當地居民健康危害風險提高。根據漁業署提供的數據，國際牡蠣含銅平均值約為每公斤三十二毫克，國內其他牡蠣養殖區測得的含銅量也只介於每公斤十毫克至一百毫克不等；比較之下，香山牡蠣含銅量偏高許多。從香山牡蠣含銅量增加、受銅污染的時間拉長、銅污染區域擴大等種種跡象，顯示新竹海域受竹科與香山工業區排放廢水污染的情況愈來愈嚴重，當地環保機關明顯怠忽職守（《聯合報》，2004/12/20，A7 版，林雅萱整理）。

人類對環境的巨大衝擊

相對於地球四十六億年的年齡，人類這個物種（homo sapiens）出現是很晚的事。若將地球的歷史濃縮成一年時間的話，到三個月原始生命才開始出現，多細胞生物體要到十一個月才冒現；恐龍則要等到 12 月 13 日才現身；哺乳類

動物要在 12 月 15 日才出現；人類到 12 月 31 日零時前的十一分鐘才出場；在這一年完結之前的一分鐘，人類文化才出現。然而，在不到短短的二百年內，人類已經對地球造成很大的改變及傷害，某些傷害已經到了危機的地步。污染、資源枯竭、物種滅絕、地球暖化等環境危機是目前人類社會嚴峻的挑戰（*Pojman, 2000: 331-341*）。

以人類作為現代智人這個物種（homo sapiens）的歷史計算，前面的九成時間人類都扮演著採摘者、狩獵者（hunter-gatherer）；到舊石器時代（Paleolithic Period），人類的祖先是以小團體方式過著遊牧生活，靠漁獵為生，使用簡單的工具，壽命很短，對環境的衝擊可謂微乎其微。

約一萬年前（Mesolithic Period），人類開始發展農業，隨著農業知識增加及技術的改良，食物有穩定的供應及增長，人口隨著增加，工藝器物亦逐漸出現，物質生活變得豐富。城鎮、城市開始形成，遠程貿易令商業活動愈加頻繁，人口不斷地增加，對物質需求不斷，推動商業工業活動，製造了更多的商品服務，刺激人們物欲的追求，形成了一個互相加強、互相促進的循環。農業、商業及工業活動的不少原材料來自自然，過程中的污染及廢棄物亦回到自然，隨著人類工商業活動的愈加頻繁，自然受到人類活動的壓力愈來愈大。

自十八世紀中葉工業革命以來，用機器代替人力的生產革命將經濟發展推到更高一層，大量的開採煤及其他的石化能，及廣泛地使用它們來推動不斷發明出來的生產機器，不只解放了人類的生產力，同時亦為人類帶來前所未有的物質文明、財富及自由。隨著科技的大量使用，規模經濟的發展，自然環境受到的壓力及傷害亦日益嚴重。人類的工業資本社會的成功，同時帶來了環境危機及沉重的生態成本。生產各式各樣產品而製造了各種不同的有毒廢棄物，污染了河川、土地、空氣及海洋，毀滅了不少的生物物種，迫使愈來愈多的物種瀕臨絕滅的險境，人類亦是受害者之一，由各種污染而導致的死亡及疾病愈來愈普遍。資本主義鼓勵消費，永無休止地追逐物質享樂，對資源造成嚴重的耗損，加強了環境的破壞。企業是資本主義的主要推手，要為導致今天生態危機負上重要的責任。

生態危機的素描

在未討論企業的環境責任之前，不妨對目前生態危機做扼要的描述。全球人口在 1930 年是二十億，七十多年後的今天人口增至超過六十一億。人口不斷

地增加是事實，令人擔心的是由人口增加而帶來的擠迫及資源的耗損會導致各種危機❸。今天全球人口的增長不是以每年七千萬增長而是九千萬（1995年的數字），增長率是1.7%，換成實質的數字即每四十一年人口增加一倍，而若依這個走勢發展下去的話，到2040年人口將會有一百二十億，到2081年則會倍增至二百四十億。由於將來可能會出現如大規模的疾病、戰爭或其他的災難，人口會大幅地下降，就算沒有減低人口數目的政策，這個情況可能不會出現。以上只是一個估計的狀況，人類的壽命在全球各地除了非洲之外會增加，非洲雖然出生率不斷地增加，但愛滋病及其他的傳染病奪去不少的生命，由於這樣的此消彼長，估計到世紀中期，全球出生率會較低，減緩了人口增長率，依這個趨勢到2050年人口估計會有九十三億（*Time, September 2, 2002*）。

人口的幾何級數的增長，意味著大量資源的耗費，而資源的消耗就會帶來污染及資源枯竭。我們要了解這三者之間的關聯。若人口增加及沒有減低其資源的消耗或帶來的污染，資源消耗及污染將會以幾何級數地增加。具體言之，人口增加導致資源消費的增加、污染的增加、生態系統的破壞、動植物物種的滅絕、臭氧層的耗損等這一連串互相牽扯在一起。

地球為人類生存提供了很多珍貴的自然資源，但人類卻以一種危險的速度來消耗這些資源，破壞了地球的土地、水源、臭氧層、河川、森林、大氣、地下儲存的礦物及非再生資源等。土地的承載力（carrying capacity）是指其能承擔資源被取用而不會變差的能力。人類可以用人工方法來加強土地的承載力，例如，用肥料、灌溉及除草除蟲等方法。然而，自然界的承載力是有限度的，當提取的速度大於復育的速度時，承載力就會超負，導致傷害。例如，地下水抽取的速度高於水能儲蓄的速度、草原的草被吃掉的速度大於新草生長的速度、森林樹木的砍伐速度高過樹苗長成樹的速度時；當這些情況持續地出現就會導致該自然系統的壓力，嚴重的會令其崩潰，靠這個系統生存的生物便會受害。當人口增加到超出自然的承載力時，水源受到污染或不足、糧食不夠、土地遭到破壞、污染嚴重，甚至戰亂等會出現，人類生活品質則會降低，甚至會面臨死亡及疾病。

小案例

1910年有二十六頭馴鹿（reindeer）被第一次放生在阿拉斯加西南的一個（Aleutian Island）小島上，那時小島的植被為馴鹿提供足夠的糧食，加上島上

沒有獵食者，到 1935 年馴鹿的數目暴增至二千頭，遠遠超出小島的承載力，由於糧食不夠，很多馴鹿餓死，到 1950 年只剩下八頭馴鹿（*Pojman, 2000: 10*）。

由於人口的增長及工業化與過度消費，人類活動對自然環境產生的衝擊愈來愈嚴重。生態學將人類對環境衝擊（environmental impact）定義為人對資源的耗資造成的污染。用數量方程來表述是；

環境衝擊＝人口數目×人單位的資源消耗×每單位資源消耗造成的污染

從上面的方程式可以看到，高（不良）環境衝擊可以在三個情況下發生：(1)人口過多；(2)過度消費；(3)人口過多及過度消費。

現時九成的嬰兒出生都發生在第三世界國家，因此這些國家的人口比起工業國家為多。但這並不表示這些國家對環境的衝擊大過工業國家。理由在於這些國家的消費遠遠低於工業國。事實上，工業國家由於其消費高，對環境的衝擊是超出貧窮國家的❹。

農業生產的產出量雖然逐年增加，但都是用了大量的化學肥、殺草及殺蟲藥，及使用了機動的大型機器及灌溉工具的效果，這些做法不單會造成嚴重的污染，同時會浪費大量的用水，因此不是一個永續的經營方式。現時不良的結果已經逐漸出現，其中是肥沃的表層泥土（topsoil）的快速流失，每年有三百二十萬畝的農地因此變成無法耕種的廢地，估計美國現時已經失去了三分之二其表層肥沃植土，農業生產力高的愛奧華州（Iowa）的沃土已經有一半流失。加州的農業亦非常豐盛，但耕地的流失是耕土育成的八十倍，流失的面積相等於一條寬度有半里由紐約連接到洛杉磯的公路（*Pojman, 2000: 1-15*）！現時全球的用水出現嚴重短缺，很多地方，尤其是貧窮國家居多，經常出現水荒，及沒有衛生的食水，導致廣泛的疾病蔓沿及死亡無數。

根據《時代周刊》（*Time, September 2, 2002*）的報導，雖然氯化碳排放的逐漸減少有助於臭氧層的繼續破壞，但全球的石化能的消耗仍繼續地進行，全球暖化將會持續。1880 年地球的平均氣溫是 13.77 攝氏度，到 2000 年已經升到 14.43 度，若沒有有效的減低溫室氣體的排放措施的話，估計到 2100 年地球的氣溫會升至十六至十九度。

小檔案

就全球的能源供應結構來看，石化能占了絕大部分。比較 1973 年與 1999 年的能源結構，1973 年石油占了全部能源的 35%，到 1999 年則增加到 45%；煤在 1973 年是 24.9%，1999 年是 23.5%；天然氣 1973 年是 16.2，1999 年升到 20.7%，相比之下，包括廢物而產生的再生能在二十六年內仍維持在 11%，而地熱、太陽能及風能在 1973 年是 0.5%下降到 1999 年的 0.1%；水發電則從 2.3 跌到 1.8%。

其他的生態危機警訊，包括：

1. 過度開闢耕地或森林濫伐，在三十年之內就消毀了亞馬遜森林的 15%。
2. 南極暖化——自 1945 年以來，南極半島的氣溫上升了攝氏 2.5 度。每年的冰溶時間在過去二十年就增加了二到三週。
3. 北極的海洋冰層逐漸變薄，1958 年到 1976 年的平均厚度是 3.1 米，到 1993 至 1997 年平均厚度縮至 1.8 米。冰溶是全球暖化的結果，將會導致海平線升高及嚴重的颱風及旱災。
4. 土地的惡化——依 1996 年的數字，森林的濫伐導致五百七十萬平方公里土地惡化，其他的原因包括了管理失誤的農業（導致五百四十萬平方公里土地變壞，下同）、牲畜過度使用（六百七十萬平方公里）、薪柴（一百四十萬平方公里）。
5. 生物多樣性減少——森林的消毀是自恐龍絕種後的一個導致大量生物絕種的原因。從 1990 至 2000 年間，全球有 2.43%的森林消失，其中南美則減少了 4.19%，非洲則消失 8.01%，亞洲、歐洲及北美洲的森林都有消失中。結果是導致動植物的棲息地破壞，令不少物種：34%的魚類、25%兩棲類動物、25%的哺乳類動物、11%的鳥類等的生存受到威脅。

2005 年 4 月千禧年生態系統評估（The Millennium Ecosystem Assessment）報告（*Living Beyond Our Means-Natural Assets and Human Well-Being*）進一步確認了上述的生態危機情況——現時人類社會使用自然資源的方式，已經對自然造成不可挽回的改變，對人類生存及健康構成威脅。在評估的二十四個生態系統就有十五個遭受破壞；在二十年間有二成的珊瑚已經消失；二成的硝酸鹽污染製造

了沿岸的死亡區域，物種的滅絕速率是正常速率的一百到一千倍；生物多樣性正在減少中，其中 10 至 30%的哺乳類、鳥類及兩棲類正受到滅絕的威脅❺。

現時的生產方式必會帶來污染及其他對環境的傷害，經濟發展似乎跟環境的破壞形影不離，生產者及消費者一直只支付了生產及消費的部分成本，並沒有適當的誘因機制導致生產者及消費者不這樣做。有良知的生產者可能會投入更多的成本來防止污染及破壞環境，但卻令生產成本增加，它們與不履行企業環境義務的廠商做競爭是吃虧的。

解決這個問題必須利用大家同意的規範及法令，軟硬兼施地要大家遵守，製造一個令破壞環境是害大於利的環境，消除搭便車占便宜的機會主義的行為的機會，建立適當的誘因機制，令生產者及消費者都要支付相關的成本。要達到這個目標，政府的適當介入是必要的，透過立法及強力的執行法則及有關的規則，令污染者（生產者及消費者）支付所有的費用，或利用合適的稅制來改變行為，鼓勵良好的環境行為，保證所有的成本都由相關的人士承擔，不會轉嫁於他人；或令產品或服務的市場價格真正能反映全部的成本；或增強企業永續經營的誘因，獎勵環境績效優秀的企業，用法例或行政措施來推動商業倫理。世界環境及發展委員會（The World Commission on Environment and Development）的報告書《我們共同的未來》（*Our Common Future, 1987: 219-232*）提出永續工業發展的策略，包括建立環境目標、標準、誘因及規則、擴大環境評估、加強處理工業風險的能力，及加強對發展中國家的國際援助等。下節討論可作為企業環境責任基礎的基本原則。

CERES Principles——阿拉斯加州油災之產物

1989 年出現的 CERES 原則，原名稱 Valdez 原則，是前文的漏油大災難所催生出來的環保原則。負責制定這套原則的組織——負環境責任經濟聯盟（The Coalition for Environmentally Responsible Economies, CERES）是一個全球性的環保商業聯盟，成員包括了數百的機構投資者、十五個人數最多的環保團體，及六十家支持這個原則的大公司。CERES 原則現時被視為有標竿作用的企業環境責任基本原則，並具備超級規範的地位，其後衍生了國際商會（International Chamber of Commerce）在 1991 年制定的環保規範——永續發展的商業契約（Business Charter for Sustainable Development）（見下文）。

以下是 CERES 原則的內容：

我們接受這些原則，表示我們公開確認了企業對環境有責任的信念，並承認必須以負責任的環境領航人般來進行各方面的經營，保護地球。我們相信企業不應削弱後代子孫持續生存的能力。

我們必須配合相關的健康及環境科學方面的新科技的發展及新知識，不斷更新我們的做事方式。與 CERES 合作，我們會促進一個富有動力的過程，保障這些原則的解讀是消化了改變的科技及環境現狀。我們意圖做一些一致及可以量度的進展在推行這些原則，及應用它們到我們在全球活動的各個方面。

1.保護生態圈

我們會減少及連續不斷地消除任何傷害空氣、水源、地球或其居住者的物質的排放；保衛由我們的行為所影響的所有棲息地、保護空曠地及荒野，同時保育生物多樣性。

2.自然物資的永續使用

我們會永續使用再生的自然資源，例如，水土及森林。我們會透過有效率地使用及審慎的規劃，保育非再生自然資源。

3.減少及棄置廢物

我們會透過來源的減少（source reduction）及循環再造、減少及儘量消除廢物。所有廢物會用安全及負責任的方式來處理及棄置。

4.節省能源

我們會節省能源，改善我們內部運作並出售產品及服務的能源效率。我們會用對環境安全，保持其永續性的能源。

5.減低風險

我們利用安全科技、設施操作程度，減低對我們員工及我們所處社區的環境、衛生及安全風險，及為緊急事故做好準備。

6.安全產品及服務

我們會減少，及如可能的話，消除損害環境及健康或安全的產品及服務的使用、製造或行銷。我們會告知顧客有關我們產品及服務對環境的影響，並改變不安全的使用。

7.環境的復育

我們會快速及負責任地改變那些我們產生的可能危害健康、安全及環境的因素。在可能的範圍內，我們會就所製造對個人的傷害或對環境所造成的損害做出賠償，並改變不安全的使用。

8.告知公眾

我們會儘快告知可能受到公司在健康、安全及環境方面所影響的每一人。我們會與鄰近公司的個人及社區做定期的諮詢及商議。我們不對向管理層或政府有關部門報告危險事件或情況的員工採取任何報復行動。

9.管理層的承擔

我們會執行這些原則，並確保董事會及總執行長都完全知道相關的環境問題及完全對環境政策負責。在甄選董事時，董事的環境承諾及表現會是一個考慮因素。

10.審計及報告

我們每年會做執行這些原則進展的自我評估。我們會制定一套普遍能接受的環境審計程序。我們會每年完成報告，供公眾取閱。

這十項原則構成了一套相當完備的環境倫理基本規範，它包含了投資者及其他人可以用來評估公司環保表現的判準。原則並不聲稱包含了所有可以想像到的情況，而是敦促支持這些原則的人對一個優質的環境、對人類的健康及安全要有強烈的承擔及作為（*Wilson, 2000: 203-205;Carroll, 1996: 411-412*）。

全球環保的典範轉移

1997 年的京都全球暖化會議，鞏固了環保的信念，確認了環保工作必須全球的合作；而京都協議書的簽署，標示著二十世紀九〇年代後期國際環保合作的另一個里程碑。那時逐漸形成一個共識：節省能源及加強能源效率是一個環保須走的路。領導這個共識的是皇家荷蘭殼牌石油公司（Royal Dutch Shell）。全球化是環保運動向前推進的另一個重要的催化劑，生產的全球化會令全球環保工作更形迫切。

現時，全球都認識到經濟系統應被視為建基在自然環境內的子系統，經濟生產無法脫離生態系統。單以生產所用的原材料來說，自然材料成為經濟活動的最終極限制。根據有關估計，如果所有發展中國家都要達到如先進國家的生活水平的話，要支持這個水平消費的生產就要消耗相應的原材料，這將會很快就耗盡地球上很多的原材料的儲備。

少數有全球環保意識的企業家，回應了在里約熱內盧會議的全球環保的呼籲，大家聯合起來，透過世界永續發展的商業議會（World Business Council for Sustainable Development），提出了永續發展的商業（business for sustainable development）的核心觀念，響應及推動全球商業環保。這個議會由瑞士工業家 Stephen Schmidheiny 領導，成員包括了五十名大企業的總執行長，制定一個稱為「改弦易轍」（Changing Course）的企業行動綱領的報告，所討論的議題包括將市場定價的方式應用到環境上去、節省能源、科技合作、可持續的林木業及農業，及在發展中國家商業所扮演的角色。

早期的環保重點放在解決污染，頭痛醫頭，腳痛醫腳，缺乏全盤的規劃。經過近四十年的環保經驗，人類學乖了，現時的環保放棄了支離破碎、互不協調的短線政策，著重全面的系統及前瞻性規劃[6]。

近年西方一些有推行企業公民（corporate citizen）的國家，將環境表現（environmental performance）視為量度一間公司企業公民的表現之重要準則。現時一些廣為業界接受的量度制度及準則，包括歐洲生態管理及審計規劃（European Eco-Management and Audit Scheme），及 ISO4000，都是一些權威性的準則。

企業已經開始將外界效應內化在企業的營運之內，在生產過程中將資源的耗損減至最少、多用循環再造的物料、多用環保的設備，減少廢物的產生，及自行回收廢物，以減少經營的環境衝擊。這些做法的哲學都來自永續經營這個

理念。這種永續經營的方式包括了以下步驟（*McIntosh et al., 1998, 102*）：

1. 推出對環境友善的企業政策、程序及產品。
2. 採納污染者付費原則（polluters-pay principle）及預警原則（precautionary principle）（意思是吸納環境成本在生產成本之內，不將環境成本加諸於社會）。
3. 使用封閉系統，將生產所產生的廢物在生產過程中再利用。
4. 令產品的壽命愈長愈好。
5. 實行六R：回收（return）、再用（re-use）、循環再造（recycle）、減少耗費（reduce）、再思生產方式（re-think）、生產機制再設計（re-design）。
6. 避免使用有毒化學物。
7. 負責產品的一生，及為公司的決策永遠負責。
8. 將經營視為一種為顧客提供一生服務（lifetime service），而不是為一件產品服務〔如：現時 BMW 不單是出售一部汽車，而是一個「流動性」（mobility）；美國的地毯商 Interface，是集中在地毯的整個生命的保養，而不僅是一張地毯〕。
9. 採取被承認的問責性，報告環境影響的標準。

永續經營商業契約

1991 年國際商會（International Chamber of Commerce）從 CERES 原則取得靈感，制定了永續發展的商業契約（Business Charter for Sustainable Development）。契約列出了企業推行永續發展的基本原則，並認定經濟發展提供了可以實現環保的條件、經濟發展與環境保護沒有衝突。契約的基本原則如下：

1. 環境管理是企業的一個優先項目。
2. 環境必須與公司各方面整合起來。
3. 兼顧科學發展、消費者需要、社會期望、追求不斷的改進。
4. 新制定的計畫要做環境評估。
5. 發展不會對環境造成損害的產品及服務。
6. 為消費者提供安全使用、處理及棄置產品的資訊。

7. 發展有效率的設備或活動，將衝擊及廢物減至最少。

8. 研究物料、產品及過程對環境的衝擊。

9. 制定預警機制、防止不可挽回的環境破壞。

10. 鼓勵承包商及供應商遵守公司的標準。

11. 制定處理意外的緊急應變計畫。

12. 將對環境有益的科技在產業界之內及公營機構之內做科技轉移。

13. 為公共建設出一分力。

14. 在有關環境問題的一些重要界面及關係上加強對話，保持心靈開放。

15. 執行環境審計，並告知重要的利害關係人。

企業對環境的倫理義務

以上文的 CERES 原則及永續發展商業契約所包含的環境超級規範作為基礎，企業對環境的基本倫理義務如下：

企業有義務減少及連續不斷地消除任何傷害空氣、水源、地球或其居住者的物質的排放，有義務保衛由企業行為所影響的所有棲息地、空曠地及荒野，同時有義務保育生物多樣性。

企業有義務永續使用再生的自然資源，例如，水土及森林。企業有義務透過有效率的使用及審慎的規劃，保育非再生自然資源。

企業有義務透過來源的減少（source reduction）及循環再造、減少及儘量消除廢物。有義務將所有廢物用安全及負責任的方式來處理及棄置。

企業有義務節省能源、改善內部運作及出售的產品及服務的能源效率，並有義務用對環境安全及保持永續性的能源。

企業有義務利用安全科技、設施操作程度，減低對員工及社區的環境、衛生及安全風險，及為緊急事故做好準備。

企業有義務減少，及如有可能的話，消除損害環境、健康、安全產品、服務的使用、製造或行銷。企業有義務告知顧客有關企業產品及服務對環境的影響，並改變不安全的使用。

企業有義務快速及負責任地改變企業導致危害健康、安全及環境的因素。就可能的範圍之內，企業有義務就企業對個人的傷害，或對環境所造

成的損害做出賠償，並有義務改變不安全的使用。

　　企業有義務儘快告知可能受到公司在健康、安全及環境方面所影響的每一人。企業有義務與鄰近公司的個人及社區做定期的諮詢及商議。企業有義務不向管理層或有關方面報告危險事件或情況的員工採取任何報復行動。

　　企業有義務執行這些原則，並確保董事會及總執行長都完全知道相關的環境問題，完全對環境政策負責。在甄選董事時，董事對環境承諾及表現是一個考慮因素。

　　企業有義務每年會做執行這些原則進展的自我評估。企業有義務制定一套普遍能接受的環境審計程序。企業有義務每年完成報告，供公眾取閱。

永續經營商業契約中的原則，可以協助制定配合以上基本義務的其他的輔助義務。

企業環境義務實踐典範──艾康永續經營

　　艾康（Alcan）是一家推行永續經營的製鋁及鋁包裝的加拿大跨國公司。艾康永續經營的哲學包括了以下幾項重點：在公司的經營上加強社會及環境的效益，減少長程及短線的環境衝擊，改良績效使成為更有競爭力、營利能力更強的公司；與各利害關係人──股東員工等緊密合作，回應他們的需求及公司的需求，強化與各利害關係人的關係，加強與合作夥伴的關係；在公司的日常經營中維持高標準。

　　艾康要執行永續經營哲學包括以下要件：在公司各個設施或廠房中執行環境管理系統；採用如 TARGET 等計畫來減低溫室氣體的排放；利用研發來改良產品及生產流程的環境表現；執行資源及產品的領航角色；加強利害關係人的互動及員工的參與。以下是這個措施的一些例子：

　　資源領航（resource stewardship）：是一種優化資源使用及減低環境衝擊的做法，既可以節省資源的使用並提高公司的營利。鋁品製造是一種能源、資金及物料密集的產業，因此在過去的日子裡公司一直在提高資源使用效率──原材料、能源、水、資源再利用、替代物料等方面投入了不少的研發努力，務求達致最高資源的使用效率。

生產流程的永續性（process sustainability）：是永續經營的一個重要構成部分，目的是透過將生產流程效率優化、減低包括水及其他原材料等消耗來節約資源消耗。這些過程效率有效地減低了對環境的負面衝擊及經常導致可以再用的副產品；減低溫室氣體的排放，或在一些尾段生產流程中減少或消除有毒化學物質。改良生產流程及引進新科技，減低在溶鋁過程中所產生對工人健康的風險（艾康研發出一種回收由溶鋁所排出的鋁的方法，phyto-treatment program 做法是利用一種水產植物來吸收這些排出的鋁，水產植物完整無傷）。

產品永續性（product sustainability）：亦是另一個重要的策略，基本的觀念是對產品的整個生命週期都有責任，產品所用的原材料及能源，及產品對環境的衝擊都有一個數量化的計算，有了這個量化的計算才能精準地計劃及評估產品的可持續性，在這個過程中會涉及產品的設計、生產流程效率的提高及循環再造等都是產品永續性不可或缺的步驟。要令這個過程盡善盡美，產品的使用者、供應商及產業合作夥伴的意見及合作都是重要的關鍵，透過這些合作可以開發一些價值高及合用的產品給其他的生產者或消費者。例如，與汽車生產商合作研發輕身的汽車鋁製配件，既可減低汽油的消耗繼而減少溫室氣體的排放；重新設計容器以減少物料的耗損；積極地推動物料再造及在整個鋁罐的生命週期中提高其附加價值。

Targeting Climate Change

艾康在過去十年在減低溫室氣體方面有實質的進展，公司利用生產過程的改善及物料、能源的節約來達到這個目標，提高能源效率，加強物料的使用效率，實施回收及其他再造的動作。例如，改良了生產流程導致生產每公噸的鋁時減少了相等於五公噸二氧化碳的溶爐的碳含量，對減少溫室氣體排放很有幫助。

艾康參加了好幾個產業自願加入的減低溫室氣體排放的計畫，包括加拿大節約能源的工業計畫（Canadian Industry Program for Energy Conservation, CIPEC）。同時艾康是美國環保署的氣候領袖計畫的成員（the U. S. Environmental Protection Agency's Climate Leaders program）及鋁產業自願夥伴計畫（Voluntary Aluminum Industrial Partnership, VAIP）並在這個計畫中贏得了 2000 年的氣候保護獎（the Climate Protection Award）。

2001 年，艾康與其他的鋁製造商及加拿大的鋁製造業聯會（Aluminum Association of Canada）與 Quebec 政府制定了一份減低溫室氣體排放的協議。這一

份北美的第一份控制氣候變化的協議目標，是在 2007 年底減少相等於二十萬公噸二氧化碳的溫室氣體。

透過其所實施的長程減低排放計畫（TARGET），艾康在 2001 及 2002 年平均減少了溫室氣體達一百二十五萬公噸，每年直接及間接的排放比原定的指標超出一百萬公噸。

艾康在外地經營亦遵守一套有關土地使用及維持生物多樣化的守則。在蘇格蘭公司決定將經營了接近一個世紀的 Kinlochleven 熔爐關閉之後，與員工及當地的社區商議在廠地周邊的未來發展，當地撥出了 1,470 萬元經費作為社區再發展的用途，公司投資相等的投資作為改良附近的一座發電廠的費用，這家電廠現時仍為周邊地區供電。艾康為了協助發展當地的生態旅遊，公司撥出了公司的三千畝土地作為發展林木區之用，並在 2001 年捐出八十畝土地給 Kinlochleven 土地發展基金，作為發展生態旅遊區建設之用。

在瑞士，艾康用了二年時間來為三處地方復育，投資一百二十萬美來清除四十萬立方公尺的廢棄物。透過與當地政府及環保組織的緊密合作，這個計畫相當成功，並受到當地及國際（包括世界野生動物基金會）的讚賞。

公司了解建立與社區及有關利害關係人的合作，是一個成功的計畫要素。因此加入了包括全球採礦計畫（the Global Mining Initiative, GMI），採礦、物料及永續發展計畫（Mining, Minerals and Sustainable Development Project），在很多的問題上都採取了廣泛的利害關係人的參與，並與其他公司合作。這些合作為公司帶來不少的好處，包括減低成本及風險，並創造新的商機。

艾康設置了多個環境管理系統（environmental management systems）。1996 年制定的政策為每一個廠房設定了國際公認的環保標準，負責管理政策的制定、規劃、執行及操作、監督、補救，及管理評估等方面的管理。

艾康超過七成的非包裝的生產設施都取得 ISO14001（International Organization for Standardization）或 EMAS（European Eco-Management and Auditing Scheme）或 BS7750 英國標準學會（British Standard Institute）的認證。艾康的每一個包裝的廠房都執行一套整合的計畫，將安全、健康及環境風險管理，有一個領航小組負責，每三年所有的廠房都由外部的審核員來做這方面的評估。

（*Corporate Citizenshipin Action: Learning from Commonwealth Experience, 2003, London: Commonwealth Business Council, pp. 59-63.*）

杜邦永續經營

"If one is looking for a new definition of social responsibility, sustainable growth is it, and it is directly related to business self-interest."

～Chad Holliday-CEO of DuPont

地球資源是否可以用之不竭？地球是否有能力吸收無限量的廢物？一直以來業界都對這兩個問題給予正面的回答。然而，自全球的環保意識不斷提高後，不少能反思的業界已經以一個更務實的態度來回應這兩個問題。一些具前瞻性的企業開始認識到地球可用的資源有限，同時地球吸收由生產及消費所產生的廢物的能力亦不是無限的。

杜邦跨國企業是其中環保企業的先驅，其主席及總執行長賀勒迪（Holliday）近日在《哈佛商業評論》撰文，陳述杜邦環保永續經營的經驗，指出減少由生產所留下的環境足跡不只是倫理的做法，同時可以帶來豐富的商業價值。

永續發展的價值不容低估，不只可以吸引更多客戶，開發更多市場，同時可以促進繁榮、社會公義及環境價值。永續發展同時可以利己利人，利己是對公司及股東更有利，利他是爲社會及環境帶來好處。

永續經營必須採取一個宏觀及長線的角度，首先要承認企業與社會的互相依賴性，企業與社會有唇齒相依的關係。社會經濟做不好，企業亦難獨善其身。

杜邦的長線規劃包括了長遠的能源使用，到 2010 年能源使用保持在 1990 年的水平，但溫室氣體則減少三分之二，並將全球能源使用中的一成變爲用再生能源。在此之前，杜邦的能源全部依賴化石能源，這個改變非同小可。

要將這個目標付諸行動，必須重新檢討公司經營的一些基本假定。很多廣爲採用的經營模式並沒有講明在利潤微薄、銷量大及窮人多時，公司應怎樣經營。以前當賀勒迪是杜邦的亞洲總裁時，公司不會投資到那些平均收入低過一千美元的地區，包括非洲及東南亞很多貧窮國家。他後來了解到這裡人口眾多，如果有足夠的生意量，仍是商機處處；於是改變了經營策略，僱用一些熟悉當地環境的人，在鄰近市場的地區開設工廠，並開始研發及測試適合於這些地區的產品，例如，杜邦的一瓶年銷一億、用在棉花田的殺蟲劑就是採用當地的經驗及知識的產品，僱用來自七個非洲國家的二十名昆蟲專家來研發，及用當地分銷商負責培訓農夫及管工如何使用殺蟲劑，結果令人滿意。在貧窮國家行得

通的方法，亦可以用於富裕國家。事實上，永續經營的經驗可以應用到世界任何角落。

根據賀氏，要成功推行永續經營，公司的領導人及員工必須明白兩個關鍵：什麼是他們的價值？他們怎樣創造價值？

杜邦創辦人在創辦公司時就很清楚地確定公司的核心價值：對安全、健康、環境及誠信的承擔，以及公平及尊重的對待員工。杜邦早期業務是製造炸藥，二十世紀產品向多元化發展，生產農產品、合成纖維、色素及電子產品。

杜邦大力推行六色麻（Six Sigma）方法，目標是將產品的損壞率降至百萬分之幾。2001年培訓出的近三千員工，將這些方法應用到四千多項目上。這是提升生產力的努力。公司每年營業額三千億，使用六色麻方法每年可以節省下十億元。

杜邦制定了一套紀錄永續經營的量度準則（metric），稱之為每磅生產的股東附加值（shareholder value added per pound of production, SVA/lb），定義為資本成本之外所創造的股東附加價值。美國企業的一般資本成本大約10%到1.2%，公司通常用物料或知識，或將兩者的增加來提高附加值，每磅附加值只強調知識的增加——每磅附加值愈高，在製造經濟價值中知識強度愈高。新的量度準則是不同發展策略的長線永續經營性的有用指標。每一個業務單位的績效都可用每磅股東附加價值來衡量，而這個量度準則可以因應不同的市場及產業而調整。

永續經營必須能為股東創造價值或增加價值，用更聰明的包裝及生產力提高。在巴西的分公司每年節省了三十四萬元及減少了超過一百噸廢物。在加拿大自1990年推出的節約運動以來，每一單位的生產節省下約28%的能源，相等於每年節省一千二百萬美元。歐洲的改良過的包裝，可以每年節省一千噸的methylacetate solvent。美國德州維多利亞的工廠用了新方法處理廢水，減去一半的化學廢料，可以生產九億加侖清潔用水，包括飲用水。

（資料來源：*Holliday, Chad, 2001, "Sustainable Growth, the DuPont Way," Harvard Business Review, September: 129-134.*）

註　釋

1. Exxon 規定，油輪進入開放海域時才能讓副手掌舵。另外，海茲伍德在事發 9 個小時後所做的酒測值高達 0.06，高出海岸防衛隊所允許 0.04 的酒測標準。估計事發時（假設他事發後沒有再喝酒），其酒測值為 0.19。

2. 此運送管線從阿拉斯加北部一直延伸至南部的華爾迪斯港。

3. 現時的擠迫情況，在地球上有很多的大城市已經成為一個難題。全球的一些超級大城市（人口超過一千萬以上）如紐約、北京、馬尼拉、孟買、東京、墨西哥城等都會面臨各種由人口太過集中而帶來的難題。

4. 以美國為例，人口雖然佔全球人口未到 5%，消費卻比很多國家，包括其他的工業國超出很多。美國使用了 34%的礦物資源、消耗 30%糧食、25%非再生能、製造 36%的污染、用了 33%的紙（生產每天消耗的紙就要砍伐一千畝的林木地）。每年美國製造了二億七千五百噸有毒廢物，排放的二氧化碳占全球量 20%。

5. 報告是由九十五個國家的一千三百六十個專家花了四年時間撰寫成的，耗資二千萬。

6. 關於這方面的討論，請參閱葉保強，2002b。

10 Chapter

企業社會責任
最新的發展

✛本章的目標✛

- 陳述企業社會責任的演化
- 探討三重基線的責任內涵
- 論述生命週期產品、「搖籃到搖籃」
  生產、瘦身生產新理念
- 陳述 Nike 學習企業社會責任之歷程
- 探討如何打造優良倫理的企業

企業社會責任的演化

自二十世紀九○年中期開始，以「企業社會責任」為議題的論爭在英美等發達國家可說已經暫告一個段落，社會大眾及有商業倫理意識的業界現時的共識是，企業的社會責任不應只局限於傳統的法律及經濟的責任，而應包含多樣的社會倫理責任。今天企業要履行的責任是多元的，企業的責任範圍及內容亦隨著社會的期望、規範演化及價值的改變而改變。例如，在論述企業社會責任時，人們常用的語言如「超越最低線」（beyond the bottom line）、「企業公民」（Corporate Citizenship）、「長青企業」（Green Corporation）、「良心企業」（Corporation with a Conscience）等承載著正面的情緒意義的名詞，都或多或少反映出現時社會對企業的觀感及期望。這些觀感及期望，不是在一個短時間之內突然湧現的，而是經過了二十多年的不斷爭論及反思而逐漸形成的。

就算在 1970 年代，單薄的企業責任論並沒有得到壓倒性的支持。1971 年，美國的經濟發展委員會（Committee for Economic Development）就發表了一份具有影響力的報告（*Social Responsibilities of Business Corporations, New York: Committee for Economic Development, 1971: 15*），將企業的社會責任理解為一種因應社會規範、價值及期望的對企業行為的要求。值得注意的是，這份報告在論述企業社會責任時，並沒有明顯地提及企業在法律上的責任。報告用三個同心圓來展示企業的社會責任。在最核心的一個圓之內包括了明確的經濟責任——有效率地生產產品、提供就業及促進經濟發展。中間的一個圓之內的責任包括了因應不斷在變化的社會價值及優先次序，來發揮其經濟功能。這些社會價值及優先次序，包括了環境保育、員工關係、消費者權益等的尊重。最外的一個圓之內是正在形成或尚未定型的責任，這些責任籠統地包括了改善社會環境的責任、協助社會解決貧窮、失業或城市衰落或青少年問題等。社會之所以對企業有這些期望，主要是由於企業有足夠的資源技術及人材來做這些政府不一定能做或做得更好的有益公德的事情（*Boatright, 2000: 341*）。

1980 年代開始，美國《財富》（*Fortune*）雜誌選出了美國最受愛戴的公司，用了八個基本特質來評估公司的表現，其中一項是企業的社區及環境責任。《財富》向全國八千二百個資深行政人員進行意見調查，請他們將心目中最值得愛戴的公司排名，不少民間組織及商業媒體，制定了不少有趣的企業社會責任的指標（indices of corporate social responsibility），來表述及評估公司的社會

責任。美國的經濟優先秩序議會（Council on Economic Priorities, CEP）在 1986 年出版了一本專門評價美國企業的報告，名爲《爲美國企業良知打分》（*Rating America's Corporate Conscience: A Provocative Guide to the Companies Behind the Products You Buy Every Day, Reading, MA: Addison Wesley Publishing, 1986*），對美國公司及其產品打分，用了一些評價的準則。這份報告被稱爲首份爲有社會意識的消費者所編的完備的購物指南。報告用了一些企業社會表現的準則來爲不同的企業打分，以下就是所採用的準則：

1. 慈善活動。
2. 在董事會及公司高層的女雇員數目。
3. 在董事會及公司高層的少數族群雇員數目。
4. 公司對外資訊的公開。
5. 在南非投資。
6. 常規軍火合約。
7. 核武軍火合約。

這份報告一出，立刻引起各方注意及討論，人們在討論報告所選的準則是否合適，或這些準則是否適當地使用。但報界的評論一般是正面的，消費社群亦覺得報告對了解一間公司的社會表現有一定的幫助。之後，CEP 隨後每年都定期出版同類的報告，就公司的表現給予評分。1994 年 CEP 出版了一本名爲《爲更美好的世界而購物：社會負責的購物簡明指南》（*Shopping for a Better World: The Quick and Easy Guide to ALL Your Socially Responsible Shopping, 1994*）CEP，報告包括了以下準則：

1. 環境。
2. 慈善。
3. 社區參與及發展。
4. 提升婦女。
5. 提升少數族群。
6. 對家庭的福利。
7. 工作期間之福利。
8. 公司透明度。

　　另一個有趣的發展是由一個沃爾加集團所制定的社會責任準則（Walker Group's indicators of SR companies, 1994）包括了以下二十個表現指標（*Corporate Character: It's Driving Competitive Companies: Where's It Driving Yours? 1994*，引自 *Carroll 1996: 59*）：

1. 生產安全產品。
2. 不污染空氣或水源。
3. 遵守法律。
4. 促進員工誠信。
5. 工作期間之安全。
6. 不作誤導及欺騙性的廣告。
7. 遵守不歧視政策。
8. 用保護環境的包裝。
9. 防止性騷擾。
10. 推行物料循環再造。
11. 無有問題公司行為紀錄。
12. 快速回應顧客問題。
13. 減少製造垃圾。
14. 提供員工醫藥保險。
15. 節約用能。
16. 僱用失業工人。
17. 捐助慈善教育。
18. 使用可解及可再造物料。
19. 僱用友善有禮及關心他人的雇員。
20. 不斷改善品質。

　　1990 年代企業社會責任的討論及實踐，出現了一個新的形式。在社會責任這個招牌之下，人們納入了一些新的觀念，如企業公民、企業的社會表現（corporate social performance）等來表述企業的社會責任。在實踐上，除了上文提及的企業社會責任的指標（indices of corporate social responsibility）的制定外，有關的組織還推出了各式各樣的商業倫理評審（business ethics audit），用來評估企業的倫理績效；同時，亦設立各種商業倫理獎（business ethics award），頒發

給倫理表現出色的企業，給予這些企業社會的認可❶。

在投資界方面，一些投資社群發動了社會投資運動（social investment movement），分別創立了不同的倫理基金（ethical funds），專門挑選有商業倫理表現的企業作為投資對象，讓關心商業倫理的投資者購買。企業內部亦有相應的發展，公司治理（corporate governance）成為近十年的一個熱點，無論學界及業界，都紛紛研究如何加強企業治理，以強化企業對社會的責任（見上文詳細的論述）。

另一項值得注意的是，企業的內部倫理發展，除了制定相關的倫理守則之外，不少的企業都設立了倫理專員（ethical officer），負責發展企業的商業倫理，及培訓員工這方面的認知及能力，同時擔任了諮詢工作。這種將商業倫理制度化的活動，是企業倫理發展的一個重要的進展。企業公民已經成為 1990 年代的一個引起注意的企業社會責任運動，也可以說是企業社會責任活動的延伸。

三重基線與企業社會責任

1992 年，地球高峰會宣示了永續發展的全球願景，數百家大企業為了響應永續發展的號召，簽署了永續發展商業契約（Business Charter for Sustainable Development）（見第九章）。

近數十年由於環境保護導致結業或經歷重大的轉型包括了石綿、汞、CFC、PCB 等產業，環境保護及其後的永續發展對產業產生極大的衝擊。破壞環境的產業愈來愈受到社會及政府的壓力，不得不改弦易轍。與此同時，新的產業、產品、科技、生產方式、營運模式亦應運而生，充分體現資本主義神奇的破壞性創造的規律。然而，最基本的是，資本主義要繼續存活及發展下去，更需要新的理念及願景，及相關配套的社會與倫理的關懷及規範。

企業的領導人，必須重新認識商業的基本目標，同時要了解什麼是推動商業發展的重要因素。二十一世紀有遠見的領袖必須認識到企業的健康發展除了金融資本及物質資本外，還需要自然資本、人文資本、社會資本及倫理資本。如何平衡及好好運用這些資本，提高企業生產力，為社會創造財富，無疑是企業的世紀大挑戰。一直以來，主導商業的唯一基線，就是商業目的，就是利潤，但經驗證明這並非商業的正道。二十一世紀的企業若要永續經營，必須徹底調整理念，從對單一基線的堅持，轉變成對三重基線——財務、環境及社會方面的關懷。現時，實行企業社會責任（Corporate Social Responsibility, CSR）的企

業（簡稱CSR企業）就是遵從三重基線企業或商業（triple bottom line business）（*Elkington, 1998*）。

三重基線商業的內涵

什麼是三重基線？三重基線包括了財務基線、環境基線及社會基線。財務基線是指公司經營的經濟效益，由公司財務年報展示出來。CSR 企業除了做財務審計之外，還做環境審計及社會審計。事實上，有些 CSR 企業使用了「生態效率」這個指標，用以審計公司在經濟活動中的環保績效。有些 CSR 企業更將 CSR 經營原則納入到董事會的公司治理的決策原則之中。

財務基線是指公司經營的經濟效益，記錄這條基線就是公司每年向股東交代公司績效的財務報表——公司的盈利或虧損等財政資訊所代表的效益，而要審計（audit）財務年報是會計事務所的工作，會計事務所的會計師依行之有年的審計程序及規則來檢核報表的資訊是否真實、正確及公平。現時大多數的審計都只限於財務資訊，但有少數宣稱實行可持續經營的公司會在財表之外，另做一些環境審計或社會審計。事實上，有些公司使用了「生態效率」這個審計指標，用以評審公司在經濟活動中的環保業績（environmental performance）。

環境基線（environmental bottom line）是公司經營是否有遵守環境原則，其主要的關心是，宣稱實行可持續原則的公司是否真的符合可持續發展原則？財務基線主要關心經濟資本，而環境基線的核心是自然資本（natural capital）。怎樣記錄及報告自然資本相當複雜，而自然資本的內容本身亦有待確定。

基本上，人們一般將自然資本分為兩種：關鍵的自然資本，及再生、可替代的自然資本。環境基線要求公司關注公司活動不要損害自然資本的可持續性，公司對那些自然資本已經構成影響，公司未來的活動將會對那些自然資本構成衝突等。相關的指標包括：公司在遵守環保法令及標準的情況、內部環保管理系統的表現、能源使用、廢物處理、循環再造、使用生態科技等情況。

很多國家現時要求公司公報其環境的業績，例如，美國的有毒物體排放紀錄就規定那些要排放超過指定的六百種化學物體某個指定數量公司要申報其排放量。企業做環境業績報告是一個全新的經驗，沒有先例可循。可喜的是，近年不少的環保及民間組織參考財務審計的規則及指標，積極地制定相關的指標、報告程序及規則。至少就評估公司的環境表現方面，國際標準組織回應 1992 年地球高峰會而制定的 ISO14001，在歐洲的生態管理及審計計畫的規則，都是目

前國際上認可有一定公信力的標準。現時,業界現正研議制定一套最低限度的指標,量度環境業績。在國家或生態系統層面的環境業績,現時尚未有一套公認的指標來做審計(*Elkington, 1998: 70-92*)。

社會基線(social bottom line)的重點放在社會資本及人文資本的保持及開發。社會資本包括了社會成員之間的互信,建立互惠及合作的關係的能力。若社會資本貧乏,成員之間互相猜疑不信任,社會難以凝聚共同目標,合作困難,可持續發展只是個空口號。企業可持續經營的成功,必須靠各成員的合作。

人文資本在可持續發展的作用亦是關鍵的,對包括教育、醫療衛生及營養方面人文的投資,才能創造高質素的公民來協助可持續的發展。商業在這方面可提供的貢獻是不容低估的。企業可就其專業在保障人權、廢除童工、保護勞工及婦女權、社區發展,教育及醫療衛生方面做很多有意義的工作。這方面的活動,一般都被視為企業社會責任範圍的活動。近年開始流行的社會審計(social audit),目的就是量度企業社會責任。

用什麼業績指標(performance indicator)來量度公司的社會業績?現時流行的包括了動物實驗、軍售、香菸、弱勢族群的僱用、對在地民的影響、核能發電、缺德的行銷、與獨裁政權勾結、政治獻金、員工工作環境等。

早在二十多年前,英國的社會審計公司(Social Audit Ltd)就開始做公司的社會審計了。今天,愈來愈多公司公開它們的社會審計結果。不過各公司用的社會審計的指標及方法都不完全一樣,很難互相比較。但不久的將來,會出現一套大家都能接受的準則❷。

永續經營新理念

三重基線企業還採取了其他有創意的經營理念——生命週期產品(life-cycle products)、「搖籃到搖籃」(from cradle to cradle)生產及瘦身生產(lean production)。

生命週期產品

傳統的生產中,產品的成本只包括工資、土地、機器、原材料、管理、技術等,並沒有將社會及生態成本計算在內,只將社會及生態成本外部化,讓社會及後代人來承擔。從工業革命開始一直到二十世紀占絕大部分的年代,人類

的生產組織（公司、工廠），都是在傳統生產模式下進行的，並造成環境問題難以有效解決的主因之一。

從生態效率（eco-efficiency）的角度，這只是產品生命週期的生態成本的一部分，其他的如資源效率、污染、資源耗損、能源效率、廢棄物處理及回收等都沒有計算在內。事實上，從一個生態的角度來檢視一個產品的生命週期，從其「誕生」到「死亡」留下了其生態足跡（ecological footprints），即從產品的構思開始，經歷設計、研發、生產、銷售、使用、損壞、棄置都涉及不同程度的生態成本（ecological cost）。

永續經營就是要改變這生產方式。永續經營公司採用更準確反映生態現實的經營理念及原則，其中之一就是「生命週期產品」這個觀念。產品生命週期是指產品生態的生命週期（ecological life-cycle），而不是指其商業的生命週期（business life-cycle）。前者的成本包括了一個產品從其搖籃到墳墓（cradle to grave）之間對的生態成本，後者只包括了產品生產過程之中的經濟成本。明顯地，商業週期的成本只占生態生命週期的一小部分，忽視了物料使用的資源效率、產品棄置的成本、回收的成本、污染的成本等。現時絕大多數的公司，只關心產品的經濟成本，產品一旦到了消費者手中，責任就算完成；同時，公司亦不會關心生產產品的原材料是否符合生態倫理。

今天的規模經濟製造了愈來愈多的價廉物美的產品，公司用盡五花八門的行銷手法來推銷產品，數不盡的一次用過的產品充斥市場，產品的使用週期愈來愈短，產品用不上一兩年就要報銷，新產品源源不絕地出現，消費者不斷被鼓勵購買新產品，不斷的消費被塑造成文明人快樂的泉源。從我們的日常用品的易折損性就可以見到可持續發展的推動的困難。無論從家電到一般的電子產品，用不上幾年就有新的型號出現，而舊的型號假若有輕微的毛病，維修費根本就貴過買一個新的型號，有的產品根本就沒有維修；一樣產品若有小小瑕疵就頓成垃圾，被迫要被丟棄❸！

消費者不在乎被丟棄的產品究竟跑到哪裡去，更很少關心其中所涉及的環境成本，包括資源浪費、掩埋場及焚化爐的社會及環境成本。生產者亦不會認為這些成本是他們的責任，亦很少從一個更宏觀的生態層面去思索如何減低這些生態成本，包括挑選一些生態友善的原材料、一些尊重生態環境的供應商、利用技術來減少或甚至取消污染（包括設計完全封閉的生產系統，讓污染留在系統之內，不會流出到環境之中）、減少用有毒物料來生產及使用再生的資源來生產等。

從「搖籃到搖籃」生產

二十一世紀的永續商業（sustainable business）不只認識到產品生命週期這個基本道理，負起產品從「搖籃到墳墓」的責任，同時，還會跨前一步，承擔「搖籃到搖籃」生產的責任，用最創意的方法及科技，從設計、生產、行銷、維修、保養、回收等各方面實行零污染、資源效率、無廢物、零浪費等永續經營理念。

依生命週期產品、搖籃到搖籃等理念出發，永續企業將經營重點從製造產品，轉變成為消費者提供產品功能的服務。依這個構思，顧客不用購買產品，而只是租用產品，公司定期為顧客提供產品維修保養，及更換產品，顧客不用為更換、維修及棄置產品費心，因為這都是公司責任。在以提供產品功能服務的經營下，顧客無須擁有產品，但可以享受產品提供的功能。例如，家中的冰箱、空調、行動電話、電視機、音響，甚至是家具、汽車等，都是租的，從一個長線的生態角度來看，這個做法正合乎可持續商業的目標。

瘦身生產

另一個永續商業使用的理念是瘦身生產（lean production）。這個理念來自日本，豐田汽車公司利用這個理念為汽車業創新了很多的生產技術。依這個理念，任何吸收資源但沒有創造出價值的活動都被視為廢物，例如，生產無人會用及不符合消費者需求的產品，生產過程中毫無必要的步驟、無意義的人流及物流等，都屬於廢棄物。瘦身生產所依的思維有五大原則（*Elkington, 1999: 203*）：

1. 公司要認真思考每一樣產品所創造的價值。
2. 公司必須找出該產品的價值流（value flow）。
3. 價值流必須連續不輟。
4. 鼓勵顧客從整個系統中抽取價值。
5. 參與其中的人要追尋完美。

在開發新產品時，要有一個有用的方向，否則會走歧路。由歐洲道瓊（Europe Dow）所研製出來的「生態方向盤」（eco-compass）就是這樣的工具，它包含了六個面向，在研發新產品時，研發小組必須同時兼顧這六個面向及它們相互的關係：

1. 潛在的健康及環境風險。
2. 資源保育。
3. 能源強度。
4. 物料強度。
5. 再製造，再使用，循環再造。
6. 改良產品的耐用性。

由生態方向盤所指引的目標，必須包含以下幾項：

1. 減低物料強度。
2. 減少對人類健康及對環境的風險。
3. 減少能源強度。
4. 加強廢物再用及再製造。
5. 加強資源保育及使用再生物料。
6. 延長產品的功能與服務。

必須承認，生態效益高的產品並不能保證在市場上有競爭力，因為消費者選擇產品時，環境效益只是產品眾多性質的一種，而通常不是最優先的，其餘的性質如價格、品牌、耐用性、功能等會被視為更為重要。

目前的情況雖是如此，並不代表以後仍是如此。當公眾愈來愈重視環境生態價值，並且將這個重視付諸行動的時候，生態效益本身雖然不足以決定一個產品的市場競爭力，但卻可以成為其競爭力不可或缺的條件❹。

打造優良倫理的企業

本書第三章介紹過具有社會品德的企業 CRS₃有以下特性（*Frederick, 1986: 136*）：

1. 承認倫理位於管理決策及政策的核心，而非邊緣地位。
2. 僱用及培訓那些接受倫理在他們每天的工作及行為占了中心地位的經理。
3. 擁有一些精緻的分析工具，幫助偵測、可能預見、應付影響公司及雇員實際的倫理問題。
4. 將目前計畫及未來政策與公司倫理文化中的核心價值互相配合。

這些特性絕大部分都在成功實踐企業社會責任的公司找到。本章所介紹的兩個案例，亦以不同方式及不同程度展示了這種特質。事實上，不少對倫理組織的實證研究都發展重視商業倫理的企業具有一些共同的特質，以下是對如何發展企業的商業倫理的一些建議：

高層發揮倫理領導功能

站在組織內重要位置上的領導人的一言一行，對周圍的人影響很大。執行長及高層經理必須扮演道德的模範生，透過言行來影響下屬，塑造一個倫理的組織文化。若位高權重的管理者操守敗壞，很難期望其他員工會尊重道德。董事長及執行長等是公司核心價值及組織倫理的倡導者及維護者。權重者若不道德，下屬必會配合及協助這些不道德行為，這是組織權力的不易規律。一般員工由於無權無勢，不是為威迫利誘成為共犯，就是敢怒不敢言、視而不見、明哲保身。組織內若廣泛存在不道德的行為，不只會令組織敗壞，同時會使無辜的成員受害。

挑選價值一致的員工

在招募員工時，重視倫理的公司會很細心挑選合適的成員。應徵者除了要考一般的筆試之外，還會經過幾個階段的面試，令公司可以取得申請人的一些重要而真實的個人資料，包括申請人的個人信念、核心價值、生涯規劃、個人嗜好等。有些公司還會僱用一些人力資源顧問來蒐集及嚴格核查申請人的背景資料。這些工作當然有一定的成本，但這些公司都非常了解，若不願負擔這些成本，日後可能付出更大的代價。重要的一點是，公司必須尋找那些與公司價值一致的員工，這種價值的融合是組織倫理的要素。

制定有效的行為守則

倫理守則要發揮作用，必須用精準的語言展示出公司的核心價值、信念及

經營理念。其次，公司要令每一名員工知道、認同守則的內容，然後自願地接受及遵守之；因為只有基於自願及知情的接受，員工才會誠意真心地遵守守則。要發展一套員工會心甘情願服從的守則，守則制定的過程非常重要。最佳的做法是讓這個過程公開，人人有份參與，對守則的內容提出意見、辯論、修正等。這個過程雖然費時，但經此而形成的守則，由於有共識做基礎，正當性自然高。

員工倫理培訓不輟

倫理培訓課程的目的，主要是提高員工對在職場的倫理問題之警覺性，教導他們分析及解決問題的能力，同時培養一種倫理感。這些課程通常是短期的，內容包括討論公司的倫理守則、發掘及確認其深層意義、守則如何聯繫到職場及每天的工作上。有效的倫理培訓必須持續不斷的，培訓內容經過精心設計及不斷的改良（包含了評鑑及回饋系統），培訓不單是知性的訓練，同時亦是行為態度的轉化。倫理培訓最終是要培養了解、尊重及實踐倫理的員工。

獎勵機制

公司應設立一些獎懲倫理行為的機制，獎勵員工的倫理行為，懲罰不道德行為。這種獎懲制度的獎勵部分，類似公司對有貢獻員工的獎勵一般。在懲處方面，很多公司不會很高調地處理不道德行為，或不會對道德不佳的員工進行懲罰。筆者的建議是，處理不倫理行為的方式應相等於獎勵倫理行為：公開、快速、程序公正及透明的。這樣，員工就可以得到一個毫不含糊的訊息——倫理行為受到支持，不倫理行為受到譴責，公司的倫理政策是認真的。要獎懲制度有效發揮功能，必須有以下的配套措施：(1)報告違反倫理行為的機制，包括對不倫理行為的精準定義、報告管道、報告程序、隱私保護及相關的量度倫理行為的指標；(2)對倫理行為獎懲應列入員工每年的工作評鑑上；(3)公司要設立一個監察公司的倫理表現的單位，與倫理報告機制配合。

註　釋

1.　《遠見雜誌》在 2005 年 6 月舉辦了台灣首個企業社會責任獎，雖然比起英、美、加等先進的經濟體稍遲，但能踏出這重要的一步，亦是值得鼓掌的。

2.　總部在英國的 Body Shop 在 1995 年出版的價值報告（Values Report）裡面就包含了 134 頁的社會陳詞（Social Statement），可說是為社會報告的一個典範。瑞典的財務公司 Skandia 在其 1994 年的年報附件，亦是另一份社會報告的代表。著名的丹麥跨國藥行 Novo Nordisk 亦是社會報告的先驅。

3.　筆者在十年前購買一部相當不錯的半自動名廠相機，但相機的電池卻愈來愈難找到，因為相機廠公司已不再生產這一個型號的相機，很快市場只會出現數位相機，及少數的專業攝影者用的高級相機，縱然我那部相機仍然性能很好，但不久可能找不到可搭配的電池而被迫成為廢物。

4.　資料來源：葉保強，「三重底線商業」，2003/11/20，27：12/4，11，《信報》。

第三部分

附

錄

企業倫理案例

✦本章的目標✦

🔘 每個案例之後所提的思考題,只屬建
議,老師可以因應對案例的解讀來提
出其他的問題,鼓勵同學討論。

案例 1：安隆財務作假案

2001 年 12 月驚爆的安隆醜聞（Enron Scandal），為日後不斷被揭發的企業弊案掀起序幕。「安隆」（Enron）這個名詞，自此成為了企業腐敗、會計作弊、企業貪婪、公司治理失敗的代名詞。2001 年安隆是美國第七大企業，同年 12 月宣布破產時，是美國當時最大宗的破產案。安隆弊案牽連很廣，涉案者不單是醜聞主角總部位於德州侯斯頓市的能源貿易大企業安隆（Enron），同時亦包括了世界有名的會計師事務所、投資銀行、股票分析師等。那時美國國會成立了十一個的專責委員會，調查安隆弊案，足見案情的嚴重。安隆醜聞的情節，不用改編已經是一本很好的好萊塢電影腳本。

安隆弊案重要的事件

安隆欺詐案的主事者，主要是利用「創意會計術」（creative accounting）的會計伎倆，包括使用所謂「特殊用途項目」（special purpose entities），刻意隱藏了公司巨大的負債，令這筆負債不出現在公司的收支報表上，在公司財報上作假，試圖欺騙投資者及有關方面。涉案的公司高層包括了董事長康萊李（Ken Lay）、剛離職的總執行長傑菲史基寧（Jeffrey Skilling）、財務長安德魯法史圖（Andrew Fastow），及安隆董事局。這個財務作假案終於在 2001 年被揭發，股票跌至一文不值，安隆全球的二萬名員工失業，安隆留下達一百五十億美元的債務。由於安隆與很多大銀行都有貸款，因此不少大銀行，包括摩根（J. P. Morgan）、花旗（Citigroup）等都受到拖累，摩根損失了九億，花旗則損失八億。美林證券（Merrill Lynch）的一些高層被當局指控為安隆騙案的共犯。負責為安隆做審計的會計師事務所安德遜，由於在審計安隆上的失職，及被法庭判妨礙司法公正（安德遜在安隆案曝光後將有關安隆案的財務文件大量銷毀），被勒令在 2003 年 8 月結業，導致其美國的七千五百名員工失業，英國就有一千五百名員工失去工作。

安隆財務詐騙案涉及了以下一些重要事件。

1997 年，安隆收購了合夥人（Partnership）的一家叫 JEDI 公司（空殼公司）股份，成立了一家由自己控制的新公司趙高（Chewco），然後將那份股份賣給這家公司。透過這類建立空殼公司的安排，安隆開始其一連串的複雜的買賣動作，將欠債虧損偷偷地隱藏起來。這樣的做法，令公司的財務變成迷宮，連熟

練的分析員或投資者都弄不清公司的財務實況。2001年下旬開始，一連串的事件引爆了這宗案子。

根據多方調查的結果顯示，1999年12月中安隆發現業績離華爾街的預期很遠，於是開始進行創意會計行為，而由法史圖剛創造出來的投資基金LJM2正派上用場，用來隱瞞公司負債非常有用，那時公司與 LJM2 基金進行了多項的交易，幾個月後又從基金購買賣出的資產。這些假交易製造了一個公司亮麗的營收假象。

2001年8月14日，安隆總執行長傑菲史基寧突然辭職，他是在一年之內第六名高層行政人員離職。值得注意的是，史基寧只在2月12日代替萊李當總執行長，而萊李改作董事長。董事長萊李隨後召開投資分析員會議，大肆吹噓他本人「對公司的表現從未有過如此的滿意」，會上分析員要求安隆披露更多的財務資料，但遭萊李拒絕。其後，分析員調低了安隆股票的評分，安隆股價隨即應聲下挫，跌至五十二週的最低價——35.55元一股（同年2月20日股價是75.09一股）。5月副總裁伯色達（Clifford Baxter）投訴公司的空殼公司的安排不恰當，他其後辭職，在2002年1月底自殺身亡。

10月1日安隆的財務「黑洞」被揭發，全美震驚。10月12日，負責替安隆做會計的安德遜會計事務所（Arthur Anderson LLP）勒令那些參與審核安隆的審計師銷毀安隆的有關文件，只留下最基本的文件。10月16日，安隆公布第三季的虧損達六億一千八百萬元。10月17日，安隆將股東的股票價值減少了十二億，以填補公司的有限合夥公司（空殼公司）所涉及的交易上的損失，這些有限合夥公司（空殼公司）是由公司的財務總執行長法史圖所控制的。另一方面，公司以行政改組為理由，凍結了員工的401（k）退休計畫的資金，令員工無法賣出手上的股票，不久，公司股價暴跌。10月22日，公司透露證券交易委員會（Security and Exchange Commission, SEC）已經開始調查公司建立合夥關係的一些空殼公司。10月23日，萊李向投資人保證，公司的財政狀態健全，叫他們不用擔心。10月24日，負責控制安隆的空殼公司的財務總執行長法史圖被解僱。

10月26日，《華爾街日報》報導了安隆的空殼公司趙高（Chewco）公司的存在，由安隆的經理所主管的。股價再跌至15.4元一股。10月28日，萊李去電庫務司奧尼爾（Paul O'Neill）求救；據報導，10月11月間，他至少去電奧尼爾的副手六次，要求協助。10月29日，又打電話向商業部長艾雲斯（Donald Evans）求助。11月8日，安隆承認自1997年開始，公司帳目有錯漏，在超過四年期間浮報了收入達五億八千六百萬元。12月2日安隆宣布破產時，股價暴

跌至 26 美仙。

在 2001 年 11 月底，在公司宣布破產的前幾天，公司解僱了四千員工，當時公司支付給被解僱員工的福利款項達五千五百元，而約五百名員工包括了十一名行政人員，每人平均收到由五十萬元至五百萬元的遣散費。11 月 28 日，安隆與 Dyergy 的宣布合併失敗。11 月 29 日，證券交易委員會展開調查安隆，及負責審核其帳目的安德遜會計師事務所。

12 月 1 日公司承認財務浮報，並申請破產保護令。安隆宣布破產時，其股票從一年多前的每股 76 美元暴跌到 26 美仙。12 月 5 日，安德遜會計事務所總裁接受國會聆訊，議員追問安隆有否違法。2002 年 1 月 10 日，安德遜被公布在去年 9、10、11 月間，毀滅了安隆的文件；到 1 月 15 日，將負責審核安隆的總審計師解僱，並將其他數位有關的審計師進行紀律處分。

2002 年政府組成的專案小組開始對安隆案做刑事調查。2002 年 1 月 9 日，司法部門展開了對安隆的刑事調查。調查的主軸，環繞著以下幾個重點：安隆用空殼公司建立合夥公司，是否有心隱瞞負債，存心欺騙，誤導投資者？安隆的高層是否事先知道公司大難臨頭，因此即時出售了手上達十一億元的股票，但卻鼓勵投資者及員工不斷買入股票。1 月 25 日，被指擅自將安隆文件銷毀的安德遜會計師事務所合夥人鄧肯在國會聆訊時拒絕作答。原本答應出席國會聆訊及剛辭去董事長職的安隆前主席萊李，2 月 3 日突然改變初衷，拒絕出席聆訊。

Enron 的快速冒起

安隆如何從一家名不見經傳的小小天然氣公司，在短短的十幾年間，搖身一變成為曾經是美國排行第七的大企業？

1986 年，兩間小規模的能源公司 Houston Natural Gas 及 Inter North 合併起來成為今天的安隆公司，萊李被任命為安隆的執行長，當時公司的業務很簡單，公司在某一天出售某一數量的天然氣給一間能源公司或商戶。萊李雄心壯志，不甘心公司做這些小額生意，那時剛好是政府推動消除能源限制，安隆立刻部署好遊說的工作，大力爭取減少政府干預能源的供求。1992 年，當時期貨貿易委員會豁免了安隆及其他能源市場推廣公司受到政府的監管。當時委員會的主席是德州參議員格爾林（Phil Gramm）的妻子溫狄（Wendy），其後她被委任為安隆董事局的董事。

安隆從這時開始，慢慢改變了經營的方式，從一個出售天然氣的公司變成了一個能源經紀行，做能源的貿易，其後業務愈多元化，經營包括互聯網、提

供天然氣資訊等。同時，公司四處收購其他電力公司，包括了英國、印度及俄立岡州的發電廠，亦計畫推出一個高速寬頻的電訊網絡，並與 Blockbuster Video 簽了一個二十年的合約，經營影帶生意。1997 年，安隆股票不超過二十元，但到 2000 年 8 月就飆升到八十四元歷史新高。當時安隆股票成立投資者寵兒，很多安隆員工都將退休金轉成公司股票。

高層被指內線交易

在這次弊案中，安隆高層被懷疑進行嚴重的內幕交易。在醜聞爆發之前，他們分別將手上的安隆股票賣掉，卻同時大力唱好安隆前景，要職員持有股票。根據《紐約時報》（*New York Times*）的資料，以下是在這期間，安隆高層賣出股票的情況：主席萊李（KenLay）在 2000 年 11 月到 2001 年 7 月 31 日之間，賣出了六十二萬七千張股票；LouPai（Enron Xcelerator 董事）在 2001 年，5 月 18 至 6 月 7 日，賣出一百萬張；Jim Derrick，法律顧問，2001 年 6 月 6 至 15 日賣出十六萬張；Ken Rise（Broadbend Services 董事）2001 年 7 月 13 日出售三十八萬六千股；Robert A. Belfer 董事，2001 年 7 月 27 日賣出十萬股；2001 年 9 月 21 日賣出十萬九千股；Jeffrey K. Skilling（前總裁）2001 年 9 月 17 日賣出五十萬股。

安隆高層有綿密的政商關係。安隆是美國史上最大的政治捐獻者，2000 年總統競選時就捐了一千七百萬元，其中的七成半是捐給共和黨的。除此之外，萊李苦心經營，透過大筆的政府捐獻，在國會兩院建立了深厚的人脈，在小布希當選的前後，其政治的影響力，可算是無人能出其右。萊李跟小布希的關係亦相當密切，從小布希當德州州長到當美國總統時捐了差不多六十萬元給他，包括了萊李在 2001 年為小布希就職典禮的費用貢獻了十萬元。安隆與政府高層的密切關聯可想而知。去年，由副總統錢尼主持的能源專責小組，萊李是唯一一個能源的執行長，可以親自得到錢尼接見的。同年，政府的能源專責小組發表報告，支持了很多安隆所喜愛的能源建議。

安隆公司治理失效

美國參議院經過六個月的調查，在 2002 年上旬出版了一個名為董事局在安隆破產案的角色（The Role of the Board of Directors in Enron's Collapse），揭露了董事局其實一早就被告知公司出現了問題，可惜卻沒有採取即時的阻止行動，使得安隆會計作假的活動愈演愈烈，言下之意很清楚，就是安隆的董事局失職，

沒有好好履行其監督公司的職責，致令公司一步步走向自我毀滅的道路。

　　根據報告，早在 1999 年 2 月 7 日安隆在倫敦的一次董事會中，董事就已經知道安隆出現問題。那次，公司的會計事務所安德遜用「高風險」這個詞來形容安隆的會計做法。當時領導安德遜會計事務所的公司負責人是大偉鄧肯，他告知委員會安隆的會計手法「去得太盡」，正處於可以接受的做法「的邊緣」。

　　當時在場的有擔任過十年審計委員會的主席，及其他出席的董事，卻沒有對審計師所敘述的審計手法表示反對，亦沒有尋求第二個意見，或要求一個更審謹的作法。那一次的警告不是唯一的一次，其實自 1999 年至 2001 年期間，安德遜的審計師在每年的一或兩次匯報中都有提及這一點，但結果都是一樣，從來沒有董事反對這樣的手法，或要求跟進這事及要進一步的調查。審計委員會主席的行為更令人費解，縱使做了這麼多年的委員會主席，但卻從沒有在董事會正式會議或其委員會會議之外另找機會接觸會計事務所，了解實情。這樣做法有違公司治理應有的行規。

　　調查員翻查了數千頁的公司文件及會議紀錄，及與安隆十三名非公司的董事面談過，得出的結論是，董事局的監管形同虛設，安隆像一個沒人管的公司。非公司董事的代表指報告對他們不公平，他認為公司的高層執行人員不斷地向董事說謊及誤導他們，就算他們多麼努力，亦無法使有心犯法的執行人員自我揭露敗行云云。面對參議院委員會所展示的詳細資料，這種辯護很難令人相信。

　　關鍵的是，董事就算完全失職，對他們都沒有任何實質的影響，包括任何形式的責任，況且，他們事先已經買有保險，保費自然由股民來支付，這種董事會職權的結構在此刻看來實在令人費解。他們好處取盡（董事每年的紅利包括現金及配股合起來有三十五萬元），卻不用擔心要付出任何的成本。

安隆案的涉案人被起訴

　　前財務長法史圖在 2004 年 1 月已經承認二項控罪，被罰二千三百萬及被判入獄十年。2004 年 2 月，前執行長史基林及會計長（chief accountant）高斯（Richard K. Causey）在 2 月被控超過三十項罪名，這些控罪都與他們在公司自 1999年以來的行為有關。史基林否認指控，由於案情複雜涉及的文件極多，辯方律師稱需要一段時間來整理資料，申請將開審日期訂於 2005 年底或 2006 年年初。

　　前董事長萊李於 2004 年 6 月接受《紐約時報》獨家專訪，首次公開談論有關安隆弊案。自安隆案被有關當局調查以來，在幾次的國會有關調查委員會的聆訊中，萊李一直拒絕回答有關安隆案的內情，只表達對事件的無比悲哀。在

專訪中，萊李將財務欺騙全部推給財務長法史圖，指法氏是會計作假的總設計師。事實上，不少的中層經理已經提醒過萊李這些作假勾當的消息，媒體很早就已經廣泛地報導過。

前董事長萊李於 2004 年 7 月 7 日被聯邦政府指控十一項罪名，包括銀行欺詐（bank fraud）、串謀（conspiracy）、證券欺詐（security fraud）、電訊欺詐（wire fraud）。這些活動都在 2001 年 8 月到 12 月期間，當他接替突然離職的史基林執行長職位時發生的。與此同時，證管會指控萊李證券欺詐及內線交易，要索回他由賣出股票中賺到的九千萬元。萊李一直宣稱自己是無辜的，指這些不當的財務作假他一概不知情，是財務長一手做出來的。但證據卻指向他對作假行為一直是知情的，一些中層經理包括著名的沃堅斯曾寫信將事情向他報告過，表示公司 1999 及 2000 年的利潤浮報。

2004 年 9 月 19 日，侯斯頓聯邦法院首次開審有關首宗安隆刑事案，被控者是四名美林證券公司（Merrill Lynch）中層行政人員及二名安隆的低層行政人員，案件涉及一宗 1999 年 12 月一宗虛假的尼日利亞的發電平底船的交易，該交易涉嫌將收入浮報了一千二百萬元。

安隆弊案的效應

安隆弊案曝光及被調查以來，對美國及全球有很明顯的效應。其中最重要的兩項是關於公司治理及會計事務所行業的改革。美國通過及執行了專門針對企業弊案的沙賓奧斯尼法案（Sarbanes-Oxley Act），法案包括對違反證券法的人加重了刑罰，每家上市公司的總執行長必須親自簽名證實財報是按照規則而申報的，並且是公平地報告公司的財務狀況，總執行長及財務長若由於「實質的不符合」（material non-compliance）而要修改公司的財務結果時，必須交回在過去十二個月內取得的分紅及由賣出股票所賺得的利潤，公司不能借錢給董事等。

安隆案在英國也產生效應。英國的貿易工業部制定了會計事務所業新的規則，這些規則包括監督機構有更廣泛的權力來調查上市公司，而國稅局亦可以將有問題的戶口調交有關當局，公司董事若拒絕宣示他們沒有向其審計師隱瞞任何有關資訊，可能會被重罰。

（按：執筆時，本案仍在審理中，有關史基林及萊李的案子仍未開庭審理。本案例所陳述的主要事件到 2005 年 3 月為止。本案例部分資料來自筆者在《信報》2002 年 2 月及 5 月的四篇有關安隆案的分析的文章，參考了《紐約時報》（*New York Times*）、《華盛頓郵報》（*Washington Post*）、《商業周刊》（*Business Week*）及 *BBC News* 相關的報導。）

<h1 style="text-align:center">參◆考◆資◆料</h1>

Bryce, R. (2002) *Pipe Dreams*, New York: Public Affairs.

Fox, L. (2003) *Enron: The Rise And Fall*, New Jersey: John Wiley & Sons, Inc.

Fusaro, P. C. & Miller, R.M. (2002) *What Went Wrong At Enron*, New Jersey: John Wiley & Sons, Inc.

Swartz, Mimi, & Sherron Watkins (2003) *Power Failure: The Inside Story of the Collapse of Enron*, New York: Doubleday.

思考題

1. 你能辨認在安隆案中有哪些主要的企業倫理問題嗎？

2. 一家大企業發生如此大的弊案，你認爲是個別一、兩個人所爲？還是有一個共犯集團聯手做的？

3. 在安隆的財務作假案中，你認爲安隆內部哪些人要負責？試論不同的人所負責任的輕重及其理由。

4. 你認爲安隆案出現的原因是否與安隆的公司治理嚴重失靈有關？

5. 如果安隆的高層是信守商業倫理的，你認爲安隆弊案會發生嗎？

6. 從安隆案中，誠實不欺是否被證實是企業倫理的重要美德？

7. 有哪些企業倫理的超級規範可以幫助避免安隆的作假案出現？

案例 2：花旗銀行遲來的文化改革

　　全球最大的銀行花旗銀行（Citigroup）日本分行的執行長彼德遜（Douglas Peterson）在 2004 年 11 月底出席日本國會財務委員會的公開聆訊，說明銀行近年的違規原因。

　　2004 年 9 月，日本的監管機構揭發了花旗銀行違反了日本的法規，勒令其在日本經營個人財務管理的四個分行在 9 月底停止營業，並用一年時間將這四家分行的所有戶口關閉，到時花旗銀行營業執照將在 2005 年 9 月 30 日終止。這次日本對花旗的懲處是對外資銀行有史以來最嚴厲的一次。這次醜聞，花旗

立即解僱了日本分行的六名高級員工,包括了三名執行董事;還有涉案的八名員工被公司要求離職。

花旗銀行究竟做了什麼不當的事,遭日本當局如此的制裁?依有關當局的指控,花旗在經營包括藝術品的經紀業務時,沒有對客戶告知有關的風險,並且涉嫌洗錢的交易,同時還操控交易。有關當局還指稱花旗的管理層一切向錢看的作風導致其不惜違反日本的法令來完成交易。同時在被調查時,花旗的員工及經理對調查人員諸多阻撓,做不實的證供。值得注意的是,花旗在日本的主要業務是私人理財業務,此次官非會令這裡的富有客戶失去對花旗的信心,這對銀行在日本的中長期發展不利。除此之外,這次裁決實在對花旗銀行的形象造成很大的打擊,令新接任執行長才二年的普林斯(Charles Prince)尷尬不已,在 10 月做了一個公開的道歉聲明,隨後,日本分行的負責人彼得斯(Douglas Peterson)亦向日本政府及人民公開道歉,並承諾會盡全力修補以前的嚴重漏洞。

在日本還未做出要花旗停業的命令前,普林斯就委任了一個獨立的小組調查日本分行究竟出了什麼問題。10 月中調查出爐,普氏對日本分行不當行為有很詳細的了解。在 2004 年 11 月呈交給日本財務局的改革計畫中,花旗銀行承諾會加強對日本分公司的管控及整合(*BBC News, 2004/ 09/17, 2004/12/01*)。

不單如此,執行長普林斯親手將另外在紐約總部的三名既是他的親信及高層重量級行政人員撤職。然後,在 2005 年 1 月 25 日普氏親身到日本開記者會,承認公司做錯了,並做了一個深深的鞠躬。由全球最大的銀行執行長做出這非比尋常的動作,在美國商界是喻意深遠的,事實上,歷來都未有過一家龍頭銀行的執行長會公開認錯及向社會道歉的。普林斯之所以如此放下身段,其實是有其客觀因素的(下文有交代),而他本人亦深切感受到近年的連串醜聞對銀行商譽造成了很大的傷害。其後,普氏到分布在全球的十五個最大分行逐一親訪,目的是要推動組織文化的改革。每到一處他就大力呼籲員工上下要為近日的醜聞做深切的反省,並宣示銀行的組織文化須改革,同時要聆聽各地員工對這個問題的感受及意見。

花旗銀行是最早推動國際金融的跨國銀行,現時在全球六大洲超過一百個國家設有分行,員工有三十萬,2003 年的營收 774 億中溢利就有 180 億美元,是美國財富五百個大企業中賺錢能力最高的一家。艾信莫比爾(Exxon Mobil)是全球最大的油公司,2003 年的營收是 2,470 億美元,盈利是 215 億元,而優質的通用電力(General Electric)的營收是 1,340 億美元,盈利則有 150 億元。

將花旗的業績與這兩家賺錢的著名跨國公司的表現一比，就知道花旗賺錢能力真是不同凡響。

問題是，能賺錢的公司並不表示有企業倫理，花旗銀行的醜聞警訊，唯利是圖的代價是高昂的。

都是公司文化惹的禍

花旗銀行之惹上的醜聞一大籮筐，若仍硬拗是個別事件，恐怕小孩都不會相信。冰凍三尺，非一日之寒！花旗長期形成的公司文化，應是目前花旗困境的有力說明。事實上，公司的最高層在目前推行大動作改革中鎖定了公司文化的改造為核心，不是有力的證實嗎？

今天的花旗文化其實跟上任董事長及執行長韋爾（Sandy Weill）的強勢領導息息相關。韋爾長袖善舞，凡事事必躬親，講求業績，大膽創新，他掌權多年，敢為天下先善用新科技，且富冒險精神（敢到偏遠的地方開拓市場），及積極培育有潛力的後起之秀，一手塑造了一個強悍好勝的組織文化。這個文化在過去的三十年可說是花旗不斷壯大的主要原因（其間花旗主要透過一連串的併購將公司規模迅速變大）。然而，近年被披露的企業大醜聞，包括世界通訊、彭美拿等企業詐騙案，直接或間接都與花旗扯上關係，不禁令人懷疑花旗的組織文化究竟是為金融界培養人才？還是一群無法無天的不法之徒的操弄？

撇開其他被檢控及調查的商業弊案不談，單就 2004 年以來的案子就令人側目了：

2004 年 5 月，銀行同意繳付二十六億五千萬在美國一宗與世界通訊（World Com）有關的集體訴訟的庭外和解費。銀行是世界通訊的主要債權人，並涉及好幾宗，使用不正當的手法來取得世界通訊的生意的指控。

5 月底，美國聯邦儲備局（U. S. Federal Reserve Board）對銀行做出了懲罰，指花旗對低收入人士及高風險貸款人的個人信貸及房貸上做法不當，懲罰了銀行七千萬元，這是聯邦儲備局有史以來在消費者借貸法違規上最重的懲罰。聯邦儲備局之所以要重罰花旗，理由是這個不當的經營手法情況嚴重，同時花旗的員工在聯邦儲備局調查期間企圖誤導調查員。

6 月，花旗將兩名高級職員從中國撤換，原因是他們向中國監管機構方面提供虛假的財務資訊。

8 月，英國的金融監管機構展開一個對由花旗銀行在 8 月 2 日那天做的

一連串涉及一百三十五億美元的債券交易的調查。在那次交易中，花旗先向歐洲的一個國家的政府大幅地出售債券，然後很快地用壓低的價格重新購回債券。這次交易激怒了一些歐洲的銀行、政府及客戶，指責花旗這種傾銷手法，搞亂了市場秩序，違反了行家之間的君子協定，有濫用市場力量之嫌。在這次被指控不規範交易中，花旗在十一個不同的市場透過十三個不同的電子平台拋售了一百張歐洲政府債券，賺了近三千萬歐元。其後，花旗對那次交易做出道歉（BBC News, 2004/08/18）。

2005 年 1 月，花旗銀行在 2004 年 2 月拋售一百四十四億美元（一百一十億歐元）的政府債券，在出售債券不到幾分鐘後，花旗銀行就以四十億歐元將債券買回，這個動作當時已經引起有關方面注意，最近德國金融監管機構 BaFin 蒐集到有關的證據，展示花旗銀行在那次交易中有操弄市場之嫌。BaFin 依德國法律，將此個案交由刑事檢控單位來處理（BBC News, 2005/01/25）。

2005 年 3 月，花旗銀行要為一宗涉及全球過橋（Global Crossing）的電訊公司集體告訴的庭外和解支付七千五百萬美元的和解費。這宗官司歷時三年，花旗被控發布誇大的研究分析報告，及沒有揭露銀行的利益衝突。電訊公司在 2002 年 1 月申請破產保護令，之前公司被揭發財務作假以隱瞞公司的虧損，投資者在這次作假案中損失嚴重，俄亥俄州的公務員退休基金（The Public Employees Retirement System of Ohio）及俄亥俄州州教師退休基金（The State Teachers Retirement System of Ohio）兩個合起來在這次弊案中損失超過一億一千萬元，於是提出集體告訴，希望索回損失。2004 年公司的創辦人 Gary Winnick 及公司的前行政人員和董事同意支付三億二千五百萬元作為庭外和解的費用（BBC News, 2005/03/03）。

執行長普林斯所推動的改革會能否成功？對此抱懷疑態度的大有人在，原因是組織文化的形成非一朝一夕，一旦形成，要改變的難度是很高的。花旗長期在韋爾的勝者為王、績效掛帥、商業倫理靠邊站的文化下的積習已深，員工的思維、假定、價值，加上要在現狀維持的組織惰性等，都會成為改革的重重路障。

事實上，在韋爾未執政之前，這種文化已經漸漸成形，在 1967 年到 1984 年由韋斯頓（Walter Wriston）為執行長時，這個績效掛帥的經營文化已經流行，他僱用了很多精明的優秀員工，並迫使他們彼此競爭，最後造成了一次在拉丁

美州貸款的弊案。跟著，瑞特（John Reed）主政期間，花旗的私人銀行業務在非洲及拉丁美州涉及了重大的洗錢醜聞。韋爾（Sandy Weill）掌政期間，他靈巧地透過併購動作，創造了全球最大的銀行，並在二十世紀股票泡沫的九〇年代，以有問題的貸款及包銷手法，哄抬銀行的營收。這些被懷疑不當的經營逐一被有關方面調查，成為花旗今天無法擺脫的夢魘。

改革從來不是請客吃飯這樣輕鬆的事，但普林斯要改革的決心令人刮目相看，在這次回應日本醜聞，他一向沉穩的作風再次表現了出來。事實上，普林斯這次行動果斷而獨立，清楚地展示他並不是其提拔人（現任的董事長）韋爾的扯線木偶，不輕易受他的擺布。事實上，今次被普林斯撤職的三人——國際營運部的主席毛漢（Maughan）、財產管理部主任鐘斯（Jones），及私人銀行業務部主任史卡吐路（Scaturro）都是韋爾的多年拍檔及老友，普林斯的膽色及獨立決斷在此可見一斑。

「無法推搪」（No Excuses）是普林斯的經營箴言，這恰如其分地描述他為人處事的作風。據熟悉他本人的同業，他不會對銀行的不當做法三緘其口，亦不會避諱公司的弱點，而會公開地承認及展示有決心將之改善。普氏另一個強項，是對銀行複雜及多元的業務瞭若指掌，這有助於他制定切實可行的策略及步驟來推動改革（O'brian, T. L. & Landon Thomas, Jr ."It's Cleanup Timeat Citi,"*New York Times*, Nov 7, 2004）。

 思考題

1. 你認為花旗銀行這一連串弊案的共通點在哪裡？
2. 你認為導致這些弊案的原因是什麼？
3. 誰在這些弊案中是獲利者？
4. 誰是受害者？
5. 你認為這些弊案的出現跟花旗的企業文化有關嗎？
6. 如果花旗銀行確實遵守商業倫理，這些弊案會出現嗎？
7. 你認為花旗的董事會及總執行長在這些弊案要負上多少的責任？
8. 你認為康德式經營原則哪些對花旗銀行的公司文化改革有幫助？
9. 你認為哪些倫理的超級規範可以被應用到花旗全球分公司做組織改革？

案例 3：Wal-Mart 性別歧視官司

位於三藩市的美國區域法庭法官贊瓊斯（Martin J. Jenkins）於 2004 年 6 月 23 日裁決，判定日前一宗針對全球最大的公司沃爾瑪（Wal-Mart）的法律訴訟擁有集體控訴（class action suit）的法律地位。判決所基於的理由是，沃爾瑪展示了一種慣性的做法，對女性員工及其工資和升遷有所歧視，而這個做法相當普遍，並不限於幾個上訴人身上。這宗官司涉及了沃爾瑪職場上的性別歧視，一旦成為集體控訴之後，這宗官司就會涉及沃爾瑪現時及以前的一百六十萬名員工，是美國有史以來（也可能是人類有史以來）最大的一宗職場性別歧視官司。

這宗告訴是在 2001 年提出的，原告是六名前沃爾瑪的女性員工，她們控告沃爾瑪有系統地支付比男性員工的薪資來得低，同時女性員工的升遷機會亦比男員工的少。沃爾瑪以鐘點付薪的員工中有 65%是女性，但只有 33%是管理人員。

這個宣判一公布，華爾街就有反映，沃爾瑪的股價在紐約股市隨即應聲下跌了 1.6%。這些負面的消息自然會令公司形象受損，股價肯定會受到下滑的壓力。

有關公司的徵聘方面，沃爾瑪的一貫做法是沒有將見習管理人員的職位空缺公布，經常的做法是由男性經理暗定某一男性員工接班的。但這個做法在 2003 年初就改變了，現時有關的空位都公布了。可能與這宗告訴有關。

今次的裁決將自 1998 年 12 月開始任職於沃爾瑪的所有女性員工差不多都包括在內。現時沃爾瑪在美國有 3,586 家大賣場，員工就有一百二十萬，而女性員工的數目是遠遠超出男性員工的，由於有些女員工不一定會參加這次訴訟，因此很難估計涉及的員工的確實人數。如果沃爾瑪在這一宗官司上敗訴的話，將會面臨極大的財政損失，原因是涉及的人數實在太多了，就算每人獲得少量的賠償，數目也會在數億元以上。

在這宗名為 Betty Dukes v. Wal-Mart Stores 的訴訟中，提出告訴一方提供以下對沃爾瑪不利的證據：

1. 沃爾瑪的二十家零售業競爭對手的經理有 57%是女性，但只有 33%的女性管理人員。

2. 在公司任職至少有四十五週的全職女性員工以時工計算的員工的工資是
　　1,150 美元，比同樣工作的男員工的薪水少了 6.2%。

3. 女經理則每年平均工資是 89,290 美元，比男性經理少了 16,400 元。

4. 沃爾瑪結帳員 89.5% 是女員工，以時工計算的非管理層職位的部門主任
　　79% 是女性；助理賣場經理及經理的女性人數則分別是 37.6% 及 15.5%。

沃爾瑪自成立以來，大大小小的官司一直未有停過，除了這宗高姿態的官司外，沃爾瑪仍有上千宗官司處理中。除了證實「樹大招風」這點外，沃爾瑪的經營方式及其企業文化亦是導致許多摩擦的原因。

超大型公司職場管理的挑戰

由於規模超常地龐大，沃爾瑪的一舉一動都受到注意，尤其是一些宗教組織及關注企業社會責任的民間組織，一直盯著沃爾瑪聘僱行為及其在全國社區開設賣場的動作。在全球僱用員工有一百六十萬的零售量販王國，面對管理上的複雜性是一般人很難理解到的，出現問題是預料的事，不出問題才是奇怪！

前一陣子，在西岸俄立崗州的一宗官司就控告沃爾瑪強迫員工加班，同樣的官司亦有其餘三十一個州有待審理。除此以外，2003 年公司在一次聯邦官員的掃蕩中拘捕了公司外包商僱用的二百五十名清潔工，這些都是非法移民受僱於外包商的雇員。

要好好管理一百六十萬的員工是一項極大的挑戰，從最基本遵守相關勞工法則而言就需要加強管理，否則很容易觸犯法律。單以美國為例，有關集體談判權、工人薪酬福利、職場安全健康及防止歧視等都分別有很多相關的法例。例如，確定工人有組織工會進行集體談判權及罷工權的法令是國家勞工關係法（1935）；公平勞動標準法（1938）規定了僱員的最低工資及超時加班的補貼（加班費）的標準及童工的規則；1963 年生效的同工同酬法就是為了保護婦女免受性別歧視，規定婦女員工在做與男性員工基本上相同的工作就應享有同權的工資。另一套範圍更廣的反歧視法是 1964 年實施的公民權利法第七款，這項法令禁止所有基於種族、國籍來源、膚色、宗教及性別的歧視。其他相關法令包括了防止年齡歧視法（Age Discrimination in Employment Act, 1967）、職業安全健康法（Occupation Safety and Health Act, 1974）、雇員退休收入安全法（Employee Retirement Income Security Act, 1974）、美國公民傷殘法（Americans with Disability Act, 1990）、家庭醫療假期法（Family and Medical Leave Act, 1993）。

　　今次提出告訴的六名上訴人之一的杜克在沃爾瑪工作了十年，職位仍是賣場入口的迎客員（*NYT, June 23, 2004*）。杜克十年前加入沃爾瑪時在三藩市以東約四十哩的匹茲堡做兼職的收銀員，時薪五元。當時她年齡是四十，曾在其他零售店任職過。加入沃爾瑪時她說曾問經理關於升遷問題，但沒有得到任何指引，在任職沃爾瑪的一年內她成為全職的收銀員。後來她好幾次追問同一問題，但得不到確切的回答，與此同時，所有的空缺很快就被填滿，而這些職位經常是在沒有公布前就被填滿了。在杜克的狀紙中，陳述她由於如休息時間過長曾受到紀律處分，但男同事犯了同樣的問題卻沒有被罰。依公司的規則，員工若犯了這些規則就沒有升遷的機會。杜克曾當過短暫的客戶服務經理，但其後被降職為收銀員。

　　2003 年，杜克再嘗試申請管理見習工作，她聲稱由於她是一個星期天上教堂的虔誠基督教徒，她在電腦上做申請時就自動被告知不合資格。同一年，一名新上任的經理見到她的工資仍是每小時九元，於是將之加到 12.5 元。由於工傷，她停止了收銀員的工作，又當回迎客員。

　　對於法官這個集體訴訟地位的裁決，沃爾瑪提出上訴，要求在三藩市的聯邦上訴庭審理這宗裁決，沃爾瑪提出的理由是，有關員工的升遷及薪資問題，是由各分店分別決定的，而不是由總部班頓圍所控制的，況且就只是個別地方的情況，不適用於全國的分店。因此，將這個控訴應用到沃爾瑪一百六十萬員工身上是對公司不公平的。沃爾瑪的律師在上訴書中申辯，以逐個分店的情況而論，根本沒有證據證明絕大多數的分店有這種歧視情況出現。控方律師並沒有根據逐家分店的情況來找證據，只從全國性或地域性的綜合資料來做統計性分析。沃爾瑪表示若這次的上訴不獲通過，會在這宗集體控訴裁判結果出來後再做上訴。

　　（資料來源：葉保強，「職場歧視大官司之一及之二」，《信報》，*2004/10/02，9。*）

參◆考◆資◆料

Steven Greenhouse & Constance L. Hayes, "Wal-Mart Sex-Bias Suit Given Class-Action Status," *New York Times*, June 23, 2004; Constance L. Hayes, "Wal-Mart Seeking Review of Class-Action Suit Status," *New York Times*, July 2, 2004; Reed Abelson, "Welcome to Wal-Mart. Please Help Me." *New York Times*, June 23, 2004.

思考題

1. 性別歧視違反了不少國家的法律，你認為性別歧視不道德的地方在哪裡？
2. 在這一宗集體控訴中，你認為沃爾瑪真的違反了在職場上公平對待員工的道德原則嗎？
3. 性別歧視、年齡歧視在道德上的異同在哪裡？
4. 在性別歧視中，誰是獲利者？誰是受害者？
5. 如果這個指控被證明是真實的，你認為沃爾瑪高層為何不及早預防？是疏失？還是偏見？或是缺乏倫理的管理所導致的？
6. 你認為這個告訴所指的歧視之所以出現，跟沃爾瑪的公司文化及領導有關嗎？
7. 沃爾瑪在這次訴訟的指控如果是事實的話，究竟違反了哪些企業倫理的超級規範？
8. 依據康德式公司的倫理原則，沃爾瑪可能觸犯了哪些原則？

案例 4：中國礦坑是全球最危險的職場

2004 年 11 月底在中國發生的一次傷亡慘重的工業意外，暴露了號稱「世界工廠」之內工人的苦況。

2004 年 11 月 24 日（星期日），陝西省銅川礦務局陳家山煤礦發生瓦斯爆炸，當時在礦坑工作的二百九十三名礦工，有一百二十七人獲救，估計有一百六十六名礦工被困在煤坑遠離入口之處，因為礦工所處的位置及礦坑滿布濃煙，搶救工作極為困難。

發生工難的陳家山礦坑成立於 1979 年，年產原煤二百三十萬噸，是一國營礦坑，原屬於中央企業，1998 年下放為省屬企業，有員工四萬一千二百人，離北京西南約四百五十公里，其後證實被困的無一生還，這宗意外成為中國十年來最嚴重的意外。爆炸的原點據稱是離礦坑入口約八公里處，約有一百二十七人在靠近入口處工作的礦工僥倖逃離災場，但很多都中了二氧化碳毒。

在此次氣爆的礦坑其實在前一週曾發生過一次火警，在那個礦坑工作的礦工擔心安全問題曾一度拒絕上班，但上司由於要增產，威嚇要懲罰不肯上班的礦工。諷刺的是，意外發生之前二天，陝西省政府發布一份指令，命令要加強礦場的監督，及關封所有抽風系統不合格的礦坑。此次氣爆的礦坑其實在 2001

年 4 月就發生過意外，有三十八名礦工死亡，受傷七人，銅川礦務局局長因此被撤職。

中國礦坑是全球最危險的職場，中國礦工是世界上最危險的工作。近年來礦坑意外不斷發生，死傷數字驚人。根據官方公布的數字，2004 年在礦坑的爆炸、大火、淹水而死亡的人數達六千人，比 2003 年少了 8%。但就每噸煤的死亡率計算，是美國的一百倍。中國在 2004 年生產的煤占全球產量的 35%，但由開採煤導致的死亡人數卻占了全球的 80%。官方的資料顯示，單就 2004 年頭九個月，煤產業每天就有十五名礦工死亡。同一時間的工業意外有超過一萬名工人罹難，而死於煤礦意外的占有四成，情形相當嚴重。但有經驗的觀察者一眼就知真實的數字遠比這個嚴重，原因是很多的意外（尤其是發生在一些小型私營的小礦坑的意外）是沒有報導出來的。

中國的礦場意外好像家常便飯，礦場的危險已經達到醜聞的地步。自 2004 年起計算，除了剛才提及的兩宗之外，還有下列的意外：

1. 2 月 23 日，黑龍江省的一座礦場爆炸，死亡三十二人。
2. 6 月 3 日，河北省的一次礦災官方原先報告只有一名礦工死亡，其後媒體揭露礦場活埋了十六名礦工，原來有關的官員合謀隱瞞死亡數字，後來有參與的十六名官員受到起訴。
3. 10 月，河南省大陸國營大平煤礦瓦斯爆炸，一百四十八名礦工死亡。
4. 11 月中（陳家山礦坑氣爆前一週），河北省沙河市的一座鐵礦的火災工難中，有六十八名礦工罹難。
5. 2005 年 2 月 14 日，遼寧省阜新市的阜新礦務集團公司孫家灣煤礦發生瓦斯爆炸，造成二百一十四人死，三十人受傷。這是中國自 1949 年以來最大的一次煤礦意外。負責工業安全的遼寧副省長因此事被暫時停職，直至調查完結為止。阜新礦務集團公司的高層及孫家灣煤礦的主管亦受到懲處。

中國近年由於經濟快速增長，全國對能源的需求非常殷切，經常出現供不應求的情形，而煤占了中國能源來源的主要成分（中國是全球最大的煤消費國，占全球三分一之消耗量），導致煤礦受到異常大的壓力，礦場的主管就經常為了提高生產而對平日已經不合格的安全管理更加輕忽對待，或將一些不符合安全水準而被勒令關閉的礦坑重新開放。私營的小礦坑的主人近年由於煤的需求量大增

而賺了不少，令礦坑老闆不顧一切加速開採，使得這些原來已經不合安全水準的小礦坑更形危險。這樣的做法無疑將原來已經危機重重的情況推向極點，意外的出現只是遲早的問題而已（*BBC News, 2004/11/28; 2004/12/01; New York Times, Nov 29, 2004*）。

礦坑的安全直接責任當然是礦坑的老闆及管理人員，但政府亦不能推卸應有的責任，就是要制定有效的礦坑安全法例，及投入應有的資源，切實執行這些法例。這一連串的礦坑意外反映了政府在監管及執行礦坑安全方法完全失敗，致令唯利是圖的礦坑老闆做出這些無視於員工生命安全的缺德行為。

扭曲的誘因加深煤坑危險

依中國官方的數字，2003 年最初九個月有一萬一千四百九十九人死於煤礦坑意外；2002 年整年的死亡人數才約六千人。這些死亡有三分之二是發生在私營的小礦坑，它們都是自改革開放以來這二十年內才逐漸出現的（*BBC News, 2003/11/13*）。很多的小礦坑都是非法經營及不符合安全標準，但被政府勒令封閉不久就重新開放經營，這是造成這麼多意外的一個主要原因之一。

另一方面，地方政府由於財政緊絀，無法支付監督礦坑安全的工作，導致安全檢查人員訓練不足及嚴重人手不足。同時，礦坑的老闆經常向官員行賄，監督工作形同虛設，且有關礦坑的管理不合水平，政府可能有礦坑的名稱及地址等資料，但卻沒有礦坑工作的礦工資料，因此一旦發生意外及傷亡時，礦坑老闆很容易作假，隱瞞死亡人數。除此之外，地方政府由於經常經費不足，而礦坑的繼續經營可以帶來穩定的稅收，把它們關閉無疑斬斷了財務收入，站在這些貧窮的地方政府官員立場，採取睜一隻眼閉一隻眼的政策是最符合地方利益的。在這樣扭曲的誘因機制下，不發生意外才是怪事。

經中國媒體的揭露，2002 年在中國的西北地區的一個礦坑，爆炸意外就發生過隱瞞事件。那次有二十一名礦工被困，礦坑東主根本沒有打算將員工救出來，乾脆毀滅了員工的紀錄，同時將有爆炸痕跡的地方用石灰水蓋上，意圖掩蓋意外，實質上將被困的員工活埋在礦坑內。其後被揭發時，被困的礦工無一生還。

缺乏嚴格的職場安全管理、貪污腐敗的官員、不良的礦坑東主、無商業倫理的管理層、工人權利被嚴重剝奪、政府無能等都是導致今天煤礦災難的原因。問題由來有自，主要由結構性因素所導致，而不同的改革方案都各有利弊，同時涉及不少的成本。切實執行礦坑的安全管理規則無疑是一個方法，問題是如何執行是最有效同時不會勞民傷財。增加安全檢查員會增加執法的成本，對很

多貧窮的鄉鎮或地方政府來說是划不來的，根本沒有這些資源來逐一對礦坑做定期的巡查。

民間組織《中國勞工通訊》建議成本最低及最容易執行的方法，是利用礦工來加強安全規則的執行。礦工是前線的工作者，且其利益與礦坑的安全綁在一起，應有很強的誘因來揭發不安全的經營。讓地方政府鼓勵礦工來「執行」安全規則，是成本低及有效的做法。問題是，要礦工發揮這種監督力量，首須給予他們一定的權利，包括敢講眞話、自由言論與組織工會等工人應有的權利。眾所周知，中國工人現時尚未有組織獨立工會的權利，在單打獨鬥的情形下礦工無法做到有效的監督。這是目前煤礦意外難以有效控制的困難之一。

中國國家煤礦安全監察局的資料顯示，政府已經勒令關閉了一萬五千家不合安全要求的礦坑，中央政府爲各地政府設定了安全目標，規定了每一噸煤的最高傷亡人數，若超出這個規定地方官員便要被罰。重要的是，就算政府眞正意識到問題的嚴重並下定決心改革，但要將這些因素逐一克服，並非一朝一夕之事。加上現時全國能源需求的緊張有增無減的情況下，下一個煤礦意外不知何時會爆發，煤礦工人的安全實在堪慮。礦坑的不安全其實只是職場不安全的冰山一角而已，一天沒有將這些安全問題徹底解決，世界工廠的黑暗面將會不斷呈現於世人眼前。

（資料來源：葉保強，「中國職場倫理檢閱之一及之二」，《信報》，2004/12/25；2005/01/01。）

 ## 思考題

1. 你認爲導致中國礦坑的意外頻頻的原因有哪些？

2. 在這些意外中誰應負責？

3. 誰是這些意外的獲利者？誰是受害者？

4. 你認爲中國礦坑的危險涉及了哪些企業倫理問題？

5. 你認爲礦坑的東主違反了礦工哪些基本員工權利？

6. 你認爲員工有拒絕在危險的職場工作的權利嗎？這項權利在落後的地區是否可以切實執行？

7. 你認爲政府在保障弱勢礦工的權利上應有什麼責任？

8. 你可以例舉其他跟採礦同樣危險的行業嗎？它們是否有共同的問題？

9. 有哪些企業倫理的超級規範可以適用於礦坑的倫理管理？

案例 5：富士康員工墜樓慘劇

前言

2010 年富士康公司的中國深圳廠區，發生了一連串的員工墜樓事件，有十數人因此輕生，震驚全球，不少傳媒與相關的勞工組織，指責富士康對待員工的方法是導致慘劇的主要原因。經此一役，血汗工廠這個罵名就如影隨形地跟著富士康，令其名譽受損。本案例是主要陳述相關的事實，以展示在 21 世紀大型的代工製造業內職場的狀況，借此來反思企業對員工應有的企業責任。

深圳悲劇十三跳

2010 年 1 月 8 日，那天跟平常的日子一樣，富士康深圳廠區內的工人一如平日般工作，然而那天發生了一宗命案，開啓了製造業史上的員工接二連三的自殺案序幕，震驚全球。當天一名來自河北邱縣十九歲男工，在富士康員工宿舍墜樓身亡。跟著是 1 月 23 日，另一名十九歲的員工在富士康華南培訓處的宿舍內被發現死亡，致死原因最初認定爲「猝死」，但經死者家屬猛追不捨及媒體調查下，死因改爲「高墜死亡」，此乃廣爲媒體報導的富士康事件第一跳。3 月 11 日，富士康龍華廠區一名二十八歲男工，在宿舍墜地身亡，疑爲加班費被盜取，一時想不開而輕生，此爲富士康事件第二跳。3 月 17 日，龍華區十七歲女工從區外宿舍跳下受傷，原因疑爲生活壓力，此爲富士康事件第三跳。3 月 29 日，龍華區一名二十三歲湖南籍男工，被發現死在宿舍 1 樓通道，警方認定爲「生前高墜死亡」，此爲富士康事件第四跳。4 月 6 日及 7 日在觀瀾工廠區，分別發生了兩宗女工墜樓致死案，被列爲第五及第六跳。接著，5 月連續發生了七宗墜樓自殺事件，主要都在龍華廠區。自 1 月到 5 月間，富士康共有超過十三起的工人疑是墜樓尋短的悲觀。

這一連串員工墜樓事件引起各方的關注，國際知名媒體及中港台媒體均大幅深入報導。全球網民熱烈探討此案，中國網民對富士康反應尤其強烈，痛斥富士康爲血汗工廠，剝削工人。不少媒體懷疑悲劇跟富士康的勞動環境不佳分不開，而中國雖有保護勞工如《勞動合同法》等法令，但經常有法不執、或執法不嚴，導致勞工權益受損。另外，有六十餘中、港、台學者及學生聯合組織了調查團隊，在 5 月至 8 月到富士康大陸七省市的十二個廠區作調查訪問，企

圖了解眞相。台灣一百五十位大學教授公開發表聲明，指責富士康是血汗工廠。委託富士康生產的國際品牌如蘋果電腦（Apple）及惠普（HP）對事件表示關注，蘋果電腦更委託公平勞動聯會（Fair Labor Association）對事件做調查。墜樓事件後，有不少員工離職，據聞離職潮最高峰的三個月內，每月人數高達五萬人。

5 月 27 日，中國國家人力資源與社會保障部、全國總工會和公安部組織的中央部委聯合組織了調查小組，進駐富士康廠區作調查。深圳市政府鑑於富士康的保安人員人數及訓練都不足，提供了再培訓外，並加派三百名保安人員至廠區協助。深圳衛生部門派出心理醫生至富士康，對員工作心理輔導，並在區內增加文化設施，舉辦活動，紓解員工工作壓力。深圳市勞動保障部門，對富士康的勞動契約、工資分配、加班時間、勞動強度作檢討及監察。

回應員工墜樓慘劇，富士康推出了一系列的措施

一、富士康在員工宿舍裝設一百五十平方公尺的防護網，並在陽台裝上不鏽鋼窗，在樓頂裝設鋼製防護欄，並將高度拉到三公尺，以防止員工墜樓。

二、與附近的醫院合作，在龍華與觀瀾兩廠區，為員工設置心理諮詢服務，並增設輔導部門，加強對員工的心理與就業輔導。

三、富士康將在深圳就業招聘大會上，規劃招聘二千名心理衛生專家，成立新部門，負責照護員工心理健康，並在園區加設一百五十萬平方公尺「空中愛心網」並且開通語音專線，給員工提供心理諮詢。

四、為了防範員工輕生，獎勵員工若發現同事行為異常就要通知心理醫師或是部門主管，情形若是屬實，公司將獎勵報告者人民幣二百元。

五、董事長郭台銘發信向全體員工致歉，安撫員工，承諾改善問題。

六、回應公司認為不實報導，富士康開放廠區，讓兩岸四地二百家傳媒入區視察生產車間及宿舍。

七、富士康將每五十名員工組成一個相親相愛小組，互相關懷與協助，並且盡量安排，將同鄉及熟悉的人住在同一宿舍。

八、墜樓事件發生初期，富士康對死者給予高額的撫卹金（三十六萬人民幣，並且給予其父母每年三萬人民幣的零用金，之後為一人撫卹十萬人民幣），因此產生了「一跳保全家」的謠傳，疑無意地製造了扭曲的誘因，導致悲劇頻生，有鑑於此，公司廢除了死亡撫卹金。

九、要求員工簽訂《不自殺協議書》，承諾若發生非公司責任導致的意外

死亡事件（自殺、自殘等），同意公司依法辦事，員工與家屬不向公司提出過當訴求，不採取過激行為損害導致公司名聲。

十、對普通員工加薪 30%以上，每月工資從九百元提升到一千二百元人民幣。稍後，將通過考核的員工（包含作業員與線組長）的基本薪資一千二百元調升到二千元，漲幅達 66%，並且限制加班時限不能超過三小時，而員工每週必須休息一天。

富士康發展簡史

富士康的控股公司為總部設在台灣的鴻海精密工業，創辦人郭台銘向以強悍進取、重視效率、紀律嚴明、善於經營為名。郭氏於 1974 年創辦前身名「鴻海塑膠企業有限公司」（簡稱鴻海公司）的小公司，員工十數人，製造黑白電視機旋鈕，1981 年生產連接器，進而生產個人電腦的連接器，1982 年改名為今天的「鴻海精密工業有限公司」，1985 年取得美國電信客戶之訂單，其後成立「FOXCONN」做代工生產，客戶都是包括蘋果國際品牌。富士康以生產效率馳名著稱，由一家小廠快速成為全球電子產品的代工龍頭。1988 年，郭台銘在深圳開設第一家工廠，員工僅百餘人。「龍華科技園區」1996 年成立，業務發展神速，廠區不斷擴大，面積超過兩平方公里，成為中國最大規模廠區之一。富士康在 2010 年時，全球已超過百萬員工，其中深圳地區就有四十五萬人，而龍華廠區更超過三十萬人。富士康業務蒸蒸日上，業績亮麗，年均營業收入持續維持超過 50%的複合增長率。2005 年，富士康在香港證券交易所上市。2008 年產值提升到四百零六億美元，晉身全球五百大企業。富士康生產全球的品牌產品，包括蘋果的 iPod 與 iPhone、及日本任天堂（Nintendo）等產品，享有「世界代工之王」之美譽，故吸引不少的年輕的求職者，他們都以能成為富士康員工為榮。在深圳富士康廠門外，每天都有上千名來自各省的年輕農民工排隊應徵工作。事實上，富士康的工資比其他的中型廠來得優厚及穩定，不會拖欠薪資，並有不錯的員工福利。對許多要多賺點錢來幫補家計的員工來說，富士康另一項吸引是可以經常加班以增加收入。還有，富士康的廠區自成一個獨立自足的社區，各式設備齊全，包括宿舍、銀行、食堂、醫院、電視台、廣播站、雜誌社、公園、郵局、商場、超市、美食街、游泳館等各種設施，頗能滿足員工的生活所需。

員工為何尋短？

對習慣於資源匱乏、生活機能缺少的農村年輕農民工來說，富士康廠區真像一個富饒的國度，是尋工者夢寐以求的幸福企業。然而，令人不解的是，為何如此令工人嚮往的大企業，會是十幾起年輕工人尋短之地？當地人常將富士康廠區比喻為一座圍城，還有以「圍城外的人想進來，圍城內的人想離開」的講法，來形容富士康城內城外絕然不同的兩種心情。這講法是否內含玄機，暗示富士康亮麗的背後鮮為人知的真相？富士康若真是一座圍城，那麼圍城內的工人究竟如何工作？如何生活？他們究竟在想什麼？有何夢想？富士康員工一天是如何渡過的？以下是根據公佈的資料而重構的富士康職場內外的一個簡圖。

工時冗長

中國勞動法規定了員工的法定的工時、工資及加班時數。但法規跟實際的情況常有落差，很多員工的工時超標，加班時數及工資亦違反規定。工人的一天工作（含加班）大致如下：早上 6：50 起床，早餐後 8：00 上班，11：00 下班吃中午飯與小休，13：30-17：30 為下午班，晚飯休息 1 小時，加班至 20：00。加班時數的計算方法是：在 7：30-19：30 這 12 小時內，包含中午和下午吃飯的時間，員工若是在崗的才可報每天加班 3 個半小時；加班費是正常班的 1.5倍，週六與週日加班按 2 倍支付。不加班的工人在 16：30 就可下班。加班員工在加班後身心疲累，很少精力作其他的社交活動，回宿舍便睡。不少工人為了增加收入，主動要求加班。據深圳市人力資源和社會保障局的調查，5044 名富士康受訪員工中有 72.5%超時加班，每人平均月超時加班為 20.01 小時，長期超時的工作對工人累積了巨大壓力，有損身心健康。

基本薪資低

工人工資底薪為九百元人民幣，扣掉生活費則所剩無幾，深圳生活水準高，因此工人必須經由加班來增加收入。一位普通工人每月正常的工作日為 21.75天，平日加班為 60.50 小時（加班費按 1.5 倍支付），報酬為四百六十九元人民幣，周六日加班為 75 小時（按 2 倍支付），報酬是七百七十六元人民幣，加班總時數為 136 小時，工資總額為二千一百四十五元人民幣，換言之，工人每月收入的 60%靠加班賺來，然而這個加班時數將比《勞動合同法》規定的最高加班時數超出一百小時。富士康以深圳當地制定的最低工資標準來定工人的工資，

雖然沒有違反當地勞動法，但是，這與公司擠身世界五百強企業的形象有明顯的落差。

職場風險及管理嚴苛

富士康代工品牌的競爭力，建基在高效率及嚴格管理上；傳聞國際品牌公司若要短期內改良產品，並且涉及難度高的技術，必定會找富士康，而富士康都能快速回應，完成一般認為不可能的任務，令品牌公司刮目相看。問題是，擁有這種超強的競爭力要付出一定的代價，其中包括高壓的職場、連帶的負面影響，以及一連串的墜樓悲劇。富士康的管理嚴格及科學化，儼然軍事化管理，生產線上的程序、分工及輸出量都精準地規劃好，配合嚴密的監督，以達致最高效率的生產。生產線上的工人就像機器的一部分，快速熟練重覆同樣的動作，工人的動作互相密切地關連著，前一個工序的作業跟下一工序作業配合無間，如流水般順暢。製造業採取這種管理方式是常態，富士康並不例外，若有不同者，不過是富士康比其他的製造商更有效率、管理更精準及嚴格罷了！問題是，員工是否可以長期承受完成高效率所帶來的壓力，又壓力對工人的生理及心理產生什麼樣的衝擊？富士康高壓的生產線是否合乎人道的職場？職場是如何管理的？

跟其他的大型製造業的管理模式大同小異，富士康管理是層級指令式的，組織權威自上而下垂直管控。最上層發號施令，下面一層層依指令執行。在廠區內，員工的工作服顏色是用來區別員工的層級及所屬廠區的：一般基層或倉庫內的普通男工的服色是黑藍色，女工的是紅色；核心技術人員則身穿白色工作服。不同階層的員工分屬不同的工作區，其他員工不得隨便進入。富士康的編制包括線長、組長、課長、專理、副理、經理、協理、副總經理、總經理等，各職別還可以再細分，例如經理可以細分成為一般經理與資深經理。生產線員工必須服從線長或組長的指令，犯錯經常會受到懲罰，有時是公開及粗暴的被責罵斥喝或被罰寫悔過書。據聞有些生產線採一人犯錯全體受罰「連坐」罰法，懲罰不公平之外，且會導致員工之間的猜疑及不信任，破壞團隊合作。員工在害怕受罰及情緒緊張不安下幹活，根本談不上什麼合格的職場品質。

根據兩岸三地大學師生的實地調查，並且訪問了因工傷入住附近醫院的員工，富士康在職場安全管理不善，許多車間不安全，工傷頻生，發生工傷亦沒有按規辦事，且有隱瞞及謊報工傷人數，以製造職場品質水平符合品牌廠所規定的社會責任規範之假象。

廠區的監控嚴峻

深圳廠區內保安嚴格，門禁森嚴，廠區多處設有二十四小時的監視器，員工都必須配戴有照片及號碼的識別證。負責監控員工的人員，包括車間中不同層級的主管，廠區內的環境安全課保安人員，人力資源部的稽查員，以及專責管理宿舍的宿管辦等。除此之外，富士康保安部共有保安人員多達千名以上，但有媒體質疑保安人員時有違規執法，經常違規對員工粗暴對待或限制人身自由等，因此保安人員經常跟工人產生衝突，與工人關係緊張，員工對保安人員既怕又恨。

疏離的人際關係

廠區內的人際關係頗為疏離，員工形同陌生人，就算是住在同一宿舍的室友，亦不會很熟悉，原因是員工工時長，且上下班時間有異，下班疲倦至極，回宿舍就休息，社交機會很少，有些室友連碰面的機會都不多。這樣的生活環境對年輕員工的生活品質及心理健康會有不良的影響。

新生代的適應

富士康絕大部分的員工都來自貧窮的農村，一般稱之為新生代的窮二代，他們到城市打工支撐家庭經濟，為了養家必須承受長期超工時體力透支的工作；因此無論在體力及精神上，都累積了難以估計的壓力與苦悶，加上人際疏離及缺乏社會支持的環境下長期的煎熬，有部分年輕工人就無法支撐下去而產生悲劇。對悲劇的原因不乏流行的說法，其中有一說是這一代年輕人都是獨生子女，成長期間處處受到父母呵護與寵愛，少有單獨面對逆境，且不少都受過高中教育，對未來充滿憧憬，對生活及工作都有較高的要求。並且，窮二代跟他們的父母輩最大不同是他們不像父母般能堅忍捱苦，抗壓力及適應力較差，心理狀態脆弱，遇到困境或不如意時比較容易走極端。然而，這些都是一些臆測，未經嚴格的科學檢證的。

形同虛設的工會

富士康沒有真正代表工人利益的獨立工會，現有的工會是依政府認可，但主要為維護資方利益的組織，根本無法代表工人的利益。雖然部分工人在2007年底在種種阻力下成立工會，但工會會員佔全體員工的比例過少，也沒有按照

工會法的組織程序進行選舉。此外，工會因爲經費不足及處處受制於管理層，無法爲工人的基本勞動權利發聲，只能爭取一些如購買火車票之類的小福利，難怪很少員工參加。

違法僱用學生工

富士康的深圳、昆山、太原、武漢、上海廠區，都違法僱用學生工，例如深圳龍華廠區某一個生產車間，在二千六百人中有七百到一千人爲暑期學生工。在公平勞動聯會調查報告中亦確認這點。富士康將十六到十八歲的實習生或是未成年工人當成人工人對待，實行日夜班輪換制度，違反了中國的《未成年保護法》之規定，富士康亦讓實習生超時工作，違反了政府的「實習生不得安排加班」之規定。

造成這連串悲劇的原因必定很複雜，沒有單一直接的原因。但以上的絕大多數職場內及職場外的因素都與導致悲劇有關。因此，改善這些因素無疑是對症下藥的良方。

公平勞動聯會的調查

受託於蘋果電腦的公平勞動聯會（Fair Labor Association），對富士康墜樓事件的調查報告，在 2012 年 3 月公佈，發現廠區內的確有不少違規事例。這項調查是獲得富士康完全的配合，調查小組經過一個月在富士康的觀瀾、龍華及成都三個廠區，深入訪談了由隨機抽樣出來的三萬五千名工人。報告列出富士康有數十項違反中國勞動法或聯會制定的職場行爲守則（FLA's Workplace Code of Conduct）。富士康的主要違規行爲包括違法合理的工時、薪資、工人健康及安全，以及勞資關係方面（*FLA, 2012*）。三個廠區的工人每週平均工時，都超出了中國法律及聯會職場守則所規定的時數。在生產尖峰時期，有些工人一週連續工作七天沒有休假，一個月平均僱用二萬七千學生工，而學生工經常做超時工作及當夜班工。工人雖然都對職場的安全及自身健康關心，但並不知道在廠內有健康安全委員會的存在，並且對廠方處理安全健康無信心。約有 14% 的工人，在臨時要執行的超時工作沒有得到補薪（工人在少過 30 分鐘的工作是沒有超時補薪的）。超過一半受訪工人表示，他們的工資（在一廠區是每月三百五十六美元）是不夠支付基本的生活開銷的。廠內工會的領導及管理層人選的選舉由資方提名，令工會的主要委員會成員，大部分是管理層選出的人，根本不是維護工人權益，並且不代表工人利益。廠內的管理層與工人的溝通，基本上

是由上而下單向的。報告除了陳述廠內的不善之處外，還有提出相關的改善補救方案。富士康對這份報告沒有提出異議，並承諾會依報告的建議作出改善。《聯合報》告雖然沒有將違規的事項視為員工墜樓的原因，但這些違規行為及其職場環境跟悲劇的產生肯定脫不了關係。

參◆考◆資◆料

中文部分

王毓雯，〈郭台銘王朝全剖析〉，《商業周刊》2013 年 1 月，1313 期，頁 104-136。

劉心武、劉志毅編著，《他們為什麼自殺——窮二代在吶喊：路在何方時代之痛和社會病態深度解剖》，廣州：花城出版社，2010。

潘毅、盧暉臨、郭于華、沈原主編，《富士康光輝煌背後的連環跳》，香港：商務印書館，2011。

《富士康事件調查兩岸三地高校》，資料來源：http://critiqueandtransformation.wordpress.com/2010/09/19/%e2%80%9c%e5%85%a9%e5%b2%b8%e4%b8%89%e5%9c%b0%e2%80%9d%e9%ab%98%e6%a0%a1-%e5%af%8c%e5%a3%ab%e5%ba%b7%e8%aa%bf%e6%9f%a5%e7%b3%bb%e5%88%97%e5%a0%b1%e5%91%8a-%e2%80%9c%e5%85%a9%e5%b2%b8%e4%b8%89/, 下載 2011/08/17

（此調查於 2011 年成書，見潘毅等 2011，《富士康光輝備後的連環跳》）

謝曉陽，〈富士康遇上中國揭示悲劇根源〉，《亞洲周刊》二十四卷二十九期，2010/07/25，http://www.yzzk.com/cfm/Content_Archive.cfm? Channel=ae&Path=232866631/29ae1a.cfm, 下載 2012/08/12。

〈富士康跳樓事件〉，《百度網站》，2011/08/17，http://baike.baidu.com/view/3624334.htm, 下載 2012/08/10。

〈富士康跳樓事件〉，《互動百科》，2010/05/21 http://www.hudong.com/wiki/%E5%AF%8C%E5%A3%AB%E5%BA%B7%E8%B7%B3%E6%A5%BC%E4%BA%8B%E4%BB%B6, 下載 2012/08/10。

〈2010 年深圳富士康員工墜樓事件〉，《維基百科》，2010/05，網路資料來源：http://zh.wikipedia.org/wiki/2010%E5%B9%B4%E6%B7%B1%E5%9C%B3%E5%AF%8C%E5%A3%AB%E5%BA%B7%E5%93%A1%E5%B7%A5%

E5%A2%9C%E6%A8%93%E4%BA%8B%E4%BB%B6，下載 2012/08/10。

〈富士康網友觀察團報告全文〉，《百度網站》，2010/05/28：http://www.zh-life.com/Html/LHtml/201005/L3941_1.htm), 下載 2012/08/14。

〈富士康 12 連跳事件整理〉，《苦勞網》，2010/05/26，http://www.coolloud.org.tw/node/52306, 下載 2012/08/17。

《聯合報》，〈富士康將辦獨立工會選舉，英媒：強有力的信號〉，2013/02/05，http://udn.com/NEWS/MAINLAND/MAI4/7684440.shtml, 下載 2013/02/05。

《經濟日報》，〈富士康設工會，資方權宜之計，學者不看好〉，2013/02/05，http://udn.com/NEWS/MAINLAND/MAI4/7684202.shtml, 下載 2013/02/05。

《聯合報》，〈鴻海：不是庫克要求，庫克：郭董從善如流〉，2013/02/05，http://udn.com/NEWS/MAINLAND/MAI4/7684431.shtml, 下載 2013/02/05。

《中國時報》、《聯合報》及 BBC News 相關富士康事件報導。

英文部份

Bradsher, K. and Duhigg, C. 2012. "Signs of Changes Taking Hold in Electronics Factories in China," December 31, 2012. http://cn.nytimes.com/article/china/2012/12/31/c31applenine/en/. Accessed on December 31, 2012.

Duhigg, C. and Barboza D. 2012. "Human Costs Are Built Into an iPad," *New York Times*, January 25, 2012. http://www.nytimes.com/2012/01/26/business/ieconomy-apples-ipad-and-the-human-costs-for-workers-in-china.html?_r=1&hp. Accessed on January, 25, 2012.

Duhigg, C. and Bradsher, K. 2012. "How the U.S. Lost Out on iPhone Work," *New York Times*, January 21, 2012. http://www.nytimes.com/2012/01/22/business/apple-america-and-a-squeezed-middle-class.html. Accessed on January 21, 2012

Duhigg, C. and Greenhouse, S. 2012. "Electronic Giant Vowing Reforms in China Plants," *New York Times*, March 29, 2012. http://www.nytimes.com/2012/03/30/business/apple-supplier-in-china-pledges-changes-in-working-conditions.html?pagewanted=all. Accessed on March 29, 2012.

Fair Labor Association. 2012. *Independent investigation of Apple supplier, Foxconn.* http://www.fairlabor.org/sites/default/files/documents/reports/foxconn_investigation_report.pdf, Accessed on March 30, 2012.

思考題

1. 在富士康廠區的十餘起的員工墜樓悲劇中，你認為員工尋短有共同的原因嗎？還是每個個案都分別有其原因？或有些個案永遠無法確定原因？

2. 綜合各項調查的報告，你認為富士康員工是否在生產線上及下班後都受到不當的對待？

3. 你認為富士康的職場管理是否符合企業倫理的管理？（試列出職場倫理管理的要件）

4. 綜合有關富士康生產線及廠區內的管理，你是否同意，富士康是一家如勞工組織及部分學者所指責的血汗工廠？（思考血汗工廠的要件）

5. 在整件事件中，從倫理領導的角度觀察，你認為鴻海董事長郭台銘對事件的處理是否合適及合格？是應付外部壓力的權宜之計？還是誠意做對的事？（思考什麼是倫理領導）

6. 你認為深圳政府有關部門，是否監督不力及執法不嚴，沒有好好保護勞工權益？深圳政府對富士康有如此龐大的經濟影響力，與中央政府高層領導有深厚人脈的廠商，是否能有效的監督及執法？

7. 蘋果電腦在這事件中是否未善盡國際品牌企業，對其主要供應商的富士康作有效監管？（思考什麼是供應鏈的倫理管理）

8. 你認為蘋果電腦邀請公平勞動聯會調查富士康員工墜樓慘劇是否遲了一些？是否適當或過度反應？還是及時做對的事？

案例 6：RCA 八德市污染事件

　　1970 年，美國跨國企業（RCA）成立之台灣美國無線電公司在桃園縣八德市附近設廠，以生產電子、電器產品為主，為桃園當年第一大廠，全盛時期廠員工達二、三萬人。1986 年，RCA 併入美國奇異公司（General Electric），1988 年由法國湯普生（Thomson）公司併購，繼續生產以電視機之電腦選擇器為主之產品。

　　工廠設立之初，很多人都想成為 RCA 員工，因為除了在外商公司上班的美名外，待遇也比一般電子工廠高，許多員工以身為 RCA 的一份子而引以為傲。不過，根據資料顯示，該廠在處理有機溶劑及保護員工健康方面，長期不合台

灣既有法令規範,數次接獲政府「函請改善」的要求。❶1991 年北區勞工檢查所例行檢查中,RCA 更被查出有未依法進行環境濃度測試及通風設備檢查等多項違規,且一直未有進一步的處置。

1992 年 RCA 關廠,並將廠地售予宏億建設、宏昌建設及長億集團。長億集團打算在都市計畫通盤檢討時,將土地變更為商業及住宅區。1994 年 6 月 2 日,立法委員趙少康先生舉發該廠因掩埋廢棄物而造成地下水的污染。政府隨即進行環境調查工作,發現該廠在電子零件製造、裝配過程中所使用的清潔溶劑,含有毒之三氯乙烯、四氯乙烯等有機化學物,確實因隨意傾倒而滲漏到地表下的土壤和地下水中。另外,RCA 公司可能將有毒的有機廢料 VOC,倒入廠區所挖掘的地下水井中,也同樣嚴重污染當地的土壤和地下水。當時環保署成立污染調查專案小組,研擬因應對策,一方面要求 RCA 相關的業者奇異和湯普生公司應負責改善土壤並進行地下水整治;另一方面函請內政部在污染未清除前暫停該廠址之土地用途變更作業。污染事件在 1994 年曝光後,土地變更案暫被擱置。

RCA 在桃園的水質污染情況嚴重,是首宗被環保署宣佈為永久污染區的案例。根據環保署委託學者所做的研究顯示,附近居民,致癌風險為千分之二點三,非致癌風險的危害指數為十六點九,都超出風險可接受範圍的數十倍之多。而且污染有隨著地下水流向外擴散的現象,擴散距離已達廠外一千公尺遠的地方,這是國內第一宗的地下水污染案。經過長達四年的時間,負責整治的美商奇異公司正式向環保署提出的報告中指出,由於受到地表不均勻的影響,無論是採取任何的技術,地下水已經確定無法整治到符合飲用水標準,而如果採取不當的污染整治技術,反而會使污染情況變得更糟糕。

RCA 在生產過程中,需要大量使用有劇毒的清潔劑進行清洗作業,但是由於企業對勞工安全衛生教育訓練的忽視,導致勞工作業時的不安全行為。例如,廠內眾多的作業員、裝配員每天例行的工作,如銲接、清洗,都會使用去脂劑,但卻不了解其毒性,因而直接接觸含有毒性的清潔劑,使用後的廢水,也沒有人告知如何處理,工人因此任意傾倒在工廠四周,造成地下水的污染。當時,地下水仍是廠內員工以及當地居民飲用水的主要來源。據當年 RCA 員工表示,1983 年公司才裝設自來水,在那之前,公司裡的主管喝的是蒸餾水,而廠內的員工則喝地下水。RCA 公司使用毒性有機溶劑及污染物質,但廠方從未告知其員工工作所涉及的危險,員工在無防護設施的情況下,工作數年,甚至十幾二十年。長久以來,附近居民亦在不知情的狀況下,長期飲用當地已被污染的地

下水，這些都直接或間接地使該廠員工及鄰近居民健康受到損害。其他諸如工廠內的通風設備不良等種種不合格的工作環境因素，亦容易造成嚴重的職業傷害。

事發之後，環保署立即採取相應的措施，包含了要求 RCA 等相關公司採取緊急措施，降低風險，緊急供應居民瓶裝水、接裝自來水、初步健康評估等多項措施。但由於此種環境疾病或職業病乃屬慢性疾病，政府一直未意識到其嚴重性。在員工一個個得到怪病，忙著相互詢問就醫資訊之下，才發覺以 RCA 為軸心的受害群赫然成形。這些在當年以線上作業員、裝配員為主的員工決定聯合起來尋求協助。他們先向環境品質文教基金會溝通，詢問是否在當年他們所處的工作環境中有致癌可能？在獲得肯定的答覆後，這些受害者決定提起申訴，並與勞委會進行溝通。事發四年之後，政府才被動地在 1998 年，開始就當年 RCA 員工及附近居民以不尋常的超高罹癌比率的情況，進行受雇勞工流行病學研究（亦即職業病的鑑定）。然而，RCA 公司則一直未採取適當措施及賠償，令健康與權益受損的員工及附近居民求助無門。依據官方統計，RCA 員工罹患癌症死亡的至少二百九十三人，確定罹癌者更逾千人。

由於法律上的責任歸屬尚未釐清，這些事件相關的受害者，遲至今日（2005年4月）尚未獲得任何賠償，他們除了承擔心理的恐慌、身體的病痛之外，尚須負擔高額的醫療費用，更糟的是有很多人在等待中陸續死亡。❷

RCA 原廠水污染，擴散到廠外

RCA 自 1992 年雖將土地貼予長億集團，依法仍有責任需清理留下的污染。

2004 年，政府公告（RCA）原廠址的八公頃土地為「地下水污染整治場址」，環保署及桃園縣環保局為確認污染是否向外擴散的一年調查，證實地下水污染已擴散到廠外周界五百公尺。地下水污染區域已從廠區廠往北擴散到國強十三街，往東到龍安街，往西到桃園大圳第二支線，往南到中山路與中華路口。桃園縣環保局在 6 月 28 日將該區列為「污染管制區」，嚴禁使用地下水。桃縣環局最近已重新公告 RCA 地下水污染範圍，包括桃園市龍鳳、龍祥、龍安三個里，及八德市茄明里。污染物以一氯乙烯、二氯乙烯、三氯乙烯、四氯乙烯等有機溶劑為主。依現時的標準，地下水可容許的三氯乙烯、四氯乙烯濃度是 0.05 微克/公升。調查顯示，廠區內一處監測井的四氯乙烯濃度達 1.35 微克／公升！廠區外的地下水污染亦超過管制標準。依水土法規定，當若證實地區地下水或土壤污染，即列為控制場址，如可能危及民眾健康，則列為整治場址。

之後需針對所公告的場址再做細部調查，以確定污染情形以及污染範圍，然後將污染範圍公告為「污染管制區」。（《聯合報》，*2005/07/05*）環保署表示，已確定 RCA 是污染行為人，將要求公司負責污染行為人的責任，包括污染整治及賠償，原廠的產權雖經轉移，但難逃責任。如果 RCA 不負責，將依土水法規定，要求土地關係人湯姆笙、長億集團負責（《聯合報》，*2007/05/22*）。

RCA 前後提出過三次變更整治污染計畫，惟計畫將整治範圍分為廠內與廠外，處理廠外的污染只有監測，沒有積極的整治；而廠內的整治污染物，僅止於三氯乙烯和四氯乙烯，其他有害物質如二氯乙烷等則不處理。這種卸責的切割手法，引起受害人及八德居民的強烈反對，2012 年 12 月 13 日環保署審查 RCA 第三次整治變更案時，RCA 員工關懷協會與工作傷害受害人協會等團體在環保署前抗議，要求環保署要嚴格審核整治計畫。

國內首宗環保公害訴訟案

1998 年 RCA 前員工成立「RCA 員工職業性癌症自救會」，向法院提出賠償告訴，但連續 3 年都被法院以程序問題駁回。污染案三百四十九位受害人之外的其他多名受害者及後代已遷離桃園，對證據蒐集產生困難。自救會其後向最高法院提出上訴，最高法院將案件發回高等法院，高等法院再發回台北地方法院審理。2007 年 5 月 21 日，法律扶助基金會、台北律師公會、民間司法改革基金會、台灣人權促進會等組成義務律師辯護團，代表受害人向法院提出集體訴訟，要求賠償（《聯合報》，*2007/05/22*）。2009 年 11 月 11 日，台北地方法院首次開庭傳喚受害人出庭作證。2012 年 1 月第三度傳喚受害人作證。

參◆考◆資◆料

「RCA 受僱勞工流行病學調查研究」摘要報告，行政院勞工委員會勞工安全衛生研究所，1999/11/22，記者會資料。

「RCA 悲歌」，《華視新聞雜誌》，第 850 集第 2 單元，1998/06/17。http://www.cts.com.tw/nm/pm/pm08502.htm，閱覽 2000 /09 /13。

〈重返 RCA 廠——老員工垂淚傷逝〉，《中國時報》，17 版，民 90.4.30。

監察院，1998，「（87）院台財字第 872200522 號糾正案文」，《監察院公報》，第 2185 期，2834-2836，台北：監察院。

「勞工安全衛生法」，民國 88 年 6 月 30 日行政院台八八勞字第二五二二三號

令。

民間司法改革基金會，「RCA職業災害——台灣司法史上史無前例的案件」，
　　http://www.jrf.org.tw/newjrf/Layer2/aboutjrf_2-1.asp? id=936, 下載 2013/01/11。

沈雅雯，「RCA污染蔓延地下水，罹癌員工環署前抗議。」，2012。

中央廣播電台，http://news.rti.org.tw/index_newsContent.aspx? nid=3946282012/
　　12/13，閱覽 /2013/01/08。

陳信行，〈公害、職災與科學——RCA專輯導言〉，《科技、醫療與社會》，
　　第 12 期，4 月 ，2011。http://stm.ym.edu.tw/article/289, 下載 2013/01/08。

滕淑芬，〈台灣版『永不妥協』——RCA職災事件〉，《光華雜誌》，2007
　　年 10 月。http://www.taiwan-panorama.com/show_issue.php? id=20071096100
　　75C.TXT&table=1&cur_page=1&distype=text#,下載 /2013/02/10。

「RCA 罹癌工人要求環保署嚴審污染整治計畫行動」，社團法人中華民國工
　　作傷害受害人協會，2012 年 12 月 13 日。http://www.hurt.org.tw/ap/news_
　　view.aspx? bid=13&sn=b77e6573-f663-486e-bb55-8bef1d561edb, 下載 2013/
　　03/01。

「桃園 RCA 廠污染事件發生與處理歷程」，行政院環境保護署，土壤及地下
　　水污染整治網。http://sgw.epa.gov.tw/public/0602_RCA.asp, 下載 2013/18/03。

《RCA 桃園場址地下水污染整治計畫》，行政院環境保護署，2000。

 思考題

1. 你認為這個案子涉及了那些主要的利害關係人？RCA對那些利害關係人的責任最大？你的理由是什麼？

2. 你認為 RCA 公司違反了什麼對員工的倫理義務？及 RCA 的員工那些基本權利受到侵犯？

3. 你認為 RCA 違反了那些跨國企業倫理的超級規範？

4. 你認為其後併購了 RCA 的湯普生公司在企業倫理上應如何作出補救？符合道德地收拾 RCA 留下的爛攤子？

5. 如果可以從頭開始的話，你認為RCA應採取那些步驟防止這類傷害的發生？

6. 你認為政府在這宗跨國工傷訴訟中對無辜的受害人是否做得足夠？

7. 你認為業界、政府及全球社會在這案子中應學到什麼教訓？如何防止同類的慘劇重演？

案例 7：中興商銀超貸弊案

　　中興商業銀行（下稱中興銀行）在二十世紀九○年代被揭發超貸弊案，涉及的金額達五百八十四億餘元，由行政院金融重建基金（RTC）依法代爲支付，是基金成立以來支付金額最高的一家金融機構。近年台灣的不少商業弊案對社會造成巨大的傷害，不良商人違法亂紀，無辜百姓要承擔惡果。弊案的主要涉案人都是企業高層：中興銀行董事長王玉雲；中興銀行總經理王宣仁；中興銀行天母分行經理吳碧雲；中興銀行蘆洲分行經理李東興；台鳳集團總裁黃宗宏；台鳳公司協理兼財務部經理陳明義。本案例的陳述分爲四個部分：(1)案情的一般陳述；(2)和(3)就兩家分行的詳情分別做陳述；及(4)摘錄被告對自己行爲的辯護。

(1)案情摘要

　　1997 年 4 月間，中興銀行天母分行成立初期，分行經理吳碧雲爲了增加業績，透過台鳳集團所屬宏陽建設公司副總經理胡錦明之介紹，由黃宗宏以台鳳公司、宏陽建設公司股票爲擔保品，利用黃氏個人、黃母黃葉多梅、配偶陳美秀及宏誠投資公司、宏信投資公司、帝門藝術公司等關係企業名義，陸續向該分行融資貸款。1998 年 7 月至 12 月間，台鳳公司股價從每股二百五十七元崩跌至五十餘元，導致台鳳集團以台鳳公司股票爲擔保品向金融機構質借之成數不足，急需資金周轉。同年 12 月間，黃氏與海龍王建設公司負責人蘇炳順，以士林官邸重劃區部分土地做擔保，向中興銀行東門分行辦理抵押借款。王玉雲之子王世雄與黃宗宏之母、蘇炳順等人均係士林官邸土地之地主，蘇炳順並曾擔任王世雄之國會助理，爲共同開發士林官邸土地而結識。1998 年 11 月下旬，王玉雲向總經理王宣仁稱黃宗宏欲以士林官邸土地辦理貸款，指令其儘速辦理。

　　財政部金融局 1998 年 9 月間對中興銀行東門分行做例行檢查，發現金融集團旗下各公司以台鳳公司股票借得之款項，回流至黃宗宏關聯戶，要求改善。1998 年 12 月 8 日，總經理王宣仁指示將該士林官邸土地授信案自東門分行轉由天母分行辦理撥款，而該案則係黃宗宏以動飛公司、智傑建設公司、允大螺絲公司等關聯戶辦理。自士林官邸土地貸款案開始，黃宗宏陸續大量以人頭戶向中興銀行天母分行貸款。

　　依銀行法規定，銀行對於同一關係人之授信之總額設有上限。台鳳集團之

授信總餘額到 1998 年 12 月 31 日已達五十四億餘元,逼近授信總餘額上限。中興銀行為防範授信戶之同一關係人授信過度集中,及關係人間因經營失控產生連鎖效應損害銀行債權,制定了「中興商業銀行辦理授信戶同一關係人授信應行注意事項」的作業守則。然而,董事長王玉雲、總經理王宣仁等人不管銀行法規定及上述守則,及無視台鳳集團之授信總餘額已達五十四億餘元,同時明知黃宗宏個人及台鳳公司股票崩跌後,資金周轉困難,仍違規貸款給黃。自 1998 年 12 月間起,每次黃宗宏要求王玉雲或王宣仁貸款時,王玉雲透過王宣仁指示天母分行經理吳碧雲、蘆洲分行經理李東興與陳明義辦理融資。吳碧雲、李東興二人即以「立即貸」(即當日申請,當日撥款)方式批准貸款。中興銀行儼然成為黃宗宏及台鳳集團的「私人金庫」。

做案手法是,黃氏起初以台鳳集團等員工及家屬擔任人頭戶向中興銀行天母分行、蘆洲分行各申請一千萬至二千九百五十萬元不等之短期信用貸款。2000 年 2、3 月間,因台鳳集團及黃宗宏個人之資金需求擴大,人頭戶已不夠用,台鳳公司管理部課員簡鳴宏及蘇炳順以每人二萬至四萬五千元不等之代價,透過無犯意人士向外尋找不知情者充當貸款戶人頭,向兩分行申請金額一千六百萬元至八千萬元不等之短期信用貸款,且未依「中興銀行授信案件審核程序處理要點」完成合法申請貸款手續,及在取得總行之授信批覆書前,即於當日先行撥貸予前述人頭戶,事後再由經辦人員補辦申請書、徵信及相關書面資料。分行經理吳碧雲、李東興又為掩飾當日申請、當日核撥之違法情事,並指示經辦人員將申請日期倒填回溯數日。

王玉雲等人知道黃宗宏、陳明義利用自然人人頭戶「分散借款,集中使用」,及以營運不良之法人人頭戶向天母分行申請短期信用貸款,並將該等公司戶所貸得之資金償還自然人人頭戶之貸款,以掩飾人頭戶借款之不法行為及規避財政部金融局之金融檢查。以這種違規手法支應黃宗宏個人及台鳳集團之貸款有九十億餘元。人頭戶借款自 1999 年 10 月起陸續到期,但黃宗宏無力繳納本息,損害中興銀行之利益。

⑵天母分行案情細則

1998 年 12 月 8 日至 1999 年 3 月 6 日間,黃宗宏用其他公司的名義貸得十七億餘元。1998 年 12 月 31 日起,黃宗宏因台鳳公司股價持續下跌,缺乏資金周轉,陸續以台鳳公司員工及家屬充當人頭戶向天母分行貸款應急,又利用二十九個人頭戶申請短期信用貸款達六億餘元。

1999 年 7 月 23 日到 2000 年 3 月 8 日，黃氏陸續以員工等五十五個人頭戶，「借新還舊」地循環使用該等人頭戶取得短期信用貸款金額達十三億元。吳碧雲明知此情，仍指示下屬放款。2000 年 3 月中陳明義告知黃宗宏，3 月 18 日後其戶頭將有六億元之資金缺口，黃宗宏便於同年 3 月 18 日南下高雄市以祝壽名義拜訪王玉雲，要求協助配合調撥資金應急，王玉雲則允諾交代總經理王宣仁處理。

同年 3 月 20 日上午，黃宗宏與蘇炳順要求王宣仁以「立即貸」之方式撥款三億五千萬元應急。由於資金過大，王宣仁與常務董事王清連、張平沼、李錫祿及天母、蘆洲分行經理吳碧雲、李東興商討此事。王清連、張平沼、李錫祿反對撥貸。當天下午黃宗宏、蘇炳順、王宣仁找至王清連商議，王清連與人在大陸之王玉雲通電，並告知董事反對貸款，但王玉雲不理，指令吳碧雲撥款三億五千萬元予台鳳集團，經陳明義以每人四到四萬五千元代價徵得七個人頭戶到天母分行辦理貸款。當時吳碧雲未辦妥徵信、授信手續及未取得總行批覆書下，違法辦理撥款。

天母分行同意撥款後，庫存現金僅存的一千餘萬元不夠用，王宣仁於是命業務部向中興銀行大台北地區之台北、中山、永吉及汐止等四家分行調撥款項。唯因天母分行人力不足，遂由台鳳公司員工前來支援，往四家分行領取現金合計九千萬元。餘額二億六千萬元因無現金可撥，改由天母分行開立五張台灣銀行支票交予黃宗宏。到 2000 年 4 月 30 日止，王玉雲等陸續配合黃宗宏、陳明義的要求，循環使用自然人及法人戶獲取貸款餘額達六十四億餘元。

⑶蘆洲分行案情細則

1999 年 5 月 31 日，財政部金融局曾對中興銀行天母分行做金融檢查，指出黃宗宏及台鳳集團旗下企業、關聯戶、集團負責人、員工等融資餘額高達一百零一億餘元，占天母分行該檢查基準日放款總餘額之 85.2%，授信風險過於集中。不過，王玉雲、王宣仁沒有採取改善措施，反將人頭戶借款分散至蘆洲分行，企圖逃避檢查。分行經理李東興一直對黃氏貸款知情，仍自 1999 年 6 月 30 日起，依王宣仁指示的「當天申請，當天撥貸」之非正常貸款模式，以黃宗宏、陳明義提供的人頭戶批准貸款，亦蓄意將貸款金額及人頭戶數分散，且將金額控管在王宣仁授信審查權限內，此後陸續給予黃循環借款。

1999 年 6 月至 2000 年 4 月間，黃宗宏大量循環使用人頭戶，申請一千萬元至三千萬元不等額度之信用貸款，總額達五億元。經理李東興明知黃宗宏使用

人頭戶，仍依王宣仁指示批款。李東興明知借款案違反銀行放款規定，為求自保，私下要求黃宗宏、陳明義提供黃宗宏個人及台鳳公司及尖美建設公司開立之支票作為備償。

1999 年 12 月，黃宗宏急需資金，命陳明義以一千萬元之代價取得同三家營造公司之所有權，並以人頭戶向蘆洲分行申請貸款。王玉雲、王宣仁明知同三營造公司乃人頭戶，且黃氏的七公司 1997、1998 年度皆呈現虧損，無還款能力，仍不惜違反「中興商業銀行辦理授信戶同一關係人授信應行注意事項」及「中興商業銀行授信案件審核程序處理要點」等相關規定，指令李東興批准四筆總計八億元之貸款。該貸款屆期均未清償，自 2000 年 3 月 15 日起未繳息，令中興銀行之利益受損。

2000 年 1 月起，黃宗宏及台鳳集團為應付龐大之銀行及民間債務，以「借新還舊」方式已無法支應資金所需。2000 年 2 月 15 日，由黃宗宏指示陳明義利用以二萬至四萬五千元之代價買得十名人頭戶，向蘆洲分行申請短期信用貸款一千六百萬元，總計一億六千萬元。王宣仁、李東興明知此事，仍違法指示撥款。黃宗宏其後再需資金，於 2000 年 2 月 17 日由陳明義以同三營造公司名義向蘆洲分行取得二億六千萬元之短期信用貸款，唯該筆貸款額度已逾越總經理權限，但王玉雲仍指示貸款二億六千萬元。李東興明知抵押之土地業經世華銀行及世華國際租賃股份有限公司分別設定二億四千萬元及三億六千萬元，合計高達六億元之第一、二順位抵押權，該土地已無殘值，但仍依王玉雲指示，於 2000 年 2 月 18 日撥款給黃。

2000 年 3 月 16 日、17 日，王宣仁指示李東興，傳達董事長王玉雲口諭，命蘆洲分行辦理「台鳳集團」一億五千萬元及八千萬元之信用貸款。黃宗宏、陳明義即於 2000 年 3 月 16 日以人頭戶申請短期信用貸款合計一億五千萬元，再用人頭戶申請貸款八千萬元。李東興雖知情，仍聽王宣仁指示批撥貸款。

2000 年 3 月 17 日人頭戶之貸款案，因王玉雲南下參加總統大選輔選，王宣仁未待其批示即指示蘆洲分行撥款。2000 年 3 月 30 日王依規定提請常董事會追認時，因二案之申請、審核、撥貸皆違反銀行規定，不但徵信不完備，且當天申請當天撥款再事後補件嚴重違反規定，董事會不予追認。

(4)被告的自辯

王玉雲：中興銀行係採總經理制，是否決定放款係經總經理專業評估，對於被告黃宗宏之借款戶信用貸款均係被告王宣仁個人所為，指示

王宣仁貸款須有擔保，然王宣仁卻蓄意矇蔽，身爲中興銀行大股東，不可能對黃宗宏違規貸款，以損及自己之權益云云。

王宣仁：銀行負責人係董事長，我身爲總經理，職權應該係承上啓下，原則上所有總經理以下的授權貸款，每個月都要呈報常董會備查；有關董事會或董事長之決定自應依法執行，是關於授信額度逾越伊權限者，倘非董事長事先核定，依分層負責規定，豈能一手遮天，擅自爲之。

吳碧雲：由貸款提供之擔保物明細表，即可看出「台鳳集團」提供擔保品確實足夠清償。所有授信案件都依照中興銀行授信案件審核程序處理要點辦理，中興銀行係民營銀行爲爭取客戶在程序上較一般公營銀行有彈性，唯須於事後補足之程序均已補足。所有貸款包含信用放款均徵有擔保品，其價值以當時及現在市價均超過貸款金額，貸款收回應無問題，我已盡善良管理人之責任，絕無損害股東權益。

李東興：所有授信案件，皆依照中興銀行授信案件審核程序處理要點辦理，所有貸款案件，蘆洲分行均依照程序呈送審查部審核，經過核准貸款之權限，如總經理或董事長或常董會通過於簽章後撥貸。

黃宗宏：係中興銀行爲了業績，自 1997 年間起積極爭取「台鳳集團」貸款，當時起即有往來，並非臨時起意貸款。「台鳳集團」的資金調度是授權財務長即被告陳明義處理，也是爲了全體股東的利益權宜運作的。

陳明義：起訴中我並無取得任何金錢，何來侵占公款的情事，況且我協助「台鳳集團」整個資金調度中，公司同仁的鼎力幫忙，甚至以自己的兒子充當借款户，所貸得的資金也作爲公司的資金運作，在這種情況之下，怎麼侵占公司的資產或資金？

本案判決

一審判決王玉雲有期徒刑七年四月，褫奪公權五年；吳碧雲有期徒刑七年六月，褫奪公權二年；李東興有期徒刑三年六月，褫奪公權二年；王宣仁有期徒刑七年，褫奪公權五年；黃宗宏應執行有期徒刑九年，併科罰金一億元，褫奪公權四年；陳明義應執行有期徒刑四年六月，褫奪公權二年（*93/01/20* 台北地

院，*89 年度訴字第 892 號*）。

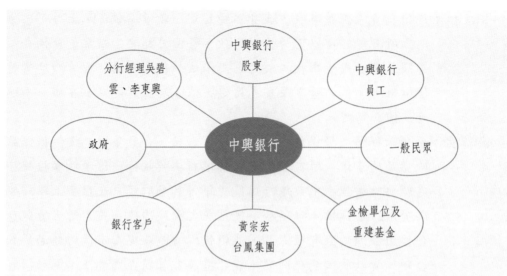

說明：行政院金管會運作前（2004 年 7 月 1 日），金融監理單位爲財政部及中央銀行。
陳正炯 繪製

附錄 1-1　中興銀行弊案利害關係人分析圖

（本案的原始資料來源是依據台灣台北地方法院刑事判決 89 年度訴字第 892 號判決文整理，2004 年 1 月 20 日。本案例是由陳正炯整理的案例改寫而成，原案例出自陳正炯之碩士論文——《金融業弊案的商業倫理分析》，中央大學，2008 年。）

思考題

1. 你認爲中興商業銀行超貸涉及那些利害關係人？若以符合商業經營的規範的話，他們應有的倫理義務是什麼？

2. 在此弊案中，你認爲誰的責任最大？請陳述理由？

3. 從公司治理角度出發，你認爲中興商銀弊案有哪些地方違反了治理原則？補救之道是什麼？

4. 中興商銀的董事長王玉雲及總經理王宣仁的行爲是否符合一家合法及遵守商業倫理的銀行？你認爲爲何他們做出弊案中的行爲？

5. 試從中興銀行的各層領導——董事長及董事會及分行經理的行爲來分析，評價他們的專業價值及商業倫理行爲。

6. 試從組織文化角度出發，思考中興銀行的組織文化，包括組織核心價值及信念、經營原則，及組織規範等是否符合企業倫理。

7. 弊案中的被告分別都為自己的行為辯護，試以倫理角度評估這些辯護是否有正當性及說服力。

案例 8：雀巢嬰兒奶粉的欺騙性行銷

富裕社會近年經常有母乳和奶粉哺嬰的誰優誰劣的爭議，但奶粉在貧窮國家的爭議，不僅限於言詞，而是涉及了生命的喪失。

清潔的食用水在第三世界國家相當缺乏，這裡的母親育嬰時用來調溶奶粉的食用水不潔，含細菌和雜質，嬰兒飲用後，經常會引致腹瀉和手腳抽搐。由於文化、教育和貧窮，當地人經常未依嬰兒奶粉產品上指示的比率來調配奶粉，嬰兒長期飲用過分稀釋的奶粉，未能攝取足夠養分會導致營養不良。相比之下，母乳哺嬰是嬰兒攝取充足養分的可靠方法。雖然如此，生產商在第三世界國家大力行銷嬰兒奶粉。

1970 年代，生產廠大打各式各樣的嬰兒奶粉廣告，宣傳嬰兒奶粉的好處。某些奶粉公司的產品推廣員，一身護士打扮，自稱「奶粉天使」，在醫院產房做奶粉的行銷。「奶粉天使」若成功向母親推銷奶粉，可以獲得奶粉公司不錯的佣金。值得注意的是，母親一旦選用奶粉餵哺嬰兒，母體會逐漸減少分泌激素，母乳相應減少，奶粉便成為初生嬰兒營養的唯一食糧。

「奶粉天使」事件引起各方注意，這種產品行銷手法在聯合國蛋白質及卡路里諮詢小組中廣泛討論。英國某慈善機構更出版一本名為《嬰兒殺手》的小冊子，痛陳飲用奶粉對嬰兒的禍害。小冊子也在瑞士派發其瑞士版，名為《雀巢殺害嬰兒》，指責跨國食品龍頭——雀巢公司沒有商業道德，此事令雀巢公司不滿，在 1975 年提出訴訟，引起全球關注。

不利奶粉生產商的消息不斷湧現，催生了國際嬰兒食品委員會的成立，委員會的成員為擁有 75 ％市場占有率的奶粉廠，制定推銷奶粉的守則，以供參考。守則規定「奶粉天使」不准以佣金作為推銷奶粉的誘因。另外，「奶粉天使」的制服要與正式註冊護士的制服有明顯的區別，避免誤導「奶粉天使」為註冊護士。上述守則對奶粉商一點效用都沒有，奶粉廣告行銷反而有增無減，全球嬰兒奶粉市場約有十五億美元，其中第三世界國家占 40%，約六億美元。1977 年，美國反對奶粉不當行銷的民間團體紛紛組織起來，以抗衡奶粉商的行銷。

　　當 1975 年「小冊子事件」出現時，瑞士率先抵制雀巢奶粉，美國於 1977 年加入抵制行列。隨後，世界衛生組織在 1979 年召開會議，討論有關嬰兒奶粉商業行銷的問題，決定制定有關管制奶粉行銷的守則——世界衛生組織的母乳代替品行銷守則（World Health Organization Code of Marketing Breast Milk Substitutes）。經過多次的磋商，世界衛生組織提交嬰兒奶粉商業行銷的管制規則，有一百一十八個國家代表贊成，但美國則不同意強制執行規則。會議通過將原先「強制」一詞改為「建議」，但美國仍然反對。

　　民間組織對世界衛生組織的議決表示不滿，要繼續爭取制定規範管制嬰兒奶粉的商業推廣。另一方面，雀巢公司歡迎此決定，表示它的行銷方法正符合世界衛生組織的規定，及公司特設雀巢嬰兒奶粉監管委員會，負責執行有關指引。

　　1988 年，雀巢以其附屬公司「三花」（Cornation）的名義，推出新嬰兒奶粉——「好開始」（Good Start），進軍十六億美元的嬰兒奶粉市場。然後，心美力奶粉的大股東——艾博實驗室披露雀巢與三花的關係。三花大肆宣傳「好開始」，但遭美國兒科學會的反對。三花「好開始」奶粉罐上印有「H. A.」字樣，表示該奶粉在醫學上有突破。「好開始」的成分是乳漿和花奶，對患有絞痛和對奶類敏感的嬰兒特別有效。「好開始」在 1988 年 11 月正式面世，但截至 1989 年 2 月為止，出現六宗涉及飲用「好開始」後有不良反應（如嘔吐）的投訴，有關當局隨即調查。不久，三花同意在奶粉罐上刪去該等特別成分的名稱，並印上「過敏兒童必須在醫生的指導下，始可飲用『好開始』」。三花在 1990 年的銷售占市場的 2.8%。

　　目前奶粉商在第三世界國家仍派發免費奶粉樣本。根據聯合國兒童基金會的在九〇年初期的研究顯示，每年約有一百萬名嬰兒因母乳不足而死亡，原因是母親先用免費奶粉哺嬰，其後沒有能力再購買奶粉，但母乳在嬰兒被餵食奶粉時就開始停產，母親由於無乳可用，只好稀釋奶粉餵哺嬰兒，導致很多的嬰兒餓死。回應這些慘劇，國際嬰兒奶粉生產商協會在 1991 年底宣布，由 1992 年年底開始，停止派發免費奶粉樣本。

參◆考◆資◆料

Valesquez, M. G. (1992) "Marketing Infant Formula," *Business Ethics: Concepts and Cases*. 3ᵗʰ Edition, Upper Saddle River, New Jersey: Prentice-Hall, 304-312.

Jennings, Marianne M. (1993) "Nestle Infant Formula", in *Case Studiesin Business*

Ethics, West Publishing Company, pp. 232-235.

（註：對嬰兒奶粉行銷分析的專書，請參看參考文獻 Richter, 2001）

思考題

1. 在倫理上，雀巢公司的嬰兒奶粉的行銷策略有哪些不當的地方？理由是什麼？
2. 你認為在第三世界的母親哪些消費者權利被雀巢公司這種行銷策略侵犯了？
3. 你認為一個符合倫理的嬰兒奶粉行銷策略包含什麼？及怎樣執行？
4. 第三世界的母親是自願選擇嬰兒奶粉餵食嬰兒，雀巢公司並沒有強迫她們使用嬰兒奶粉，但卻被指責為不倫理，是否對雀巢公司不公平？
5. 第三世界的母親錯誤地使用嬰兒奶粉（包括將之稀釋來餵食嬰兒）導致嬰兒營養不良，雀巢公司是否亦有責任？理由是什麼？
6. 雀巢公司在這個案例中違反了哪些企業基本倫理規範？
7. 雀巢高層若在行銷嬰兒奶粉做決策時，你認為用成本效益原則、康德尊重人原則分別會導致什麼樣的結果？

案例 9：菸草公司世紀欺詐案

2004 年 9 月，美國聯邦法庭正式處理政府對菸草公司提出告訴，這宗官司與 1998 年前那宗菸草公司官司（見第五章案例）同樣的矚目，但最大不同的是，今次司法部是引用在三十年前制定對付黑手黨的法例來對付菸草公司，這個做法實質上是將菸草公司視為如組織性犯罪集團般來起訴。今次被告的都是菸草產業的龍頭，包括 Philip Morris 及其母公司 Altria Group、RJ Reynolds、Lorillard Tobacco、the Liggett Group、Brown and Williamson（總部在英國的 British American Tobacco 在美國的分公司）及 British American Tobacco。這宗訴訟估計要半年時間來審理，會傳召超過三百名證人作證。司法部其實在 1999 年時就提出這個告訴，當時是柯林頓執政時期，但法庭一直沒有正式處理。

聯邦政府指控這些公司經營方式酷似一個敲詐勒索集團，用各種不當的手段，包括長期欺騙消費大眾、隱瞞及刻意修改吸食香菸會上癮有關的證據，令消費者在被矇騙的情況下上了尼古丁的毒癮。政府還指控，菸草公司在行銷方面不顧公德，明知故犯地向未成年的青少年販賣香菸，及製作專門針對年輕人

的香菸廣告（Altria Group 及 RJ Reynolds Tobacco），在埋沒良知下推銷一種他們明知不是如宣傳所宣稱的安全低焦油香菸。司法部指出，如果這些指控在法庭上被證明爲眞的話，菸草公司在這些年頭所賺獲的二千八百億美元全是不當的收入，要悉數繳回社會。

司法部引用了一條 1970 年原本用來對付犯罪集團的法令——受敲詐勒索影響及貪污組織法（Racketeer Influenced and Corrupt Organization Act 1970），依這條法令，菸草公司在過去五十年陰謀進行對消費大眾做了大規模的欺詐行動。

司法部掌握了對菸草公司極爲不利的證據。證據顯示，半個世紀之前（1953年 12 月 15 日），位於紐約市中央公園東南角的 Plaza Hotel 內的一個貴賓廳中，菸草公司齊手制定了這個敲詐陰謀。當時，這些菸草公司的高層在開會，商討產業有關事宜，其中一項是關於一份由公司資助的科學研究報告，這個研究的主題是關於吸菸對人身健康的影響。這份報告顯示吸菸會令吸菸者上癮，並且有害健康。菸草業高層在會中取得共識，制定一個產業的聯合策略，眾口同聲地否認吸菸有這不良的影響。這個聯合策略還包括要大力增加吸菸人口以維持及提升產業的營利，同時要盡力避免將吸菸與尼古丁的不良影響連在一起的言論。即要大力推動宣傳，否認尼古丁是可以導致上癮的。

這個動作本身不符合道德再也明顯不過了。這等於是明知產品有害健康，仍用欺詐的手段矇騙消費者，導致他們在不知情的情況下繼續消費有害的產品。這種做法，跟蓄意傷害他人身體與健康沒有多大的分別。

十年前在一次美國國會有關吸菸與健康的公開聆訊中，這些菸草龍頭公司的總裁平排地坐在一張大桌子後面，這些巨頭被議員詢問一個關鍵的問題：他們否認尼古丁是可以讓人上癮的。這些巨頭逐個站起來，非常有自信地宣稱尼古丁是不會上癮的〔好萊塢不久前製作的一部電影 Insider，由亞爾柏仙奴（Al Pancio）及羅素古爾（Russell Crow）合演，劇情就是菸草公司刻意隱瞞尼古丁令人上癮這段爲主軸〕。菸草公司的高層在國會那次的表現，已成爲今次司法部所指的陰謀的一個重要證據。

除了上述的證據外，政府手中還擁有很多菸草業內部的重要文件，證實公司所僱用的科學家早就知道香菸對人體的害處，但公司一直將這些證據隱藏起來，不只沒有提醒消費者香菸有害健康，還操弄香菸中的尼古丁含量，令菸民更容易上癮。此外，又用盡各種誤導或欺騙的方式宣稱沒有證據證明吸菸有害健康，同時還動用大量的金錢，打擊反吸菸的民間組織或個人，又利用其強而有力的國會遊說公司，用大量的金錢合法或非法地收買不少政客支持它們，一

直拖延國會有關管制菸草業的法案。由於菸草業強悍的遊說動作，國會長期以來希望將菸業撥入食品及藥物管理局來管理這個議案，一直沒有取得可以通過的票數。現時對菸草業有心矇騙社會的鐵證如山，菸草公司無法抵賴。近年來，菸草業已處於捱打狀態，在好幾宗舉世矚目的集體訴訟中都連場敗北，被判罰上十數億美元的賠償金。

　　菸草公司最後在壓倒性的科學證據下，Philip Morris（Altria 的從屬公司）無可奈何地終於被迫承認尼古丁是對人體健康有害的。但這種承認只是一種利害精算的做法，考慮法律的效應，判決所可能帶來的得失，難免令人懷疑其誠意。無論如何，給人的印象仍然是──如果能多騙人一天，也不會承認自己的不是。

　　雖然Altria's的發言人在接受英國BBC訪問時說公司以前有關的言論可能是錯的，但公司不是不誠實。用「可能是錯」這些含糊的律師言辭，一再反映這個產業的始終缺乏坦然承擔起責任的道德勇氣，可以推就推，總之公司是沒有犯過錯。

　　依法，要悉數「充公」菸草公司多年來不義之財，政府要證明菸草公司的陰謀仍舊在作用，同時會繼續下去。由於它們今天承認了尼古丁之害，政府很難指控它們繼續欺騙大眾。這樣，菸草公司可以避免要全數將這些年頭所賺得的利潤充公，財務損失可能會減少一點。不管怎樣，菸草業的流氓形象已經深入人心，跳到黃河也無法洗淨。

參◆考◆資◆料

BBC News: Stephen Evans "The $280bn question: is tobacco a racket?" 2004/09/20.

"A smoke ring? That'll cost you $280 billion" *The Economist*, September 18, 2004, pp. 65-66.

"US Tobacco firms set for trial" , *BBC News*, 2004/09/20.

Carol D. Leonnig, "US Trial Against Tobacco Industry Opens," *Washington Post*, September 22, 2004, p. A03.

Michael Janofsky, "Tobacco Firms Face US. In High-Stakes Trial," *New York Times*, September 20, 2004.

思考題

1. 撇開法律問題不談，你認為這個案例中涉及了什麼企業倫理問題？
2. 現時很多的醫學研究都證實吸菸危害消費者健康，菸草公司在這情況下仍在生產及販售香菸是否有違倫理？
3. 在這個案中，菸草公司被揭發一早就知道吸菸會上癮的，但卻將這個重要資訊隱瞞起來，你認為它們違反了企業倫理哪些原則？
4. 政府有責任保護人民的健康，但現時香菸仍屬合法的商品，你認為政府是否有失職？
5. 吸菸是消費者自由的選擇，就算吸菸有害健康，消費者應對自己的行為負責，菸草公司不應承擔所有的責任。你同意這個說法嗎？

案例 10：中石化安順廠戴奧辛污染案

　　1942 年，日本鐘淵曹達株式會社在台鹼安順廠原址生產固鹼、鹽酸和氯液。1946 年後該廠由國民政府接收，更名為台灣製鹼公司台南廠，生產固鹼，1950 公司再改名為台灣鹼業公司安順廠。台鹼安順廠於 1964 年試製五氯酚，1969 年增產，日產四公噸，五氯酚變為主要產品，外銷日本。五氯酚為白色結晶體，五氯酚鈉為淡黃色粉末，具劇毒，可溶於水，主要應用於農藥及木材防腐劑。

　　生產五氯酚副產品是汞和戴奧辛，廢水及污染物沒有處理過就排放到附近的溪流，污染土壤及食物鏈。戴奧辛為脂溶性物質，不溶於水，可透過食物鏈持續累積，其中以二、三、七、八——四氯戴奧辛毒性最強，稱為世紀之毒，而整個戴奧辛家族共有七十五種相似的化合物，戴奧辛的毒性是砒霜的數千倍。世界衛生組織於 1988 年訂定，人體對戴奧辛類化合物的每日容許攝取量為每公斤體重一至四皮克（$1pg = 10-12g$），由此可知其毒性之強。

　　1981 年，省政府水污染防治所發現該廠造成當地污染嚴重。經濟部在 1982 年 5 月下令關廠，封存了近五千噸五氯酚於廠區內。但由於涉及巨大經費，沒有執行整治。

　　此外，人們合理懷疑汞污染亦很廣泛，卻沒有相關的資料。依據 1986 年 12 月台灣地區環境保護年鑑統計資料顯示，台灣地區曾生產的汞污泥之鹼氯工廠計有台塑公司前鎮廠等七家，總量約 52,599 公噸，工業局的估計則有十萬公噸，

環保團體依台鹼安順廠生產鹼氯近四十年的歷史來推算，產量約有十三萬公噸，然大部分的汞污泥的去向卻無人知情（依據台灣土壤及地下水污染整治法第五條第二項規定土壤中汞污染的監測基準為 10ppm，管制標準為 20ppm）。

當地居民一直對污染不知情，在該區作業及食用溪流及魚塭的水產。經濟部自 1982 年將安順廠的產權轉移給中石化公司以來，污染一直沒有整治。1999年時為中華醫事學院黃煥彰將獨自對污染的調查結果公布，污染才在媒體曝光。2004 年 5 月政府公布該區面積占三十公頃的土地為污染整治區，為全台最大的污染整治區。

將 1997 年全台環保工程公司所做的汞污染檢測，及 2001 年行政院環保署檢驗所先後兩次戴奧辛檢測資料整合，整理出台鹼公司的污染四大區塊（及其污染物質）如下（黃煥彰）：(1) A 區（海水儲水池）汞與戴奧辛污染；(2) B 區（原台鹼鹼氯工廠）汞污染；(3) C 區（原台鹼五氯酚工廠）五氯酚與戴奧辛污染；(4) D 區（五氯酚污泥棄置場）五氯酚與戴奧辛污染。

安順廠旁廣闊的大水池邊都豎起不同年代的警示牌，有些經已褪色，中石化及台南政府分別署名的兩個牌標示出污染的警語：

中國石油化學公司：「警告：本儲水池魚貝類有受污染之虞，禁止釣捕，以免危害健康，違者依法究辦。」
台南市政府：「警告：中石化安順廠海水儲水池依經本府公告為土壤污染管制區，禁止於海水儲水池內置放或架設魚具、蚵架或竹筏等捕撈或養殖之設備及於海水儲水池內捕撈魚體，請勿食用及販售。⋯中華民國 93年 7 月 1 日」

鹿耳門溪有一水門，以涵管連著安順廠海水儲水池，為了防止污染擴大，涵管已封閉，但未封管之前溪水已有十數年的污染。現時在池底的污染土壤仍存在。

2005 年 6 月 23 日，二十三名養殖漁民跳入安順廠附近的竹筏港溪，抗議政府對嚴重的戴奧辛污染沒有對策，只會插警告告示牌。污染消息傳開後，媽祖宮的養殖業的魚產不是無人問津，就是商人趁機壓價，然後以正常價轉賣到其他市場，賺取巨利。不知情的消費者，購買及進食了這些污染海產者不知其數。

前台南市社區大學研究發展學會理事長黃煥彰的長期追蹤調查發現，鄰近台鹼安順廠的鹿耳門、顯宮、四草等地罹患癌症的家庭的數目不成比率地多，

患者多是前安順廠的員工，或在工廠海水蓄水池周邊養殖魚塭的漁民。周邊魚塭有五十人因罹患癌症過世，有些仍在患病中或開始發病。調查顯示，2005年6月開挖台鹼安順廠廠內舊水溝，發現土壤的戴奧辛含量高達每立方公尺一千四百萬皮克，相對於國內標準一千皮克，超出一千四百倍！場外二等九號道路挖掘出來的土壤所含戴奧辛亦高達一百四十一萬皮克，創全國新高。

究竟污染有多嚴重？現時發掘出來的資料可能只是冰山一角。年前環保署委託工研院的調查亦無法拼湊污染的全貌。依黃煥彰的估計，從安順廠每年有三千公斤汞排出估算，可能有達十公噸的累積汞殘留在環境中（《中國時報》，*2005/07/12*）。

根據台南市衛生局在2004年為安順廠附近居民做體檢發現，居民膽固醇異常比率是台南市民異常比率的二十六倍，血糖異常是台南市民的六倍，血壓異常十倍。死於癌症人數占死亡里民的三成九，較台南市民的癌症的死亡率二成八及全台民眾癌症死亡率二成三高出一成多。居民蔡和成及女兒蔡秋香都罹患癌症，家族中至少有四人死於癌症。

環保署自2003年曾做過四次的檢測魚塭的吳郭魚等魚類的污染情況，但從未公布檢驗結果。環保團體取得最近的一次檢驗結果，發現魚類的內臟、魚卵含戴奧辛最高有九皮克，比歐盟的標準高出一倍有多。由於沒有公布結果及沒有禁止捕撈或養殖，進食了有毒魚產的民眾究竟有多少則不得而知（《聯合報》，*2005/06/24*）。

2004年10月，台鹼安順廠旁的一名老婦人的體檢發現，血液中戴奧辛濃度竟高達308.553 pg I-TEQ/g脂質（pg =皮克，為一兆分之一克；I-TEQ為國際毒性當量；根據環保署的檢測資料，台灣焚化爐周邊居民的血液中戴奧辛濃度平均值範圍為14-24 pg I-TEQ/g脂質），是全台目前的紀錄中最高值。

對中石化舊台鹼安順廠址嚴重污染，政府計劃以五年十三億五千萬經費補償受害者。另一方面，鄰近社區的顯宮、鹿耳與四草等三個里的受害民眾亦組成了自救會，與政府協商賠償。要整治安順廠址的戴奧辛、汞等污染物，預估須五十到一百億元的經費。目前環保單位僅做到封閉管制廠址以及道路預定污染土壤移置包裝作業，但沒觸及整治工程。根據台南市府的補助方案，估算總數三千二百三十萬元，包括禁養區（二十七公頃）水產品收購價約一千三百五十萬元、禁養區發放補償金一千零八十萬元；整治影響區補償金部分，包括竹筏港溪六百四十萬元及鹿耳門溪一百六十萬元。廠區及污染嚴重的海水儲存池附近的魚塭以及鹿耳門溪、竹筏港溪現時禁止養殖。鹿耳門溪一直是養蚵、養

蛤重鎮，現時要停產、禁養肯定衝擊蚵蛤民之生計（《中國時報》，2005/07/12）。

　　環保署在 2002 年公告中石化安順廠爲污染控制場址，並於 2003 年 12 月要求中石化負起污染行爲人責任，但中石化拒絕負責。2004 年 9 月，台南市環保局要求中石化提供廠內土地放置安順廠挖出的污染土壤的資料，也遭中石化拒絕，環保局於是罰中石化二十萬元。中石化不服，向高雄高等行政法院提起行政訴訟。法官駁回中石化公司的行政訴訟，理由是台鹼公司的法人資格，應由中石化公司吸收，並承受台鹼公司所有的權利義務（《聯合報》，2005/11/23）。

　　2005 年 11 月 22 日高雄高等行政法院判決，中石化安順廠的前產權所有人台鹼公司是污染行爲人，承接台鹼公司的產權的中石化公司，須概括承擔台鹼公司的權利與義務。

　　環保署將要求中石化公司負擔後續所有污染整治工作及政府先墊付的十三億元補償金，並表示願意擔負起相關責任，若中石化反對，將依法對中石化開出五百萬元罰單。中石化認爲接管台鹼公司後工廠就沒有生產，當初釋股，政府獲得一百八十多億元股金，現卻推卸責任，並稱已付出上億元的處理污染的支出。

　　2005 年 11 月環保署擴大調查發現，安順廠外的鹽工宿舍右邊的竹筏港溪底泥，就十個採樣區的其中八處，戴奧辛濃度都超過管制標準，其中一處甚至高達每公斤十萬皮克，是竹筏港溪歷次污染調查最嚴重的一次。環保署目前並無水域底泥的戴奧辛國家管制標準，但若以土壤戴奧辛管制標準作爲參考，這個含量是土壤管制標準每公斤一千皮克的一百倍。環保署在 2005 年 6 月對中石化安順廠外污染做調查，對竹筏港溪底泥的含戴奧辛調查只做簡單採樣，發現其中一處底泥的濃度達每公斤一千六百七十皮克，超過土壤管制標準。居民經常到竹筏港溪中捕捉魚、蟹。多名常來這邊撈魚的居民已證實受戴奧辛污染。竹筏港溪附近有六十公頃魚塭，長期以灌溉渠道引竹筏港溪的水爲養殖水源（《聯合報》，2000/11/23）。

　　根據環保署檢測結果，竹筏港溪是管制區外污染最嚴重的水域，環保局已擬定整治計畫，預估經費三千餘萬元。污染魚塭加設圍籬因魚塭收購補償金還欠十五萬元未發放，遭到養殖業者阻擾，未能依計畫加裝圍籬（《聯合報》，2005/11/23）。根據最新的報導，安順廠附近又發現新污染區，位於管制區外的竹筏港溪土堤，長二百公尺、寬六公尺，面積約 0.12 公頃，土壤含戴奧辛高達二萬皮克，是國家土壤管制標準一千皮克的二十倍。新污染區附近都是農地、魚塭，且在溪邊，污染恐怕已隨溪流向更大的地區擴散（《聯合報》，2008/05/27）。

參◆考◆資◆料

1. 「走訪世紀之毒的故鄉・台鹼安順廠」（網路文件）2007/01/07 http://blog.sina.com.tw/blog_scott/article.php？pbgid=23809&entryid=297943 2008/04/05 讀取。

2. 黃煥彰，〈失落的記憶——台鹼安順廠〉，《生態中心》十期及《看守台灣》2002，Vol. 4, no. 2, http://eptr.css.ncku.edu.tw/index.files/class/EnvirEdu/police/%E5%A4%B1%E8%90%BD%E7%9A%84%E8%A8%98%E6%86%B6%EF%BD%9E%E5%8F%B0%E9%B9%BC%E5%AE%89%E9%A0%86%E5%BB%A0.pdf, 2008/04/08 讀取。

思考題

1. 在這個污染案中涉及哪些主要的利害關係人？從企業倫理的觀點來分析，中石化應如何安排對不同利害關係人的義務的優先次序？

2. 經濟部是安順廠土地產權的所有人，同時亦是主管機關及當時的污染行為人，是否由於將產權轉移給中石化公司，就可以完全免除責任？

3. 根據現時的相關法令，包括「土壤及地下水污染整治法」及「公司法」，要追究安順廠污染的「元凶」是有困難的。但從企業倫理的角度而言，污染的責任應由誰來負責？

4. 經濟部在 1982 年 5 月下令關廠，提出八大措施，但由於涉及過千萬元的整治費用，沒有執行，當地居民沒有被告知污染情況，一直在那邊作業及食用溪流及魚塭的水產。你認為政府在這方面是否有嚴重的疏失？哪些部門要負最大的責任？

5. 環保署從 2003 年開始曾做過四次的檢測魚塭的吳郭魚等魚類的污染情況，但從未公布檢驗結果。從倫理的角度而言，這個做法是否合乎倫理？

6. 政府禁止污染區附近養殖，對貧富的漁戶有不同的衝擊。富有的漁戶可以轉業；但貧窮的漁戶一旦漁塭荒廢，生計立刻出現困難。政府的補助金是以養殖面積而非養殖量計算，這個做法不一定能照顧需要幫助的貧窮漁戶，你認為補助應基於哪些原則才合乎正義？

案例 11：日本溫泉勝地作假案

位於東京附近的群馬縣伊香保溫泉，是日本著名的溫泉鄉，2004 年被美國有線電視新聞網CNN記者揭發部分旅館是用燒熱的自來水充當溫泉水，溫泉旅館一個晚上還要價一萬元台幣，這個醜聞震驚了整個日本，連累整個溫泉業陷入空前的危機，且令整個產業蒙羞。

伊香保是日本歷史最悠久、也是遊客最多的溫泉勝地，這裡的泉水水質屬硫酸質，可治療筋骨酸痛，從溫泉鄉神殿後山湧出的泉水呈鐵鏽色，是泡湯客的最愛，也是業者的黃金。伊香保只有一個溫泉水源，四個世紀以來被十二戶旅館所壟斷，其他旅館的溫泉如果不是買來的，就是用燒熱的自來水魚目混珠。

溫泉水造假曝光後，這裡的遊客流失一大半，生意一落千丈，伊香保地區觀光協會急謀對策，強制旅館清楚標示水源，希望救回整條溫泉鄉的經濟命脈。

伊香保醜聞之前，愛知縣吉良町的吉良溫泉 2004 年 8 月被人發現，近二十間的住宿設施全都利用燒開的自來水假冒「天然溫泉」。此處的源泉早在十年之前就已經枯竭。

假溫泉醜聞迅速波及到十幾個其他溫泉勝地，最終促使政府對全國溫泉展開一次全面調查。伊香保位於東京以北約一百三十公里處，在這次「溫泉醜聞」中受到的打擊也最大。由於有人舉報伊香保也有人將普通自來水灌到溫泉池中，當局 8 月早些時候突擊搜查了當地幾個溫泉旅館。至少有兩家旅館承認他們確實在用自來水充當天然溫泉水。

日本中部長野縣以乳白溫泉水馳名全國的白骨溫泉，同樣發生作假的醜聞。經營溫泉旅館的老闆在過去幾年間，一直將一種白色染色素混入溫泉水中，令溫泉水維持昔日的乳白。2004 年 7 月，白骨溫泉鄉的鄉長們終於承認這個騙局，作假的原因是自 1990 年代開始，這裡的幾個泉口流出的泉水逐漸失去其昔日誘人的乳白色素，旅館為了要繼續吸引慕白泉水之名而來洗溫泉的客人，因此出此下策。

日本人是愛清潔的民族，視洗溫泉為一件大事，從其諸多規範儀式就可以看到經歷了一千年而形成的深厚的溫泉文化。除了治病及洗身體之外，日本人將泡湯視為一種神聖的心靈之洗滌。自古以來，洗溫泉在日本人心中有特別崇高的位置，這一連串的作假案等同是一項重大的冒犯，是對日本人的一種出賣，無怪引起如此大的反彈。

　　原來每月有接近二萬泡湯客來訪的白骨溫泉，醜聞一出便立即無人問津，生意暴跌。白骨溫泉的經營者及伊香保的不倫經營的確是下下之策，導致一連串的惡果。首先，醜聞令全國的泡湯客對溫泉的產業產生信心危機，有的杯葛、有的敬而遠之，遊客銳減，連累了正當經營的溫泉業者，整個溫泉觀光休閒產業陷入了低潮。醜聞披露之後，政府有關官員、媒體及民間組織總動員，分別湧到各國二萬二千個溫泉來檢查究竟還有多少騙人的旅館。調查結果是，作假不單是白骨溫泉，其他至少二十個溫泉旅遊渡假區亦有不同的欺騙行為，包括了一些歷史悠久的名泉仍有作假的情況。白骨溫泉的市長在這次醜聞中被逼下台。溫泉鄉的鄉民因此事感到很羞辱，很多鄉民當問及醜聞時都總是低頭輕聲支吾以對，不想多講。有些店家私下透露，很多鄉民很早就聽說有染溫泉水之事。為了挽回泡湯客的信心，白骨溫泉業者推動了一個「誠實運動」，標示出溫泉水的元素，及重點推銷那些仍有真正的乳白溫泉的旅館。

　　日本有三千間以上的住宿設施的溫泉。日本自古以來，為治療生病或受傷或消除疲勞常去洗溫泉，進行「湯治」。日本全國大約有二萬二千個溫泉。每年數百萬的日本湯客湧到各地的溫泉區，享受溫泉假期。要度一個愜意的溫泉假期並不便宜，著名溫泉區的中級旅館一晚的收費就要好幾百美元。

　　業者唯利是圖無疑是作假的原因，弔詭的是，溫泉業近年的蓬勃發展亦為溫泉醜聞種下禍根。據環境省透露，約從 1965 年起由於溫泉不斷的開發，導致溫泉水的使用量增大，溫水量不足變得日益嚴重。近十多年日本經濟不景氣，只有溫泉業一枝獨秀，在過去十年溫泉數目增加了二成。因為湯客愈多對有限的溫水造成了很大的壓力，在供不應求的情況下要繼續營業就會迫使一些不肖業者鋌而走險，做出不合商業倫理的事件來，包括利用過濾裝置將溫泉水再利用、加溫、加水。環境省調查發現，只有一成的業者用純溫泉水。事實上，一些著名的溫泉旅館也開始將溫泉水循環再用。據日本有關當局調查，目前溫泉業中只有三分之一的業者使用未加稀釋的天然溫泉水。

　　日本公平交易委員會要求溫泉業者制定標識制度，雖然業界團體開始執行新近制定的標示制度，但仍有專家批評不夠徹底，有些地方宣稱「100％溫泉」其實是將熱水循環再用而已。對不少湯客而言，「溫泉」這個名詞已經失去意義。委員會 2004 年 7 月公布的「溫泉標識相關實態調查」顯示，溫泉業者誇大洗溫泉的功效、誤導消費者的現象仍相當普遍。

參◆考◆資◆料

「『溫泉』失信於人標識面臨改革」

　　http://china.kyodo.co.jp/big5.cnv/2003/kaisetu/20031101-2.html

《新聞晨報》，2004/08/27。

TVBS 新聞，2004/09/22。

Faiola, Anthony, "Exposed Japan's Hot Springs Come Clean-Tainted Spas Spoil a Be-
　　loved Bathing Ritual," *Washington Post*, October, 2004, p. A01.

思考題

1. 試辨認在溫泉水作假案中誰是獲利者、受害者。

2. 你認為導致這一連串的溫泉水作假弊案的原因是什麼？

3. 若溫泉業者從功能論的立場出發思考應否行作假的行為，你認為他們做出什
　麼的決定？

4. 日本作弊的溫泉業者違反了哪些本土的倫理規範，及全球的超級規範？

5. 從倫理立場來看，你認為日本政府在這次弊案中是否做得足夠？

6. 溫泉產業及個別業者應進行什麼產業及公司的倫理改革，防止作假等不當行
　為的再次出現？

7. 以康德式公司來經營溫泉旅館，會否出現這類的弊端？為什麼？

案例 12：921 大地震水塔哄抬價格案 ❸

　　1999 年 9 月 21 日凌晨一點四十七分，台灣中部地區❹發生芮式 7.3 級強烈
地震，造成人民生命財產嚴重損失。行政院公平交易委員會（下稱「公平會」）
為了防範商人趁火打劫，進行聯合或哄抬價格，於 9 月 23 日起設置專線電話，
方便民眾檢舉不法廠商。依公平交易法人為操縱壟斷、聯合漲價等行為最高可
罰新台幣二千五百萬元。

　　9 月 25 日起公平會往災區（包括苗栗縣、台中縣、台中市、南投縣、彰化
縣、雲林縣等）查價，勸導業者在店門張貼海報表示「穩定供貨、絕不漲價」

的立場。9月27日公平會調查發現南投縣水塔普遍缺貨，29日調查台中縣、苗栗縣卓蘭鎮水塔製造廠，30日與相關業者鴻茂工業、中興水塔會商。業者宣示會遵守「緊急命令」，不會哄抬價格。

台灣雨季集中夏天，全年雨量分布不均。民生不能一日無之，災民期待儘速修復水塔。國內平常期水塔消費市場不大，業界存貨甚少。921地震後，庫存很快銷售一空。

10月初，公平會接獲很多水塔價格投訴電話。10月13日公平會414次會議決議，亞昌、穎昌二家水塔公司利用市場失衡時做不當的銷售。事件涉及此兩家店於9月27日張貼或派發「不鏽鋼材已向上調漲10%，亞昌目前不調漲，但平素所實施之折扣、折讓及特價，暫時停止……」之告示，9月28日又張貼並派發「不鏽鋼材近日出現供不應求的狀況……原料庫存已用完，本公司『新光』、『穎昌』系列向上調漲20%，尚祈各經銷商配合」之公告，這些經營手法嚴重混亂交易秩序，侵害消費者之利益，違反公平交易法第24條之規定❺要受罰。

12月14日公平會對於多家水塔業者利用921震災期間哄抬價格、侵擾市場交易秩序及以違反公平交易法第24條規定加以違反「緊急命令」❻，由地檢署偵辦。

2000年1月19日公平會認為，和元水電材料有限公司於921災期利用市場失調不當調整水塔價格，違反公平交易法，命和元公司立即停止不當行為，並罰以新台幣六十萬元。據此案檢舉人的證詞，水電師傅當時依震災區裝設水塔經驗估算，1.5噸水塔的合理售價應在8,870元，但檢舉人卻支付了12,000元（含稅），較和元公司合理售價高出許多。

依和元公司的證詞，平日「轉售」水塔之利潤為18%；但地震後，水塔需求量大增，使在利潤不變的情形下，業者利潤仍隨著銷售數量的增加而高於平常，因此估計合理利潤為18%。另依鴻茂公司銷售「鴻茂牌藍色等級1.5噸水塔」之售價6,506元（不含稅），計算和元公司災前合理售價為7,677元（即6,506元加18%利潤）。然而，將檢舉人的購買價扣除5%稅金為11,429元，由此算出和元震災後水塔售價漲幅竟達48.88%。和元公司稱其訂購之鴻茂牌水塔價格，震災前後均未改變，但平日水塔由供應商運送；震災後則須自行運送，每趟運費一千五百元，且只能運送一至二只（因震災後水塔缺貨），故每次運費平均一千元。由此推算，震災後和元的進貨成本增加一千元，上漲幅度為15.37%（即1,000元／6,506元），但用這個計算出的成本上漲幅度與售價漲價

幅度比為 1:3.18，仍是不合理的抬價，違反公平交易。

　　鴻茂工業公司自 921 大地震後，只生產特厚水塔，不生產中級及普通水塔，影響經銷商及消費者權益，妨害中部地區水塔市場之正常交易秩序。依公平會的判斷，鴻茂雖未哄抬物價，但於震災後三週只生產厚型翡翠系列水塔（該公司水塔產品分三級，分別為翡翠——厚、蘭潭——中、舒美——薄），漠視災區民眾及水電材料行對不同等級水塔的需求，妨害自由選擇，予以懲罰。

思考題

1. 從利害關係人的角度，分析各水塔業者之作為是否合理？
2. 水塔業者利用機會，謀求公司的最大利潤，其作法是否合乎商業道德？
3. 請利用功利論或義務論的思維，分析水塔業者價格上漲的時機是否合理？
4. 試評論「公平會」在本事件中所扮演的角色，以及處理的手法。
5. 當一個企業遇到有利可圖的時機時，應採用何種決策，其道德判斷之理由為何？
6. 試評論一家儒家企業會如何回應公平交易這個議題？

案例 13：印度布普市氣爆大災難

　　1984 年 12 月 3 日凌晨，人口八十萬的印度 Madhya Pradesh 省布普市（Bhopal）的聯合碳化公司（Union Carbide，下稱聯碳）生產農藥的工廠，發生了人類有史以來最慘重的一次工業意外，大約有數十噸的化合物 methyl isocyrate（MIC）從容器中洩漏了出來，形成了一層黃白色的毒雲霧，緊緊罩著了居民正在睡夢中的城市，事發後，成千上萬的人慌忙逃到街上，希望避過這場浩劫。據包括印度最高法院官、印度醫學研究議會等官方資料顯示，意外造成了三千人即時死亡，非官方的統計則有七千到八千人死亡，至今總死亡人數達一萬五千人，受傷人數有六十萬人，其中起碼有二千人傷勢嚴重。聯碳在 1989 年支付了四億七千萬的賠償，跟受害人要求的數額相差甚遠。聯碳 2001 年被杜瓊化工（Dow Chemical）收購，因此追討災難的責任的官司就一直跟著杜瓊化工。災難至今，很多受害人及家屬都未獲得合理的賠償，仍企圖通過司法討回公道，但勝算非常渺茫。

聯碳是當年美國第三大化工企業，營業額近一百億美元，在四十個國家僱用了十萬名員工。由二十年代開始，聯碳已在印度經營，1934 年成立了聯合碳化印度有限公司（Union Carbide India limited，簡稱 UCIL），50.8%股權屬公司所有，印度政府佔 22%股權，而其餘 27.2%的股權由二萬三千名印度散戶所持有。1969 年，UCIL 應印度政府要求，及其美國母公司的決定，在布普市建立一所農藥廠。印度政府希望用農藥幫助糧食增產，以應付額外一億人口的糧食需求，減少入口糧食，改善貿易平衡，增加就業機會。對聯碳來說，這投資亦有利可圖，因為以每畝四十美元的低價就可租用八十英畝的土地相當划算，且當地工資低，市場大，利潤可觀。聯碳首先進口了最基本的化學物品，包括MIC，在布普生產名為「沙芬」的農藥。1975 年，印度政府限制聯碳減少進口產品，並以此作為續牌的條件，聯碳 1980 年便在布普另建新廠。廠房一哩半的範圍內原是空地，新廠投產時，外圍已經住滿了人，其中大部分是工廠工人。聯碳是 UCIL 的大股東，依法它是要對 UCIL 在印度的行為負責。印度政府希望更多的本地人受僱和受訓，在UCIL的董事中除了五人外，其餘的全是印度人，而UCIL的員工也全是本地人，工廠的安全檢查的責任落在印度政府身上。

1981 年，布普工廠洩漏毒氣，引致一人死亡。1982 年，再有毒氣外洩，鄰近貧民區區民被逼暫時疏散。母公司派了三名工程師到布普工廠做了一次安全調查，發現了大約有五十個小問題，但認為工廠並無明顯的危險，或有需要即時改善的地方。稍後，工廠改善了一些安全系統和程序。負責安全和環境檢查的勞工處，只有十五名工廠督察，卻要負責八千家工廠的安全檢查。此外，一般官員的環境安全意識也相當薄弱。

無人確知 1984 年 12 月 3 日那天究竟發生了些什麼事，因為此案件最終並沒有被起訴。依據現有的資料，當日在一個壓力容器內儲存了差不多一萬二千加侖的 MIC。根據安全規定，其中一個容器應是空置的。大約一百二十至二百四十加侖的水被注入了儲存 MIC 的容器內，引發了發熱的反應。控制員最初對此並不在意，致令情況變得不受控制。另一方面，工廠為了省電，數月前有人關閉了廠內的冷凍系統。在受熱和受壓的情況下，容器終於爆裂，MIC 的大量外洩導至大災難。雖然有人發現這事件，工廠經理卻決定在茶點後才修理。瞬間，壓力逼開了一個活塞，釋放出 MIC 氣體。兩個安全機制，包括一個中和MIC 和另一個燃燒MIC 氣體的設施，也因在維修中關閉了。工人嘗試以水噴射MIC 煙霧，但完全無效，他們惶恐失措，逃之夭夭。兩小時內，超過八成半的MIC 外洩，廣罩整個布普市。

　　布普大災難的眞正成因始終沒有被徹查出來。一組印度科學家的調查指出，負責用水去清潔過濾器的工人，並沒有根據指示去安裝裝備，以致有水進入了MIC 容器內。聯碳反對此種講法，並說明在過濾器和 MIC 容器間的活塞在事發前已關上了，所以水份根本不可能從此進入容器內。聯碳懷疑這事是一名不獲升職的員工有心報復，把水引入 MIC 容器，進行破壞。聯碳跟印度政府對工廠的管理有意見分歧。聯碳聲稱在開始時他們擁有管理權，工廠的運作跟他們在西維珍尼亞州的農藥廠一樣。但由於印度政府想逐步取得工廠的控制權，漸漸地除了偶爾的安全檢查是由聯碳的美裔人員負責外，其餘工作全是印裔工人做，但 UCIL 員工對工廠的潛在危險的認知很低。

　　印度政府反駁聯碳所言的布普與其他發展地區的操作是一模一樣的講法。例如，西維珍尼亞工廠是全面電腦化的，布普則不是。聯碳則辯稱布普的員工並沒有操作複雜電腦系統的知識，而西維珍尼亞跟布普一樣，主要依靠人手控制。聯碳亦被指摘因爲降低成本而取消很多安全措施，容許及不顧工廠及其設施被破壞，及降低員工入職資格。這全因聯碳一早已決定將工廠送還印度政府。環境學家反對農業使用有毒化學農藥，他們認爲只要利用窮國的大量勞動力就可，不需要利用有毒藥劑去損害環境。環保份子指出政府勾結農藥製造商，很多農藥所包含的化學物質，之前是用於軍事方面的。對政府來說，將這些對環境有害的廢料出售而增加收入當然是好事。對跨國企業而言，可以用低價買入原料也是划算的。災難發生後，聯碳即時向布普派遣了醫務人員和提供醫療物資，亦派出技術人員去調查出事的原因。出事後四十八小時內，公司主席華倫・安達臣和其他高層人員飛抵布普，稱聯碳在此事件中要負上道德上的責任。抵達後，安達臣隨即被捕，被控以疏忽罪並被驅逐離境。當毒氣還彌漫布普市時，大批律師從美國遠渡而來，希望替那些受害人向聯碳追討賠償，他們出售訴訟人的名單以謀暴利。有傳媒稱此爲布普的第二次悲劇。此訴訟其後轉移到美國本土去。

　　災難後的第四天，在西維珍尼亞州的聯邦地方法院便收到了對聯碳的第一宗訴訟。其後訴訟接踵而至，追討的總賠償額高達五百億美元，訴訟多達一百四十宗，共代表了二十萬名印度遇害者。在法庭裁決前，印度政府通過了布普毒氣洩漏災難法，授予只有印度人才可以在世界任何地方代表印度原告人的權力。印度政府亦向美國法庭提出對聯碳的訴訟，原因是美國法庭一向對人命的賠償額較高，而可以達到審判階段的案例也較印度爲多。1986 年 5 月，地方法院法官尊尼・奇能裁定案件應該送返印度審訊，理由是原告、證人和證據全在

印度，此案能在印度得到公平的審判。這次決定正來得合時，因為聯碳正建議三十五億美元賠償。由於美國律師恐怕奇能會作出這種決定，所以努力四出遊說，反對這項判決，印度政府亦希望獲得更大的賠償金額。奇能法官責叱美國律師的所作所為，破壞美國的形象。

聯碳的三十三億美元的訴訟案終於在 1986 年 9 月在印度起訴，最後在 1989 年初達成了協定，聯碳答應賠款四億七千萬美元，而印度政府則不再提出訴訟。布普災難受傷或死亡的人，每人平均可獲一千五百美元的賠償。1991 年 10 月，印度最高法院鑑於聯碳已付四億七千萬美元的賠償，免了對聯碳高層的起訴。災難後的聯碳已變了另一家公司。為了補償布普的損失、作出法律賠償和抵抗 GAF 集團的收購，公司變賣了很多重要的資產，將原來的九萬八千名員工削減至四萬三千人。

布普災難 25 年後

2003 年 3 月下旬，紐約州的聯邦法院對一個由一名居住在布普廠附近受到氣爆傷害的婦人提出的告訴作出裁決，免除聯碳及其前執行長安德遜對布普氣爆災難的責任，主審法官認為聯碳對是次意外已經做了應做的事，況且，當時離開意外發生已經將到二十年了。再者，法官指出聯碳已經將其股權售出給第三者，因此與布普的工廠脫離了關係及無權處理有關該廠的事情。聯碳在 1994 年將其布普廠的 50.9% 的股權變賣並用這筆錢在當地蓋建了一座醫院（*BBCNEWS, 2003/03/20*）。

國際特赦組織（Amnesty International）在布普市氣爆 20 週年之際，出版了《不正義之雲霧》的報告（*Clouds of Injustice, 2004*），對收購了聯碳的杜瓊化工如何處理這次慘絕人寰的大災難大力撻伐，批評跨國企業對受害者未有盡應有的責任。報告揭示了經由最新的調查所展示的傷亡人數比官方公佈的數字高出很多，官方數字是氣爆發生導致即時死亡人數是三千人，而往後的日子陸續死亡的達一萬五千人，報告宣稱即時死亡超過七千人。由這次大意外受到各種傷害及疾病的人數超過十萬，這些受傷的民眾需要長期的醫療照顧，可惜一直沒有得到應有的照顧。1989 年，聯碳與有關當局達成庭外和解，承諾對受害者所支付的四億七千萬美元的賠償金，交換的條件是公司可以免除被起訴。其後，印度最高法院推翻了這個免除被起訴的條款。這筆賠償金一直仍滯留在印度政府處，沒有派發給災難的受害人。2004 年 11 月 15 日，氣爆的受害者開始收到賠償的第二期約有三億五千萬的賠償金。

　　一直以來這些受難者在印度及美國所採取的法律行動，要求適當的賠償都沒有成功。報告批評印度政府沒有妥善處理原廠的安全問題，同時在與聯合碳化議價時完全沒有邀請受害者代表參加。現時，在原爆地的廢棄了的廠地上的有毒廢棄物仍未清理，導致污染了周邊社區每天都要飲用的地下水源。杜瓊化工否認公司對布普廠現時的亂七八糟及污染情況有任何的責任，同時也不認為對氣爆受害者要負責。在杜瓊化工的網頁上用斬釘截鐵的口吻表示了這個立場：「杜瓊從來沒有擁有及經營過布普工廠」。雖然如此，在紐約州的法院在不久的將來會對受害者對杜瓊化工所提出的告訴作出判決，決定它是否仍有責任承擔清理有毒廢棄物的費用，及應否對受害者作出賠償（*BBC NEWS, 2004/11/29*）。英國廣播公司記者於 2004 年 11 月中親身到了布普廠附近的一口水井做食水採樣，經實驗室的測試顯示，井水的污染程度是世界衛生組織所建議的最高限度的五百倍。附近的區民每天都是飲用這口井的水，但長期飲用這些高度污染的水用導致眼、胃、肝及腎的損害。在布普廠內仍存放數千噸的無人管理的有毒廢料，每天受到氣候侵蝕，外淹機會愈來愈高。記者在廠地發現有一灘灘的水銀，及一袋袋有毒物料棄置在一旁。每逢下雨，雨水就會將這些有毒的物料沖到河川及流入地下水源處，情況非常令人憂心。這裡住滿窮人，他們明知水有毒但卻別無選擇，只好每天都飲用這些毒水（*BBC NEWS*，*2004/11/14*）。

　　2011 年 5 月印度最高法院否決了檢察官申請重審 1984 年氣爆災難的訴求，法官的理由是，檢察官的重審申請書上沒有提供令人滿意的說明。檢察官提出申請的目的，是要求法院重審 2010 年 6 月地方法院對該案裁決。該裁決判了七名前聯碳印度分公司的高級經理每人二年刑期及少量的罰款。在此之前，聯碳的負責人被控「應受責備的殺人」（culpable homicide），但法院於 1996 年卻以較輕的「疏忽致死」（death by negligence）來定罪。裁判結果一出立即引起全民公憤，民眾上街抗議，大呼司法不公。那些被這冤案煎熬了二十五年的受害人及家族而言，正義不單太遲來，且只這一丁點。2010 年 12 月印度政府向最高法院提出要求對聯碳造成的災難的罰款的 1989 年數額，提高超過兩倍到十一億美元。

　　前聯碳執行長沃倫安德遜（Warren Anderson）的司法官司仍然有效，他仍有案在身是導致災難的被告。但他現時人在美國，災難發生後不久他從美國趕赴印度時即被短暫關在印度，獲保釋後即潛逃回美，一直留在美國不回印度。印度政府向美國有關方面申請引渡他回印度面對司法，但美方對此沒有正面回應。印度司法部現認定安德遜的在這宗官司的身份為「畏罪潛逃犯」（absconder）。

參◆考◆資◆料

Amnesty International, 2004, *Clouds of Injustice,Bhopal disaster 20 years on.* Alden Press, Oxford, United Kingdom. http://www.amnesty.org/en/library/asset/ASA 20/015/2004/en/fa14a821-d584-11dd-bb24-1fb85fe8fa05/asa200152004en.pdf.

BBC News, India's Supreme Court rejects harsher Bhopal charges. 11 May 2011 http://www.bbc.co.uk/news/world-south-asia-133567883

BBC News, Bhopal: India wants compensation doubled December 2010, http://www.bbc.co.uk/news/world-south-asia-11911828

BBC News, Bhopal case still open for ex-chief Warren Anderson, 8 June 2010 http://www.bbc.co.uk/news/10267196

BBC News, 'Waiting for justice' 25 years after Bhopal disaster, 30 November 2009 http://news.bbc.co.uk/2/hi/programmes/from_our_own_correspondent/8386710.stm

Biswas, S. 2010, Bhopal gas leak convictions not enough, say campaigners, BBC News, 7 June 2010, http://www.bbc.co.uk/news/10260109

Broughton, E. 2005, The Bhopal disaster and its aftermath: a review, Environ Health. 2005; 4: 6. Published online 2005 May 10. doi: 10.1186/1476-069X-4-6, Available at http://www.ncbi.nlm.nih.gov/pmc/articles/PMC1142333/, Accessed on March 20, 2013.

Jennings, Marianne M. (1993). "Union Carbide and Bhopal", in *Case Studies in Business Ethics,* West Publishing Company, pp. 121-123.

Kalekar, A. S. 1988, Investigation of large-scale incidents: Bhopal as a case study. Paper presented at The Institution of Chemical Engineers Conference on Preventing Major Chemical Accidents. Available at http://bhopal.bard.edu/resources/documents/1988ArthurD.Littlereport.pdf, Accessed on March 20, 2012.

Little, A. 2009, Bhopal survivors fight for justice, 3 December 2009, BBC News, http://news.bbc.co.uk/2/hi/south_asia/8390156.stm

Shaini KS 2008, No takers for Bhopal toxic waste, BBC News,30 September 2008

Sharma DC.2002, Bhopal's health disaster continues to unfold. Lancet. 2002 Sep 14; 360(9336):859.

Snoeyenbos, Milton, Robert Almeder and James Humber (ed.), (1992). "Union Car-
　　bide and Bhopal", in *Business Ethics*, Revised edition, Prometheus Books, pp.
　　509-514.

Vince, G. 2009, Bhopal's health effects probed, BBC News, 26 March 2009.

思考題

1. 雖然無法完全確定這次氣爆的真正原因，但專家都同意意外是多種原因所導致的。試列出這些原因。

2. 你認為這一次的氣爆慘劇是否可以避免？試詳細論述之。

3. 聯合碳化印度公司在這次意外有什麼的責任？它的風險管理系統出了什麼問題？

4. 聯合碳化的美國母公司在這次災難應有什麼的責任？公司 1989 年的賠償是否合理？

5. 聯碳是否應做其他補償的動作，作為對受害人及家庭，及當地社會及環境各方面傷害的補償？

6. 印度中央政府及布普市所在的地方政府在這次意外有哪些責任？

7. 在災難發生的 25 年間，你認為印度的司法是否能還受害者及家庭公道？

8. 你認為杜瓊化工應如何作出符合企業社會責任的措施，來收拾聯碳留下的爛攤子？

9. 你認為美國政府應否與印度政府合作，協助將聯碳前執行長遣返印度受審？

10. 這次世紀工業大災難帶給工業社會，尤其是跨國大企業、原地政府及家居政府什麼教訓？

案例 14：台中港民眾反抗拜耳

　　近幾十年來，在台灣外資投資案件中，引起重大爭議的，除了 1980 年代中期的美商杜邦公司鹿港設廠案之外，就是 1992 年德國拜耳公司擬在台中港北墘方區設甲苯二異氰酸甲酯（TDI）廠一案。

　　拜耳公司係當時全球第十一大跨國公司，1992 年正式向經濟建設委員會提出設廠申請，計劃在八年內分三期投資金額新台幣四百九十多億元，生產製造

PU原料的TDI原料。如果設廠成功，此是第一個率先響應的政府推動亞太營運中心計畫的外商重大投資案，具有高度的指標意義。

PU 是廣為各種製造業使用的塑膠原料，TDI 則為生產 PU 所必須之原料，但毒性極強，全世界只有少數廠家生產，拜耳是其中之一。事實上，製造PU的原料，除了TDI之外，尚有MDI（二苯甲烷──4──二異氰酸甲酯），TDI是液體，MDI是固體，在整個生產過程中，前者比較容易揮發（揮發性較MDI高出十幾倍），對人體健康會造成傷害。基於這個原因，歐美先進國家自1980年代以後，就不再有 TDI 廠的設立，而是設立較為先進的 MDI 工廠。然而，拜耳在台灣設立的卻是風險大的 TDI 廠。

台中港區周圍的梧棲、沙鹿、清水及龍井等四鄉鎮反對拜耳設廠，尤以梧棲最為激烈。當地居民憂心 TDI 製造過程中如發生光氣外洩將造成居民嚴重死傷。相對於如此高之風險，拜耳設廠所能帶來的利益可謂極為有限，在建廠的施工期間，可提供當地居民七百個就業機會，而完成後，則對當地開放一百五十名的技術人員之工作機會，所能提供的就業機會尚不如一個較大規模的製鞋工廠。另一方面，基於安全的考量，拜耳要求在其廠房二公里方圓內的土地，不能進行其他商業及遊憩用途，這對周遭私人土地的增值有限，但若招攬到其他產業在當地投資，可創造出更高的土地價值。因此，拜耳案對梧棲當地的經濟誘因很弱。

對於爭取拜耳來台投資，政府各部門可說是全力配合，護航闖關。除了行政院在地租和土地權利金上給予充分的特權之外，對於高污染工業所必須通過的環保審查，拜耳公司所提出的環境說明書，環保單位也以令人驚訝的兩個月時間之效率速審速結，而且還不須進入第二階段環境影響評估。拜耳來台設廠投資計畫申請期間，適逢台中縣長選舉，最後以其鮮明的反對拜耳設廠立場的候選人廖永來獲選。儘管拜耳已獲得台灣省議會通過土地租約的認可，但因縣府的反對，堅持拜耳設廠必須經過公投來決定，因此拜耳無法順利拿到建廠許可的證照，工廠遲遲無法動工。

縣府反對拜耳設廠的理由是，拜耳為一高污染、高風險的石化工業，對於環境的影響甚巨，因此主張舉行公民投票來決定是否核發建照。對此提議，經濟部表示反對，表示目前並無法源依據，而且這麼做也會嚴重影響外商來台投資的信心。況且，拜耳公司的污染防治在德國是出了名的模範生，不要這種企業，要什麼？另外，支持設廠的意見中，也有人認為石化工業為高度專業的議題，應該交由專家來分析評估，怎能交由公投來解決「專業」問題？

　　石化工業的產值很高，具估計其每年生產總值已達二兆元，占製造業生產值的25%。然而，除了意外的風險外，各種石化製品的環境代價也是很龐大的，因為石化工業是高耗能、高污染的工業，從上游工廠到下游工廠都會產生水、空氣、固體廢棄物的污染。根據統計，台灣石化工業的廢水排放量，占全國總污水排放量的一成，空氣污染物排放量占全國總空氣污染物排放量的一成，有害事業廢棄物占全國工業事業廢棄物的三分之一。在一般垃圾中，廢棄的石化製品約占 10%至 25%，而環保署的統計數據中也顯示，台灣歷年來的重大公害事件，半數是由石化工廠造成的。而石化工業污染較諸其他產業污染更具毒害性，其廢棄的製品不易被自然界所分解，形成垃圾處理的難題。

　　拜耳雖然在德國素有環保模範生的美譽，但是，根據調查，拜耳在其他國家的表現不如其在母國那麼優良。在美國，拜耳屢因違反環保法令被罰，被指控的項目包括：以不實文件進口有害毒性物質、謊報毒性物質排放量、提供不完整製程、污染防治程序有缺失等。此外，它在西維吉尼亞州毒性污染物排放量高居全州之冠，而俄亥俄州廠的二氧化硫排放量也屢次超過標準。在加拿大，拜耳橡膠公司更是名列全國三個高污染的產業之一。

　　根據省環保處的審查資料，審查委員對拜耳的環境說明書仍有諸多意見，包括緊急應變計畫的缺乏、逸散性氣體擴散計算方式不對、觸媒處理問題，以及未與當地民眾充分溝通等數十項，都是拜耳應改善之處。奇怪的是，環保單位的審查結論卻是拜耳「不須進行第二階段環境影響評估」。

　　經過多年的協調、地方反對以及許多不確定的因素（公投決定設廠與否）下，拜耳在 1998 年 3 月 18 日宣布放棄該項投資案，轉赴美國德州設廠[7]。

參◆考◆資◆料

汪誕平，〈拜耳撤資案影響分析〉，http://www.kmtdpr.org.tw/4/34-9.htm

〈環保史的今天〉，http://www.epronet.com.tw/epro/2000/03/epro_20000320.htm

〈經濟部反對公投決定拜耳案〉，http://www.cdn.com.tw/daily/1998/03/08/text/870308ah.htm

〈杜邦成功經驗　拜耳可借鏡〉，《中國時報》，1997/12/21，參見：http://www.teputc.org.tw/env_news/1997/12/86122105.htm.

〈記取拜耳案教訓〉，http://ceiba.cc.ntu.tw/TED-1/class-n30.html

〈台德簽下「百年不平等條約」，台中港區可能出現「德租界」〉，http://www.

journalist.com.tw/weekly/old/495/article060.html

〈對「環保模範生」的質疑〉，http://www.nthu.edu.tw/~hycheng/5paper/hsu9802.htm

〈拜耳在加拿大，污染量名列前三名〉，http://guhy.ee.ntust.edu.tw/~lanyu/wwwboard/messages/6.html

思考題

1. 高風險化工跨國企業到發展中國家設廠，應履行什麼環境義務？
2. 拜耳這次在台中港設廠在對待社區的義務上，是否做足應做的動作？
3. 政府在這次案例中的責任在哪裡？做得不足的地方在哪裡？
4. 在吸引外商來台投資的過程中，政府對本地社區應履行什麼責任？
5. 在這次爭議中，誰是贏家？誰是輸家？
6. 試就企業對社區的責任方面，比較鹿港抗爭及台中港的抗爭兩者的異同之處。

案例 15：BP 墨西哥灣漏油大災難

前言

2010年4月20日，英國石油公司（BP）公司向瑞士跨洋公司（Transocean）租賃的深海水平線鑽油台（The Deepwater Horizon）在美國墨西哥灣發生爆炸，導致鑽油台上的十一名工人死亡，及數百萬加侖的原油外漏到墨西哥灣內，是美國最大的一次離岸油污意外，及有史以來最大的一宗工業環境大災難。針對這宗世紀漏油大災難隨後的幾份官方調查報告，對導致這宗意外的原因幾乎達到一致的結論：公司安全管理嚴重失誤、公司領導力不足、政府監督鬆懈及沒有足夠的法令等都是意外的主因。針對這次意外，美國政府向BP提出訴訟，要BP賠償不菲的罰款及相關的制裁，包括停止在美國經營等。2013 年 1 月開始，美國政府對 BP 的告訴官司會在路易士安納州的紐奧蘭市（New Orleans）的聯邦法院開庭審訊，若被證明意外是由於 BP 嚴重疏忽所導致的，BP 可能會被判定要賠上約二百一十億元的罰款！BP是否嚴重疏忽的關鍵證據，是 BP 與 Transocean 雙方是否出現多次對油井的關鍵的壓力測試的嚴重疏忽管理。自意外發

生後，BP 積極跟政府商議庭外和解的方案。本案先陳述 2010 年 4 月至 9 月爆炸及油漏相關事實，意外造成的後果及代價，及導致意外的原因。

漏油事件紀要（2010 年 4 月-9 月）

2010 年 4 月 20 日在離威尼斯約八十四公里的 BP 向 Transocean 租供的 Deepwater Horizon 鑽油台發生爆炸。當時的鑽採的油井名 Macondo，深度達一千五百二十五公尺，是深海採油技術的極限。鑽油台燃燒了近三天後沉沒，一場油漏的災難開始揭幕。美國海岸防衛署初步估計油漏量可能達每天八千桶之多。意外初期，未有發現油井有漏油的跡象，但到 4 月 26 日發現油井每天約有一千桶油外漏。與此同時，BP 利用深水機械人試圖啓動油井井口的一具防止爆炸的設施，試圖阻止油漏，未果。意外發生後，BP 用各種方法企圖遏止油漏。最先用一個巨型的金屬箱放置在井口之上將掩蓋，但由於箱內形成冰結晶體，無法使用此法；稍後用一條管子插入井內將溢出的油吸回；其後又試用大量廢棄物包括輪胎等堵塞於破洞口，及用一個金屬蓋將井口封住。第三種方是「頂封法」（top kill）——用很重的鑽探泥來封住缺口，但苦戰三天仍然無效。第四種做法是在漏油井口套上一個外蓋，用油管吸取漏出的原油及將之輸送到停泊在附近的儲油船上。

4 月 30 日從油井外漏的油開始漂流到灣區的海岸，並入侵到灣區脆弱的濕地，灣內到處都被厚厚的褐色原油覆蓋著。5 月 2 日歐巴馬總統親到災區視察，指示 BP 要為造成的破壞所涉及的支出負責。意外之前，美國政府同意油公司可以作離岸的石油開採，但發生意外後，即命令在未調查出今次意外的真相之前，禁止所有離岸的石油鑽採。5 月中旬政府幾次就此意外召開國會聽證會，會中三家涉案企業——BP、Transocean 及 Halliburton 互相指責對方，試圖推卸責任。5 月 19 日，專家指出油污已流至一個名為「迴流」（loop current）的海洋流，洋流會將油污輸送到佛羅里達州及可能帶到美國東岸。6 月初，美國政府宣佈要對這次漏油事件作刑事的調查。這次漏油是美國有史以來最嚴重的環境災難，情況比 1989 年的 Exxon Valdez 在阿拉斯加州的漏油意外更為嚴重。6 月 10 日美國地質勘測學會（The US Geological Survey）估計在 6 月 3 日油井未成功封前，每日外漏的油有四萬桶之多，而從油井每日吸回的原油則只有約一萬五千八百桶。6 月 15 日奧巴馬總統見事態嚴重，在白宮向國人宣示要 BP 付出這次意外所導致的所有損害做出賠償。6 月 14 日總統第四回巡視災區。7 月 6 日，漏出的油已漂浮到德州對開的海面，表示美國灣區的五個州在這次災難中無一倖免。

美國國會於6月18日召開漏油意外聽政會，由能源及商業委員會主持，當時BP執行長 Tony Hayward 被議員批評，指 BP 對工業安全的管理驚人地怠惰。6月22日執行長再不能負責處理油漏的工作，由副手 Bob Dudley 取而代之。自意外發生以來，執行長對意外的有關言論被指為不恰當，反映其對事態嚴重無感，處理不當，不久就被迫下台。

　　7月10日 BP 用一個更適合油井口大小的上蓋封在漏油的破口，但更換上蓋時有更多的油流出，於是調動了四百艘除油船把溢出的原油抽回。為了長久終止漏油，工程人員在漏油井旁邊約一公尺半的地方開鑽另一個救援井。7月中採用「靜態封頂法」（static kill），用新的蓋子封井之後，不斷灌入泥漿，其後加上救援井的投入，油漏最後就制止了。但未完全封井之前，有颱風迫近，救援工作被迫停止，被暫時封頂的油井在颱風期間無人監察。救援井的工作延後了七至十天後，颱風稍為轉弱，救援工作再次開動。7月27日執行長 Tony Hayward 跟 BP 達成協議離職，其美國的同仁會取代他為執行長。此刻，公佈的第二季營收顯示在4月到6月間損失一百七十億元，是英國有史以來企業第一次如此大的虧損。BP 為此意外預留了三百二十二億美元（下同）的賠償準備金。意外發生的一百天後，從破井中漏出的油在海面中消失的速度得比預測中的快。政府正式公佈在7月成功封井之前，估計有約四百萬桶的原油溢出灣區內，是美國史無前例的漏油意外。科學家估計只有五分之一（即八十萬桶）漏出的油在搶救行動中被吸收回來。

　　8月初 BP 宣佈油漏的成本估算已達六十億元，這包括處理漏油、控制漏油擴散、借代救援油井開鑽及將破壞的油井用混凝土封頂等費用，同時亦包含了灣區受油污影響的各州的受影響戶的補賠費及三億多元給那些受到油污染影響的人的賠償等。同時，BP 預留了一筆超過三十億元的救援基金。同時，政府宣佈約四分之三油污已被清理好或自動分解。9月初，工程人員將鑽油台那個防止爆炸的設施（the blowout preventer）移除，這個重三百公噸的設施將是調查意外的重要證物。漏油的環境成本不斷的上調，一個月之內上調了約二十億元，達八十億元。有研究指出，在墨西哥灣海底約一公尺以下有有毒的化學物存在，但這是整個漏油總量的千分之一。在此意外發生之前，採油公司的離岸深海鑽採是無需環境評估的，因此BP可以在海灣作業而未受到管制。經此一役，這個慣例頓成歷史。9月5日美國海岸防衛署表示漏油的井油漏受到控制，但完全封死漏油地方仍未完成。9月中旬，約二百頁的 BP 內部報告自意外發生以來首先被公開，報告承認部分責任之餘，企圖將意外的責任推卸給其他與油井有關的

公司。經大量的混凝土封閉油井缺口後，9月19日漏油油井的破口終於被封死，油漏停止。下文簡述意外發生後災難所造成的環境後果及要承擔的代價。

災難的社會後果

意外發生的一年多，災區仍可以清楚見到災難所造成的後果（*Dymond, 2012*）。路易士安納州灣區內一個名為 Grand Isle 的小漁港就是其一個典型的災區。漁港座落在一處伸出海灣中窄長如手指般的半島上，這裡的房子酒吧及商戶都建在長度有三公尺高的支架上，以防潮水或洪水。自意外發生後，所有捕魚捕蝦活動全部停擺，生意都跑光了，遊客消失了，連唯一的加油站都關了門，漁港如同鬼域廢墟般。其他受影響的地區情況亦一樣，居民的生計受到史無前例的衝擊，對 BP 的憤怒溢於言表及怨聲不絕，並向法院對 BP 提出告訴。單在此州 BP 就要緊密跟超過十萬興訴人的案子作庭外協商。這次意外對漁獲究竟有多大的影響現時仍未能完全知曉。據因應這次意外而成立的灣區復育網絡的官員指出，最近似的一次可作參考意外是 1989 年在阿拉斯加州發生的 Exxon Valdez 漏油事件，那次意外污染了該區接近四千公里的海岸，對生態造成嚴重衝擊，那邊的本來豐盛的鯡魚（herring fishery）要經過四個捕撈季才全面崩塌到無利可圖的水平。

災難的環境成本

據不完全的估計，這起意外產生的環境代價如下：

海洋哺乳動物：意外發生那區的瓶鼻海豚（bottlenose dolphin）死亡數字激增，專家估計實際數字可能是公佈的五十倍以上。緊接著油漏發生的第一輪海豚出生季節，幼年海豚死亡的數字大量增加，死因不明。

濕地：這區是沿岸的重要濕地，每年大量的遷徙鳥群都在這區落腳。幸好氣候狀況及快速的回應防止了最壞的情況的出現，不過原油仍透入不少的沼澤區及鳥類保護區，與及波及數百公里的海岸地區。

海龜：灣區盛產特類海龜需要特殊的保護。油災後約有二萬五千海龜蛋被轉運到佛羅里達州大西洋海岸那邊。

鳥類：區內是數千隻屬於一百二十品種的鳥類的棲息地，漏油事件導致一半鳥類死亡，其中死亡數字特別多的是褐色企鵝（brown pelican），因為牠們要潛入水中捕食魚類。

魚類：灣區是產魚區，意外發生後大部分灣區被封鎖，禁止捕撈魚蝦，帶

來短期的魚類及海產數量突增。但這短期的現象並不代表長期都會一樣,而油污染對食物鏈的長期破壞仍有待觀察。

油漏幅員廣大的,在意外發生的頭三個月原油從井田湧出漂流遍及數千平方里面積。一年後的估計有八十萬桶油被收回,約有相等於二十六萬五千桶的原油在海面上被燃燒掉,用於清潔油污的清油劑約一百八十萬加侖。灣區是熱帶珊瑚礁的最北的棲息地,屬於脆弱的生態系統,至今仍未能精準估算意外對其長遠造成的衝擊。專家警告珊瑚是生長極為緩慢的生物,要數百年才能壯大成型,一旦珊瑚受到油污覆蓋就會慢慢死亡。專家指出,油漏的全面及長期影響及相關的修補復育費用多少,要由聯邦政府主持的自然資源損害評估系統(Natural Resource Damage Assessment, NRDA)的往後好幾年的跟進觀察及研究才能確定。

意外的財務及訴訟成本

BP 在 2010 的營收帳中預留了四百一十億(美元,下同)作為賠償罰款,這個數目是公司 2009 年全部利潤的兩倍半有多。然而,這並不未將所有可能賠償款都算出來,尤其是有關法律訴訟費用。美國環保署(Environmental Protection Agency)的罰款準則是以每桶油的污染源來計算的——每桶的罰款由一千一百元到四千三百元不等,因此罰款可能是天文數字。當兩造同意油漏的桶數目後,還有一件決定賠償額度的是,公司在這次災難中失職的程度有多嚴重。如上文所言,假若被證明是由於嚴重疏忽而導致有四百萬桶油外漏的話,罰款可能超過一百九十億元。除了這個廣為報導的官司外,BP 還要面對為數不少的個別居民商戶的訴訟,因此 BP 的總體的賠款將會遠遠大於此數目。

BP 採油所獲的每一百元利潤,美國政府要課 34%利得稅,還要付政府二十元付開採費,而其他成本約二十五元。換言之,每一百元從墨西哥灣獲到的利潤可賺到三十六元,利潤相當可觀。相比之下,BP 在俄羅斯的油井極好運時才獲得十五元。經此一役,BP 高層連續放話,聲稱這次意外完全改變了企業,不斷強調工業安全是公司的首要任務。但縱使信誓旦旦,實情卻非如此。灣區漏油災難還未發生之前就發生過兩起意外,BP 亦作過一模一樣的承諾(見下文),但安全管理仍不合格!

依路透社(2013 年 1 月 29 日)消息,漏油意外案在路易士安納州法院開審,BP 承認有罪,法官同意接受 BP 在事件中的認罪,被判要為造成美國有史以來最嚴重的漏油意外支付四十億元巨額的刑事賠償,其中包括十二億四千萬

的罰款、二十四億給國家魚類及野生動物基金、三億五千萬給國家科學院，三者在 5 年內付清。這次認罪協議其實包含了十一項 BP 意外導致工人死亡的嚴重犯罪行為、一項阻礙國會調查、及兩項不法行為。BP 要有待觀察五年及由兩名監察人員在未來四年監察公司的安全操作及經營倫理。此外，BP 要在三年內付證券及交易委員會五億二千五百萬元罰款。

除了刑事方面的罪責，BP 同時要面對民事損害的官司。如上文所言，若被證明是公司在意外嚴重的疏失，根據美國的清潔用水法（Clean Water Act）賠償額可以高達二百一十億元。BP 宣稱已為庭外和解的私人訴訟者之集體訴訟準備了約七十八億元的賠償款，這些私人訴訟案是由因這次漏油而受損的十萬個人及公司提出的。為了這次意外，公司經已出售價值三百五十億的資產作為賠償金，目前就清理油污及其他的賠償已花了約二百三十億元。總部在瑞士的跨洋公司 Transocean 是 Deepwater Horizon 鑽油台的所有人，在意外中不能置身事外，要承擔應有的責任，在審訊中承認在事件中刑事違法，要罰四億元，同時違反了美國清潔水法 Clean Water Act，要支付十億元民事罰款。

意外的原因

自意外發生後，政府有不同的部門對事件作調查，調查結先後公佈於世。2011 年 9 月公佈的調查報告，是由聯邦政府的海洋能源資源管理及執行局（Bureau of Ocean Energy Resource Management and Enforcement, BOERME）的調查小組撰寫的，是確定漏油意外原因最全面的報告之一。報告指與 BP 及其供應商 Transocean 及 Halliburton 在這次意外中作出了很多可以避免的錯誤，是這場災難的主因，而 BP 尤其是要負上大部分管理不當的責任。BP 管理的失誤包括不合格的風險管理、沒有及時察觀鑽油台安全的關鍵指標，意外出現之初沒有及時作出反應，意外發生之前臨時改變操作計劃，對油井的控制不力，及對負責鑽探 Macondo 油井及操作 Deepwater Horizon 鑽油台的供應商及員工的緊急應變反應培訓不足等，都是引致意外的原因。報告指出，若 BP 能嚴密監督其操作，包括完善監控及維護鑽油的各個步驟，做好油井的混凝土的堆填、及維護好油井的爆炸防護設施等，這次意外是不會發生的。BP 與 Transocean 及 Halliburton 這兩家供應商在事件中缺乏良好的溝通協調，及制定共同的分工及責任，亦為意外埋下原因。這些合作的失誤包括沒有採取預防措施對油井作二十四小時的監控，BP 與 Halliburton 沒有做好對油井混凝土灌輸的工作，沒有妥善控制油井壓力及溶液以防止溶液由油井漏出到海中。BP 沒有做好壓力測試來調整鑽

探液體，制定下一輪的鑽探深度。BP 及 Transocean 沒有做好對所有機件組裝的主要檢查。BP 沒有依修改計劃的執照申請上所詳細的規定，對操作做好消極測試。BP 基本上接受了報告的結論，呼籲在此意外的供應商要做好安全措施及進行改革，防止日後意外的發生。

在此之前，另一份有關意外調查的權威性報告──《有關深海水平線漏油事件及離岸鑽探國家委會員之總統報告》（*Deep Water-The Gulf Oil Disaster and the Future of Offshore Drilling. Report to the President-National Commission on the BP Deepwater Horizon oil Spill and Offshore Drilling*），對漏油災難歸納出以下的教訓。一、有關政府方面，政府經多年的財政緊縮，及應付來自政治及產業的壓力，加上專業技術不夠及各有關部門的資源不足等因素，導致無法有效監控離岸石油及天然氣的開採。政府應在內政部建立一個獨立的安全部門，部門主管有一定的任期，並不受外來政治的干擾。再者，管制離岸石油鑽探的法令及執法應與時並進，效法如挪威或英國的先進及嚴緊的法令。政府應重視石油開採及鑽探的風險，更新及補強法令加強監管，規定鑽探公司要證明其已經巨細無遺地評估營運所涉及的風險，及回應該油井的風險的應付方法。監管必須有足夠及可預測的財政支助，才能令有效管控離岸鑽探及保護環境。監管機構的財政來源應來自是鑽探公司。二、有關產業方面，這次意外主要由於企業內部管理失誤，相關人員怠惰所致。再者，產業缺乏工業安全的意識及集體責任。產業應建立一個類似其他高風險的產業的安全學院（Safety Institute），負責制定及執行安全標準，及不斷改善營運的安全。這個機構的審核工作包括評估公司的安全文化及對安全系統的執行──安全系統的設計、運作、意外調查及回饋等。安全審核結果必須用確認公司及其經營夥伴，包括供應商、保險商及合夥人的相互責任。

前科累累，輕忽安全

幾份調查報告都不約而同指意外是安全管理不善有直接關連，而這跟企業的深層組織文化又息息相關。回顧BP近年的安全紀錄，很容易發現導致這次意大漏油的原因有跡可尋的，災難的發生一點都不偶然。2005 年 3 月 23 日，BP 在美國德州的德州市（Texas City）的煉油廠廠房發生一起爆炸及火災，炸死了員工十五名，超過一百七十人受傷。爆炸發生前，廠內工人正將液體碳化氫注入一座儲存的塔房，但由於工人之間彼此溝通不良，將過多的液體注入了塔內，工人由於超過一個月都在十二小時輪班，可能精神疲憊而不察覺。過多的不穩

定液體累積起來很快變成一股向上噴射約五米高的噴泉。一名在現場的廠商由於啓動的引擎時發出火花，燃點了氣體立即引致爆炸。這次意外未發生前的二個月，美國化學安全局（United States Chemical Safety Board）的一份報告就指出這廠房隨時會發生重大的意外。意外發生後，政府的報告亦指出爆炸是BP在組織及安全維護上層層失誤所致。廠房是在 1934 年蓋建的，因爲長期缺乏資金投入，廠房老舊，疏於維護，埋下了極大的意外風險。美國政府調查意外後，發現有超過三百處違反安全的做法，BP 被罰二千一百萬元。另一宗意外發生在 2006 年 3 月，BP 在阿拉斯加州的普豪灣（Prudhoe Bay）的破裂的輸油管漏出二十六萬七千加侖原油，對環境造成嚴重污染。調查亦發生這次大漏油基上是維護不足及監督不力所致；即是說，如果BP有完善的安全管控，意外是完全可以避免的。發生了這些意外，公司照理應大力改善其安全管理，以防錯誤再發生才是。事實上，公司高層每次意外後都承諾改善，但結果仍一次再一次出現可避免的意外，不只表示公司的執行力很有問題，且誠信可疑。墨西哥灣的災難及這兩起意外足以證明這點。美國政府的職業安全及健康局（Occupational Safety and Health Administration）調查員 2009 年再次回到德州市廠調查，發現仍七百項安全違規，政府於是提出了懲罰BP的八千七百四十萬元罰鍰。另一方面，BP在俄亥俄州的煉油廠被揭發有六十二處的安全違規，並被提出罰鍰三百萬元。

這些都跟 BP 的企業文化及安全的管理有密切的關連，尤其是 BP 對安全管理的輕忽最後造成了墨西哥灣的大災難。BP 成立於 1908 年，原名英國波斯石油公司（Anglo-Persian Oil Company），在伊朗開採石油。創辦人是一名爲 William Knox D'Arcy英國富商，英國政府當時亦公司是主要股東，公司就後來以英國石油（British Petroleum）的名稱在中東區發展。接著那區產油國家開始將油田國有化，英國石油公司被迫退出該區到別的地區尋找機會。1995 年英國政府賣出公司的股份，尊布朗（John Browne）成爲公司的執行長，公司開始產生巨大的改變。布朗作風大膽，敢冒險，大力全球併購，很快將這家中型公司轉變爲一家成功的跨國石油公司，改名BP。布朗專挑高風險高成本但具巨利潛力的投資案子，在他任內，公司的股價有超過兩倍的升幅，公司的股票成爲投資者的寵兒。布朗非常重視公司的財務，將公司當作一家金融企業來經營，大幅削減成本，及將許多的工序委外給其他供應商，並大幅裁員，包括大批工程師。他經常調動經理的職位，及爲他們制定嚴屬的利潤目標，在這些經理還未熟悉業務前就被調派到另一新的職位上去，導致他們在職時所做的決定是不用負責的。這樣的管理是令公司的管理螺絲慢慢鬆脫的原因之一。2005 年 3 月德州市

發生工業意外的煉油廠，六年內就換了五名經理。

美國政府會因這宗大災難完全終止 BP 在美國開採石油嗎？當群情冷靜下來後，灣區的民眾都會面對一個赤裸的現實——石油產業對這一帶的經濟極為重要，灣區的很多居民的就業跟石油產業根本分不開，加上美國的經濟疲弱不振，失業率高企不下的環境下，留於這個大企業等於可以保住老百姓的工作，那麼石油產業仍會在這邊繼續營運是不言而喻了。尤其在失業率接近 9% 的壓力下，政客都有強大企圖心放 BP 過關，讓它愈快營運愈好。對 BP 而言，墨西哥灣是它全球最賺錢的地方，縱使意外發生不久曾經透露要離開這區，但善於精算的商人必定知道留比去利多於害。商人哪裡有利就往哪裡走，是不易之經營之道。

往深處想，這個案例一再顯出了規模超大對經濟息息相關的產業或企業，就算做了對社會或環境傷害很大的事，但政府會考慮到對超大企業或產業作出嚴厲的懲罰可能帶來極大的社會成本，引起社會極度的不穩。最後只好屈服於其經濟及財務淫威，高高提起，輕輕放下，在懲罰上留一手，不會將其趕盡殺絕。結果是，社會被迫面對一個困境，這些超大的攸關企業不單是大到不會倒閉（too big to fail），同時大到不能被關進監獄（too big to jail）。

參◆考◆資◆料

BBC News, Who's blamed by BP for the Deepwater Horizon oil spill? 8 September 2010. http://www.bbc.co.uk/news/world-us-canada-11230757. Accessed on Nov, 20, 2012.

BBC News, Timeline: BP oil spill, 19 September 2010. http://www.bbc.co.uk/news/world-us-canada-10656239. Accessed on Nov, 20, 2012.

BBC News, US oil spill: 'Bad management' led to BP disaster, 6 January 2011. http://www.bbc.co.uk/news/world-us-canada-12124830. Accessed on Nov, 20, 2012.

BBC News, BP oil spill: The environmental impact one year on. 20 April 2011. http://www.bbc.co.uk/news/science-environment-13123036. Accessed on Nov, 20, 2012.

BBC News, BP oil spill: US report shares Deepwater Horizon blame, 14 September 2011. http://www.bbc.co.uk/news/world-us-canada-14919696. Accessed on Nov, 20, 2012.

BBC News, Deepwater Horizon: BP accused of gross negligence, 5 September 2012..

http://www.bbc.co.uk/news/business-19486392?. Accessed on Nov, 20, 2012.

Deep Water — The Gulf Oil Disaster and the Future of Offshore Drilling. Report to the President - National Commission on the BP Deepwater Horizon oil Spill and Offshore Drilling, January 2011.

http://www.oilspillcommission.gov/sites/default/files/documents/DEEPWATER_ReporttothePresident_FINAL.pdf, Accessed on Nov, 20, 2012.

Dymond, J, BP oil spill: Louisiana ruin remains, *BBC News,* 3 March 2012. http://www.bbc.co.uk/news/world-us-canada-17186786. Accessed on Nov, 20, 2012.

Lustgarten, A. Furious growth and cost cuts led to BP accidents past and *present. ProPublica,* Oct. 26, 2010. https://www.propublica.org/article/bp-accidents-past-and-present. Accessed on Dec. 2, 2012.

Lyall, S. In BP＇s record, a history of boldness and costly blinders, *New York Times,* July 12, 2010. https://www.nytimes.com? 2010/07/12 ? ? business ? energy-environment/13bprisk.html. Accessed on Nov, 20, 2012.

Mervin, J. Counting the cost of the BP disaster one year on, *BBC News,* 20 April 2011. http://www.bbc.co.uk/news/business-13120605. Accessed on Nov, 20, 2012.

Mouawad, J. New culture of caution at Exxon after *Valdez. New York Times,* July 12, 2010. https://www.nytimes.com〉 2010/07/12 〉 business/ 13bpside.html. Accessed on Nov, 20, 2012.

Reuters, U.S. judge okays BP plea, $4 billion penalty in Gulf oil spill, Jan 29 2013.

http://uk.reuters.com/article/2013/01/29/uk-bp-spill-idUKBRE90S0WN20130129. Accessed on Jan. 30, 2013.

Walsh, B. Government Report Blames BP on Oil Spill. But there＇s Plenty of Fault, *Time,* Sept. 14, 2011.

http://science.time.com/2011/09/14/government-report-blames-bp-on-oil-spill-but-theres-plenty-of-fault/. Accessed on Dec. 2, 2012.

 思考題

1.請指出在這次 BP 墨西哥灣漏油大災難的利害關係人，及 BP 分別對他們的責任。

2.不同的調查報告都直指 BP 的管理出了嚴重問題才導致這次災難。請探討 BP

在管理上哪些地方出了問題，應如何改善？

3. 在這次意外中政府相關的部分是否有監督疏失，間接導致意外的發生？

4. 請用 2005 年在德州市意外及 2006 年阿拉斯加州的意外連同墨西哥灣意外來對 BP 的安全管理作探討。

5. 從公司發展史上觀察，試評論自布朗領導而改變的公司文化及管理方式，是否為這一連串意外的主要原因？

6. 若 BP 的領導人能吸收 1989 年 Exxon 石油公司在美國阿拉斯加州發生的意外，及切實遵守由那次意外而衍生出的 CERES（Valdez）原則，你認為墨西哥灣意外會發生嗎？（有關原則，見本書 253-254 頁）

案例 16：跨國電子廢料貿易

　　不少人以為令落後國家的更多民眾擁有電腦及配件就可以縮窄近年愈受關注的數位落差（digital divide）問題。於是，近年不少的富有國家將大量舊款或二手電腦捐贈到第三世界國家，但伴隨著這種意圖縮小數位落差的捐贈背後的黑暗面卻鮮為人知。令人不安的是，這些包裝成為「數位鴻溝架橋」的「善行」，其實是一種跨國廢物轉移，令貧窮國家變成富有國家的電子廢物（e 垃圾）的丟棄區，強迫它們承擔清理富有國家電子垃圾的重擔。估計美國每年都有四千萬台電腦報廢，連同其他報廢的電子產品，聯合國環境計畫估算，全球每年有約五千公噸的廢物產生，其中絕大部分都以「慈善捐贈」的名義輸出到非洲國家。下面的案例說明了引起爭議的商業行為。

　　根據巴塞爾行動網絡（Basel Action Network）的一份報告（BAN, 2006），依美國國家安全議會（National Safety Council）的資料，美國在 2005 年就有六千三百萬台電腦報廢，怎樣處理這些電子廢物引起廣泛的關注。依一般慣例，報廢的電腦都會送到回收商處理，問題是回收商如何處理數量如此龐大的電子廢物。這份報告陳述了電子廢物大量輸出到非洲的尼日利亞（Nigeria）所產生的衝擊。

　　電子垃圾在拉格斯港（Lagos）上岸，每月進口的垃圾數量驚人，估計有五百個貨櫃，每櫃有報廢的電腦八百台，即每月就有四十萬台電腦輸入尼國。當地的居民告知行動網絡，絕大部分進口的電腦都無法再用，或由於不合乎經濟原則，無法修理或再賣出。平均一台電腦包含了達到八磅鉛及其他有害人體及環境

的物料，如鎘（cadmium）及含有防火物質的塑膠。令人擔心的是，尼國由於沒有處理電子回收廢料的基本設施及技術，這些電子垃圾最後被丟棄到堆填區處，垃圾內的有毒物料四溢，污染了土地及地下水，對人體健康及環境構成威脅。

　　美國本土現時約有三十家電子垃圾回收商達成協議，不將電子垃圾輸出到第三世界國家。但要有效地執行這個協議，必須要先對回收的電腦做測試及將之貼上標籤以茲識別。輸出到非洲及其他發展中國家的報廢設備絕大多數都來自美國的回收商，回收商從政府機關、公司或社區免費取得這些老舊的設備，然後將之輸出到工資低廉的第三世界國家做修理、售賣或拆卸。差不多每一樣報銷的電子儀器都有可以再用的東西，例如，馬來西亞將舊電視機改裝成養觀賞魚用的魚缸，電腦的螢光幕可以用來製造矽玻璃（silicon glass）。電子回收業近年發展異常蓬勃，但卻沒有適當的基本設備及配套措施，對人們的健康及環境帶來沉重的衝擊。

　　上世紀八〇年代，工業國為了降低成本，將有毒廢料向第三世界國家大量輸出，催生了有一百七十個國家聯署的管制國際有毒廢料貿易的巴塞爾公約（Basel Convention）。可是公約生效後，富有工業國向落後國輸出工業廢物從未停止過，依目前電子廢料回收產業的不斷增長可以證實這點。今日的電子廢料的輸出只不過是跨國廢料貿易的延伸，在貧窮國家正有發展蓬勃的回收產業不少是違反巴塞爾公約的。很多國家，包括有較大能力處理電子垃圾的工業國家不是不知道這事，但基於短線利益的考量，假裝問題不嚴重，或睜一隻眼閉一眼的，沒有切實地執行公約的條款，強制廠商要做有關的測試及標示。尼日利亞就有一項在 1988 年生效的管制廢物進口的法令，而歐盟亦禁止將電子廢物輸到發展中國家的有廢物航運管制規則（Waste Shipment Regulation of the European Union），但廢物仍源源不絕地運到非洲國家！

　　西方工業國家將有毒的工業廢料向落後國家丟不是今天才開始，尤其是工業國家國民環保意識不斷提高及環保法令加強之後，廢料輸出的動作愈來愈頻繁。回顧歷史，西方企業及其所屬國家的政府幾乎變成了工業廢料輸出的共犯，前者沒有實行應有的企業環境責任，後者為商界利益背書，遲遲不立法，或法令過度寬鬆，或執法不嚴，就讓這種有毒的廢料處於毫無責任監督及管理的自然狀態，弱勢國家的人民成為首當其衝的受害者，環境的傷害更不在話下了。

　　1983 年印度布普市聯合碳化工廠發生氣爆大災難，導致附近六千個居民的即時死亡、超過數萬人嚴重受傷及環境破壞（葉保強，2005）。十二年後，印度再次出現另一類的環境災難——西方國家輸入的有毒工業廢料的災難。當地人

稱之為「慢鏡頭下的布普災難」——受害人受到這些有毒廢料的傷害，死亡雖不即時，但注定會慢慢來臨。與今天的電子廢料不同的是，九〇年代中期丟棄到印度的廢料是由西方冶金產業所製造出來的工業廢料，含有鋅、銅、鋁、鉛等有用金屬的殘餘，可以提煉出來再用。西方工業社會由於有嚴格的環保法令，回收成本很高，將廢料輸出到落後國家會大幅降低成本。這些產業透過中間商將廢料大量輸出，包括印度及中國等發展中國家就成為西方工業廢料的垃圾崗。印度的一個環保組織對此做了一個深入調查，從有毒廢料貿易商入手，監查印度幾個港口——孟買、加爾各答及馬德里的廢料入口紀錄，發現在 1994 到 1996 年間，有一百五十一家廢料廠商從四十九個國家進口了超過六萬六千立方噸的鋅及鉛殘餘物，主要來自美國、澳洲及加拿大占了絕大部分。

中國及印度的回收產業近年發展神速。以印度而言，1992 到 1995 年期間就進口了三億四千四百萬公斤的金屬廢料及八千萬公斤的塑膠廢料做回收。除了有牌照的廢料商之外，產業內有很多非法的經營者帶來了很多的問題。它們會將廢物轉賣給各家庭式小工廠東主，東主的工廠其實就是家中後院，那裡設置的簡陋的熔爐，用來提煉廢物中包括鋅、銅及鋁等金屬。鋅由於可做肥料，需求很大。做回收的工人都沒有防護衣或工具，工廠亦沒有安全設備，因此經常受傷。金屬提煉出來後，殘餘物就傾倒到土地上然後流入地下水，污染水源。1994 年，德里郊外有的牛群死亡，研究發現該處的草糧含有比安全水平高出幾百倍的鉛。污染源是附近二十三家熔爐工廠。政府勒令它們停工，但不久這些工廠又開始熔廢料了（*Asiaweek, September 20, 1996, 30-31*）。中國輸入電子廢物在 2003 年達到高峰。之後政府對廢物的輸入加強管制，但對很多地方的土地及環境破壞已經造成。《國家地理》雜誌在 2008 年 1 月號就有一篇有關中國受到電子廢物污染報導，處理電子廢物的城市如貴如（Guiyu）的空氣及泥土都有嚴重的戴奧辛污染。

印度在 2005 年進口的新電腦總數約四百五十萬台及很多的二手電腦，新電腦在數年後報廢時變成廢物。多年累積起來的電子垃圾，愈來愈嚴重。這裡的赤貧民眾要靠在電子垃圾場中拾荒，及從中提煉出有用的東西來過活。貧民在拆卸舊電腦時，既無戴口罩及防護手套，不知道廢物含有包括鎘及鉛等有毒物料，對身體造成嚴重的傷害。印度以前的汽車排放出來的含鉛量很高之廢氣，導致很多的民眾鉛中毒。2000 年，全國一律使用無鉛汽油之後，空氣污染而產生的鉛中毒卻沒有下降，可能跟這些新興產業有關。到醫院求診的病人有的血液中含鉛量是正常人的十倍，鉛中毒對兒童影響尤其嚴重，約每微升有五微克

的鉛就會導致基因病變，十微克就會降低兒童的智商。高科技城市如彭加諾（Bangalore）的爲數一半的兒童的血液含鉛已經達十微克，導致他們的智商下降，而由於愈來愈多人加入了回收電子廢物的行列，情況會愈趨惡化（*BBC News, 2005/10/14*）。

環保組織綠色和平最近出版有關電子產業的環保行爲的報告，將公司在環保表現做排名，藉此鼓勵公司消除有毒廢料及回收消費者要丟棄的電子產品做再造。這個動作開始在電子產業產生影響，不少有名的公司爲了維持好的聲譽，會加強環保。在2007年的報告中，Nokia是第一名，跟著是Sony Ericsson、Dall及Lenovo。目前沒有有效執行的國際規則的情況下，企業倫理的加強仍會產生一定的效應。有人建議（*Nair, 2008*）要加強生產者責任，包括要從產品設計、製造及丟棄都要加強能再造的元素。其次是要這些產業領袖企業建立最佳的供應鏈網絡，與在地企業或政府，發展有效處理電子廢物措施，及協助發展中國家建立再造產業❽。

參◆考◆資◆料

Basel Action Network (2006) The Digital Dump: *Exporting Reuse and Abuse to Africa*, Seattle: Basel Action Network.

Nair, C. (2008) "E-Waste-Making the producer pay," *Ethical Corporation*, 12 May, 2008.

Greenpeace, (2007) *Green Guide to Electronics*. Fifth Edition, September.

思考題

1. 跨國的廢料貿易包括了什麼樣的倫理議題？涉及哪些利害關係人？
2. 在沒有巴塞爾公約的有效管制下，跨國廢料貿易的利益及風險分配是否符合正義？
3. 富有國家的企業將廢料輸出到落後國家做垃圾處理，是否符合經營道德？
4. 富有國家是否有責任管制這類貿易以符合環境正義？
5. 貧窮國家在沒有能力安全處理電子廢料的情況下，容許電子垃圾的輸入及在地回收業處理廢料是否不合倫理？
6. 國際社會是否有責任協助貧窮國家安全地處理電子廢料？

註 釋

1. 《監察院公告》，中華民國八十七年十月廿八日，（87）院台財字第 872200552 號函。

2. 本案例部分參考石慧瑩〈企業之社會責任：以 RCA 在台污染案為例〉一文，文字經筆者修改。

3. 本案例資料來自林伯殷等編寫的〈921 地震與水塔價格〉，收錄在 2001 年葉保強編，《台灣商業倫理個案集》。中壢：中央大學，頁 46-48。案例資料取自行政院公平交易委員會「921 大地震重要民生物資人為哄抬價查表專案小組新聞稿及廣播稿摘要」。

4. 921 大地震災區包括苗栗縣、台中縣、台中市、南投縣、彰化縣、雲林縣等台灣中部縣市，震央位於南投縣集集鎮。

5. 公平交易法第 24 條（其他足以影響交易秩序之欺罔或顯失公平行為之禁止）除本法另有規定者外，事業亦不得為其他足以影響交易秩序之欺罔及顯失公平之行為。

6. 緊急命令第 11 條：因本次災害而有妨害救災、囤積居奇、哄抬物價之行為者，處一年以上，七年以下有期徒刑，得併科新台幣五百萬元以下罰金。

7. 此案例來自 2001 年葉保強，《台灣商業倫理個案集》，中壢：國立中央大學哲學研究所，頁 128-131。此案例由石慧瑩整理，經筆者做文字上的修改。

8. 此案例的資料取自 2007 年，葉保強，「人權、正義與企業倫理」，《應用倫理學的新面向》，劉阿榮 主編。台北縣，深坑：揚智，頁 203-225。

參◆考◆文◆獻

❖ 英文參考文獻

Ackerman, R. and R. Bauer, 1976, *Corporate Social Responsiveness: The Modern Dilemma* Reston, VA: Reston Publishing Company.

Aguilar, Francis J., 1994, *Managing Corporate Ethics; Learning from America Ethical Companies How to Supercharge Business Performance*, New York: Oxford University Press.

Alexander, I., 1997, *The Civilized Market-Corporations, Conviction and the Real Business of Capitalism*, Oxford: Capstone Publishing Ltd.

Alexander, R. D., 1987, *The Biology of Moral Systems.* Hawthorne, NY.: Aldine De Gruyter.

Amnesty International, 2004, *Cloud of Injustice*, London: Amnesty International.

Anderson, B., 2004, *Bringing Business Ethics to Life: Achieving Corporate Social Responsibility*, Milwaukee, Wisconsin: ASQ Quality Press.

Anderson, R., 1998, *Mid-Course Correction-Towards a Sustainable Enterprise: The Interface Model*, Atlanta GA.: The Peregrinzilla Press.

Arnold, M. and R. Day, 1998, *The Next Bottom Line: Making Sustainable Development Tangible*, Washington, DC.: The World Resource Institute.

Arrington, R. L. 1998, *Western Ethics: An Historical Introduction*, Oxford: Blackwell.

Arrow, K., 1973, "Social Responsibility and Economic Efficiency," *Public Policy* XXI, 303-17.

Axelrod, R., 1986, "An Evolutionary Approach to Norms," *American Political Science Review* 80: 1096-1111;

Axelrod, R., 1997, *The Complexity of Cooperation: Agent-Based Models of Competition and Collaboration*, Princeton, NJ.: Princeton University Press.

Baier, K., 1958, *The Moral Point of View*, Ithaca, New York: Cornell University Press.

Bakan, J., 2004, *The Corporation-The Pathological Pursuit of Profit and Power*, New York: the Free Press.

Barker, E., 1947, *Social Contract*, London: Oxford University Press.

Barkow, J. H., L. Cosmides and J. Tooby, 1992, eds. *The Adaptive Mind*, New York: Oxford University Press.

Barnet, R. J. and J. Cavanagh, 1994, *Global Dreams: Imperial Corporations and the New World Order*, New York: Simon & Schuster.

Barnet, R. J. and R. Muller, 1974 *Global Reach: The Power of Multinational Corporations*, New York: Simon & Schuster.

BBC News, 2010a, Alaska town slowly heals after 1989 Exxon Valdez spill. 16 July 2010. http://www.bbc.co.uk/news/world-us-canada-10548872. Accessed on November 20, 2012.

BBC News, 2010b, Examining the legacy of the 1989 Exxon Valdez oil spill. 17 June, 2010. http://www.bbc.co.uk/news/10324021. Accessed on November 20, 2012.

Beauchamp, T., 1998, *Case Studies in Business, Society and Ethics*, 4th edition, Upper Saddle River, New Jersey: Prentice-Hall.

Beauchamp, T. and N. Bowie, 1997, *Ethical Theory and Business*, 5th edition, Englewood Cliffs, New Jersey: Prentice-Hall.

Becker L. C., 1985, "Property Rights and Social Welfare" in *Economic Justice-Private Rights and Public Responsibilities*. Kipnis K. and Meyers D.T. Eds. Totowa, New Jersey: Rowland Allanheld.

Becker, L. C., 1978, *Property Rights*, London: Roultedge & Kegan Paul.

Behrman, J. N., 2001, "Adequacy of International Codes of Behavior," *Journal of Business Ethics* 31: 51-64.

Berle, A. A., 1932, "For Whom Corporate Managers Are Trustees: A Note" *Harvard Business Review* 45.

Berle, A. A., and G. C. Means, 1932, *The Modern Corporation and Private Property*, New York: MacMillan.

Billington, R., 1993, *Living Philosophy: An Introduction to Moral Thought*, 2nd edition, London and New York: Routledge.

Boatright J. R., 2000, *Ethics and the Conduct of Business*, Upper Saddle River, New Jersey: Prentice Hall.

Bok, S., 1995, *Common Values*, London: University of Missouri Press.

Bowie, N., 1982, *Business Ethics*, Englewood Cliff, New Jersey: Prentice-Hall.

Bowie, N., 1988, "The Moral Obligations of Multinational Corporations," *Problems of International Justice*, edited by Steven Luper-Foy, Boulder, Colorado: Westview Press. 519-531.

Bowie, N., 1999, *Business Ethics: A Kantian Perspective*, Oxford: Blackwell.

Bowie, N., 2002, ed. *The Blackwell Guide to Business Ethics*, Oxford: Blackwell.

Brandt, R. B., ed. 1961, *Value and Obligation*, New York: Harcourt, Brace & World, Inc.

Brenner, S.N. and E. A. Molander, 1977, "Is the Ethics of Business Changing?" in *Harvard Business Review*, 55, Jan-Feb: 57-71.

Brenner, S. N., 1992, "Ethics Programs and Their Dimensions," *Journal of Business Ethics* 11.

Bryce, R., 2002, *Pipe Dreams*, New York: Public Affairs.

Brewster, M., 2003, *Unaccountable: How The Accounting Profession Forfeited A Public Trust,* New Jersey: John Wiley & Sons, Inc.

Brink, A., 2011, *Corporate Governance and Business Ethics*, Dordrecht: Springer Science+Business Media B.V.

Buchholz, R. A., 1989, *Fundamental Concepts and Problems in Business Ethics*, Englewood Cliffs, New Jersey: Prentice-Hall.

Buchholz R. A. and S. B. Rosenthal, 1998, *Business Ethics-The Pragmatic Path Beyond Principles to Process*, Upper Saddle River, New Jersey: Prentice-Hall.

Business Ethics Quarterly 5, 2 (April 1995) Special Issue on Social Contracts and Business Ethics. Edited by T. Dunfee.

Business Week, "Global Poverty," October 14, 2002.

Caroll, A. B., 1979, "A Three-Dimensional Conceptual Model of Corporate Performance, " *Academy of Management Review*, 4 (1979), 497-505.

Carroll, A. B., 1991, "The Pyramid of Corporate Social Responsibility: Toward the Moral Management of Organizational Stakeholders." *Business Horizons* July/August: 39-48.

Carroll, A. B., 1993. *Business and Society: Ethics and Stakeholder Management*, 3rd Edition. Ohio: South-Western Publishing Co.

Carroll, A. B., 1996, *Business and Society: Ethics and Stakeholder Management*, 3rd Edition, Cincinnati, Ohio: South-Western College Publishing.

Carroll, A. B. and A. K. Buchholtz, 2003, *Business and Society: Ethics and Stakeholder Management*, 5th Edition. Ohio: South-Western Publishing Co.

Chan, G. K. Y., 2008, 'The Relevance and Value of Confucianism in Contemporary Business Ethics,' *Journal of Business Ethics* 77: 347-360.

Chan, W. T., 1963, *Source Book in Chinese Philosophy* (Princeton University Press, Princeton, N.J.).

Chan, A., R. F. Lau & P. K. Ip 1988, "Factors Affecting Business Ethics: An Exploratory Study in Hong Kong", in *Proceedings of the 1988 Academy of International Business South-east Asia Regional Conference*, E121-137, Bangkok.

Chaudhuri J., 1971, "Towards a Democratic Theory of Property and the Modern Corporation" *Ethics* 81, pp.271-286.

Cheng, C.K., 1944, "Familism: The Foundation of Chinese Social Organization", *Social Forces* 23: 50-59.

Clarkson, M. B. E., ed. 1998, *The Corporation and Its Stakeholders: Classic and Contemporary Readings*, Toronto: University of Toronto Press.

Coase, R. H., 1937, "The nature of the Firm," in Williamson, O. E. and S. G. Winter (Eds.) *The Nature of the Firm: Origins, Evolution, and Development*, New York: Oxford University Press: 18-33.

Coase, R. H., 1960, "The problem of social cost," *Journal of Law and Economics*, 3: 1-44.

Collins, D., 2009, *Essentials of Business Ethics: Creating an Organization of High Integrity and Superior Performance*, Hoboken, N.J.: John Wiley & Sons.

Collins, J. and J. Porras, 1994, *Build to Last: Successful Habits of Visionary Companies*, New York: HarperCollins.

Connolly, M., 2002, "What is CSR?" CSRWire, http://www.csrwire/page.cgi/intro.html.

Conry, E. J., 1995, "A Critique of Social Contracts For Business," *Business Ethics Quarterly* 5 (2), 187-212.

Corrado, M. and C. Hines, 2001, "Business Ethics, Making The World a Better Place," March 21, 2001, Brighton, MRS Conference 2001. From MORI website.

Council on Economic Priorities, 1986, *Rating America's Corporate Conscience: A Provocative Guide to the Companies Behind the Products You Buy Every Day*,

Reading, MA: Addison Wesley Publishing.

Council on Economic Priorities, 1994, *Shopping for a Better World: The Quick and Easy Guide to ALL Your Socially Responsible Shopping*.

Crane, A. and Matten, D., 2007, *Business Ethics: Managing Corporate Citizenship and Sustainability in the age of Globalization*, Oxford; New York: Oxford University Press.

Daly, H. and J. B. Cobb, Jr., 1994, *For the Common Good: Redirecting the Economy Toward Community, the Environment, and a Sustainable Future*. Boston: Beacon Press.

Daly, H. and K. N. Townsend, 1993, eds. *Valuing the Earth: Economics, Ecology, Ethics*. Cambridge, Mass.: MIT Press.

Danley, J. R., 1980, "Corporate moral agency: the case for anthropological bigotry," in M. Bradie and M. Brand eds. *Action and Responsibility*, Bowling Green State University Conference in Applied Philosophy, Bowling Green, Ohio: Applied Philosophy Program: 140-9.

Danley, J. R., 1984, "Corporate Moral Agency: The Case for Anthropological Bigotry" in *Business Ethics: Readings and Cases in Corporate Morality*, New York: McGraw-Hill Book Co.

Danley, J. R., 1999, "Corporate Moral Agency," in Robert E. Frederick ed. *A Companion to Business Ethics*, Oxford: Blackwell: 243-256.

Davis, J., 1961(1897), *Corporations*, New York: Capricorn Books.

Davis, K. and W. C. Frederick, 1984, *Business and Society*. 5th edition, Tokyo: McGraw-Hill Book Co.

Davis, K. and R. L. Bloomstrom, 1975, *Business and Society: Environment and Responsibility*, 3rd ed. New York: McGraw Hill.

Davis, K., 1975, "Five Propositions for Social Responsibility," *Business Horizons*, 18 (June).

Dawkins, J., 2004, *The Public's Views of Corporate Responsibility 2003*, MORI.

De George, R. T., 1986, *Business Ethics*, 2nd edition, New York: Macmillan Co.

De George, R. T., 1993, *Competing with Integrity in International Business*, New York: Oxford university Press.

De Simone, L. D. and F. Popoff, 2000, *Eco-Efficiency: The Business Link to Sustain-*

able Development, Cambridge, Mass.: MIT Press.

Dodd, E. M., 1932, "For Whom Are Corporate Managers Trustees?" *Harvard Business Review* 45.

Dolecheck, M. M. and A.L. Bethke, 1990, "Business Ethics in Hong Kong: Is There a Problem?" *Hong Kong Manager*, Sept/Oct: 13-23.

Donaldson, T. and L. E. Preston, 1995, "The Stakeholder Theory of the Corporation: Concepts, Evidence, and Implications," in *Academy of Management Review* 20: 65-91.

Donaldson, T. and T. Dunfee, 1985, "Integrative Social Contract Theory: A Communitarian Conception of Economic Ethics," *Economics and Philosophy* 11: 85-112.

Donaldson, T. and T. Dunfee, 1994, " Towards a Unified Conception of Business Ethics: Integrative Social Contracts Theory," *The Academy of Management Review* 19, 2 (April): 252-284.

Donaldson, T. and T. Dunfee, 1997, *Ethics in Business and Economics*, Vol. I, Aldershot and Brookfield: Ashgate Dartmouth.

Donaldson, T. and T. Dunfee, 1997, *Ethics in Business and Economics*, Vol. II, Aldershot and Brookfield: Ashgate Dartmouth.

Donaldson, T. and T. Dunfee, 1999, *Ties that Bind; A Social Contract Approach to Business Ethics*, Cambridge, Mass.: Harvard Business School Press.

Donaldson, T., 1988, *Corporation and Morality*, Englewood Cliffs, N. J.: Prentice-Hall.

Donaldson, T., 1989, *The Ethics of International Business*, New York: Oxford University Press.

Donaldson, T., 1996, "Values in Tension," *Harvard Business Review*: 48-62.

Dowling, S. 2009, What we learned from the Exxon Valdez. BBC News Magazine, 26 March 2009. http://news.bbc.co.uk/2/hi/uk_news/magazine/7960144.stm. Accessed on November 20, 2012.

Drucker, P., 1951, *The Northern and Central Nootka Tribes*. Washington, D.C.: Government Printing Office.

Drucker, P., 1964, *The Concept of the Corporation*, New York: Mentor Books

Drucker, P., 1972, *The Concept of the Corporation*, New York: John Day.

Dubbink, W., Liedekerke, L. and Luijk, H., 2011, *European Business Ethics Casebook: The Morality of Corporate Decision*, Dordrecht: Springer Science+Business Media B.V.

Dunfee, T. W., 1991, "Business Ethics and Extant Social Contracts," *Business Ethics Quarterly* 1: 23-51.

Dunfee, T. W. and T. Donaldson, 1995, "Contractarian Business Ethics," *Business Ethics Quarterly* 5 (2): pp.137-186.

Duska, R. F., 2007, *Contemporary Reflections on Business Ethics*, Dordrecht, The Netherlands: Springer.

Dworkin, R., 1977, *Taking Rights Seriously*, Cambridge, Mass: Harvard University Press.

Eells, R. and C. Walton, 1969, *Conceptual Foundations of Business*. Homewood, Ill.: Richard D. Irwin.

Elkington, J., 1998, *Cannibals with Forks: the Triple Bottom Line of 21 Century Business*, Cabriola Island, B.C.: New Society Publishers.

Enderle, G., 1999, *International Business Ethics: Challenges and Approaches*, Notre Dame, Indiana: University of Notre Dame Press.

Evan, W. M. and R. E. Freeman, 1993, "A Stakeholder theory of Modern Corporation: Kantian Capitalism," in Beauchamp, T and N. Bowie Eds. *Ethical Theory and Business*, Englewood Cliffs, NJ: Prentice-Hall, 75-84.

Ewin, R. E., 1991, "The Moral Status of Corporation," *Journal of Business Ethics* 10: 749-756.

Farrell, O.C., D. T. LeClair, and L. Ferrell, 1998, "The Federal Sentencing Guidelines for Organizations: Framework for Ethical Compliance," *Journal of Business Ethics* 17: 353-363.

Frederick, R. E., 1999, ed. *A Companion To Business Ethics*, Oxford: Blackwell.

Feinberg, J., 1968, "Collective Responsibility," *The Journal of Philosophy* 65: 674-88.

Feinberg, J., 1970, *Doing and Deserving*, Princeton: Princeton University Press.

Feinberg, J., 1989, *Reason and Responsibility*, 7th Edition, New York: Columbia University Press.

Feinberg, J. 1966, "Duties, Rights and Claims," *American Philosophical Quarterly* 3: 137-144.

Feinberg, J., 1970, "The Nature and Value of Rights," *Journal of Value Inquiry* 4: 243-257.

Feinberg, J., 1973, *Social Philosophy*, Englewood Cliffs, New Jersey: Prentice-Hall.

Fisher, C. and Lovell, A., 2009, *Business Ethics and Values: Individual, Corporate and International Perspectives*, New York: Prentice Hall.

Fisse, B. & J. Braithwaite, 1983, *The Impact of Publicity on Corporate Offenders*, Albany: State University of New York Press.

Flynn, G., 2008, *Leadership and Business Ethics*, Dordrecht: Springer Science+BusinessMedia B.V.

Fox, L., 2003, *Enron: The Rise and Fall*, Hoboken, N.J.: John Wiley & Sons.

Frank, R., 1996, "Can socially responsible firms survive in a competitive environment?" in D. M. Messick and A.E. Tenbrunsel, eds. *Behavioral Research and Business Ethics*: 86-103. New York: Russell Sage Foundation.

Frankel, C., 1998, *In Earth's Company: Business, Environment and the Challenge of Sustainability*. Gabriola Island, BC.: New Society Publishers.

Frederick, W. C., 1986, "Toward CSR3: Why Ethical Analysis is Indispensable and Unavoidable in Corporate Affairs," *California Management Review* Winter: 126-141.

Freeman, R. E., 1984, *Strategic Management: A Stakeholder Approach*, Boston: Pitman.

Freeman, R. E., and R. A. Philips 2002, "Stakeholder Theory: A Libertarian Defense," *Business Ethics Quarterly* 12 (3): 331-349.

Freeman, R. E., Ed. 1991, *Business Ethics: The State of the Art*, Oxford: Oxford University Press.

French, P. A., 1984, *Collective and Corporate Responsibility*, New York: Columbia University Press.

French, P. A., 1984, "Corporate Moral Agency" in *Business Ethics: Readings and Cases in Corporate Morality*, pp. 163-171.

French, P. A., 1979, "The Corporation as a Moral Person," *American Philosophical Quarterly* 3, 207-215.

Friedman, M., 1962, *Capitalism and Freedom*, Chicago: University of Chicago Press.

Friedman, M., 1970, "The Social Responsibility of Business Is to Increase Its Profits," *New York Times Magazine*, September 13: 217-223.

Frankena, W. K., 1973, *Ethics*, second edition, Englewood Cliffs, N.J.: Prentice-Hall.

Frynas, J. G. and S. Pegg, 2003, eds. *Transnational Corporations and Human Rights*, New York: Palgrave MacMillan.

Fukuyama, F., 1995, *Trust-The Social Virtues and the Creation of Prosperity*, New York: The Free Press.

Fukuyama, F., 1999, *The Great Disruption: Human Nature and the Reconstitution of Social Order*, New York: Free Press.

Fusaro, P. C. & R.M. Miller, 2002, *What Went Wrong At Enron*, New Jersey: John Wiley & Sons, Inc.

Ghillyer, A., 2008, *Business Ethics: A Real World Approach*, Boston: McGraw-Hill.

Goodpaster, K.E., 1984, "The Concept of Corporate Responsibility", in *Just Business: New Introductory Essays in Business Ethics*, Tom Regan, ed. (1984), New York: Random House.

Goodpaster, K. E. and J. B. Matthews Sr., 1984, "Can a Corporation Have a Conscience?" in *Business Ethics: Readings and Cases in Corporate Morality*, pp. 150-162.

Goodpaster, K. E. 1991, "Business Ethics and Stakeholder Analysis," *Business Ethics Quarterly* 1(1): 53-73.

Gough, J. W., 1936, *The Social Contract*, Oxford: Clarendon Press.

Govekar, P. L., 2007, *Business Ethics from the Industrial Revolution to the 1960s*, Bradford, England: Emerald Group Publishing.

Goyder, G., 1961, *The Responsible Company*, Oxford: Basil Blackwell.

Goyder, M., et. al. 1995, *Tomorrow's Company*, London: Royal Society of Arts.

Guterman, L. 2009, Exxon Valdez turns 20, *Science* 323, March 20, pp. 1558-1559.

Handerson, D., 2001, *Misguided Virtue: False Notion of Corporate Social Responsibility*, Wellington, New Zealand: New Zealand Business Roundtable.

Hartman, L. P. and DesJardins, J., 2008, *Business Ethics: Decision-Making for Personal Integrity and Social Responsibility*, Boston: McGraw-Hill.

Heilbroner, R., 1962, *The Making of Economic Society*, Englewood Cliffs, NJ.: Prentice-Hall.

Hemphill, T. A., 1999, " The White House Apparel Industry Partnership Agreement: Will Self-Regulation Be Successful?" *Business and Society Review* 104: 121-137.

Hoffman, W. M., 1995, " A Blueprint for Corporate Ethical Development, " in *Business*

Ethics: Readings and Cases in Corporate Morality, third edition, Hoffman, W. M. and R. E. Frederick, eds. New York: McGraw Hill, pp. 580-581.

Hofstede, G., 1980, *Culture's Consequences: International Differences in Work-related Values*, London and Beverly Hills: Sage.

Hollander, J. and S. Fenichell, 2004, *What Matters Most: How a Small Group of Pioneers Is Teaching Social Responsibility to Big Business, and Why Business Is Listening*, USA: Basic Books.

Holms, S. and C. R. Sunstein, 1999, *The Costs of Rights: Why Liberty Depends on Taxes*, New York and London: W. W. Norton.

Homann, K., Koslowski, P. and Christoph, L., 2007, *Globalisation and Business Ethics*, Aldershot, UK: Ashgate.

Hopkins, M., 2003, *The Planetary Bargain-Corporate Social Responsibility Matters*, London: Earthscan.

Hopkins, M., 2007, *Corporate Social Responsibility & International Development-Is Business the Solution*? London: Earthscan.

Husted, B. W., 1999, "A Critique of the Empirical Methods of Integrative Social Contract Theory," *Journal of Business Ethics* 20: 277-235

Ip, P. K., 1987, "Should Managers be Moral," in *Proceedings of the Conference on The Changing Environment of Management in Hong Kong*, Hong Kong: Hong Kong Baptist College: 39-43.

Ip, P. K., 1994, "Confucian Familial Collectivism and Business Ethics" in Stewart, Donleavy and Santoro 1994: 178-183.

Ip, P. K., 1994, "Confucian Ethics and Corporate Culture", *Papers in The Third Management and Philosophy Conference*, Chungli: Graduate Institute of Philosophy, National Central University: 291-323.

Ip, P. K., 1996a "Confucian Familial Collectivism and the Underdevelopment of the Civic Person" in Lo, Leslie Nai-kwai and Man Si-wai Eds. *Research and Endeavours in Moral and Civic Education*, Hong Kong: Hong Kong Institute of Educational Research: 39-58.

Ip, P. K., 1996b, "Profit and Morality: Problems in Business Ethics" in G. Becker ed. *Ethics in Business and Society*. Berlin: Springer: 25-41.

Ip, P. K., 1999, "Developing Virtuous Corporation with Chinese Characteristics for the

Twenty First Century," in Richter, Frank-Jurgen edited. 2000, *The Dragon Millennium: Chinese Business in the Coming World Economy*, Westport, Connecticut: Quorum Books, 183-206.

Ip, P. K., 1999, "Ethics of Trust in Virtual Corporations," *Philosophy and Management: Ethical and Empirical Studies*, Edited by Shui Chuen Lee, Chungli, Taiwan: National Central University: 167-188.

Ip, P. K., 1999, "The Philosophical Traditions of the People of Hong Kong and Their Relationships to Contemporary Business Ethics," in Werhane, Patricia and Alan Singer, Eds. *Business Ethics in Theory and Practice: Contributions From Asia and New Zealand, Dordrecht, The Netherlands: Kluwer Academic Publishers*, 189-204.

Ip, P. K., 2002a, "The Weizhi Group of Xian: A Chinese Virtuous Corporation," in *Journal of Business Ethics*, 35: 15-26.

Ip, P. K., 2002b, "When Values Collide: Patents and Ethics in the Genomic Era," *Proceedings of The Third International Conference on Bioethics: Ethical, Legal and Social Issues in Human Pluri-potent Stem Cells Experimentation*, Vol. 1: M01-11.

Ip, P. K., 2003a, "Business Ethics and a State-owned Enterprise in China," *Business Ethics: A European Review* 12, No. 1, January: 64- 75.

Ip, P. K., 2003b, "A Corporation for the "World", The Vantone Group of China," *Business and Society Review* 108: 33-60.

Ip, P. K., 2008, 'Corporate Social Responsibility and Crony Capitalism in Taiwan', *Journal of Business Ethics* 79: 167-177.

Ip, P. K., 2009, "The Challenge of Developing a Business Ethics in China," *Journal of Business Ethics* 88: 211-224

Ip, P. K., 2009 "Is Confucianism Good for Business Ethics in China?" *Journal of Business Ethics* 88: 463-476, 2009. (SSCI)

Ip, P. K., 2009 "Well-being of Nations-A Cross-Cultural Perspective," *Social Indicator Research*, 91: 1-3. (SSCI)

Ip, P. K., 2009 "Developing a Concept of Workplace Well-being for Greater China," *Social Indicator Research*, 91: 59-77.

Ip, P. K., 2010, "Business Ethics and Well-being of Nations, Is there a Connection?" *Journal of Business Ethics* 95: 97-110.

Ip, P. K., 2010, "Towards An Ethical Climate Regime," in *Sustainability and Quality of Life*, Ed. Lee, J. Ria University Press, Palo Alto, Cal., pp. 137-156.

Ip, P. K., 2010, "Business Ethics and Well-being of Nations, Is there a Connection?" *Journal of Business Ethics* 95: 97-110. (SSCI)

Ip, P. K., 2011, "Practical wisdom of Confucian ethical leadership-a critical inquiry". Special issue on Practical wisdom for management from the Chinese classical traditions. Journal of Management Development 30, no. 7-8, August, 2011, pp. 685-696.

Ip, P. K., 2012, "Daoism and Business Ethics", in Lutge, C. (Ed.),. Handbook of Philosophical Foundations of Business Ethics, Vol. 2, pp. 935-954, Dordrecht, Springer.

Ip, P. K., 2013, "Wang Dao Management as Wise Management" in *Wise Management*, Edited by Thompson, M, and D. Bevan, Hampshire, UK, Palgrave Macmillan.

Ip, P. K., Chan, A. and Lau, K. F. 1987, "Towards a Framework for Understanding Business Ethical Decisions", in *Proceedings of the Conference on Marketing and Management into the 90's*, Nov.: 43-49.

Jennings, M., 2009, *Business Ethics: Case Studies and Selected Readings*, Mason, OH: South-Western Cengage Learning.

Jones, T., 1995, "Instrumental stakeholder theory: synthesis of ethics and economics", *Academy of Management Review*, 20(2): 404-437.

Kant, I.,, *Fundamental Principles of the Metaphysics of Moral*, Many editions.

Kaptein, M. and J. Wempe, 2002, *The Balanced Company: A Theory of Corporate Integrity*, Oxford and New York: Oxford University Press.

Keeley, M., 1983, "Organizations as Non-Persons", in *Ethical Issues in Business: A Philosophical Approach*, 2n edition, Thomas Donaldson T. and Werhane, P.H. ed., Englewood Cliffs, New Jersey: Prentice-Hall.

Keeley, M., 1983, "Organizations as Non-Persons," *Ethical Issues in Business: A Philosophical Approach*, 2nd ed. Donaldson, T and Patricia Werhane, eds, Englewood Cliffs, NJ.: Prentice Hall, 1983, pp. 120-125.

Keeley, M., 1988, *A Social-Contract Theory of Organizations*, Notre Dame, Indiana: University of Notre Dame Press.

Keely, M., 1995, "Continuing the Social Contract Tradition," *Business Ethics Quarter-*

ly 5 (2): 241-256.

Kline, J., 1994, "Corporate social responsibility and transnational corporations," *World Investment Report 1994: Transnational Corporations, Employment and the Workplace*: 313-324. United Nations: New York and Geneva.

Koehn, D., 2001, 'Confucian Trustworthiness and the Practice of Business in China,' *Business Ethics Quarterly* 11: 415-429.

Korsgaard, C., 1996, *Creating the Kingdom of Ends*, New York: Cambridge University Press.

Korten, D. C., 1995, *When Corporations Rule the World*, West Hartford, Connecticut: Kumarian Press and San Francisco, Cal.: Berrett-Koehler.

Kymlicka, W., 1997, "The Social Contract Tradition," in Singer, Peter ed. *Companion to Ethics*, Oxford: Blackwell, pp. 186-195.

Ladd, J., 1983, "Morality and the Ideal of Rationality in Formal Organizations," *Ethical Issues in Business: A Philosophical Approach*, 2nd ed. Donaldson, T and Patricia Werhane, eds, Englewood Cliffs, NJ.: Prentice Hall, pp. 125-136.

LaFeber, W., 1999, *Michael Jordan and the New Global Capitalism*, New York: W.W. Norton & Company.

Lam, J. K.C.: 2003, 'Confucian Business Ethics and the Economy,' *Journal of Business Ethics* 43: 153-162.

Lawrence, L., 1997, "On the Trails of the Slug: A Journey into the Lair of an Endangered Species," *Washington Post*, August 10: 1, (Style Section).

Levering, R. and M. Moskowitz, 1993, *The 100 Best Companies to work for in America*, New York: Currency and Doubleday.

Levering, R. and M. Moskowitz, and M. Katz, 1984, *The 100 Best Companies to work for in America*, Reading, Mass.: Addison-Wesley Publishing Company.

Levitt, T., 1958, "The Dangers of Social Responsibility," *Harvard Business Review*, 36, September.

Luban, D., A. Strudler, and D. Wasserman, 1992, "Moral Responsibility in the Age of Bureaucracy," *Michigan Law Review* 90, Aug 1992: 2348- 2392.

Madsen, P. and Shafritz, J. M. ed. 1990, *Essentials of Business Ethics*, New York: Meridian Book.

Martin, R. & J. W. Nickel, 1980, "Recent Work on the Concept of Rights," *In American*

Philosophical Quarterly 17: 165-180.

McAlister, D. T., O. C. Ferrell, and L. Ferrell, 2003, *Business and Society: A Strategic Approach to Corporate Citizenship*, Boston and New York: Houghton Mufflin Company.

McCall, J. J. and J. R. DesJardines, 1996, *Contemporary Issues in Business Ethics*, 3rd edition, Belmont, Cal.: Wadsworth Publishing Company.

McDonald, G. and C. K. Pak, 1995, "Ethical Perceptions of Expatriate and Local Managers in Hong Kong" *Journal of Business Ethics* (manuscript).

McGuire, J. W., 1963, *Business and Society*, New York: McGraw Hill.

Meyer, W. B., 1996, *Human Impact on the Earth*, New York: Cambridge University Press.

Miles, R., 1987, *Managing the Corporate Social Environment: A Grounded Theory*. Englewood Cliffs, N.J.: Prentice-Hall.

Mill, J. S., *Utilitarianism*, in Robson, J. M. 1969, ed. *The Collective Works of John Stuart Mill*, Toronto and London: University of Toronto Press and Routledge and Kegan Paul.

Miller, G. T., 1998, *Living in the Environment*. 10th Edition, Belmont, Calif.: Wadsworth.

Mokhiber, R., 1988, *Corporate Crime and Violence-Big Business Power and the Abuse of the Public Trust*, San Francisco: Sierra Club Books.

Monks, R. A. G., 1998. *The Emperor's Nightingale: Restoring the Integrity of the Corporation in the Age of Shareholder Activism*, Reading, Mass.: Addison-Wesley.

Munzer, S. R., 1992, *A Theory of Property*, New York: Cambridge University Press.

Nash, L. L., 1993, *Good Intentions Aside: A Manager's Guide to Resolving Ethical Problems*, Boston, Mass.: Harvard Business School Press.

Nattrass, B. and M. Altomare, 1999, *The Natural Step For Business-Wealth, Ecology and the Evolutionary Corporation*, Gabriola Island, BC.: New Society Publishers.

Newton, L. H. and D. P. Schmidt, 1996, *Wake-Up Calls: Classic Cases in Business Ethics*, Belmont: Wadsworth Publishing Company.

Newton, L. H. and C. K. Dillingham, 1997, *Watersheds 2: Ten Cases in Environmental Ethics*, Belmont, Calif.: Wadsworth.

Newton, L. H and M. M. Ford, 2000, *Taking Sides-Clashing Views on Controversial*

Issues in Business Ethics and Society, Sixth Edition, New York: Duskin/McGraw-Hill.

Newton, L. H, 2003, *Ethics and Sustainability*, Upper Saddle River, N.J.: Prentice Hall.

Newton, L., Englehardt, E. and Pritchard, M., 2010, *Business Ethics and Society*, New York: McGraw-Hill.

Nickel, J. W., 1987, *Making Sense of Human Rights: Philosophical Reflections on the Universal Declaration of Human Rights*, Berkeley: University of California Press.

Niskanen, W. A., 2007, *After Enron-Lessons for Public Policy*, New York: Rowman & Littlefield.

Novak, M., 1996, *Business as a Calling*, New York: The Free Press.

Nozick, R., 1974, *Anarchy, State, and Utopia*, New York: Basic Books.

Paine, L. S., 1994, "Managing for Organization Integrity," *Harvard Business Review*, 72, March-April: 106-17.

Painter-Morland, M., 2008, *Business Ethics as Practice: Ethics as the Everyday Business of Business*, Cambridge, UK; New York: Cambridge University Press.

Painter-Morland, M. and Werhane, P., 2008, *Cutting-edge issues in Business Ethics: Continental Challenges to Tradition and Practice*, Dordrecht: Springer Science+BusinessMedia B.V.

Paluszek, J. L., 1976, *Business and Society: 1976-2000*, New York: AMACOM.

Peters, T. J. and R H. Waterman, Jr. 1982, *In Search of Excellence-Lessons from America's Best-Run Companies*, New York: Harper & Row Publishers.

Pojman, L. P., 2000, *Global Environmental Ethics*, Mountain View, Cal.: Mayfield Publishing Company.

Powelson, J. P., 1998, *The Moral Economy*, Ann Arbor: The University of Michigan Press.

Prahalad, C.K. and A. Hammond, 2002, *What Works: Serving the Poor, Profitably*, World Resource Institute. Manuscript.

Prahalad, C. K., 2006, *The Fortune at the Bottom of the Pyramid-Eradicating Poverty through Profits*, Upper Saddle River, N.J.: Wharton School Publishing.

Rachels, J., 2003, *The Elements of Moral Philosophy*, Fourth Edition, Boston: McGraw Hill.

Rawls, J., 1971, *A Theory of Justice*, Cambridge, Mass: Harvard University Press.

Rawls, J., 1999, *A Theory of Justice*, Revised Edition, Cambridge, Mass: The Belnap Press of Harvard University Press.

Rawls, J., 2001, *Justice as Fairness: A Restatement*, Edited by Erin Kelly, Cambridge, Mass: The Belnap Press of Harvard University Press.

Redding G. and Wong G. L. L., 1986, "The Psychology of Chinese Organizational Behavior," in *The Psychology of the Chinese People*, edited by Bond, M.H, (Oxford University Press, Hong Kong), pp. 267-295.

Regan, T., ed. 1984, *Just Business: New Introductory Essays in Business Ethics*, New York: Random House.

Richardson, J., 2011, *Business Ethics*, New York: McGraw-Hill.

Richter, J., 2001, *Holding Corporations Accountable: Corporate Conduct, International Codes and Citizen Action*, London and New York: Zed Books.

Robert, K.-H., 2002, *The Natural Step: Seeding a Quiet Revolution*, Gabriola Island, B. C.: New Society Publishers.

Roetz, H., 1993, *Confucian Ethics of the Axial Age, A Reconstruction Under the Aspect of the Breakthrough Toward Postconventional Thinking*, State University of New York Press, Albany.

Rowan, J.R. 1997, "Grounding hypernorms: Towards a contractarian theory of business ethics," *Economics and Philosophy* 13(1): 107-112.

Sachs, J., D., 2005, "The End of Poverty," *Time*, March 14, 30-40.

Sagoff, M., 1988, *The Economy of the Earth*, New York: Cambridge University Press.

Schmidheiny, S., 1992. (with the Business Council for Sustainable Development). *Changing Course: A Global Business Perspective on Development and the Economy*. Cambridge, MA.: The MIT Press.

Schneewind, J. B., 1977, *Moral Philosophy from Montaigne to Kant*, Vol. 2, Cambridge: Cambridge University Press.

Schneewind, J. B., 1998, *The Invention of Autonomy: A History of Moral Philosophy*, Cambridge: Cambridge University Press.

Schoenberger, K., 2000, *Levi's Children: Coming to Terms with Human Rights in the Global Marketplace*, New York: Atlantic Monthly Press.

Sen, A., 1999, *Development as Freedom*, New York: Anchor Books.

Sethi, S. P., 1975, "Dimensions of Corporate Social Performance: An Analytical Framework," *California Management Review*, Spring: 58-64.

Shaw, W. and V. Barry, 1995, *Moral Issues in Business*, 6ᵗʰ edition, Belmont, California: Wadsworth Publishing Company.

Shaw, W., 1996, *Business Ethics*, second edition, Belmont: Wadsworth Publishing Company.

Shue, H., 1980, *Basic Rights: Subsistence, Affluence, and U.S. Foreign Policy*, Princeton: Princeton University Press.

Sims, R. R., 2003, *Ethics and Corporate Social Responsibility-Why Giants Fall*, Westport, Connecticut: Praeger.

Singer, A. E., 2007, *Business Ethics and Strategy*, Aldershot, Hampshire, England; Burlington, VT: Ashgate.

Singer, P., 1993. ed. *A Companion to Ethics*, Oxford: Basil Blackwell.

Sober, E. and D. S. Wilson, 1998, *Unto Others: The Evolution and Psychology of Unselfish Behavior*, Cambridge, *Mass.: Harvard University Press.*

Solomon, R. C., 1993, *Ethics and Excellence: Cooperation and Integrity in Business*, New York: Oxford University Press.

Sonnenberg, F. K., 1994, *Managing with a Conscience: How to Improve Performance through Integrity, Trust, and Commitment*, New York: McGraw-Hill Inc.

Sorell, T. and J. Hendry 1994, *Business Ethics*, Oxford: Butterworth Heinemann.

Starik, M., 1995, "Should Trees Have Managerial Standing? Toward Stakeholder Status for Non-Human Nature," *Journal of Business Ethics* 14: 207-217.

Starik, M, 1996, "Mayday for Marine Life: The Wreck of the Exxon Valdez", in Carroll, A. B. 1996, *Business and Society: Ethics and Stakeholder Management*, 3ʳᵈ Edition, Cincinnati, Ohio: South-Western College Publishing, pp. 779-784.

Stark, A., 1993, "What's the Matter with Business Ethics?" *Harvard Business Review*, May-June: 38-48.

Sterba, J., 1994, ed. *Earth Ethics*, Upper Saddle River, N.J.: Prentice Hall.

Stewart, S., G. Donleavy, and M. Santoro, eds. 1994, *Proceedings of the Inaugural Conference of the Centre for the Study of Business Values*, Hong Kong: University of Hong Kong Press, 1-11.

Sullivan, R., 2003, ed. *Business and Human Rights: Dilemmas and Solutions*, Sheffield, UK: Greenleaf Publishing.

Stone, C., 1993, "Why the Law Can't Do It", in Beauchamp, Tom. and Norman Bowie, *Ethical Theory and Business*, 3th edition, Englewood Cliffs, New Jersey: Prentice-Hall, pp. 162-166.

The World Commission on Environment and Development, 1987, *Our Common Future*, Oxford: Oxford University Press.

Toffler, B. L., 1991, *Managers Talk Ethics: Making Tough Choices in a Competitive Business Worl,*. New York: John Wily & Sons, Inc.

Trevino, L. K. and Nelson, K. A., 2007, *Managing Business Ethics: Straight Talk about how to Do It Right*, Hoboken, NJ: Wiley.

Velasquez, M., 1990, "Corporate Ethics, Losing It, Having It, Getting It," in Madsen & Shafritz, 1990: 228-243.

Velasquez, M. G., 1982, *Business Ethics: Concepts and Cases*, Englewood Cliffs, New Jersey: Prentice-Hall.

Velasquez, M. G., 1992, *Business Ethics: Concepts and Cases*, 3th Edition, Upper Saddle River, New Jersey: Prentice-Hall.

Velasquez, M. G., 1998, *Business Ethics: Concepts and Cases*. 4th Edition, Upper Saddle River, New Jersey: Prentice-Hall.

Vogel, D., 1992, "The globalization of business ethics: Why America remains distinctive," *The California Management Review* 35(1): 30-49.

Walsh, B. 2009a, Black Gold on the last frontier. *Time*, June 29-July 6, pp. 82-86.

Walsh, B. 2009b, Remembering the Lessons of the *Exxon Valdez, Time*, March 24, 2009. http://www.time.com/time/health/article/0,8599,1887165,00.html, Accessed on October 20, 2011

Watson C. E., 1991, *Managing with Integrity: Insights from American CEOs*, New York: Praeger.

Weiss, J. W., 1994, *Business Ethics: A Managerial, Stakeholder Approach*, Belmont, California: Wadsworth Publishing Company.

Wellman, C., 1975, "Upholding Legal Rights," *Ethics* 86: 49-60.

Were, M., 2003, "Implementing Corporate Responsibility-The Chiquita Case," *Journal of Business Ethics* 44: 247-260.

Werhane, P. H., 1985, *Persons, Rights and Corporations*, Englewood Cliffs, N. J.: Prentice-Hall.

Werhane, P. H. and R. E. Freeman, 1997, eds. *The Blackwell Encyclopedic Dictionary of Business Ethics*, Oxford: Blackwell.

Westra, L., 1994, *An Environmental Proposal for Ethics: The Principle of Integrity*, Lanham, Md.: Rowman & Littlefield.

White Paper on International Development, 2000, *Making Globalization Work for the World's Poor*, December, London: the UK Government.

Willard, B., 2002, *The Sustainability Advantage-Seven Business Case Benefits of A Triple Bottom Line*, Gabriola Island, B. C.: New Society Publishers.

Williams, O. F., 2000, ed. *Global Codes of Conduct: An Idea Whose Time Has Come*, Notre Dame, Indiana: University of Notre Dame Press.

Wood, D. J., 1994, *Business and Society*, 2nd Edition, New York: HarperCollins.

Young, S., 2003, *Moral Capitalism: Reconciling Private Interest with the Public Good*, San Francisco: Berrett-Koehler Publishers, Inc.

Zadek, S., 2001, *The Civil Corporation: the New Economy of Corporate Citizenship*, London: Earthscan Publication Ltd.

Zadek, S., 2004, "The Path to Corporate Responsibility," *Harvard Business Review*, December: 125-132.

❖ 學術期刊及雜誌

Asian Journal of Business Ethics

Journal of Business Ethics

Business Ethics Quarterly

Business and Society Review

Business Ethics: A European Review

Harvard Business Review

Ethical Corporation

Business Week

Fortune

Forbes

Time

New York Times

The Wall Street Journal

Newsweek

The Economist

《天下》

《遠見》

《商業周刊》

❖ **作者的企業倫理中文著作**

葉保強（1992）。「企業社會責任的論爭」，《管理與哲學論文集》。中壢：
　　中央大學哲學研究所，頁 207-219。

葉保強（1996）。《金錢以外——商業倫理透視》，香港：商務印書館。

葉保強（1997）。「應用哲學與文化工程再造」，《應用哲學與文化治療論文
　　集》。中壢：中央大學哲學研究所，頁 19-31。

葉保強（1997）。「市場與道德——廿載商業倫理的反思」，文思慧，林美儀
　　編《思行交匯點——哲學在香港》。香港：人文科學出版社，頁 105-125。

葉保強、陳志輝（1999）。《商亦有道——商業倫理理論與個案分析》，香
　　港：中華書局。

葉保強（2000）。「商業倫理與基因食品標示」，《應用倫理研究通訊》14
　　期，4 月：16-19。

葉保強（2000）。「電子商業的倫理」，《應用倫理研究通訊》15 期，7 月：
　　9-13。

葉保強（2000）。「網罪：色情電子商務」，《應用倫理研究通訊》15 期，7
　　月：35-37。

葉保強（2001）。「全球化與全球商業倫理」，《中國哲學與全球倫理》，台
　　北：東吳大學出版社，頁 127-148。

葉保強（2001）。《台灣商業倫理個案集》，中壢：國立中央大學哲學研究所。

葉保強（2002）。《建構企業的社會契約》，台北：鵝湖出版社。

葉保強（2002）。「企業永續經營的願景與實踐」，《應用倫理研究通訊》23
　　期，7 月：37-46。

葉保強（2003）。「資訊社會的數位不平等」，《應用倫理研究通訊》27 期 7
　　月，頁 15-21。

葉保強（2004）。「企業如何協助全球扶貧」，《應用倫理研究通訊》30 期 5
　　月，頁 12-20。

葉保強（2005）。「公司不應如何地治理──迪士尼股東起義的啓示」，《應用倫理研究通訊》33 期 2 月，頁 19-26。

葉保強（2005）。「商業倫理──組織文化與組織倫理」，朱建民、葉保強、李瑞全《應用倫理與現代社會》，頁 179-324，蘆洲：國立空中大學。

葉保強（2007）。「人權、正義與企業倫理」，《應用倫理學的新面向》，劉阿榮主編，台北縣深坑：揚智，頁 203-225。

葉保強（2007）。「企業社會責任的發展與國家角色」，《應用倫理學研究通訊》41：35-47。

❖ 作者企業倫理的英文著作

Ip, P. K., Chan, A. and Lau, K. F. 1987, "Towards a Framework for Understanding Business Ethical Decisions", in *Proceedings of the Conference on Marketing and Management into the 90's*, Nov.: 43-49.

Ip, P. K., 1987, "Should Managers be Moral," in *Proceedings of the Conference on The Changing Environment of Management in Hong Kong*, Hong Kong: Hong Kong Baptist College: 39-43.

Ip, P. K., 1994, "Confucian Familial Collectivism and Business Ethics" in (Stewart, Donleavy and Santoro 1994: 178-183.

Ip, P. K., 1994, "Confucian Ethics and Corporate Culture", *Papers in The Third Management and Philosophy Conference*, Chungli: Graduate Institute of Philosophy, National Central University: 291-323.

Ip, P. K., 1996a "Confucian Familial Collectivism and the Underdevelopment of the Civic Person" in Lo, Leslie Nai-kwai and Man Si-wai Eds. *Research and Endeavours in Moral and Civic Education*, Hong Kong: Hong Kong Institute of Educational Research: 39-58.

Ip, P. K., 1996b, "Profit and Morality: Problems in Business Ethics" in G. Becker ed. *Ethics in Business and Society*. Berlin: Springer: 25-41.

Ip, P. K., 1999, "Developing Virtuous Corporation with Chinese Characteristics for the Twenty First Century," in Richter, Frank-Jurgen edited. 2000, *The Dragon Millennium: Chinese Business in the Coming World Economy*, Westport, Connecticut: Quorum Books, 183-206.

Ip, P. K., 1999, "Ethics of Trust in Virtual Corporations," *Philosophy and Management:*

Ethical and Empirical Studies, Edited by Shui Chuen Lee, Chungli, Taiwan: National Central University: 167-188.

Ip, P. K., 1999, "The Philosophical Traditions of the People of Hong Kong and Their Relationships to Contemporary Business Ethics," in Werhane, Patricia and Alan Singer, Eds. *Business Ethics in Theory and Practice: Contributions From Asia and New Zealand, Dordrecht, The Netherlands: Kluwer Academic Publishers*, 189-204.

Ip, P. K., 2002a, "The Weizhi Group of Xian: A Chinese Virtuous Corporation," *Journal of Business Ethics*, 35: 15-26.

Ip, P. K. 2002b, "When Values Collide: Patents and Ethics in the Genomic Era," *Proceedings of The Third International Conference on Bioethics: Ethical, Legal and Social Issues in Human Pluri-potent Stem Cells Experimentation*, Vol. 1: M01-11.

Ip, P. K., 2003a, "Business Ethics and a State-owned Enterprise in China," *Business Ethics: A European Review* 12, No. 1, January: 64- 75.

Ip, P. K., 2003b, "A Corporation for the "World", The Vantone Group of China," *Business and Society Review* 108: 33-60.

Ip, P. K., 2008, "Corporate Social Responsibility and Crony Capitalism in Taiwan", *Journal of Business Ethics* 79: 167-177.

Ip, P. K., 2009, "The Challenge of Developing a Business Ethics in China," *Journal of Business Ethics* 88: 211-224

Ip, P. K., 2009 "Is Confucianism Good for Business Ethics in China?" *Journal of Business Ethics* 88: 463-476, 2009.

Ip, P. K., 2009 "Developing a Concept of Workplace Well-being for Greater China," *Social Indicator Research*, 91: 59-77.

Ip, P. K., 2010, "Business Ethics and Well-being of Nations, Is there a Connection?" *Journal of Business Ethics* 95: 97-110.

Ip, P. K., 2010, "Towards An Ethical Climate Regime," in *Sustainability and Quality of Life*, Ed. Lee, J. Ria University Press, Palo Alto, Cal., pp. 137-156.

Ip, P. K., 2011, "Practical wisdom of Confucian ethical leadership-a critical inquiry". Special issue on Practical wisdom for management from the Chinese classical traditions. *Journal of Management Development* 30, no. 7-8, August, 2011, pp. 685-696.

Ip, P. K., 2012, "Daoism and Business Ethics", in Lutge, C. (Ed.),. *Handbook of Philo-sophical Foundations of Business Ethics*, Vol. 2, pp. 935-954, Dordrecht, Spring-er.

Ip, P. K., 2013, "Wang Dao Management as Wise Management" in *Wise Management*, Edited by Thompson, M, and D. Bevan, Hampshire, UK, Palgrave Macmillan.

網◆路◆學◆習◆資◆源

AccountAbility/Institute of Social and Ethical Accountability(ISEA)

http://www.accountability.org.uk/default.asp

American advertising federation

http://www.aaf.org

American civil liberties union(ACLU)

http://aclu.org

Amnesty international

http://amnesty.org

Better business bureau(BBB)

http://www.bbb.org

Bhopal.org

http://bhopal.org

Bhopal web site

http://www.bhopal.net

Bhopal web site

http://www.bhopal.com

Boston College Center for Corporate Community Relations

http://www.bc.edu/cccr

Business in the Community

http://www.bitc.org.uk

Business responds to AIDS(BRTA) http://www.brta-lrta.org

Business roundtable http://www.brtable.org

Business for Social Responsibility

http://www.bsr.org/

CEO pay watch

http://www.aflcuo.org/paywatch

Children's advertising review unit (CARU)

http://caru.org

Center for Corporate Citizenship at Boston College

http://www.bc.edu/bc_org/

Center for Ethical Business Cultures (CEBC)

http://www.cebcglobal.org

Clarkson centre for business ethics

http://www.mgmt.utoronto.ca/~stake

Coalition for environmentally responsible economies (CERES)

http://www.ceres.org

Consumer federation of America

http://www.consumerfed.org

Consumer product safety commission (CPSC)

http://cpsc.org

Corporate Social Responsibility News and Resources

http://www.mallenbaker.net/csr/index.html

Council for Ethics in Economics

http://www.businessethics.org/

Council on Economic Priorities

http://www.geocities.com

CSR Europe

http://www.csreurope.org

Ethics Recourse Center(ERC)

http://www.ethics.org/about.html

Ethical Corporation

http://www.ethicalcorp.com/

Ethical Investor Australia

http://ethicallinvestor.com.au

Ethical Performance

http://www.ethicalperformance.com/

Equal employment opportunity commission (EEOC)

http://www.eeoc.gov

Ethics officer association (EOA)

http://www.eoa.org

Federal trade commissiom (FTC)

http://www.ftc.gov

Friends of earth

http://www.foe.org

Greenpeace

http://www.greenpeace.org

Infant formula action coalition (INFACT)

http://www.infactcanada.ca

Institutw for business, Technology and Ethics (IBTE)

http://www.ethix.org

Innovation Through Partnerships UK

http://www.innovation-partnership.org

Interfaith Center on Corporate Responsibility (ICCR)

http://www.ICCR.org

International labor organization(ILO)

http://www.ilo.org

International Business Leaders Forum (IBLF)

http://www.iblf.org

Investor Responsibility Research Center (IRRC)

http://www.irrc.org

M. A. A. L. A. (Business for Social Responsibility in Israel)

http://www.maala.org.il

National Center for Social Entrepreneurs

http://www.socialentrepreneurs.org/

Net Impact (formerly Students for Responsible Business)

http://www.net-impact.org/

Nippon Keidanren

http://www.keidanren.or.jp

Philanthropy Australia

http://www.philanthropy.org.au

Philippine Business for Social Progress

http://www.pbsp.org.ph

Prime Minister's Community Business Partnership Australia

http://www.partnership.zip.com.au

Rainforest action network

http://wwwran.org

Sierra club

http://www.sierraclub.org

Social Accountability International

http://www.sa-intl.org

Social Investment Forum

http://www.socialinvest.org/

Social Venture Network (SVN)

http://www.svn.org

Sustainability UK

http://www.sustainablity.co.uk

Sweatshop watch

http://www.sweatshopwatch.org/swatch/headlines

The Cause Related Marketing site from Business in the Community

http://www.crm.org.uk

The Corporate Citizenship Company UK

http://www.corporate-citizenship.co.uk

The Prince of Wales Business Leaders Forum

http://www.pwblf.org

The UK government gateway to Corporate Social Responsibility

http://www.societyandbusiness.gov.uk/index.shtml

The Conference Board

http://www.conference-board.org

The Global Reporting Initiative United States

http://www.globalreporting.org

The Roberts Enterprise Development Fund

http://www.redf.org

Transparency international (TI)

http://www.transparency.org

Wal-Mart watch

http://www.walmartwatch.com

World health organization(WHO)

http://www.who.int/home-page

World Business Counsel for Sustainable Development (WBCSD)

http://www.wbcsd.ch

社團法人中華民國企業永續發展協會網址：

http://www.bcsd.org.tw

索　引

國家圖書館出版品預行編目資料

企業倫理／葉保強著. 一三版.一臺北市：五南，
　2013.10
　面；　公分.
I S B N 978-957-11-7218-7（平裝）
1.商業倫理
198.49　　　　　　　　　　　　　102013968

1FJ3

企業倫理

作　　　者	－	葉保強(321.4)
發 行 人	－	楊榮川
總 經 理	－	楊士清
總 編 輯	－	楊秀麗
主　　　編	－	侯家嵐
責任編輯	－	侯家嵐
文字校對	－	陳欣欣
封面設計	－	侯家嵐　盧盈良

出 版 者 － 五南圖書出版股份有限公司

地　　　址：106 台北市大安區和平東路二段 339 號 4 樓

電　　　話：(02)2705-5066　傳　　真：(02)2706-6100

網　　　址：http://www.wunan.com.tw

電子郵件：wunan@wunan.com.tw

劃撥帳號：01068953

戶　　　名：五南圖書出版股份有限公司

法律顧問　林勝安律師事務所　林勝安律師

出版日期　2005 年 11 月初版一刷
　　　　　2006 年 3 月初版二刷
　　　　　2007 年 3 月初版三刷
　　　　　2008 年 10 月二版一刷
　　　　　2010 年 3 月二版二刷
　　　　　2013 年 10 月三版一刷
　　　　　2019 年 10 月三版三刷

定　　　價　新臺幣 520 元